JN066454

合格に直結!!

宅地建物取引士

令和**6**年版

対策問題集

不動産取引実務研究会●編

ビジネス教育出版社

本書の利用法

◆この問題集は、合格に必要な実戦力を養成するため、過去の出題傾向をもとに精選し、分野別に整理した本試験問題250問と、本試験と同形式の予想問題50問を収録したものです。

◆解説中、「法」は法律、「令」は政令（施行令）、「則」は省令（施行規則）の略称です。なお、特に断りのない限り法律名の付されていない条文は、各分野の法律の条文です。

◆過去問のうち、※印が付された問題は、令和6年4月1日現在の法令等に基づいて修正したものです。

◆過去問300の見出しの下には、受験勉強に役立つよう、学習用のチェック欄・出題頻度（重要度）・問題の難易度・出題年（令和2年・3年の場合、⑩は10月試験、⑫は12月試験）が表示されています。

◆予想問題は、本試験と同じ形式の問題（50問）が収録されています。

宅地建物取引士
対策問題集
CONTENTS

学習を始めるにあたって

1 宅地建物取引士とは

　宅地建物取引業法（以下、「宅建業法」といいます）31条の3によれば、「業者は、その事務所等ごとに、事務所等の規模、業務内容等を考慮して国土交通省令で定める数（本店・支店は従業員5人に1人以上の割合、案内所等は1人以上）の成年者である専任の宅地建物取引士を置かなければならない」と規定されています。そして、宅建業の業務のうち、次の仕事は宅地建物取引士でなければできないものとされています。

　① 重要事項の説明（宅建業法35条1項）
　② 重要事項説明書への記名（同条5項）
　③ 契約内容が記載された宅建業法37条の書面への記名（37条3項）

　これらの仕事はいずれも、大変重要な仕事ばかりです。たとえば、重要事項説明書には、その物件の物理的な現況や周辺の環境ばかりでなく、建築基準法や都市計画法などの法律の規定によるさまざまな制限の有無とその内容、また、抵当権や仮登記、地上権などの設定の有無とその内容など、対象物件に設定された権利の制限について、調査をして記載しなければなりません。

　このように、宅地建物取引士は、不動産取引において購入者などが安全・確実に取引できるよう、専門家として業務を遂行する重要な責任と使命を負っています。宅地建物取引士になるためには、宅地建物取引士資格試験（以下、「宅建試験」といいます）に合格して、「都道府県知事の登録」を受け、「宅地建物取引士証の交付」を受ける必要があります。

　では、宅建試験はどのような試験なのか、その概要を説明しておきます。

　なお、令和2年度・3年度の試験は、新型コロナウイルス感染症の影響により、一部の試験地で10月と12月の2回に分けて実施されました。

2 宅建試験の概要

❶受験資格
● 年齢・性別・学歴等に関係なく、誰でも受験することができます（ただし未成年者は、試験に合格しても、原則として登録を受けることができません）。

❷試験のスケジュール

　宅建試験は、一般財団法人 不動産適正取引推進機構（以下、「機構」といいます）が都道府県の委任を受け、各都道府県を試験地として実施しています。

- ●実施公告　…6月の第1金曜日（令和5年度は6月2日）
- ●受付期間　…7月（令和5年度は、インターネット申込みが7月3日～19日、郵送申込みが7月3日～31日）　※令和6年度は、インターネット申込み7月1日（月）～31日（水）、郵送申込み7月1日（月）～16日（火）の予定。
- ●受験手数料…8,200円
- ●受 験 票　…令和5年度は9月下旬郵送　※令和6年度から、例年8月下旬に郵送されていたハガキによる試験会場通知（受付票）は行われないこととなりました。
- ●試 験 日　…10月の第3日曜日（令和5年度は10月15日）出題数は50問で、四肢択一式による筆記試験。午後1時～午後3時、全国47都道府県において同一の問題で同時に行われます（原則として、現住所のある都道府県でしか受験できません）。
- ●合格発表　…11月下旬～12月初旬（令和5年度は11月21日）、合格者には合格証書が郵送されます。合格者の受験番号、合否の判定基準および試験問題の正解番号は機構のホームページで公表されるほか、都道府県ごとに指定の場所で掲示されます。

　試験に関するスケジュールは、機構のホームページや官報等で発表されます。6月になったら機構のホームページなどで確認するようにしてください。

❸受験者数・合格者数・合格率の推移

	受験者数	合格者数	合 格 率	合格基準点
令和元年	169,126	25,643	15.2	35問
令和2年	123,497	20,826	16.9	38問
	34,623	4,541	13.1	36問
令和3年	160,868	27,152	16.9	34問
	24,965	3,892	15.6	34問
令和4年	179,048	30,374	17.0	36問
令和5年	183,869	28,098	15.3	36問

※1　登録講習修了者を除く一般受験者のデータ
※2　令和2年・3年は、上が10月試験、下が12月試験

令和5年度の場合、36問が合格基準点とされていますが、ここ数年の結果をみると、とりあえずは7割正解を絶対目標とすれば間違いないでしょう。

❹試験の内容と出題分布

● 試験は、宅地建物取引業に関する実用的な知識があるかどうかを判定することに基準を置いた内容で、下表の7分野から出題されます。

				R1	R2 10月	R2 12月	R3 10月	R3 12月	R4	R5	計
1	土地・建物の権利と権利の変動（権利関係）	民　　法		10問	10問	10問	10問	10問	10問	10問	14問
		借地借家法	借地関係	1問	1問	1問	1問	1問	1問	1問	
		借地借家法	借家関係	1問	1問	1問	1問	1問	1問	1問	
		区分所有法		1問	1問	1問	1問	1問	1問	1問	
		不動産登記法		1問	1問	1問	1問	1問	1問	1問	
2	土地・建物の法令上の制限（法令上の制限）	都市計画法		2問	2問	2問	2問	2問	2問	2問	8問
		建築基準法		2問	2問	2問	2問	2問	2問	2問	
		宅地造成等規制法		1問	1問	1問	1問	1問	1問	1問	
		土地区画整理法		1問	1問	1問	1問	1問	1問	1問	
		農　地　法		1問	1問	1問	1問	1問	1問	1問	
		国土利用計画法等		1問	1問	1問	1問	1問	1問	1問	
		その他の法令									
3	宅地・建物の税	国税	（譲渡）所得税	1問			1問				2問
		国税	贈与税								
		国税	登録免許税			1問		1問			
		国税	印紙税		1問				1問	1問	
		地方税	不動産取得税			1問	1問		1問		
		地方税	固定資産税	1問	1問			1問		1問	
4	宅地・建物の価格の評定	地価公示法		1問		1問		1問	1問		1問
		不動産の鑑定評価			1問		1問			1問	
5	宅地建物取引業法等	宅地建物取引業法		19問	19問	19問	19問	19問	19問	19問	20問
		住宅瑕疵担保履行法		1問	1問	1問	1問	1問	1問	1問	
6	宅地・建物の需給と取引の実務	住宅金融支援機構		1問	1問	1問	1問	1問	1問	1問	3問
		景表法（公正競争規約）		1問	1問	1問	1問	1問	1問	1問	
		統　　計		1問	1問	1問	1問	1問	1問	1問	
7	土地・建物の基礎知識	土　　地		1問	1問	1問	1問	1問	1問	1問	2問
		建　　物		1問	1問	1問	1問	1問	1問	1問	
合　　計							50問				

＊平成29年の国土利用計画法は、その他の法令の選択肢として出題。

3 学習の進め方

　前ページの表をみてもわかるように、宅建試験では「権利関係」「法令上の制限」「宅建業法」の３分野からの出題が全体の80％以上を占めており、試験に合格するためには主要３分野の内容をしっかりとマスターしておく必要があります。
　では、どのように受験勉強を進めていけばよいのでしょうか。

❶出題範囲と傾向を理解する

①基本テキスト（参考書）を一通り通読したら過去問に目を通し、出題傾向に基づいた学習の重点項目を把握します。宅建試験は長い歴史がある試験で、毎年のように出題される問題もあれば、何年かに１回しか出題されないような問題もあり、出題範囲や傾向はある程度予測できます。効率よく合格に必要な知識をマスターするためにも、傾向分析は不可欠です。

②再度、重点項目を中心に基本テキストを読み込みます（その際、ポイントとなる数字や期間は正確に覚えておくようにしましょう）。

③そしてさらに、試験では法律が規定する内容を正確に理解していなければならないので、ある程度の知識をマスターしたら、過去問や予想問題にあたってみます。

　以上の学習を繰り返しながら知識を確実なものとしていきます。

❷問題文を正確に把握する

　試験問題を読むときは、問題文が何を要求しているのかを、正確に把握する必要があります。試験問題では「正しい（誤っている）ものはどれか」「法律に違反していないものはどれか」などと表現がまちまちであるうえ、関連のない条文をつなぎ合わせて受験者を迷わせようとする場合も少なくありません。また、問題集にあたってみていくら成績が良くても、まったく同じ問題が出題されることはないので油断は禁物です。

❸百点満点をめざす必要はない

　受験勉強の際は、過去の分野ごとの出題数とその範囲を頭に入れ、全体の法令を万遍なく勉強するのではなく、やはり出題頻度の高い法律に重点を置いて勉強し、苦手な法律は流す程度にしておいたほうが効率的です。要は、百点を取らなくても合格できるということです。

❹用語に慣れる

　試験問題には、日常あまり使用されることのない法律用語がそのまま使われる場合が多いので、過去問などでそれらの法律用語に慣れておく必要があります。

また、試験問題は長い文章を無理して縮めているので、難解な文章になりがちです。過去問を繰り返し学習し、それらの文章を短時間で読み取って理解し、しかも文中に仕掛けられたワナを見破るための訓練をしておく必要があります。

❺解説文をよく読む

問題集の学習にあたっては、解説文もよく読んでおくようにしましょう。判例など基本テキストに記載されていない事項もあるからです。ただし、解説はあくまでもその試験問題の解説であって、法律を体系立てて解説してあるわけではありません。そのことを頭に入れておいてください。

❻疑問点は法令等にあたって確認を

合格するためには、法律が規定する内容をきちんと理解していなければならないので、重要な条文は法令や基本テキストで確認しておく必要があります。問題集だけの知識では、やはり断片的なものとなり、十分とはいえません。

❼計画を立てて勉強する

世の中を円満に渡るためには、必要な付き合いもあるし、家族サービスなどに予定外の時間を取られることが少なくありません。そのためにも、計画を立てて勉強することと、出題数の多い部分に多くの時間をかける等の対策が必要となります。また、通勤の電車の中なども、うまく利用したいものです。

4 各分野の傾向と対策

❶権利関係

この分野からは14問出題されますが、最も重要なのは10問出題される民法です。意思表示、代理、時効による取得、物権変動の対抗要件、共有、抵当権（根抵当権）、債権の譲渡、契約の解除、契約不適合責任、賃貸借、不法行為、相続等は出題頻度の高い事項です。かならず出題されるものと考え、重点的に学習しておく必要があります。

また、過去問をみてもわかるように、民法は事例がらみの問題が多いので、予想外に時間をとられてしまいがちです。A・B・C・Dという登場人物に振り回されないよう、過去問でしっかりと慣れておきましょう。

そのほか権利関係からは、借地借家法（借地関係1問・借家関係1問）、区分所有法（1問）、不動産登記法（1問）から出題されます。

❷法令上の制限

法令上の制限からの出題は8問で、都市計画法（2問）、建築基準法（2問）、宅地造成等規制法（1問）、土地区画整理法（1問）、農地法（1問）、国土利用

計画法（1問）などから出題されます。

　この分野では、都市計画法は都市計画や地区計画、開発許可、建築制限などから、建築基準法は建築確認、接道義務、容積率と建ぺい率、建築物の高さ制限、用途地域内の建築物の制限などから出題されています。出題条文が多いので、過去問の出題内容などをチェックしながら、制限の内容（届出制か許可制か、期間・面積・高さなどの数字）を正確に頭に入れておく必要があります。なお、令和5年5月に施行されたばかりの盛土規制法（正式名称は「宅地造成及び特定盛土等規制法」）についても、改正点が多いので注意が必要です。

　受験者にとっては比較的馴染みの薄い法律が多く、数字などの暗記項目も多いため苦手意識をもつ人も少なくありません。しかし、出題箇所はある程度特定されており、民法や宅建業法のような難問は出題されませんので、マトを絞って勉強しておけば確実に正解できる分野だといえます。

❸宅地・建物の税

　この分野では、国税（所得税・贈与税・印紙税・登録免許税などから1問）と地方税（不動産取得税・固定資産税から1問）で合計2問出題されます。税金については、租税特別措置法や地方税法附則などに規定されている特別措置からも出題されますので、本則の規定とあわせて理解しておく必要があります。

❹宅地・建物の価格の評定

　この分野は、不動産の鑑定評価か地価公示法から1問出題されます。鑑定評価は難問が出題されることは少ないので、テキストや過去問にあたっておく程度でよいでしょう。また、地価公示法も出題条文は限られていますから、確実に正解したいところです。

❺宅建業法（等）

　主要3分野のうちでも最重要の分野です。ここで正解を稼げないと合格点を確保することは難しくなります。宅建業法・同法施行令・同法施行規則の全般が出題範囲となりますが、全問正解をめざして学習に取り組んでください。

　宅建業法は、権利関係や法令上の制限などと比べて出題範囲が狭く、全体に出題傾向を把握しやすい反面、施行令や施行規則の細かい知識を試す問題や、いくつかの条文を絡ませた複合問題、長文の問題が多いので、十分に対策を講じておく必要があります。

　試験によく出る重点項目としては、免許、宅地建物取引士、営業保証金、媒介契約、重要事項の説明、37条の契約書面、クーリング・オフなど業者が自ら売主となる場合の制限、報酬の制限、宅地建物取引業保証協会などがあります。

最後に住宅瑕疵担保履行法ですが、毎年の基準日（3月末）において、その基準日の前10年間に業者が自ら売主となって買主に引き渡した新築住宅については、住宅販売瑕疵担保保証金の供託または住宅販売瑕疵担保責任保険の締結などの「資力確保措置」が義務付けられます。

❻宅地・建物の需給と取引の実務

　独立行政法人住宅金融支援機構の業務、不動産の表示に関する公正競争規約、不動産に関する統計からそれぞれ1問ずつの合計3問が出題されます。

　この分野では、地価公示、住宅着工統計など不動産関連の統計数値が出題されますので、日頃から新聞や雑誌の関連記事をチェックしておく必要があります。

❼土地・建物の基礎知識

　この分野では、土地1問、建物1問の合計2問が出題されます。土地からの出題内容は、地盤、地形などの特性と住宅地としての適否など、建物については、建築物の構造や材料に関することや建築基準法施行令からの出題が中心になっています。土地・建物の出題範囲は漠然としていますので、過去問をチェックしておく程度で十分でしょう。

5 　覚えておきたい宅建業法等の改正条文

　ここ数年、宅建業法等の改正が相次いでおり、改正事項は必ずと言っていいほど試験に出題されているので注意が必要です。主な改正事項は以下のとおりです。

　なお、❸については、令和6年4月以降に施行されることとなっているため、令和6年度試験の出題範囲には含まれず、出題されることはないと思われますが、参考のため改正の概要について解説しておきます。

❶重要事項として水害ハザードマップにおける物件の所在地の説明を追加

　昨今の大規模水災害の頻発を受け、重要事項の説明において、水防法の規定による水害ハザードマップを提示し、ハザードマップにおける取引対象物件の所在地について説明することが義務付けられた（令和2年8月28日施行。令和3年10月・12月、令和4年出題）。

❷デジタル社会形成整備法による宅建業法の改正

　デジタル社会形成整備法（正式名称は「デジタル社会の形成を図るための関係法律の整備に関する法律」）が令和3年5月19日に公布され、重要事項説明書および37条書面について、宅地建物取引士の「記名押印」ではなく、「記名」で足りることとされた（35条5項、37条3項。令和4年5月18日施行）。また、媒介契約書、重要事項説明書および37条書面について、書面を交付しなければならな

いとしていたところ、相手方等の承諾を得れば、電磁的方法により提供すること
ができるとされた（34条の２第11項、35条８項・９項、37条４項・５項）。この
場合、宅建業者は、書面を交付したものとみなされる。

❸宅建業の免許申請、届出等の都道府県経由事務の廃止

「地域の自主性及び自立性を高めるための改革の推進を図るための関係法律の
整備に関する法律」が令和３年５月26日に公布され、宅建業の免許申請、変更・
廃業・案内所の届出等にかかる都道府県経由事務が廃止されることとなった（78
条の３。令和６年５月25日施行）。

❹「宅地建物取引業者による人の死の告知に関するガイドライン」の公表

本ガイドラインは、不動産取引にあたって、取引の対象不動産において過去に
生じた自殺や殺人事件等について、宅建業者による告知に関する適切な判断基準
がなく、取引現場の判断が難しいとの指摘があることから、宅建業者が負うべき
義務の解釈について国土交通省がとりまとめ、令和３年10月８日に公表したもの
である。ガイドラインの主な内容は、以下のとおり。

- 宅建業者が媒介を行う場合、売主・貸主に対し、過去に生じた人の死につい
  て、告知書等に記載を求めることで調査義務を果たしたものとされる。
- 取引の対象不動産で発生した自然死・日常生活の中での不慮の死（転倒事故、
  誤嚥など）については、原則として告げなくてもよい。
- 事案の発生からおおむね３年が経過した後は、原則として告げなくてもよい。
- 事案の経過期間や死因にかかわらず、買主・借主から事案の有無について問
  われた場合や、社会的影響の大きさから買主・借主において把握しておくべ
  き特段の事情があると認識した場合等は告げる必要がある。

6 受験にあたっての注意事項

❶事前準備は怠りなく

試験は午後１時から始まります。その５分か10分前に注意事項の伝達があり、
問題用紙の枚数確認等を行うことになっています。開始時間ぎりぎりになって試
験会場に飛び込んでくる受験者を見受けますが、これでは注意事項を聞くことも
できませんし、落ち着いて試験に神経を集中させることができません。せめて、
事前に会場までの経路と所要時間を確認するぐらいの配慮と、遅くとも１時間前
には会場に着き、試験開始の15分前には指定された席について心の準備をしてお
きたいものです。

また、受験票や筆記用具など、忘れ物をしないよう事前に確認しておくことは

言うまでもありません。

❷正解肢の配置に法則はあるか

　かつては、鉛筆の頭を削り取り、そこに1から4までの数字を記入して転がし、出た順に正解肢の配置を決めていったという話を聞いたことがありますが、おそらく今は、正解肢の番号にかたよりの出ないよう乱数表を使用しているのではないかと思われます。要するに、正解肢の配置について、一定の法則はないということです。

❸正解の確率を上げるために

　試験問題を読んで、全部の選択肢を正確に理解できるということはそうあるものではありません。まず、問題文を読んでみて、正解肢ではないと認められるものから消去していくことです。残りの選択肢の中に正解がある場合、最後はカンに頼るしかありませんが、それでも明らかに正解でないものを除くことによって選択肢が少なくなり、正解の確率が高くなるのは事実です。

❹解答欄を間違えないこと

　試験の緊張の中で、解答欄を間違えて記入してしまうこともないとはいえません。答えは合っていても、解答欄に別の問題の解答を記入してしまい、点数をもらえないようなケースです。せっかく勉強をしたのに、このようなつまらないミスで不合格となることのないよう、くれぐれも注意をしてください。なお、宅建試験の場合は、試験問題を持ち帰ることができますから、最後に、解答用紙に記入した解答を問題用紙に転記しておけば、インターネットなどの正解速報でいちはやく合否を判断することができます。

❺集中力の持続を

　受験勉強の際に注意をしたいのは、集中力を持続し、限られた時間を有効に活用するためにも、ただだらだらと勉強するのではなく、日頃から集中して勉強する習慣をつけておくようにすることです。そして、試験前夜はゆっくり休むようにしたいものです。最重要科目（宅建業法）を完全にマスターしておき、最後の部分で逆に一息つけるぐらいの余裕をもってほしいものです。

過去問300

民 法（総則）

1 未成年者

CHECK □□□□□　　出題頻度 ■■■ □　　難易度 ★★★★★　令和5年

[問題] 未成年者Aが、法定代理人Bの同意を得ずに、Cから甲建物を買い受ける契約（以下この問において「本件売買契約」という。）を締結した場合における次の記述のうち、民法の規定によれば、正しいものはどれか。なお、Aに処分を許された財産はなく、Aは、営業を許されてはいないものとする。

1　AがBの同意を得ずに制限行為能力を理由として本件売買契約を取り消した場合、Bは、自己が本件売買契約の取消しに同意していないことを理由に、Aの当該取消しの意思表示を取り消すことができる。

2　本件売買契約締結時にAが未成年者であることにつきCが善意無過失であった場合、Bは、Aの制限行為能力を理由として、本件売買契約を取り消すことはできない。

3　本件売買契約につき、取消しがなされないままAが成年に達した場合、本件売買契約についてBが反対していたとしても、自らが取消権を有すると知ったAは、本件売買契約を追認することができ、追認後は本件売買契約を取り消すことはできなくなる。

4　本件売買契約につき、Bが追認しないまま、Aが成年に達する前にBの同意を得ずに甲建物をDに売却した場合、BがDへの売却について追認していないときでも、Aは制限行為能力を理由として、本件売買契約を取り消すことはできなくなる。

[解答]　1　誤り。未成年者の法律行為は、法定代理人が**代理**してこれをするか、または未成年者が法定代理人の**同意**を得てするかでなければならない。これに反する行為は、原則として取り消すことができる（法5条）。

2　誤り。**制限行為能力者**の行為の**取消し**は、善意無過失の第三者に対抗することができる。

3　正しい。**追認**は、未成年者が成年者になるなど制限行為能力者ではなくなるなど、取消しの原因となっていた状況が消滅した後にしなければ、その効力を生じない（法124条1項）。また、取り消すことができる行為は、取消権者が追認した後は取り消すことができない（法122条）。

4　誤り。未成年者が**法定代理人の同意**を得ずに行った法律行為は、本人または法定代理人が取り消すことができる（法5条2項、120条）。

正解▶3

2 制限行為能力者等

CHECK □□□□□　　出題頻度 ■■■■■ ●●●　　難易度 ★★★ ■■■■■　　令和３年⑩

[問題]　次の記述のうち、民法の規定及び判例によれば、正しいものはどれか。※

1　令和４年４月１日において18歳の者は成年ではないので、その時点で、携帯電話サービスの契約や不動産の賃貸借契約を１人で締結することができない。

2　養育費は、子供が未成熟であって経済的に自立することを期待することができない期間を対象として支払われるものであるから、子供が成年に達したときは、当然に養育費の支払義務が終了する。

3　営業を許された未成年者が、その営業に関するか否かにかかわらず、第三者から法定代理人の同意なく負担付贈与を受けた場合には、法定代理人は当該行為を取り消すことができない。

4　意思能力を有しないときに行った不動産の売買契約は、後見開始の審判を受けているか否かにかかわらず効力を有しない。

[解答]　1　誤り。令和４年４月１日、民法の改正により**成年年齢が18歳**に引き下げられた。令和４年４月１日において18歳の者は成年者なので、法律行為をするのに法定代理人の同意を得る必要はない（法５条１項）。

2　誤り。**養育費**は、一般に子どもが成年に達するまで支払う義務があるとされているが、子どもの進学や心身の状況などによって経済的な自立が難しい場合は、成年に達していても支払うものであり、成年に達したからといって当然に支払義務が終了するわけではない（大阪高判平2.8.7）。

3　誤り。営業を許された未成年者は、その営業に関しては、成年者と同一の行為能力を有する（法６条１項）とされているので、負担付贈与が営業に関するものならば取り消すことはできないが、**営業に関しない負担付贈与であれば**、法定代理人は未成年者であることを理由に取り消すことができる（法５条２項）。

4　正しい。認知症を患って自己の行為の結果を判断することができないなど、**意思能力**を有しない者がした法律行為は**無効**となる（法３条の２）。

民　法（総則）

3 制限行為能力者

CHECK ☐☐☐☐☐　　出題頻度 ■■■　　難易度 ★★★★★　　令和4年

[問題]　制限行為能力者に関する次の記述のうち、民法の規定及び判例によれば、正しいものはどれか。

1　成年後見人は、後見監督人がいる場合には、後見監督人の同意を得なければ、成年被後見人の法律行為を取り消すことができない。

2　相続の放棄は相手方のない単独行為であるから、成年後見人が成年被後見人に代わってこれを行っても、利益相反行為となることはない。

3　成年後見人は成年被後見人の法定代理人である一方、保佐人は被保佐人の行為に対する同意権と取消権を有するが、代理権が付与されることはない。

4　令和4年4月1日からは、成年年齢が18歳となったため、18歳の者は、年齢を理由とする後見人の欠格事由に該当しない。

[解答]　1　誤り。成年被後見人の法律行為は、日用品の購入その他日常生活に関する行為を除いて、成年後見人が取り消すことができる（法9条、120条1項）。

2　誤り。成年後見人と被後見人との利益が相反する行為については、成年被後見人は、家庭裁判所に対して、特別代理人の選任を請求しなければならないとされている（法860条、826条）。たとえば、成年後見人である子が成年被後見人の母親を代理して母親の相続を放棄すれば、自分の相続分が増加する。このように、一方の利益になると同時に、他方への不利益になる行為は、**利益相反行為**に該当する。

3　誤り。成年後見人は成年被後見人の法定代理人である（法859条1項）が、保佐人は被保佐人の行為に対する同意権を有しているに過ぎない（法13条1項）。ただし、家庭裁判所は、保佐人もしくは保佐監督人の請求によって、被保佐人のために特定の法律行為について**保佐人に代理権を付与する旨の審判を**することができる（法876条の4第1項）。

4　正しい。未成年者は後見人になることができない（法847条1号）が、成年年齢は18歳とされている（法4条）ので、18歳の者は、年齢を理由とする後見人の欠格事由には該当しない。

正解▶4

4 不在者の財産の管理

CHECK ☐☐☐☐☐　　出題頻度 ●● 　　難易度 ★★★★　　令和5年

[問題] 従来の住所又は居所を去った者（以下この問において「不在者」という。）の財産の管理に関する次の記述のうち、民法の規定及び判例によれば、正しいものはどれか。なお、この問において「管理人」とは、不在者の財産の管理人をいうものとする。

1　不在者が管理人を置かなかったときは、当該不在者の生死が7年間明らかでない場合に限り、家庭裁判所は、利害関係人又は検察官の請求により、その財産の管理について必要な処分を命ずることができる。

2　不在者が管理人を置いた場合において、その不在者の生死が明らかでないときは、家庭裁判所は、利害関係人又は検察官から請求があったとしても管理人を改任することはできない。

3　家庭裁判所により選任された管理人は、不在者を被告とする建物収去土地明渡請求を認容した第一審判決に対して控訴を提起するには、家庭裁判所の許可が必要である。

4　家庭裁判所により選任された管理人は、保存行為として不在者の自宅を修理することができるほか、家庭裁判所の許可を得てこれを売却することができる。

[解答] 1　誤り。（不在者）がその財産の管理人を置かなかったときは、家庭裁判所は、利害関係人または検察官の請求により、その**財産の管理**について必要な処分を命ずることができる（法25条1項）。7年を経過している必要はない。

2　誤り。不在者が管理人を置いた場合において、その不在者の生死が明らかでないときは、家庭裁判所は、利害関係人または検察官の請求により、**管理人を改任**することができる（民法26条）。

3　誤り。家庭裁判所により選任された管理人は一種の代理人であり、**保存行為**および**利用・改良**をする権限を有する（法28条、103条）。建物収去土地明渡請求を認容した判決に対して控訴することは、不在者の財産の現状を維持するための行為で保存に該当するため、家庭裁判所の許可なく控訴することができる（最判昭47.9.1）。

4　正しい。家庭裁判所により選任された管理人は、自身の権限で保存行為を行うことができるが、処分行為である**売却**には家庭裁判所の許可が必要となる。

民　法（総則）

5 失踪宣告の取消し

CHECK ☐☐☐☐☐　　出題頻度 ◉━━━━━━　　難易度 ★★★★★　令和4年

[問題]　不在者Aが、家庭裁判所から失踪宣告を受けた。Aを単独相続したBは相続財産である甲土地をCに売却（以下この問において「本件売買契約」という。）して登記も移転したが、その後、生存していたAの請求によって当該失踪宣告が取り消された。本件売買契約当時に、Aの生存について、（ア）Bが善意でCが善意、（イ）Bが悪意でCが善意、（ウ）Bが善意でCが悪意、（エ）Bが悪意でCが悪意、の4つの場合があり得るが、これらのうち、民法の規定及び判例によれば、Cが本件売買契約に基づき取得した甲土地の所有権をAに対抗できる場合を全て掲げたものとして正しいものはどれか。

1　（ア）、（イ）、（ウ）
2　（ア）、（イ）
3　（ア）、（ウ）
4　（ア）

[解答]　不在者（従来の住所または居所を去り、容易に戻る見込みのない者）につき、その生死が7年間明らかでないとき（普通失踪）、または戦争、船舶の沈没、震災などの死亡の原因となる危難に遭遇しその危難が去った後その生死が1年間明らかでないとき（危難失踪）は、家庭裁判所は、申立てにより、失踪宣告をすることができる（法30条）。**失踪宣告**とは、生死不明の者に対して、法律上死亡したものとみなす効果を生じさせる制度である。

　失踪者が生存することの証明があったときは、家庭裁判所は、本人または利害関係人の請求により、失踪の宣告を取り消さなければならない。この場合において、その取消しは、失踪の宣告後その取消し前に善意でした行為の効力に影響を及ぼさない（法32条）。ここでいう「**善意**」とは、契約において、失踪者が生存していることにつき、契約当時、当事者双方ともが善意であることをいうと解されている（大判昭13.2.7）。

　BC間の売買契約は失踪宣告取消しの前に行われており、Cが甲土地の所有権を取得するためにはBC双方ともが善意である必要があるので、（ア）のBが善意でCが善意である場合に限り、Cは甲土地の所有権をAに対抗することができる。BまたはCが悪意の場合は、失踪宣告の取消しによって売買契約の効力は失われ、Cは所有権を取得することができない。

　　　　　　　　　　　　　　　　　　　　　　　正解▶4

6 意思表示

CHECK □□□□□　　出題頻度 ●●●●●　　難易度 ★★★　　令和２年⑩

問題　ＡとＢとの間で令和２年７月１日に締結された売買契約に関する次の記述のうち、民法の規定によれば、売買契約締結後、ＡがＢに対し、錯誤による取消しができるものはどれか。

1　Ａは、自己所有の自動車を100万円で売却するつもりであったが、重大な過失によりＢに対し「10万円で売却する」と言ってしまい、Ｂが過失なく「Ａは本当に10万円で売るつもりだ」と信じて購入を申し込み、ＡＢ間に売買契約が成立した場合

2　Ａは、自己所有の時価100万円の壺を10万円程度であると思い込み、Ｂに対し「手元にお金がないので、10万円で売却したい」と言ったところ、ＢはＡの言葉を信じ「それなら10万円で購入する」と言って、ＡＢ間に売買契約が成立した場合

3　Ａは、自己所有の時価100万円の名匠の絵画を贋作だと思い込み、Ｂに対し「贋作であるので、10万円で売却する」と言ったところ、Ｂも同様に贋作だと思い込み「贋作なら10万円で購入する」と言って、ＡＢ間に売買契約が成立した場合

4　Ａは、自己所有の腕時計を100万円で外国人Ｂに売却する際、当日の正しい為替レート（１ドル100円）を重大な過失により１ドル125円で計算して「8,000ドルで売却する」と言ってしまい、Ａの錯誤について過失なく知らなかったＢが「8,000ドルなら買いたい」と言って、ＡＢ間に売買契約が成立した場合

解答　令和２年４月施行の民法改正により、錯誤の効果が「無効」から「取消し」に改められた。

1　取消しができない。錯誤が表意者の**重大な過失**によるものであった場合には、意思表示を取り消すことができない（法95条３項）。

2　取消しができない。**動機の錯誤**による意思表示の取消しは、その事情が法律行為の基礎とされていることが**表示**されていたときに限り、することができる（同条２項、１項２号）が、Ａは、事前に、売却に至った動機を伝えていないので取り消すことができない。

3　取消しができる。Ａは、Ｂに対し、「贋作であるので」と売却に至った動機を**表示**しているので、Ａは、錯誤による意思表示を取り消すことができる。

4　取消しができない。Ａに**重大な過失**があるため、意思表示を取り消すことができない（法95条３項）。

民　法（総則）

7 代　理

CHECK □□□□□　出題頻度 ■■■■□　難易度 ★★★■■■　令和３年⑫

[問題]　ＡがＢの代理人として行った行為に関する次の記述のうち、民法の規定及び判例によれば、正しいものはどれか。なお、いずれの行為もＢの追認はないものとし、令和３年７月１日以降になされたものとする。

1　ＡがＢの代理人として第三者の利益を図る目的で代理権の範囲内の行為をした場合、相手方Ｃがその目的を知っていたとしても、ＡＣ間の法律行為の効果はＢに帰属する。

2　ＢがＡに代理権を与えていないにもかかわらず代理権を与えた旨をＣに表示し、Ａが当該代理権の範囲内の行為をした場合、ＣがＡに代理権がないことを知っていたとしても、Ｂはその責任を負わなければならない。

3　ＡがＢから何ら代理権を与えられていないにもかかわらずＢの代理人と詐称してＣとの間で法律行為をし、ＣがＡにＢの代理権があると信じた場合であっても、原則としてその法律行為の効果はＢに帰属しない。

4　ＢがＡに与えた代理権が消滅した後にＡが行った代理権の範囲内の行為について、相手方Ｃが過失によって代理権消滅の事実を知らなかった場合でも、Ｂはその責任を負わなければならない。

[解答]　1　誤り。代理人が自己または第三者の利益を図る目的で代理権の範囲内の行為をした場合において、相手方がその**目的を知り**、または知ることができたときは、その行為は、**無権代理行為**とみなされ（民法107条）、本人の追認がない限り、本人に対してその効力を生じない（法113条１項）。

2　誤り。第三者に対して他人に代理権を与えた旨を表示した者は、その代理権の範囲内においてその他人が第三者との間でした行為について、その責任を負う。ただし、第三者が、その他人が代理権を与えられていないことを**知り**、または**過失**によって知らなかったときは、この限りでない（法109条１項）。

3　正しい。無権代理行為は、**本人の追認**がない限り、本人に対してその効力を生じない。

4　誤り。他人に代理権を与えた者は、代理権の消滅後にその代理権の範囲内においてその他人が第三者との間でした行為について、**代理権の消滅の事実**を知らなかった第三者に対してその責任を負う。ただし、第三者が**過失**によってその事実を知らなかったときは、この限りでない（法112条）。

正解 ▶ 3

民　法（総則）

8 無権代理

CHECK □□□□□　出題頻度 ●●●●　難易度 ★★　　令和2年⑫

[問題]　AがBに対して、A所有の甲土地を売却する代理権を令和2年7月1日に授与した場合に関する次の記述のうち、民法の規定及び判例によれば、正しいものはどれか。

1　Bが自己又は第三者の利益を図る目的で、Aの代理人として甲土地をDに売却した場合、Dがその目的を知り、又は知ることができたときは、Bの代理行為は無権代理とみなされる。

2　BがCの代理人も引き受け、AC双方の代理人として甲土地に係るAC間の売買契約を締結した場合、Aに損害が発生しなければ、Bの代理行為は無権代理とはみなされない。

3　AがBに授与した代理権が消滅した後、BがAの代理人と称して、甲土地をEに売却した場合、AがEに対して甲土地を引き渡す責任を負うことはない。

4　Bが、Aから代理権を授与されていないA所有の乙土地の売却につき、Aの代理人としてFと売買契約を締結した場合、AがFに対して追認の意思表示をすれば、Bの代理行為は追認の時からAに対して効力を生ずる。

解答　1　正しい。代理人が自己または第三者の利益を図る目的で代理権の範囲内の行為をした場合において、相手方がその目的を知り、または知ることができたときは、その行為は**無権代理行為**とみなされる（法107条）。

2　誤り。同一の法律行為について、相手方の代理人として（**自己代理**）、または当事者双方の代理人としてした行為（**双方代理**）は、無権代理行為とみなされる（法108条1項）。

3　誤り。人に代理権を与えた者は、**代理権の消滅後**にその代理権の範囲内においてその他人が第三者との間でした行為について、代理権の消滅の事実を知らなかった第三者に対してその責任を負う（法112条1項）。

4　誤り。追認は、別段の意思表示がないときは、**契約の時**にさかのぼってその効力を生ずる（法116条）。

　　　　　　　　　　　　正解▶1

民　法（総則）

9 期間の計算

CHECK ☐☐☐☐☐　　出題頻度 ●　　難易度 ★★★★★　　令和4年

[問題]　期間の計算に関する次の記述のうち、民法の規定によれば、正しいものはどれか。なお、明記された日付は、日曜日、国民の祝日に関する法律に規定する休日その他の休日には当たらないものとする。

1　令和4年10月17日午前10時に、引渡日を契約締結日から1年後とする不動産の売買契約を締結した場合、令和5年10月16日が引渡日である。

2　令和4年8月31日午前10時に、弁済期限を契約締結日から1か月後とする金銭消費貸借契約を締結した場合、令和4年9月30日の終了をもって弁済期限となる。

3　期間の末日が日曜日、国民の祝日に関する法律に規定する休日その他の休日に当たるときは、その日に取引をしない慣習がある場合に限り、期間はその前日に満了する。

4　令和4年5月30日午前10時に、代金の支払期限を契約締結日から1か月後とする動産の売買契約を締結した場合、令和4年7月1日の終了をもって支払期限となる。

[解答]　1　誤り。日、週、月または年によって期間を定めたときは、**期間の初日は算入せず**、その末日の終了をもって満了する（法140条、141条）。初日は不算入なので10月18日が1日目（起算日）ということになり、1年後の10月17日終了時に期間が満了し引渡日となる。

2　正しい。9月1日が起算日となり、9月30日の終了をもって弁済期限となる。

3　誤り。期間の末日が日曜日、国民の祝日に関する法律に規定する休日その他の休日に当たるときは、その日に取引をしない慣習がある場合に限り、期間は、その**翌日**に満了する（法142条）。

4　誤り。5月31日が起算日となり、6月30日の終了をもって支払期限となる。

　　　　　　　　　　　　　　　　　　　　　　　　正解▶2

10 時 効

CHECK □□□□□　出題頻度 ◆◆◆◆　難易度 ★★★　令和２年⑫

[問題] 時効に関する次の記述のうち、民法の規定及び判例によれば、誤っているものはどれか。なお、時効の対象となる債権の発生原因は、令和２年４月１日以降に生じたものとする。

1　消滅時効の援用権者である「当事者」とは、権利の消滅について正当な利益を有する者であり、債務者のほか、保証人、物上保証人、第三取得者も含まれる。
2　裁判上の請求をした場合、裁判が終了するまでの間は時効が完成しないが、当該請求を途中で取り下げて権利が確定することなく当該請求が終了した場合には、その終了した時から新たに時効の進行が始まる。
3　権利の承認があったときは、その時から新たに時効の進行が始まるが、権利の承認をするには、相手方の権利についての処分につき行為能力の制限を受けていないことを要しない。
4　夫婦の一方が他方に対して有する権利については、婚姻の解消の時から６箇月を経過するまでの間は、時効が完成しない。

[解答]　1　正しい。消滅時効を援用することができる**当事者**には、債務者本人のほか、保証人、物上保証人、第三取得者その他権利の消滅について**正当な利益**を有する者が含まれる（法145条）。
2　誤り。**裁判上の請求**をした場合、裁判が終了するまでの間は時効が完成しない（147条１項１号）。しかし、請求の取下げなど、確定判決等による権利の確定に至ることなく裁判が**終了**した場合には、その終了した時から６カ月を経過するまでは、引き続き時効の完成が猶予される（同条同項かっこ書）。
3　正しい。時効は、権利の**承認**があったときは、時効は更新され、その時から新たにその進行を始める。承認をするには、相手方の権利についての処分につき**行為能力の制限**を受けていないことまたは**権限**があることを要しない（法152条２項）。
4　正しい。夫婦の一方が他の一方に対して有する権利については、婚姻解消の時から６カ月を経過するまでの間は、時効は完成しない（法159条）。

正解▶2

民　法（総則）

11 時　効

CHECK ☐☐☐☐☐　　出題頻度 ■■■■　　難易度 ★★★　　令和2年⑩

[問題]　Aが甲土地を所有している場合の時効に関する次の記述のうち、民法の規定及び判例によれば、誤っているものはどれか。

1　Bが甲土地を所有の意思をもって平穏かつ公然に17年間占有した後、CがBを相続し甲土地を所有の意思をもって平穏かつ公然に3年間占有した場合、Cは甲土地の所有権を時効取得することができる。

2　Dが、所有者と称するEから、Eが無権利者であることについて善意無過失で甲土地を買い受け、所有の意思をもって平穏かつ公然に3年間占有した後、甲土地がAの所有であることに気付いた場合、そのままさらに7年間甲土地の占有を継続したとしても、Dは、甲土地の所有権を時効取得することはできない。

3　Dが、所有者と称するEから、Eが無権利者であることについて善意無過失で甲土地を買い受け、所有の意思をもって平穏かつ公然に3年間占有した後、甲土地がAの所有であることを知っているFに売却し、Fが所有の意思をもって平穏かつ公然に甲土地を7年間占有した場合、Fは甲土地の所有権を時効取得することができる。

4　Aが甲土地を使用しないで20年以上放置していたとしても、Aの有する甲土地の所有権が消滅時効にかかることはない。

[解答]　20年間（占有開始時に**善意・無過失**であれば**10年間**）、**所有の意思**をもって、**平穏かつ公然**と他人の物を占有した者は、その所有権を取得する（法162条）。また、占有者の承継人は、その選択に従い、自己の占有のみを主張し、または自己の占有に前の占有者の占有を併せて主張することができる（法187条）。

したがって、1、3は正しく、2が誤り。また、**所有権は消滅時効にかかることはない**（法166条2項）ので、4は正しい。

正解▶2

12 取得時効

CHECK □□□□□　　出題頻度 ◆◆◆◆　　難易度 ★★★★　　令和４年

［問題］　AはBに対し、自己所有の甲土地を売却し、代金と引換えにBに甲土地を引き渡したが、その後にCに対しても甲土地を売却し、代金と引換えにCに甲土地の所有権登記を移転した。この場合におけるBによる甲土地の所有権の時効取得に関する次の記述のうち、民法の規定及び判例によれば、正しいものはどれか。

1　Bが甲土地をDに賃貸し、引き渡したときは、Bは甲土地の占有を失うので、甲土地の所有権を時効取得することはできない。
2　Bが、時効の完成前に甲土地の占有をEに奪われたとしても、Eに対して占有回収の訴えを提起して占有を回復した場合には、Eに占有を奪われていた期間も時効期間に算入される。
3　Bが、甲土地の引渡しを受けた時点で所有の意思を有していたとしても、AC間の売買及びCに対する登記の移転を知ったときは、その時点で所有の意思が認められなくなるので、Bは甲土地を時効により取得することはできない。
4　Bが甲土地の所有権を時効取得した場合、Bは登記を備えなければ、その所有権を時効完成時において所有者であったCに対抗することはできない。

［解答］　1　誤り。10年間、**所有の意思**をもって、平穏かつ公然と他人の物を**占有**した者は、その占有の開始の時に**善意・無過失**であるときは、その所有権を取得する。Bが甲土地を直接に占有しなくても、代理人による占有も認められる（法181条）ので、Bは、10年間占有を継続すれば、甲土地を時効取得することができる。

2　正しい。所有権の取得時効は、他人によってその占有を奪われたときは中断する（164条）とされているが、Bが**占有回収の訴え**を提起し、これに勝訴して占有を回復すれば、Eに占有を奪われていた期間はなかったことになり、Bは、Eに**占有を奪われていた期間も含めて10年間**占有を継続すれば、甲土地を時効取得することができる（最判昭44.12.2）。

3　誤り。占有の途中でAC間の売買及びCに対する登記の移転を知ったとしても、時効期間が変わることはない。Bは、**10年間**占有を継続すれば、甲土地を時効取得することができる。

4　誤り。不動産の時効取得者は、取得時効の進行中に原権利者から当該不動産の譲渡を受けその旨の移転登記を経由した者に対しては、登記がなくても**時効による所有権の取得**を主張することができる（最判昭41.11.22）。

　　　　　　　　　　　正解▶2

民　法（総則）

13 取得時効と登記

CHECK □□□□□　　出題頻度 ■■■■□　　難易度 ★★★★★　　令和5年

[問題]　A所有の甲土地について、Bが所有の意思をもって平穏にかつ公然
と時効取得に必要な期間占有を継続した場合に関する次の記述のうち、民
法の規定及び判例によれば、正しいものはいくつあるか。

ア　AがCに対して甲土地を売却し、Cが所有権移転登記を備えた後にB
　の取得時効が完成した場合には、Bは登記を備えていなくても、甲土地
　の所有権の時効取得をCに対抗することができる。

イ　Bの取得時効が完成した後に、AがDに対して甲土地を売却しDが所
　有権移転登記を備え、Bが、Dの登記の日から所有の意思をもって平穏
　にかつ公然と時効取得に必要な期間占有を継続した場合、所有権移転登
　記を備えていなくても、甲土地の所有権の時効取得をDに対抗すること
　ができる。

ウ　Bの取得時効完成後、Bへの所有権移転登記がなされないままEがA
　を債務者として甲土地にAから抵当権の設定を受けて抵当権設定登記を
　した場合において、Bがその後引き続き所有の意思をもって平穏にかつ
　公然と時効取得に必要な期間占有を継続した場合、特段の事情がない限
　り、再度の時効取得により、Bは甲土地の所有権を取得し、Eの抵当権
　は消滅する。

1　一つ
2　二つ
3　三つ
4　なし

[解答]　ア　正しい。不動産の時効取得者は、**取得時効の進行中**に原権利者から当
該不動産の譲渡を受け所有権移転登記を経由した者に対しては、登記がなく
ても時効による所有権の取得を主張することができる（最判昭41.11.22）。

イ　正しい。不動産の取得時効が完成しても、登記をしなければ、**時効完成後**に
所有権の取得登記をした第三者に対しては、時効による所有権の取得を主張で
きないが、第三者が登記をした後に、占有者が引き続き時効取得に必要な期間、
不動産の占有を継続した場合には、その第三者に対して、登記がなくても時効
取得を主張することができる（最判昭36.7.20）。

ウ　正しい。不動産の**取得時効が完成した後**、所有権の移転登記がされないまま、
第三者が原所有者から抵当権の設定を受けて抵当権設定登記をした場合に、不
動産を時効取得した占有者が、その後で引き続き時効取得に必要な期間、不動
産の占有を続けた後に取得時効を援用した場合、特段の事情がない限り、占有
者が不動産を時効取得し、抵当権は消滅する（最判平24.3.16）。

以上により、ア、イ、ウの三つとも正しい。

　　　　　　　　　　　　　　正解▶3

14 物権変動の対抗要件

CHECK ☐☐☐☐☐　出題頻度 ●●●●　難易度 ★★★　令和３年⑫

> [問題]　不動産に関する物権変動の対抗要件に関する次の記述のうち、民法の規定及び判例によれば、誤っているものはどれか。
> 1　不動産の所有権がAからB、BからC、CからDと転々譲渡された場合、Aは、Dと対抗関係にある第三者に該当する。
> 2　土地の賃借人として当該土地上に登記ある建物を所有する者は、当該土地の所有権を新たに取得した者と対抗関係にある第三者に該当する。
> 3　第三者のなした登記後に時効が完成して不動産の所有権を取得した者は、当該第三者に対して、登記を備えなくても、時効取得をもって対抗することができる。
> 4　共同相続財産につき、相続人の一人から相続財産に属する不動産につき所有権の全部の譲渡を受けて移転登記を備えた第三者に対して、他の共同相続人は、自己の持分を登記なくして対抗することができる。

[解答]　1　誤り。不動産がAからB、BからC、CからDと順次譲渡された場合、現在の登記名義人たるAがDから直接、移転登記手続を求められるにあたって、Aは民法177条にいう**第三者**として、Dに対しその物権取得を否認できる関係にはない（最判昭39.2.13）。

2　正しい。土地の賃借人としてその賃借地上に登記ある建物を所有する者は、土地の所有権の得喪につき**利害関係を有する第三者**であるから、当該土地の所有権を新たに取得した者に対し、本件宅地の所有権の移転につきその登記を経由しなければ対抗することができない（最判昭49.3.19）。

3　正しい。不動産の時効取得者は、**取得時効の進行中**に原権利者から当該不動産の譲渡を受けその旨の移転登記を経由した者に対しては、登記がなくても、時効による所有権の取得を主張することができる（最判昭41.11.22）。

4　正しい。**共同相続**した不動産につき、相続人の一人が勝手に単独所有権取得の登記をし、さらに第三取得者が移転登記を受けた場合、他の共同相続人は、自己の持分を登記なくして対抗することができる（最判昭38.2.22）。

民　法（物権）

15 背信的悪意者

CHECK ☐☐☐☐☐　　出題頻度 ●●●●　　難易度 ★★★　　令和4年

問題　次の1から4までの記述のうち、民法の規定、判例及び下記判決文によれば、正しいものはどれか。

（判決文）
　所有者甲から乙が不動産を買い受け、その登記が未了の間に、丙が当該不動産を甲から二重に買い受け、更に丙から転得者丁が買い受けて登記を完了した場合に、たとい丙が背信的悪意者に当たるとしても、丁は、乙に対する関係で丁自身が背信的悪意者と評価されるのでない限り、当該不動産の所有権取得をもって乙に対抗することができるものと解するのが相当である。

1　所有者AからBが不動産を買い受け、その登記が未了の間に、Cが当該不動産をAから二重に買い受けて登記を完了した場合、Cは、自らが背信的悪意者に該当するときであっても、当該不動産の所有権取得をもってBに対抗することができる。

2　所有者AからBが不動産を買い受け、その登記が未了の間に、背信的悪意者ではないCが当該不動産をAから二重に買い受けた場合、先に買い受けたBは登記が未了であっても当該不動産の所有権取得をもってCに対抗することができる。

3　所有者AからBが不動産を買い受け、その登記が未了の間に、背信的悪意者であるCが当該不動産をAから二重に買い受け、更にCから転得者Dが買い受けて登記を完了した場合、DもBに対する関係で背信的悪意者に該当するときには、Dは当該不動産の所有権取得をもってBに対抗することができない。

4　所有者AからBが不動産を買い受け、その登記が未了の間に、Cが当該不動産をAから二重に買い受け登記を完了した場合、Cが背信的悪意者に該当しなくてもBが登記未了であることにつき悪意であるときには、Cは当該不動産の所有権取得をもってBに対抗することができない。

解答　1　誤り。第一譲受人Cは背信的悪意者に該当するというのであるから、正当な利益を有する第三者には当たらず、Bに対抗することができない。

2　誤り。Cは背信的悪意者に該当しないというのであるから、登記未了のBはCに対抗することができない。

3　正しい。C・転得者Dとも背信的悪意者に該当するというのであるから、正当な利益を有する第三者には当たらず、Bに対抗することができない。

4　誤り。Cは、「Bが登記未了であることにつき悪意である」というだけのことであり、背信的悪意者に該当しないので、Bに対抗することができる。

（以上、最判平8.10.29、法177条）

正解 ▶ 3

民　法（物権）

16 相隣関係

CHECK □□□□□　　出題頻度 ●●●　　難易度 ★★★　　令和5年

【問題】　相隣関係に関する次の記述のうち、民法の規定によれば、正しいものはどれか。

1　土地の所有者は、境界標の調査又は境界に関する測量等の一定の目的のために必要な範囲内で隣地を使用することができる場合であっても、住家については、その家の居住者の承諾がなければ、当該住家に立ち入ることはできない。

2　土地の所有者は、隣地の竹木の枝が境界線を越える場合、その竹木の所有者にその枝を切除させることができるが、その枝を切除するよう催告したにもかかわらず相当の期間内に切除しなかったときであっても、自らその枝を切り取ることはできない。

3　相隣者の一人は、相隣者間で共有する障壁の高さを増すときは、他方の相隣者の承諾を得なければならない。

4　他の土地に囲まれて公道に通じない土地の所有者は、公道に出るためにその土地を囲んでいる他の土地を自由に選んで通行することができる。

【解答】　1　正しい。土地の所有者は、境界標の調査等のため、あらかじめ、その目的・日時・場所・方法を隣地の所有者等に通知することにより、必要な範囲内で隣地を使用することができる。ただし、住家については、居住者の承諾がなければ立ち入ることができない（法209条1項・3項）。

2　誤り。土地の所有者は、隣地の竹木の枝が境界線を越える場合、①竹木の所有者に催告したにもかかわらず相当の期間内に切除しないとき、②竹木の所有者の所在が不明なとき、③急迫の事情があるときは、自らこれを切り取ることができる（法233条3項1号）。

3　誤り。各相隣者は、相隣者間で共有する障壁の高さを増す工事を単独ですることができ、他方の相隣者の承諾を得る必要はない（民法231条）。

4　誤り。他の土地に囲まれて公道に通じない土地の所有者は、その土地を囲んでいる他の土地を通ることができる（法210条1項）。ただしこの場合、通行の場所および方法は、必要かつ他の土地のために損害が最も少ないものを選ばなければならない（法211条1項）。

正解 ▶ 1

民　法（物権）

17 相隣関係

CHECK ☐☐☐☐☐　　出題頻度 ●●●　　難易度 ★★★　　令和２年⑩

[問題]　Ａが購入した甲土地が他の土地に囲まれて公道に通じない土地であった場合に関する次の記述のうち、民法の規定及び判例によれば、正しいものはどれか。

1　甲土地が共有物の分割によって公道に通じない土地となっていた場合には、Ａは公道に至るために他の分割者の所有地を、償金を支払うことなく通行することができる。

2　Ａは公道に至るため甲土地を囲んでいる土地を通行する権利を有するところ、Ａが自動車を所有していても、自動車による通行権が認められることはない。

3　Ａが、甲土地を囲んでいる土地の一部である乙土地を公道に出るための通路にする目的で賃借した後、甲土地をＢに売却した場合には、乙土地の賃借権は甲土地の所有権に従たるものとして甲土地の所有権とともにＢに移転する。

4　Ｃが甲土地を囲む土地の所有権を時効により取得した場合には、ＡはＣが時効取得した土地を公道に至るために通行することができなくなる。

[解答]　1　正しい。分割によって公道に通じない土地が生じたときは、その土地の所有者は、公道に至るため、**他の分割者の所有地**のみを通行することができる。この場合においては、**償金**を支払うことを要しない（法213条１項）。

2　誤り。自動車による囲 繞 地通行権を認めるかどうかについては、自動車による通行を認める必要性、周辺の土地の状況、他の土地の所有者が被る不利益等の諸事情を考慮して判断される（東京高判平19.9.13）。自動車による通行権が認められないというわけではない。

3　誤り。甲土地の所有権がＢに移転したからといって、乙土地の賃借権も移転するわけではない。

4　誤り。囲繞地通行権は、両土地の位置関係によって発生するものであり、それぞれの土地所有者が誰であるかは無関係である。

　　　　　　　　　　　　　　　　　正解▶1

18 相隣関係

CHECK □□□□□　　出題頻度 ●●●　　難易度 ★★★　　令和2年⑫

> [問題]　相隣関係に関する次の記述のうち、民法の規定によれば、誤っているものはどれか。
> 1　土地の所有者は、隣地の所有者と共同の費用で、境界標を設けることができる。
> 2　隣接する土地の境界線上に設けた障壁は、相隣者の共有に属するものと推定される。
> 3　高地の所有者は、その高地が浸水した場合にこれを乾かすためであっても、公の水流又は下水道に至るまで、低地に水を通過させることはできない。
> 4　土地の所有者が直接に雨水を隣地に注ぐ構造の屋根を設けた場合、隣地所有者は、その所有権に基づいて妨害排除又は予防の請求をすることができる。

[解答]　1　正しい。**境界標**とは、土地の境界の位置を表すための標識で、土地の所有者は、隣地の所有者と共同の費用で、境界標を設けることができる（法223条）。この場合、境界標の設置および保存の費用は、相隣者が等しい割合で負担する。ただし、測量の費用は、その土地の広狭に応じて分担する（法224条）。

2　正しい。境界線上に設けた境界標、囲障、障壁、溝および堀は、相隣者の**共有**に属するものと推定される（法229条）。

3　誤り。**高地の所有者**は、その高地が浸水した場合にこれを乾かすため、または自家用若しくは農工業用の余水を排出するため、公の水流または下水道に至るまで、低地に水を通過させることができる。この場合においては、低地のために損害が最も少ない場所及び方法を選ばなければならない（法220条）。

4　正しい。土地の所有者は、直接に雨水を隣地に注ぐ構造の屋根その他の工作物を設けてはならない（法218条）とされている。

正解▶3

民 法（物権）

19 共 有

CHECK □□□□□　出題頻度 ■■■□　難易度 ★★　令和２年⑫

[問題]　不動産の共有に関する次の記述のうち、民法の規定によれば、誤っているものはどれか。
1　共有物の各共有者の持分が不明な場合、持分は平等と推定される。
2　各共有者は、他の共有者の同意を得なければ、共有物に変更を加えることができない。
3　共有物の保存行為については、各共有者が単独ですることができる。
4　共有者の一人が死亡して相続人がないときは、その持分は国庫に帰属する。

[解答]　1　正しい。持分の割合は、共有が当事者の意思に基づいて発生する場合には、当事者の合意によって決定されるが、**持分の割合が明確でないときは、**各共有者の持分は**均等**と推定される（法250条）。
2　正しい。共有物を**変更**するには、他の共有者**全員の同意**が必要である（法251条）。
3　正しい。共有物の補修などの**保存行為**は、共有物を維持するために必要な行為なので、各共有者が**単独**ですることができる（法252条５項）。
4　誤り。共有者の一人が、その持分を**放棄**したとき、または**死亡**して相続人がないときは、その持分は、**他の共有者**に帰属する（法255条）。

正解▶4

20 地役権

CHECK ☐☐☐☐☐　　出題頻度 ■■■□　　難易度 ★★★■■■　　令和２年⑫

問題　地役権に関する次の記述のうち、民法の規定及び判例によれば、誤っているものはどれか。

1　地役権は、継続的に行使されるもの、又は外形上認識することができるものに限り、時効取得することができる。

2　地役権者は、設定行為で定めた目的に従い、承役地を要役地の便益に供する権利を有する。

3　設定行為又は設定後の契約により、承役地の所有者が自己の費用で地役権の行使のために工作物を設け、又はその修繕をする義務を負担したときは、承役地の所有者の特定承継人もその義務を負担する。

4　要役地の所有権とともに地役権を取得した者が、所有権の取得を承役地の所有者に対抗し得るときは、地役権の取得についても承役地の所有者に対抗することができる。

解答　1　誤り。地役権は、**継続的に行使**され（通路を開設する通行地役権、引水地役権など）、**かつ、外形上認識**することができるもの（地表に水路を設けた引水地役権など）に限り、時効によって取得することができる（法283条）。

2　正しい。**地役権**は、設定行為で定めた目的に従い、他人の土地を自己の土地の便益に供する権利である（法280条）。

3　正しい。地役権の設定行為または設定後の契約により、承役地の所有者が自己の費用で地役権の行使のために工作物を設け、またはその修繕をする義務を負担したときは、承役地の所有者の特定承継人もその義務を負担する（法286条）。

4　正しい。要役地の所有権が移転すると、地役権もこれとともに移転するから、要役地の売買に伴って、地役権は当然に買主に移転する（法281条１項）。したがって、要役地の所有者が承役地について地役権を有していた場合に、その登記がされていないときでも、譲受人は、要役地につき所有権移転の登記を受ければ、承役地の所有者に対し、地役権の取得を主張することができる（大判大13.3.17）。

　　　　　　　　　　　　　　　　　　　　　　　　正解▶1

民　法（物権・債権）

21 地上権・賃借権

CHECK ☐☐☐☐☐　　出題頻度 ■■■■□　　難易度 ★★★★　　令和4年

> **[問題]**　AがB所有の甲土地を建物所有目的でなく利用するための権原が、
> ①地上権である場合と②賃借権である場合に関する次の記述のうち、民法
> の規定及び判例によれば、正しいものはどれか。なお、AもBも対抗要件
> を備えているものとする。
> 1　①でも②でも、特約がなくても、BはAに対して、甲土地の使用及び
> 収益に必要な修繕をする義務を負う。
> 2　CがBに無断でAから当該権原を譲り受け、甲土地を使用していると
> きは、①でも②でも、BはCに対して、甲土地の明渡しを請求すること
> ができる。
> 3　①では、Aは当該権原を目的とする抵当権を設定することができるが、
> ②では、Aは当該権原を目的とする抵当権を設定することはできない。
> 4　Dが甲土地を不法占拠してAの土地利用を妨害している場合、①では、
> Aは当該権原に基づく妨害排除請求権を行使してDの妨害の排除を求め
> ることができるが、②では、AはDの妨害の排除を求めることはできな
> い。

[解答]　1　誤り。**賃借権**の場合、賃貸人は、賃貸物の使用・収益に必要な修繕を
する義務を負う（法606条1項）が、**地上権**の場合には修繕義務に関する規定
はなく、土地所有者は修繕義務を負わない。
2　誤り。**地上権**の場合、地上権者Aは、土地所有者Bの承諾を得なくても、地
上権をCに譲り渡すことができ、地上権を譲渡されたからといって、BはCに
甲土地の明渡しを請求することはできない。**賃借権**の場合は、賃貸人の承諾を
得なければ、賃借物を転貸することができず、無断で転貸したときには、賃貸
人Bは、Aとの賃貸借契約を解除することができる（法612条）ので、Bは、
Cに対して、甲土地の明渡しを請求することができる。
3　正しい。**地上権**は、抵当権の目的とすることができる（法369条2項）が、
賃借権を目的とする抵当権を設定することはできない。
4　誤り。**地上権**は物権である以上、妨害排除請求権が認められる。**賃借権**につ
いても、賃借人が登記等の対抗要件を備えていれば、不動産の占有を第三者に
妨害された場合に、妨害の停止を請求することができる（法605条の4第1号）。

22 抵当権

CHECK ☐☐☐☐☐　　出題頻度 ●●●●　　難易度 ★★★　　令和３年⑫

問題　Ａは、Ｂからの借入金の担保として、Ａ所有の甲建物に第一順位の抵当権（以下この問において「本件抵当権」という。）を設定し、その登記を行った。ＡＣ間にＣを賃借人とする甲建物の一時使用目的ではない賃貸借契約がある場合に関する次の記述のうち、民法及び借地借家法の規定並びに判例によれば、正しいものはどれか。

1　本件抵当権設定登記後にＡＣ間の賃貸借契約が締結され、ＡのＢに対する借入金の返済が債務不履行となった場合、Ｂは抵当権に基づき、ＡがＣに対して有している賃料債権を差し押さえることができる。

2　Ｃが本件抵当権設定登記より前に賃貸借契約に基づき甲建物の引渡しを受けていたとしても、ＡＣ間の賃貸借契約の期間を定めていない場合には、Ｃの賃借権は甲建物の競売による買受人に対抗することができない。

3　本件抵当権設定登記後にＡＣ間で賃貸借契約を締結し、その後抵当権に基づく競売手続による買受けがなされた場合、買受けから賃貸借契約の期間満了までの期間が１年であったときは、Ｃは甲建物の競売における買受人に対し、期間満了までは甲建物を引き渡す必要はない。

4　Ｃが本件抵当権設定登記より前に賃貸借契約に基づき甲建物の引渡しを受けていたとしても、Ｃは、甲建物の競売による買受人に対し、買受人の買受けの時から１年を経過した時点で甲建物を買受人に引き渡さなければならない。

解答　1　正しい。抵当権は、その担保する債権について**不履行**があったときは、その後に生じた抵当不動産の果実に及ぶ（法371条）ので、Ｂは抵当権に基づき、ＡがＣに対して有している賃料債権を差し押さえることができる。

2　誤り。Ｃは、**抵当権設定登記の前**に甲建物の引渡しを受けていたのであるから、甲建物の競売による買受人に対抗することができる（借地借家法31条）。

3　誤り。**抵当権設定登記後**にＡＣ間で賃貸借契約を締結したのであるから、Ｃは競落人に対抗することができない。

4　誤り。Ｃは、賃貸借契約が終了するまで甲建物を買受人に引き渡す必要はない。

　　　　　　　　　　　　　　　　　　　　　　　　正解▶1

民　法（物権）

23 抵当権の処分

CHECK ☐☐☐☐☐　　出題頻度 ●●●●　　難易度 ★★★★★　　令和5年

[問題]　債務者Aが所有する甲土地には、債権者Bが一番抵当権（債権額1,000万円）、債権者Cが二番抵当権（債権額1,200万円）、債権者Dが三番抵当権（債権額2,000万円）をそれぞれ有しているが、BがDの利益のため、Aの承諾を得て抵当権の順位を放棄した。甲土地の競売に基づく売却代金が2,400万円であった場合、Bの受ける配当額として、民法の規定によれば、正しいものはどれか。

1　0円
2　200万円
3　400万円
4　800万円

[解答]　同一債務者に対して、抵当権者が数人あるときは、その順位は**登記の順序**によって定まる。この抵当権の順位は、抵当権者の合意によって**譲渡**することができる。また、抵当権者は、順位の譲渡と同様に、同一債務者に対して抵当権を有する他の債権者の利益のために、その順位を**放棄**することができる。

競落代金は2,400万円というのであるから、放棄前の配当額はB：1,000万円、C：1,200万円、D：200万円。BがDに対して抵当権の順位を放棄すると、Bが受けるべき1,000万円と、Dが受ける200万円を合計した1,200万円が、BとDの債権額の割合に応じて配分される。債権額はBが1,000万円、Dが2,000万円なので、BとDの配当額の合計1,200万円は1：2の割合で配分され、Bは1,200万円×1/3＝400万円、Cは1,200万円、Dは1,200万円×2/3＝800万円となる。

したがって、Bの受ける配当額は400万円である。

正解▶3

民　法（物権）

24 抵当権

CHECK □□□□□　出題頻度 ●●●●　難易度 ★★★★　令和4年

> **[問題]**　A所有の甲土地にBのCに対する債務を担保するためにCの抵当権（以下この問において「本件抵当権」という。）が設定され、その旨の登記がなされた場合に関する次の記述のうち、民法の規定によれば、正しいものはどれか。
>
> 1　Aから甲土地を買い受けたDが、Cの請求に応じてその代価を弁済したときは、本件抵当権はDのために消滅する。
> 2　Cに対抗することができない賃貸借により甲土地を競売手続の開始前から使用するEは、甲土地の競売における買受人Fの買受けの時から6か月を経過するまでは、甲土地をFに引き渡すことを要しない。
> 3　本件抵当権設定登記後に、甲土地上に乙建物が築造された場合、Cが本件抵当権の実行として競売を申し立てるときには、甲土地とともに乙建物の競売も申し立てなければならない。
> 4　BがAから甲土地を買い受けた場合、Bは抵当不動産の第三取得者として、本件抵当権について、Cに対して抵当権消滅請求をすることができる。

[解答]　1　正しい。抵当不動産について所有権または地上権を買い受けた第三者が、抵当権者の請求に応じてその抵当権者にその代価を弁済したときは、抵当権は、その第三者のために消滅する（法378条、**代価弁済**）。

2　誤り。抵当権者に対抗することができない賃貸借により**競売手続の開始前**から抵当権の目的である**建物**の使用・収益をする者は、その建物の競売における買受人の買受けの時から6か月を経過するまでは、その建物を買受人に引き渡すことを要しない（395条1項）が、土地についてはそのような規定はない。

3　誤り。抵当権の設定後に抵当地に建物が築造されたときは、抵当権者は、土地とともにその建物を**競売**することができる（法389条1項）が、「建物の競売も申し立てなければならない」というわけではない。

4　誤り。抵当不動産の第三取得者は、抵当権消滅請求をすることができるが、主たる債務者、保証人およびこれらの者の承継人は、抵当権消滅請求をすることができない（法379条、380条）。**債務者**であるBは、抵当権消滅請求をすることができない。

民　法（債権）

25 選択債権

CHECK ☐☐☐☐☐　　出題頻度 ●　　難易度 ★★★★★　令和3年⑩

[問題]　AとBとの間で、Aを売主、Bを買主とする、等価値の美術品甲又は乙のいずれか選択によって定められる美術品の売買契約（以下この問において「本件契約」という。）が令和3年7月1日に締結された場合に関する次の記述のうち、民法の規定によれば、正しいものはどれか。

1　本件契約において、給付の目的を甲にするか乙にするかについて、第三者Cを選択権者とする合意がなされた場合、Cが選択をすることができないときは、選択権はBに移転する。

2　本件契約において、給付の目的を甲にするか乙にするかについて、Aを選択権者とする合意がなされた後に、Aの失火により甲が全焼したときは、給付の目的物は乙となる。

3　本件契約において、給付の目的を甲にするか乙にするかについての選択権に関する特段の合意がない場合、Bが選択権者となる。

4　本件契約において、給付の目的を甲にするか乙にするかについて、第三者Dを選択権者とする合意がなされた場合、Dが選択権を行使するときは、AとBの両者に対して意思表示をしなければならない。

[解答]　1　誤り。数個の異なった給付の中から選択によって定まる債権を**選択債権**という。第三者が選択すべき場合に、その第三者が選択することができず、または選択する意思を有しないときは、選択権は債務者である売主Aに移転する（法409条2項）。

2　正しい。選択権者の過失により給付の中に不能のものがある場合には、債権は残存するものについて存在する（法410条）。

3　誤り。選択債権の選択権は、債務者である売主Aに属する（法406条）。

4　誤り。第三者が選択すべき場合、その選択は、債権者または債務者に対する意思表示によってする（法409条1項）。「A（債務者）とB（債権者）の両者に対して意思表示をしなければならない」というわけではない。

民　法（債権）

26 債務不履行

CHECK □□□□□　出題頻度 ●●□□□　難易度 ★★★　令和2年⑫

> [問題]　債務不履行に関する次の記述のうち、民法の規定及び判例によれば、誤っているものはどれか。なお、債務は令和2年4月1日以降に生じたものとする。
> 1　債務の履行について不確定期限があるときは、債務者は、その期限が到来したことを知らなくても、期限到来後に履行の請求を受けた時から遅滞の責任を負う。
> 2　債務の目的が特定物の引渡しである場合、債権者が目的物の引渡しを受けることを理由なく拒否したため、その後の履行の費用が増加したときは、その増加額について、債権者と債務者はそれぞれ半額ずつ負担しなければならない。
> 3　債務者がその債務について遅滞の責任を負っている間に、当事者双方の責めに帰することができない事由によってその債務の履行が不能となったときは、その履行不能は債務者の責めに帰すべき事由によるものとみなされる。
> 4　契約に基づく債務の履行が契約の成立時に不能であったとしても、その不能が債務者の責めに帰することができない事由によるものでない限り、債権者は、履行不能によって生じた損害について、債務不履行による損害の賠償を請求することができる。

[解答]　1　正しい。債務の履行について**確定期限**があるときは、債務者は、その期限の到来した時から遅滞の責任を負い、**不確定期限**があるときは、債務者は、その期限の到来した後に**履行の請求**を受けた時またはその**期限の到来したこと**を知った時のいずれか早い時から遅滞の責任を負う（法412条）。
2　誤り。債権者が債務の履行を受けることを拒み、または受けることができないことによって、履行の費用が増加したときは、その増加額は**債権者が負担**する（法413条）。
3　正しい。債務者がその債務について履行遅滞の責任を負っている間に、当事者双方の責めに帰することができない事由によってその債務の履行が不能になったときは、その履行の不能は、**債務者の責め**に帰すべき事由によるものとみなされる（法413条の2第1項）。
4　正しい。債務の履行が契約その他の債務の発生原因および取引上の社会通念に照らして不能であるときは、債権者は、その債務の履行を請求することができないが、その不能が債務者の責めに帰することができない事由によるものでない限り、債権者からの**損害賠償請求**を認めている（法412条の2第2項、415条）。

　　　　　　　　　　　　　　　　　　　　正解▶2

民　法（債権）

27 連帯債務

CHECK ☐☐☐☐☐　　出題頻度 ◆◆◆◆　　難易度 ★★★★　　令和３年⑩

[問題]　債務者Ａ、Ｂ、Ｃの３名が、令和３年７月１日に、内部的な負担部分の割合は等しいものとして合意した上で、債権者Ｄに対して300万円の連帯債務を負った場合に関する次の記述のうち、民法の規定によれば、誤っているものはどれか。

1　ＤがＡに対して裁判上の請求を行ったとしても、特段の合意がなければ、ＢとＣがＤに対して負う債務の消滅時効の完成には影響しない。

2　ＢがＤに対して300万円の債権を有している場合、Ｂが相殺を援用しない間に300万円の支払の請求を受けたＣは、ＢのＤに対する債権で相殺する旨の意思表示をすることができる。

3　ＤがＣに対して債務を免除した場合でも、特段の合意がなければ、ＤはＡに対してもＢに対しても、弁済期が到来した300万円全額の支払を請求することができる。

4　ＡとＤとの間に更改があったときは、300万円の債権は、全ての連帯債務者の利益のために消滅する。

[解答]　1　正しい。連帯債務者の一人について生じた事由は、**更改、相殺、混同**を除いて、他の債務者には効力が生じない。ＤがＡに**請求**しても、ＢとＣの消滅時効の完成には影響しない（法441条）。

2　誤り。連帯債務者の一人が債権者に対して債権を有する場合、その連帯債務者が相殺を援用したときは、債権は、すべての連帯債務者の利益のために消滅する。ただし、債権を有する連帯債務者が相殺を援用しない間は、その連帯債務者の**負担部分の限度**において、他の連帯債務者は、債権者に対して債務の履行を拒むことができる（法439条）。

3　正しい。別段の定めがない限り、連帯債務者の一人に対する**免除**は、他の連帯債務者に影響を与えない。Ｄは、Ａに対してもＢに対しても、300万円全額の支払いを請求することができる（法441条）。

4　正しい。連帯債務者の一人と債権者との間に**更改**があったときは、債権は、すべての連帯債務者の利益のために消滅する（法438条）。

正解 ▶ 2

28 保　証

CHECK □□□□□　　出題頻度 ■■□□□　　難易度 ★★★★　　令和２年⑩

[問題]　令和２年７月１日に下記ケース①及びケース②の保証契約を締結した場合に関する次の１から４までの記述のうち、民法の規定によれば、正しいものはどれか。

（ケース①）個人Ａが金融機関Ｂから事業資金として1,000万円を借り入れ、ＣがＢとの間で当該債務に係る保証契約を締結した場合

（ケース②）個人Ａが建物所有者Ｄと居住目的の建物賃貸借契約を締結し、ＥがＤとの間で当該賃貸借契約に基づくＡの一切の債務に係る保証契約を締結した場合

1　ケース①の保証契約は、口頭による合意でも有効であるが、ケース②の保証契約は、書面でしなければ効力を生じない。

2　ケース①の保証契約は、Ｃが個人でも法人でも極度額を定める必要はないが、ケース②の保証契約は、Ｅが個人でも法人でも極度額を定めなければ効力を生じない。

3　ケース①及びケース②の保証契約がいずれも連帯保証契約である場合、ＢがＣに債務の履行を請求したときはＣは催告の抗弁を主張することができるが、ＤがＥに債務の履行を請求したときはＥは催告の抗弁を主張することができない。

4　保証人が保証契約締結の日前１箇月以内に公正証書で保証債務を履行する意思を表示していない場合、ケース①のＣがＡの事業に関与しない個人であるときはケース①の保証契約は効力を生じないが、ケース②の保証契約は有効である。

[解答]　1　誤り。保証契約は、**書面**でしなければ効力を生じない（法446条２項）。

2　誤り。極度額を定める必要があるのは、**個人根保証契約**である（法465条の２第２項）。ケース②は、「賃貸借契約に基づく一切の債務」を主債務とする根保証契約であるが、Ｅが**法人**の場合、極度額を設定する必要はない。

3　誤り。連帯保証人は、**催告の抗弁権**を主張することができない（法452条、454条）。

4　正しい。**事業用融資の第三者個人保証**の場合、保証人が保証契約締結の日前１か月以内に**公正証書**（保証意思宣明公正証書）で保証債務を履行する意思を表示していなければ無効になる（法465条の６第１項・３項）。ケース②の保証契約の主債務は、「居住目的の建物賃貸借契約」であるので、保証意思宣明公正証書の作成は不要である。

民 法（債権）

29 保 証

CHECK ☐☐☐☐☐　　出題頻度 ■■　　難易度 ★★★★　　令和2年⑩

[問題] 保証に関する次の記述のうち、民法の規定及び判例によれば、誤っているものはどれか。なお、保証契約は令和2年4月1日以降に締結されたものとする。

1　特定物売買における売主の保証人は、特に反対の意思表示がない限り、売主の債務不履行により契約が解除された場合には、原状回復義務である既払代金の返還義務についても保証する責任がある。

2　主たる債務の目的が保証契約の締結後に加重されたときは、保証人の負担も加重され、主たる債務者が時効の利益を放棄すれば、その効力は連帯保証人に及ぶ。

3　委託を受けた保証人が主たる債務の弁済期前に債務の弁済をしたが、主たる債務者が当該保証人からの求償に対して、当該弁済日以前に相殺の原因を有していたことを主張するときは、保証人は、債権者に対し、その相殺によって消滅すべきであった債務の履行を請求することができる。

4　委託を受けた保証人は、履行の請求を受けた場合だけでなく、履行の請求を受けずに自発的に債務の消滅行為をする場合であっても、あらかじめ主たる債務者に通知をしなければ、同人に対する求償が制限されることがある。

[解答]　1　正しい。保証債務は、主債務に関する利息、違約金、損害賠償その他**その債務に従たるすべてのものを包含**する（法447条1項）。売主の保証人は、特に反対の意思表示がない限り、売主の債務不履行で契約が解除された場合の原状回復義務についても、保証する責任がある（最大判昭40.6.30）。

2　誤り。主債務の目的または態様が保証契約の締結後に加重されたときであっても、**保証人の負担は加重されない**（法448条2項）。また、保証人は、主債務に関し、消滅時効を援用することができ（145条）、主債務者が時効の利益を放棄した効力は、保証人に及ばない。

3　正しい。**委託を受けた保証人**が、債務の弁済期前に弁済したときは、その保証人は、主債務者に対し、主債務者が利益を受けた限度において求償権を有する。この場合において、主債務者が債務の消滅行為の日以前に**相殺**の原因を有していたことを主張するときは、保証人は、債権者に対し、その相殺によって消滅すべきであった債務の履行を請求することができる（法459条の2第1項）。

4　正しい。**委託を受けた保証人**は、主債務者にあらかじめ**通知**したうえで、債権者に対して債務の消滅行為を行う必要があり、その通知を怠った場合には、主債務者は、債権者に対抗することができた事由をもって保証人に対抗することができる（法463条1項）。

正解 ▶2

民　法（債権）

30 債権の譲渡

CHECK □□□□□　出題頻度 ◆◆◆◆　難易度 ★★★★　令和3年⑩

> [問題]　売買代金債権（以下この問において「債権」という。）の譲渡（令和3年7月1日に譲渡契約が行われたもの）に関する次の記述のうち、民法の規定によれば、誤っているものはどれか。
>
> 1　譲渡制限の意思表示がされた債権が譲渡された場合、当該債権譲渡の効力は妨げられないが、債務者は、その債権の全額に相当する金銭を供託することができる。
>
> 2　債権が譲渡された場合、その意思表示の時に債権が現に発生していないときは、譲受人は、その後に発生した債権を取得できない。
>
> 3　譲渡制限の意思表示がされた債権の譲受人が、その意思表示がされていたことを知っていたときは、債務者は、その債務の履行を拒むことができ、かつ、譲渡人に対する弁済その他の債務を消滅させる事由をもって譲受人に対抗することができる。
>
> 4　債権の譲渡は、譲渡人が債務者に通知し、又は債務者が承諾をしなければ、債務者その他の第三者に対抗することができず、その譲渡の通知又は承諾は、確定日付のある証書によってしなければ、債務者以外の第三者に対抗することができない。

[解答]　1　正しい。譲渡制限の意思表示があっても、債権の譲渡はその効力を妨げられない（466条2項）が、それが金銭債権であった場合には、債務者はその債権の全額に相当する金銭を債務の履行地の供託所に**供託**することができる（法466条の2第1項）。

2　誤り。**将来債権**も、債権譲渡の対象とすることができ、将来債権の譲受人は、債権の発生と同時に、当然にその債権を取得する（法466条の6）。

3　正しい。譲受人が、譲渡制限の意思表示について**悪意**または**重大な過失**によって知らなかった場合には、債務者はその債務の履行を拒むことができ、かつ、譲渡人に対する弁済等をもって譲受人に対抗することができる（法466条3項）。

4　正しい。債権の譲渡は、譲渡人が債務者に**通知**をし、または債務者が**承諾**しなければ、債務者その他の第三者に対抗することができない。ただし、その通知または承諾は、**確定日付のある証書**によってしなければならない（法467条）。

　　　　　　　　　　　　正解▶2

民　法（債権）

31 相　殺

CHECK □□□□□　　出題頻度 ■■　　　難易度 ★★★★　　令和5年

[問題]　AがBに対して貸金債権である甲債権を、BがAに対して貸金債権である乙債権をそれぞれ有している場合において、民法の規定及び判例によれば、次のアからエまでの記述のうち、Aが一方的な意思表示により甲債権と乙債権とを対当額にて相殺できないものを全て掲げたものは、次の1から4のうちどれか。なお、いずれの債権も相殺を禁止し又は制限する旨の意思表示はされていないものとする。

ア　弁済期の定めのない甲債権と、弁済期到来前に、AがBに対して期限の利益を放棄する旨の意思表示をした乙債権
イ　弁済期が到来している甲債権と、弁済期の定めのない乙債権
ウ　弁済期の定めのない甲債権と、弁済期が到来している乙債権
エ　弁済期が到来していない甲債権と、弁済期が到来している乙債権
1　ア、イ、ウ
2　イ、ウ
3　ウ、エ
4　エ

[解答]　相殺が有効に成立するためには、同一当事者間に、同種の目的を有する債権が対立して存在し、かつ、両債権がともに**弁済期**が到来していることが必要である（法505条1項）が、上記の例で、相殺する方のAの甲債権（自働債権）は必ず弁済期が到来していることを必要とするが、相殺される方のBの乙債権（受働債権）は弁済期が到来していなくても、Bが期限の利益を放棄できるときは、相殺をすることができる。

ア　弁済期の定めがない場合はいつでも弁済を請求できる（弁済期が到来している）ので、相殺できる。
イ　自働債権の弁済期が到来しているので、相殺できる。
ウ　自働債権には弁済期の定めがなく、弁済期が到来しているので相殺できる。
エ　自働債権の弁済期が到来していないので相殺できない。

以上により、相殺できないものはエだけである。

民　法（債権）

32 申込みと承諾

CHECK □□□□□　　出題頻度 ●●●　　難易度 ★★★★★　令和３年⑫

[問題]　ＡはＢに対して、Ａが所有する甲土地を1,000万円で売却したい旨の申込みを郵便で令和３年７月１日に発信した（以下この問において「本件申込み」という。）が、本件申込みがＢに到達する前にＡが死亡した場合における次の記述のうち、民法の規定によれば、正しいものはどれか。
1　Ｂが承諾の通知を発する前に、ＢがＡの死亡を知ったとしても、本件申込みは効力を失わない。
2　Ａが、本件申込みにおいて、自己が死亡した場合には申込みの効力を失う旨の意思表示をしていたときには、ＢがＡの死亡を知らないとしても本件申込みは効力を失う。
3　本件申込みが効力を失わない場合、本件申込みに承諾をなすべき期間及び撤回をする権利についての記載がなかったときは、Ａの相続人は、本件申込みをいつでも撤回することができる。
4　本件申込みが効力を失わない場合、Ｂが承諾の意思表示を発信した時点で甲土地の売買契約が成立する。

[解答]　1　誤り。申込者が申込みの通知を発した後に死亡した場合において、その相手方が**承諾の通知を発するまでに**その事実が生じたことを知ったときは、その申込みはその効力を有しない（法526条）。
2　正しい。申込者が死亡したとすればその申込みは効力を有しない旨の意思を表示していたときは、その申込みは、その効力を有しない。
3　誤り。承諾の期間を定めないでした申込みは、申込者が**承諾の通知を受けるのに相当な期間**を経過するまでは、撤回することができない。ただし、申込者が撤回をする権利を留保したときは、この限りでない（法525条１項）。
4　誤り。意思表示は、その通知が相手方に**到達した時**からその効力を生ずる（法97条１項）。

　　　　正解▶2

民　法（債権）

33 契約の解除

CHECK □□□□□　　出題頻度 ●●●　　難易度 ★★★★　　令和２年⑩

[問題]　次の１から４までの契約に関する記述のうち、民法の規定及び下記判決文によれば、誤っているものはどれか。なお、これらの契約は令和２年４月１日以降に締結されたものとする。

（判決文）

　法律が債務の不履行による契約の解除を認める趣意は、契約の要素をなす債務の履行がないために、該契約をなした目的を達することができない場合を救済するためであり、当事者が契約をなした主たる目的の達成に必須的でない附随的義務の履行を怠ったに過ぎないような場合には、特段の事情の存しない限り、相手方は当該契約を解除することができないものと解するのが相当である。

1　土地の売買契約において、売主が負担した当該土地の税金相当額を買主が償還する付随的義務が定められ、買主が売買代金を支払っただけで税金相当額を償還しなかった場合、特段の事情がない限り、売主は当該売買契約の解除をすることができない。

2　債務者が債務を履行しない場合であっても、債務不履行について債務者の責めに帰すべき事由がないときは付随的義務の不履行となり、特段の事情がない限り、債権者は契約の解除をすることができない。

3　債務不履行に対して債権者が相当の期間を定めて履行を催告してその期間内に履行がなされない場合であっても、催告期間が経過した時における債務不履行がその契約及び取引上の社会通念に照らして軽微であるときは、債権者は契約の解除をすることができない。

4　債務者が債務を履行しない場合であって、債務者がその債務の全部の履行を拒絶する意思を明確に表示したときは、債権者は、相当の期間を定めてその履行を催告することなく、直ちに契約の解除をすることができる。

[解答]　1　正しい。土地の売買契約において、売主が負担した当該土地の税金相当額（固定資産税の立て替え）を買主が償還するという**付随的義務**が履行されないというだけの理由では、売買契約を解除することはできない。

2　誤り。債務者に**帰責事由**がない場合であっても、債権者は契約を解除することができる（法541条、542条）。債務者の責めに帰すべき事由がないときにすることができないとされているのは、損害賠償の請求の場合である（415条1項ただし書）。

3　正しい。債務者に債務不履行があった場合において、債権者は、相当の期間を定めてその履行の**催告**をし、その期間内に履行がないときには、契約の解除をすることができる。ただし、その期間を経過した時における債務不履行がその契約および取引上の社会通念に照らして軽微であるときは、契約を解除することができないとされている（法541条）。

4　正しい。契約の解除をする際には催告による解除が原則とされているが、

・債務の全部の履行が不能であるとき

・債務者が債務の全部の履行を**拒絶する意思**を**明確**に**表示**したとき

・債務の一部が**履行不能**である場合または務者が債務の一部の履行を**拒絶する意思**を明確に表示した場合において、残存部分のみでは**契約の目的**を達することができないとき

・契約の性質または当事者の**意思表示**により、特定の日時や期間内に履行しなければ**契約の目的**を達することができないとき

等には、催告によらない解除をすることができる（法542条）。

（以上、最判昭36.11.21）

正解▶2

民　法（債権）

34 売　買

CHECK □□□□□　　出題頻度 ■■■■■　　難易度 ★★★★　　令和３年⑫

> **問題**　いずれも宅地建物取引業者ではない売主Ａと買主Ｂとの間で令和３年７月１日に締結した売買契約に関する次の記述のうち、民法の規定によれば、正しいものはどれか。
> 1　ＢがＡに対して手付を交付した場合、Ａは、目的物を引き渡すまではいつでも、手付の倍額を現実に提供して売買契約を解除することができる。
> 2　売買契約の締結と同時に、Ａが目的物を買い戻すことができる旨の特約をする場合、買戻しについての期間の合意をしなければ、買戻しの特約自体が無効となる。
> 3　Ｂが購入した目的物が第三者Ｃの所有物であり、Ａが売買契約締結時点でそのことを知らなかった場合には、Ａは損害を賠償せずに売買契約を解除することができる。
> 4　目的物の引渡しの時点で目的物が品質に関して契約の内容に適合しないことをＡが知っていた場合には、当該不適合に関する請求権が消滅時効にかかっていない限り、ＢはＡの担保責任を追及することができる。

解答　1　誤り。買主が売主に手付を交付したときは、買主はその手付を放棄し、売主はその倍額を現実に提供して、契約の解除をすることができる。ただし、その相手方が**契約の履行に着手**した後は、この限りでない（法557条）。

2　誤り。買戻しの期間は**10年**を超えることができず、期間を定めなかったときは**5年以内**に買戻しをしなければならない（法580条）。買戻しの特約自体が無効となるわけではない。

3　誤り。他人の権利を売買の目的物としたときは、売主は、その権利を取得して買主に移転する義務を負う（法561条）とされているが、買主の善意・悪意は関係なく、他人物売買ができないわけではない。

4　正しい。売主が種類または品質に関して契約の内容に適合しない目的物を買主に引き渡した場合において、買主がその不適合を知った時から１年以内にその旨を売主に通知しないときは、買主は、その不適合を理由として、履行の追完の請求、代金の減額の請求、損害賠償の請求および契約の解除をすることができないが、売主が引渡しの時にその**不適合を知り**、または重大な過失によって知らなかったときは、この限りでない（法566条）とされている。当該請求権が消滅時効にかかっていない限り、買主は売主の担保責任を追及することができる。

正解 ▶ 4

民　法（債権）

35 売　買

CHECK □□□□□　　出題頻度 ■■■■□　　難易度 ★★★　　令和２年⑫

[問題]　Aを売主、Bを買主として、令和２年７月１日に甲土地の売買契約（以下この問において「本件契約」という。）が締結された場合における次の記述のうち、民法の規定によれば、正しいものはどれか。
1　甲土地の実際の面積が本件契約の売買代金の基礎とした面積より少なかった場合、Bはそのことを知った時から２年以内にその旨をAに通知しなければ、代金の減額を請求することができない。
2　AがBに甲土地の引渡しをすることができなかった場合、その不履行がAの責めに帰することができない事由によるものであるときを除き、BはAに対して、損害賠償の請求をすることができる。
3　Bが売買契約で定めた売買代金の支払期日までに代金を支払わなかった場合、売買契約に特段の定めがない限り、AはBに対して、年５％の割合による遅延損害金を請求することができる。
4　本件契約が、Aの重大な過失による錯誤に基づくものであり、その錯誤が重要なものであるときは、Aは本件契約の無効を主張することができる。

[解答]　1　誤り。売主が**種類**または**品質**に関して契約の内容に適合しない物理的欠陥がある目的物を買主に引き渡した場合において、買主がその不適合を知った時から**1年以内**にその旨を売主に**通知**しないときは、買主は、その不適合を理由として、担保責任を追及することができない（法566条）。しかし、**数量**または**権利**に関する契約内容の不適合の場合には、上記の１年間の期間制限は適用されず、消滅時効の一般原則（買主が契約不適合を知った時から５年、または引渡しを受けた時から10年）によることとなる（法166条１項）。
2　正しい。債務者による債務の履行が不能であるときは、債権者は、その不履行が契約その他の債務の発生原因および取引上の社会通念に関して**債務者の責めに帰することができない事由**によるものであるときを除き、**損害賠償の請求**をすることができる（法415条）。
3　誤り。金銭債務の不履行による損害賠償の額は、**法定利率**（当初年３％）によって計算する。ただし、法定利率より高い約定利率が定められている場合には、約定利率による（法419条１項）。
4　誤り。**錯誤**が法律行為の目的および取引上の社会通念に照らして重要なものであるときは、取り消すことができる（法95条１項）が、その錯誤が**表意者の重大な過失**によるものであった場合には、原則として、錯誤による意思表示の取消しをすることができない（同条３項）。

　　　　　　　　　　　　　　　　　正解▶2

民　法（債権）

36 売買契約・贈与契約

CHECK ☐☐☐☐☐　　出題頻度 **●●●**　　難易度 ★★★★★　令和2年⑩

[問題]　Ａがその所有する甲建物について、Ｂとの間で、①Ａを売主、Ｂを買主とする売買契約を締結した場合と、②Ａを贈与者、Ｂを受贈者とする負担付贈与契約を締結した場合に関する次の記述のうち、民法の規定及び判例によれば、正しいものはどれか。なお、これらの契約は、令和2年7月1日に締結され、担保責任に関する特約はないものとする。

1　①の契約において、Ｂが手付を交付し、履行期の到来後に代金支払の準備をしてＡに履行の催告をした場合、Ａは、手付の倍額を現実に提供して契約の解除をすることができる。

2　②の契約が書面によらずになされた場合、Ａは、甲建物の引渡し及び所有権移転登記の両方が終わるまでは、書面によらないことを理由に契約の解除をすることができる。

3　②の契約については、Ａは、その負担の限度において、売主と同じく担保責任を負う。

4　①の契約については、Ｂの債務不履行を理由としてＡに解除権が発生する場合があるが、②の契約については、Ｂの負担の不履行を理由としてＡに解除権が発生することはない。

[解答]　1　誤り。解約手付が交付されている場合、買主はその手付を**放棄**し、売主はその**倍額**を現実に提供すれば、契約を解除することができるが、相手方が契約の**履行に着手**した後は、解除することができない（法557条1項）。買主Ｂが、代金支払の準備をして催告をしたというのであるから、Ａは、手付の倍額を提供して契約の解除をすることができない。

2　誤り。贈与は、当事者の一方がある財産を無償で相手方に与える意思を表示し、相手方が受諾をすることによって、その効力を生ずる**諾成契約**である（549条）。書面によらないことを理由に契約を解除することはできない。

3　正しい。**負担付贈与**については、贈与者は、その負担の限度において、売主と同様の担保責任を負う（法551条2項）。

4　誤り。①の売買契約については、相手方に履行遅滞や履行不能のような債務不履行があった場合に、法律の規定によって解除する権限が発生する（法540条、法定解除）。②の負担付贈与契約についても、受贈者Ｂが負担を履行しない場合には、贈与者Ａが契約を解除することができる（法553条）。

正解▶3

民　法（債権）

37 契約不適合責任

CHECK □□□□□　　出題頻度 ●●●●　　難易度 ★★★★　　令和３年⑩

[問題]　Aを売主、Bを買主として、A所有の甲自動車を50万円で売却する契約（以下この問において「本件契約」という。）が令和３年７月１日に締結された場合に関する次の記述のうち、民法の規定によれば、誤っているものはどれか。

1　Bが甲自動車の引渡しを受けたが、甲自動車のエンジンに契約の内容に適合しない欠陥があることが判明した場合、BはAに対して、甲自動車の修理を請求することができる。

2　Bが甲自動車の引渡しを受けたが、甲自動車に契約の内容に適合しない修理不能な損傷があることが判明した場合、BはAに対して、売買代金の減額を請求することができる。

3　Bが引渡しを受けた甲自動車が故障を起こしたときは、修理が可能か否かにかかわらず、BはAに対して、修理を請求することなく、本件契約の解除をすることができる。

4　甲自動車について、第三者CがA所有ではなくC所有の自動車であると主張しており、Bが所有権を取得できないおそれがある場合、Aが相当の担保を供したときを除き、BはAに対して、売買代金の支払を拒絶することができる。

[解答]　1　正しい。引き渡された目的物が**種類**、**品質**または**数量**に関して契約内容に適合しない場合、買主は、売主に対し、目的物の修補、代替物の引渡しまたは不足分の引渡しによる**履行の追完**を請求することができる（法562条1項）。

2　正しい。**代金減額請求**は、相当な期間を定めて履行の追完の催告をする必要があるが、履行の追完が**不能**であるとき等には、催告をすることなく、その不適合の程度に応じて代金減額請求を行うことができる（法563条）。

3　誤り。当事者の一方がその債務を履行しない場合、相手方が相当の期間を定めてその履行の催告をし、その期間内に履行がないときは契約の解除をすることができるが、その期間を経過した時における債務の不履行が社会通念に照らして**軽微**であるときは、この限りでない（法541条）。

4　正しい。買主が買い受けた権利を取得することができず、または失うおそれがあるときは、買主は、その**危険の程度**に応じて、代金の全部または一部の支払いを拒むことができる。

民　法（債権）

38 建物の売却と賃貸

CHECK □□□□□　　出題頻度 ■■■■■　　難易度 ★★★★　　令和３年⑫

[問題]　ＡがＢに対してＡ所有の甲建物を令和３年７月１日に①売却した場合と②賃貸した場合についての次の記述のうち、民法の規定及び判例によれば、誤っているものはどれか。

1　①と②の契約が解除された場合、①ではＢは甲建物を使用収益した利益をＡに償還する必要があるのに対し、②では将来に向かって解除の効力が生じるのでＡは解除までの期間の賃料をＢに返還する必要はない。

2　①ではＢはＡの承諾を得ずにＣに甲建物を賃貸することができ、②ではＢはＡの承諾を得なければ甲建物をＣに転貸することはできない。

3　甲建物をＤが不法占拠している場合、①ではＢは甲建物の所有権移転登記を備えていなければ所有権をＤに対抗できず、②ではＢは甲建物につき賃借権の登記を備えていれば賃借権をＤに対抗することができる。

4　①と②の契約締結後、甲建物の引渡し前に、甲建物がＥの放火で全焼した場合、①ではＢはＡに対する売買代金の支払を拒むことができ、②ではＢとＡとの間の賃貸借契約は終了する。

[解答]　1　正しい。売買契約において、当事者の一方がその解除権を行使したときは、各当事者は、その相手方を**原状に復させる義務**を負う（法545条１項）ので、Ｂは甲建物を使用収益した利益をＡに償還する必要がある。これに対して賃貸借の解除をした場合には、その解除は、**将来に向かってのみその効力を**生ずる（法620条）ので、Ａは解除までの期間の賃料をＢに返還する必要はない。

2　正しい。甲建物の所有権を得たＢは、Ａの承諾を得ずに甲建物を賃貸することができる。賃貸の場合、賃借人は、**賃貸人の承諾**を得なければ、その賃借権を譲り渡し、または賃借物を転貸することができないので、ＢはＡの承諾を得なければ甲建物を転貸することはできない（法612項１項）。

3　誤り。所有・賃借にかかわらず、不法占拠者に対しては、登記の有無に関係なく、Ｄに**対抗**することができる。

4　正しい。当事者双方の責めに帰することができない事由によって債務を履行できなくなった場合、債権者は、**反対給付の履行**を拒むことができる（法536条１項）。また、賃借物の全部が滅失等により使用収益をすることができなくなった場合には、賃貸借は、これによって**終了**する（法616条の２）。

39 賃貸借・使用貸借

CHECK ☐☐☐☐☐　出題頻度 ■■■■□　難易度 ★★★★★　令和4年

[問題]　Ａを貸主、Ｂを借主として、Ａ所有の甲土地につき、資材置場とする目的で期間を２年として、ＡＢ間で、①賃貸借契約を締結した場合と、②使用貸借契約を締結した場合に関する次の記述のうち、民法の規定によれば、正しいものはどれか。

1　Ａは、甲土地をＢに引き渡す前であれば、①では口頭での契約の場合に限り自由に解除できるのに対し、②では書面で契約を締結している場合も自由に解除できる。

2　Ｂは、①ではＡの承諾がなければ甲土地を適法に転貸することはできないが、②ではＡの承諾がなくても甲土地を適法に転貸することができる。

3　Ｂは、①では期間内に解約する権利を留保しているときには期間内に解約の申入れをし解約することができ、②では期間内に解除する権利を留保していなくてもいつでも解除することができる。

4　甲土地について契約の本旨に反するＢの使用によって生じた損害がある場合に、Ａが損害賠償を請求するときは、①では甲土地の返還を受けた時から５年以内に請求しなければならないのに対し、②では甲土地の返還を受けた時から１年以内に請求しなければならない。

[解答]　1　誤り。**賃貸借契約**の場合、口頭・書面にかかわらず貸主が自由に解除することはできない。使用貸借契約の場合、貸主は、借主が借用物を受け取るまで、契約の解除をすることができるが、**書面による使用貸借**は除外されている（法593条の２ただし書き）。

2　誤り。**賃貸借契約**の場合、賃借人は、**賃貸人の承諾**を得なければ、その賃借権を譲り渡し、または賃借物を転貸することができない（612条１項）。**使用貸借契約**の場合も、借主は、**貸主の承諾**を得なければ、第三者に借用物の使用・収益をさせることができない（法594条２項）。

3　正しい。**賃貸借契約**の場合、期間の定めのある賃貸借契約を期間内に解約をする権利を留保した場合には、期間の途中で中途解約することができる（法618条、617条１項）。**使用貸借契約**の場合、借主は、いつでも契約の解除をすることができる（法598条３項）。

4　誤り。**使用貸借契約**の場合、損害賠償請求は、貸主が返還を受けた時から契約の本旨に反する使用・収益によって生じた損害の賠償は、貸主が返還を受けた時から**１年以内**にしなければならない（法600条１項）。**賃貸借契約**の場合も、使用貸借に関する規定が準用される（法622条）。

　　　　　　　　　　　　　　　　　　正解▶3

民　法（債権）

40 賃貸借

CHECK ☐☐☐☐☐　　出題頻度 ●●●●　　難易度 ★★★★★　令和5年

[問題]　Aを貸主、Bを借主として甲建物の賃貸借契約が令和5年7月1日に締結された場合の甲建物の修繕に関する次の記述のうち、民法の規定によれば、誤っているものはどれか。

1　甲建物の修繕が必要であることを、Aが知ったにもかかわらず、Aが相当の期間内に必要な修繕をしないときは、Bは甲建物の修繕をすることができる。

2　甲建物の修繕が必要である場合において、BがAに修繕が必要である旨を通知したにもかかわらず、Aが必要な修繕を直ちにしないときは、Bは甲建物の修繕をすることができる。

3　Bの責めに帰すべき事由によって甲建物の修繕が必要となった場合は、Aは甲建物を修繕する義務を負わない。

4　甲建物の修繕が必要である場合において、急迫の事情があるときは、Bは甲建物の修繕をすることができる。

[解答]　1　正しい。賃貸人は賃貸物の使用・収益に必要な**修繕義務**を負う（法606条1項）。貸主が、修繕が必要であることを知ったにもかかわらず、相当な期間内に修繕をしないときは、借主は自ら修繕をすることができる（法607条の2第1号）。

2　誤り。賃借人が修繕できるのは、修繕が必要である旨を賃貸人に通知したにもかかわらず、**相当の期間内**に修繕が行われなかった場合である。

3　正しい。賃貸人の修繕義務は、**賃借人の責めに帰すべき事由**によって必要となった修繕は除かれている（法606条1項）。

4　正しい。賃借物の修繕が必要な場合において、放置することができないような**急迫の事情**があるときは、賃借人は自ら必要な修繕をすることができる（法607条の2第2号）。

民　法（債権）

41 転貸借

CHECK □□□□□　　出題頻度 ■■■■□□□□　　難易度 ★★★★　　令和2年⑫

［問題］　AはBにA所有の甲建物を令和2年7月1日に賃貸し、BはAの承諾を得てCに適法に甲建物を転貸し、Cが甲建物に居住している場合における次の記述のうち、民法の規定及び判例によれば、誤っているものはどれか。

1　Aは、Bとの間の賃貸借契約を合意解除した場合、解除の当時Bの債務不履行による解除権を有していたとしても、合意解除したことをもってCに対抗することはできない。

2　Cの用法違反によって甲建物に損害が生じた場合、AはBに対して、甲建物の返還を受けた時から1年以内に損害賠償を請求しなければならない。

3　AがDに甲建物を売却した場合、AD間で特段の合意をしない限り、賃貸人の地位はDに移転する。

4　BがAに約定の賃料を支払わない場合、Cは、Bの債務の範囲を限度として、Aに対して転貸借に基づく債務を直接履行する義務を負い、Bに賃料を前払いしたことをもってAに対抗することはできない。

［解答］　1　誤り。賃借人が適法に賃借物を転貸した場合には、賃貸人は、賃借人との間の賃貸借を合意により解除したことをもって転借人に対抗することができない。ただし、その解除の当時、賃貸人が賃借人の**債務不履行による解除権**を有していたときは、転借人に対抗することができる（法613条3項）。

2　正しい。契約の本旨に反する使用・収益によって生じた損害賠償は、賃貸人が**返還を受けた時から1年以内**に請求しなければならない（法622条、600条1項）。

3　正しい。賃借人が不動産の賃貸借の対抗要件を備えた場合において、その不動産が譲渡されたときは、不動産の譲渡人および譲受人間で特段の合意がない限り、その不動産の賃貸人たる地位は、**譲受人に移転**する（法605条の2）。

4　正しい。賃借人が適法に賃借物を転貸したときは、転借人は、賃貸人と賃借人との間の賃貸借に基づく賃借人の債務の範囲を限度として、賃貸人に対して転貸借に基づく債務を直接履行する義務を負う。この場合、転借人は、転貸人（賃借人）に**賃料の前払い**をしたことをもって賃貸人に対抗することができない（法613条1項）。

民　法（債権）

42 賃貸借

CHECK ☐☐☐☐☐　　出題頻度 ●●●●　　難易度 ★★★　　令和3年⑩

[問題]　次の1から4までの記述のうち、民法の規定、判例及び下記判決文によれば、正しいものはどれか。

（判決文）
　賃貸人は、特別の約定のないかぎり、賃借人から家屋明渡を受けた後に前記の敷金残額を返還すれば足りるものと解すべく、したがつて、家屋明渡債務と敷金返還債務とは同時履行の関係にたつものではないと解するのが相当であり、このことは、賃貸借の終了原因が解除（解約）による場合であつても異なるところはないと解すべきである。

1　賃借人の家屋明渡債務が賃貸人の敷金返還債務に対し先履行の関係に立つと解すべき場合、賃借人は賃貸人に対し敷金返還請求権をもって家屋につき留置権を取得する余地はない。
2　賃貸借の終了に伴う賃借人の家屋明渡債務と賃貸人の敷金返還債務とは、1個の双務契約によって生じた対価的債務の関係にあるものといえる。
3　賃貸借における敷金は、賃貸借の終了時点までに生じた債権を担保するものであって、賃貸人は、賃貸借終了後賃借人の家屋の明渡しまでに生じた債権を敷金から控除することはできない。
4　賃貸借の終了に伴う賃借人の家屋明渡債務と賃貸人の敷金返還債務の間に同時履行の関係を肯定することは、家屋の明渡しまでに賃貸人が取得する一切の債権を担保することを目的とする敷金の性質にも適合する。

[解答]　1　正しい。家屋の明渡しを受けた後に敷金残額を返還すれば足りるとされているので、敷金残額が返還されないからといって明渡しを拒むことはできない。
2　誤り。敷金契約は賃貸借契約に付随するものあるが賃貸借契約そのものではなく、両債務を1個の双務契約によって生じた対価的債務の関係にあるということはできない。
3　誤り。未払賃料や原状回復費用のほかにも、賃貸借契約終了後、明渡しが遅延したことによる遅延損害金なども敷金から控除することができる。
4　誤り。判決は、家屋明渡債務と敷金返還債務との間に同時履行の関係を肯定することは、家屋の明渡しまでに賃貸人が取得する一切の債権を担保することを目的とする敷金の性質にも適合するとはいえない、としている。

（以上、最判昭49.9.2）

正解 ▶ 1

43 賃貸借

CHECK □□□□□　出題頻度 ■■■■□　難易度 ★★★　令和2年⑩

> **問題**　建物の賃貸借契約が期間満了により終了した場合における次の記述のうち、民法の規定によれば、正しいものはどれか。なお、賃貸借契約は、令和2年7月1日付けで締結され、原状回復義務について特段の合意はないものとする。
> 1　賃借人は、賃借物を受け取った後にこれに生じた損傷がある場合、通常の使用及び収益によって生じた損耗も含めてその損傷を原状に復する義務を負う。
> 2　賃借人は、賃借物を受け取った後にこれに生じた損傷がある場合、賃借人の帰責事由の有無にかかわらず、その損傷を原状に復する義務を負う。
> 3　賃借人から敷金の返還請求を受けた賃貸人は、賃貸物の返還を受けるまでは、これを拒むことができる。
> 4　賃借人は、未払賃料債務がある場合、賃貸人に対し、敷金をその債務の弁済に充てるよう請求することができる。

解答　1　誤り。賃借人は、賃借物を受け取った後にこれに生じた損傷がある場合、その**原状回復義務**を負うが、**通常の使用・収益**によって生じた損耗や**経年劣化**は除かれている（法621条）。
2　誤り。賃借人に**帰責事由**がない損傷は、原状回復義務を負わない（同条ただし書）。
3　正しい。賃貸人は、**敷金**を受け取っている場合において、賃貸借が**終了**し、かつ、**賃貸物の返還**を受けたときには、賃借人に対し、その受け取った敷金の額から賃貸借に基づいて生じた賃借人の賃貸人に対する金銭の給付を目的とする債務の額を控除した残額を返還しなければならない（法622条の2第1号）が、賃貸物の返還を受けるまでは、これを拒むことができる。
4　誤り。賃貸人は、賃借人が賃貸借に基づいて生じた金銭の給付を目的とする債務を履行しないときは、敷金をその**債務の弁済**に充てることができるが、この場合において、賃借人が、敷金をその債務の弁済に充てることを請求することはできない（同条2項）。

　　　　　　　　　　　　　　　　　　　　　　　　正解▶3

民　法（債権）

44 請負人の契約不適合責任

CHECK ☐☐☐☐☐　　出題頻度 ●●●　　難易度 ★★★★　　令和5年

[問題]　Aを注文者、Bを請負人として、A所有の建物に対して独立性を有さずその構成部分となる増築部分の工事請負契約を締結し、Bは3か月間で増築工事を終了させた。この場合に関する次の記述のうち、民法の規定及び判例によれば、誤っているものはどれか。なお、この問において「契約不適合」とは品質に関して契約の内容に適合しないことをいい、当該請負契約には契約不適合責任に関する特約は定められていなかったものとする。

1　AがBに請負代金を支払っていなくても、Aは増築部分の所有権を取得する。

2　Bが材料を提供して増築した部分に契約不適合がある場合、Aは工事が終了した日から1年以内にその旨をBに通知しなければ、契約不適合を理由とした修補をBに対して請求することはできない。

3　Bが材料を提供して増築した部分に契約不適合があり、Bは不適合があることを知りながらそのことをAに告げずに工事を終了し、Aが工事終了日から3年後に契約不適合を知った場合、AはBに対して、消滅時効が完成するまでは契約不適合を理由とした修補を請求することができる。

4　増築した部分にAが提供した材料の性質によって契約不適合が生じ、Bが材料が不適当であることを知らずに工事を終了した場合、AはBに対して、Aが提供した材料によって生じた契約不適合を理由とした修補を請求することはできない。

[解答]　1　正しい。不動産の所有者は、不動産に従として**付合**した物の所有権を取得する（法242条）。この増築部分は、独立性を有さず建物の構成部分になるというのであるから、建物の従となる物で、建物の所有者であるAが原始的に取得する。

2　誤り。請負人の契約不適合責任の通知期間は「工事が終了した日から1年以内」ではなく、「注文者がその**不適合を知った時**から1年以内」である（法636条、637条1項）。

3　正しい。上述の通知期間の規定は、請負人が成果物を引き渡した時に契約不適合を知っていた、または重大な過失により知らなかったときには適用されない（法637条2項）。この場合、注文者は請求権の**消滅時効**が完成するまで（契約不適合を知った時から5年、権利行使できる時から10年）、契約不適合責任を追及することができる（法166条1項）。

4　正しい。注文者の提供した材料の性質や**注文者の指図**によって生じた不適合については、注文者は、契約不適合責任を追及することができない（法636条）。

正解 ▶2

45 委 任

CHECK □□□□□　　出題頻度 ■■□□□　　難易度 ★★★★★　　令和２年⑩

問題　ＡとＢとの間で令和２年７月１日に締結された委任契約において、委任者Ａが受任者Ｂに対して報酬を支払うこととされていた場合に関する次の記述のうち、民法の規定によれば、正しいものはどれか。

1　Ａの責めに帰すべき事由によって履行の途中で委任が終了した場合、Ｂは報酬全額をＡに対して請求することができるが、自己の債務を免れたことによって得た利益をＡに償還しなければならない。

2　Ｂは、契約の本旨に従い、自己の財産に対するのと同一の注意をもって委任事務を処理しなければならない。

3　Ｂの責めに帰すべき事由によって履行の途中で委任が終了した場合、ＢはＡに対して報酬を請求することができない。

4　Ｂが死亡した場合、Ｂの相続人は、急迫の事情の有無にかかわらず、受任者の地位を承継して委任事務を処理しなければならない。

解答　1　正しい。受任者は、原則として、特約がなければ報酬を請求することができないが、報酬を受ける場合には、委任事務の履行後でなければ、これを請求することができないとされている。しかし、履行の途中で委任が終了した場合でも、**委任者の責めに帰することができない事由**によって委任事務が履行不能になったときや、委任が履行の中途で終了したときには、すでに履行した割合に応じて報酬を請求することができる（法648条３項）。また、**債権者（委任者Ａ）の責めに帰すべき事由**によって債務を履行することができなくなったときは、債権者は、反対給付の履行（報酬の支払い）を拒むことができない。この場合において、債務者（受任者Ｂ）は、自己の債務を免れたことによって利益を得たときは、これを債権者に償還しなければならない（法536条２項）。

2　誤り。受任者は、委任の本旨に従い、より慎重に注意を払うべき**善良な管理者の注意**をもって、委任事務を処理する義務を負う（法644条）。

3　誤り。委任者Ａに帰責事由がなく委任事務が履行不能になった場合、受任者は、**履行した割合**に応じて報酬を請求することができる（法648条３項１号）。

4　誤り。委任は、委任者または受任者の死亡により終了する（653条１号）。委任が終了した場合でも、**急迫の事情があるとき**は、受任者の相続人等が必要な処分をする義務を負う（法654条）。

　　　　　　　　　　　　　　　　　　　　　　　　　　正解▶1

民 法（債権・相続）

46 契約の相続

CHECK □□□□□　出題頻度 ■■■□□　難易度 ★★★★　令和３年⑩

[問題] 個人として事業を営むＡが死亡した場合に関する次の記述のうち、民法の規定によれば、誤っているものはいくつあるか。なお、いずれの契約も令和３年７月１日付けで締結されたものとする。

ア　ＡがＢとの間でＢ所有建物の清掃に関する準委任契約を締結していた場合、Ａの相続人は、Ｂとの間で特段の合意をしなくても、当該準委任契約に基づく清掃業務を行う義務を負う。

イ　ＡがＡ所有の建物について賃借人Ｃとの間で賃貸借契約を締結している期間中にＡが死亡した場合、Ａの相続人は、Ｃに賃貸借契約を継続するか否かを相当の期間を定めて催告し、期間内に返答がなければ賃貸借契約をＡの死亡を理由に解除することができる。

ウ　ＡがＡ所有の土地について買主Ｄとの間で売買契約を締結し、当該土地の引渡しと残代金決済の前にＡが死亡した場合、当該売買契約は原始的に履行が不能となって無効となる。

エ　ＡがＥ所有の建物について貸主Ｅとの間で使用貸借契約を締結していた場合、Ａの相続人は、Ｅとの間で特段の合意をしなくても、当該使用貸借契約の借主の地位を相続して当該建物を使用することができる。

1　一つ
2　二つ
3　三つ
4　四つ

[解答]　ア　誤り。**準委任契約**は、法律行為ではない事務を委託する契約で、委任の規定が準用される（法656条）。委任契約は、委任者または受任者の死亡により終了する（法653条１号）ので、相続人が清掃業務を行う義務を負うことはない。

イ　誤り。相続人は、相続開始の時から、被相続人の財産に属した一切の権利義務を承継する（法896条）。**賃貸借契約**の当事者が死亡しても契約は終了しない。

ウ　誤り。売買契約の当事者が死亡しても**売買契約**は終了せず、その権利義務は相続人に承継される。

エ　誤り。**使用貸借契約**は、借主の死亡によって終了する（法597条３項）。

以上により、ア～エの四つとも誤っている。

正解▶4

47 不法行為

CHECK ☐☐☐☐☐　　出題頻度 ●●●●　　難易度 ★★★★　　令和3年⑩

問題　Aが1人で居住する甲建物の保存に瑕疵（かし）があったため、令和3年7月1日に甲建物の壁が崩れて通行人Bがケガをした場合（以下この問において「本件事故」という。）における次の記述のうち、民法の規定によれば、誤っているものはどれか。

1　Aが甲建物をCから賃借している場合、Aは甲建物の保存の瑕疵（かし）による損害の発生の防止に必要な注意をしなかったとしても、Bに対して不法行為責任を負わない。

2　Aが甲建物を所有している場合、Aは甲建物の保存の瑕疵（かし）による損害の発生の防止に必要な注意をしたとしても、Bに対して不法行為責任を負う。

3　本件事故について、AのBに対する不法行為責任が成立する場合、BのAに対する損害賠償請求権は、B又はBの法定代理人が損害又は加害者を知らないときでも、本件事故の時から20年間行使しないときには時効により消滅する。

4　本件事故について、AのBに対する不法行為責任が成立する場合、BのAに対する損害賠償請求権は、B又はBの法定代理人が損害及び加害者を知った時から5年間行使しないときには時効により消滅する。

解答　1　誤り。土地の工作物の設置または保存に瑕疵があって他人に損害を与えたときは、その**工作物の占有者**が損害賠償責任を負う（ただし、占有者が損害の発生を防止するのに必要な注意をしたときは、所有者が損害を賠償しなければならない。法717条1項）。

2　正しい。**所有者**は、損害の発生の防止に必要な注意をしていたとしても、不法行為責任を免れることはできない。

3　正しい。不法行為に基づく損害賠償請求権は、①損害および加害者を知った時から**3年**、または②不法行為の時から**20年**で時効により消滅する（法724条）。

4　正しい。不法行為の損害賠償請求権は、人の生命・身体を害するものであったときは、損害および加害者を知った時から**5年**に伸長される（法724条の2）。

　　　　　　　　　　　　　　　　　　　　　　　正解 ▶ 1

民　法（債権）

48 不法行為

CHECK □□□□□　　出題頻度 ■■■□　　難易度 ★★★★　　令和2年⑫

> [問題]　不法行為（令和2年4月1日以降に行われたもの）に関する次の記述のうち、民法の規定及び判例によれば、誤っているものはどれか。
> 1　建物の建築に携わる設計者や施工者は、建物としての基本的な安全性が欠ける建物を設計し又は建築した場合、設計契約や建築請負契約の当事者に対しても、また、契約関係にない当該建物の居住者に対しても損害賠償責任を負うことがある。
> 2　被用者が使用者の事業の執行について第三者に損害を与え、第三者に対してその損害を賠償した場合には、被用者は、損害の公平な分担という見地から相当と認められる額について、使用者に対して求償することができる。
> 3　責任能力がない認知症患者が線路内に立ち入り、列車に衝突して旅客鉄道事業者に損害を与えた場合、当該責任無能力者と同居する配偶者は、法定の監督義務者として損害賠償責任を負う。
> 4　人の生命又は身体を害する不法行為による損害賠償請求権は、被害者又はその法定代理人が損害及び加害者を知った時から5年間行使しない場合、時効によって消滅する。

[解答]　1　正しい。建物の建築に携わる設計者や施工者は、契約関係にない居住者等に対する関係でも、建物としての基本的な安全性が欠けることがないように配慮すべき注意義務を負う。設計・施工者等がこの義務を怠ったために建物としての基本的な安全性を損なう瑕疵があり、居住者等の生命、身体または財産が侵害された場合には、設計・施工者等は、原則として、これによって生じた損害について**不法行為による賠償責任**を負う。居住者等が建物の建築主からその譲渡を受けた者であっても異なるところはない（最判平19.7.6）。
2　正しい。被用者が**使用者の事業の執行**について第三者に損害を加え、その損害を賠償した場合には、被用者は、損害の公平な分担という見地から相当と認められる額について、使用者に対して求償することができる（最判令2.2.28）。
3　誤り。認知症患者と同居する配偶者であるからといって、その者が民法714条1項にいう「**責任無能力者を監督する法定の義務を負う者**」には該当しない（最判平28.3.1）。
4　正しい。**不法行為による損害賠償請求権**は、被害者またはその法定代理人が損害および加害者を知った時から**3年間**行使しないときは時効によって消滅する（724条1号）が、**人の生命または身体を害する不法行為**による損害賠償請求権の消滅時効は、**5年間**とされている（法724条の2）。

正解▶3

49 私力の行使

CHECK ☐☐☐☐☐　　出題頻度 ●●　　難易度 ★★　　令和３年⑫

[問題]　次の１から４までの記述のうち、民法の規定、判例及び下記判決文によれば、正しいものはどれか。

（判決文）

　私力の行使は、原則として法の禁止するところであるが、法律に定める手続によつたのでは、権利に対する違法な侵害に対抗して現状を維持することが不可能又は著しく困難であると認められる緊急やむを得ない特別の事情が存する場合においてのみ、その必要の限度を超えない範囲内で、例外的に許されるものと解することを妨げない。

1　権利に対する違法な侵害に対抗して法律に定める手続によらずに自力救済することは、その必要の限度を超えない範囲内であれば、事情のいかんにかかわらず許される。

2　建物賃貸借契約終了後に当該建物内に家財などの残置物がある場合には、賃貸人の権利に対する違法な侵害であり、賃貸人は賃借人の同意の有無にかかわらず、原則として裁判を行わずに当該残置物を建物内から撤去することができる。

3　建物賃貸借契約の賃借人が賃料を１年分以上滞納した場合には、賃貸人の権利を著しく侵害するため、原則として裁判を行わずに、賃貸人は賃借人の同意なく当該建物の鍵とシリンダーを交換して建物内に入れないようにすることができる。

4　裁判を行っていては権利に対する違法な侵害に対抗して現状を維持することが不可能又は著しく困難であると認められる緊急やむを得ない特別の事情が存する場合には、その必要の限度を超えない範囲内で例外的に私力の行使が許される。

[解答]　1　誤り。**私力の行使**とは、裁判所に訴えるなどの法的な手続によらず自力で侵害状態（家賃の滞納状態や用法違反の状態、契約解除後の不退去状態など）を解消しようとすることをいい、私力の行使により権利の実現を図ることを**自力救済**という。判決文（最判昭40.12.7）は、自力救済は原則として禁止されているが、「緊急やむを得ない特別の事情が存する場合においてのみ、その

63

必要の限度を超えない範囲内で」許されるとしている。「事情のいかんにかかわらず許される」わけではない。

2　誤り。賃貸借契約終了後の建物に残された**残置物の所有権**は、賃借人にある。賃借人の同意を得ずに残置物を処分することはできない。

3　誤り。鍵の交換により建物から入居者を閉め出す行為は、通常許される権利行使の範囲を著しく超え、入居者の平穏に生活する権利を侵害するもので**不法行為**（法709条）にあたる（大阪簡判平21.5.22）。

4　正しい。自力救済は原則禁止されているが、**やむを得ない特別の事情**がある場合には、その必要の限度を超えない範囲内で例外的に認められる。

正解▶4

50 親　族

CHECK ☐☐☐☐☐　出題頻度 ■■□□□　難易度 ★★★★　令和２年⑫

問題　親族に関する次の記述のうち、民法の規定及び判例によれば、正しいものはどれか。

1　姻族関係は、離婚した場合及び夫婦の一方が死亡した場合、当然に終了する。

2　離婚に当たり、相手方に有責不法の行為がなければ、他の一方は、相手方に対して財産の分与を請求することができない。

3　未成年者に対して親権を行う者がないときは、家庭裁判所は、検察官の請求によって、親族の中から未成年後見人を選任する。

4　夫婦間で婚姻の届出前に別段の契約をしなかった場合、夫婦のいずれに属するか明らかでない財産は、その共有に属するものと推定される。

解答　1　誤り。姻族関係は、**離婚**によって当然に終了するほか、夫婦の一方が**死亡**した場合において、生存配偶者が**姻族関係を終了させる意思**を表示したときにも終了する（法728条）。

2　誤り。夫婦は、その**協議**で離婚をすることができ、協議上の離婚をした者の一方は、相手方に対して**財産の分与**を請求することができる（763条、768条）。

3　誤り。未成年者に対して最後に親権を行う者は、遺言で、未成年後見人を指定することができ（法839条）、未成年後見人となるべき者がないときは、家庭裁判所は、**未成年被後見人またはその親族その他の利害関係人の請求**によって、未成年後見人を選任する（法840条）。

4　正しい。夫婦の一方が日常の家事に関して第三者と法律行為をしたときは、他の一方は、これによって生じた債務について、**連帯してその責任を負う**（法761条）。夫婦の一方が婚姻前から有する財産および婚姻中自己の名で得た財産は、夫婦の一方が**単独**で有する特有財産とし、夫婦のいずれに属するか明らかでない財産は、その**共有**に属するものと推定される（法762条）。

　　　　　　　　　　　　　　　　　　　　　　　　　　　　　　正解▶4

民　法（総則・親族・相続）

51 辞　任

CHECK ☐☐☐☐☐　　出題頻度 ■■□　　難易度 ★★★★★　令和4年

[問題] 辞任に関する次の記述のうち、民法の規定によれば、正しいものはいくつあるか。

ア　委任によって代理権を授与された者は、報酬を受ける約束をしている場合であっても、いつでも委任契約を解除して代理権を消滅させて、代理人を辞することができる。

イ　親権者は、やむを得ない事由があるときは、法務局に届出を行うことによって、親権を辞することができる。

ウ　後見人は、正当な事由があるときは、後見監督人の許可を得て、その任務を辞することができる。

エ　遺言執行者は、正当な事由があるときは、相続人の許可を得て、その任務を辞することができる。

1　一つ
2　二つ
3　三つ
4　四つ

[解答] ア　正しい。**委任契約**は、各当事者がいつでもその**解除**をすることができ（651条1項）、委任による代理権は委任の終了によって消滅する（法111条2項）。

イ　誤り。**親権者**は、やむを得ない事由があるときは、**家庭裁判所の許可**を得て、親権又は管理権を辞することができる（法837条）。

ウ　誤り。**後見人**は、正当な事由があるときは、**家庭裁判所の許可**を得て、その任務を辞することができる（法844条）。

エ　誤り。**遺言執行者**は、正当な事由があるときは、**家庭裁判所の許可**を得て、その任務を辞することができる（法1019条2項）。

以上により、正しいものはアの一つだけである。

民　法（親族）

52 後見の事務

CHECK ☐☐☐☐☐　　出題頻度 ■■　　難易度 ★★★　　令和3年⑫

> 問題 成年後見人が、成年被後見人を代理して行う次に掲げる法律行為の
> うち、民法の規定によれば、家庭裁判所の許可を得なければ代理して行う
> ことができないものはどれか。
> 1　成年被後見人が所有する乗用車の第三者への売却
> 2　成年被後見人が所有する成年被後見人の居住の用に供する建物への第
> 　三者の抵当権の設定
> 3　成年被後見人が所有するオフィスビルへの第三者の抵当権の設定
> 4　成年被後見人が所有する倉庫についての第三者との賃貸借契約の解除

解答　成年後見人が成年被後見人を代理して行う対外的な事務には、成年被後見
人を保護するため一定の制限がある。

・成年後見人は、成年被後見人に代わって、その居住の用に供する建物または
　その敷地について、売却、賃貸、賃貸借の解除または抵当権の設定その他こ
　れらに準ずる処分をするには、家庭裁判所の許可を得なければならない（法
　859条の3）。

・成年後見人と成年被後見人の利益が相反する場合には、特別代理人を選任す
　ることを家庭裁判所に請求しなければならない（法860条による826条の準用）。

1　許可は不要。**成年被後見人の居住用不動産の処分**については、家庭裁判所の
　許可を得なければならない（法859条の3）が、動産の場合は許可を得る必要
　はない。

2　許可が必要。家庭裁判所の許可は、居住用不動産の売却だけでなく、賃貸、
　賃貸借の解除または抵当権の設定その他これらに準ずる処分をする場合にも必
　要となる。

3　許可は不要。オフィスビルは居住用不動産ではないので、許可を得る必要は
　ない。

4　許可は不要。倉庫は居住用不動産ではないので、許可を得る必要はない。

　　　　　　　　　　　　　　　　　　　　　　正解▶2

民　法（相続）

53 相　続

CHECK ☐☐☐☐☐　　出題頻度 ■■■■□　　難易度 ★★★■■■■　令和２年⑩

[問題]　相続（令和２年７月１日に相続の開始があったもの）に関する次の記述のうち、民法の規定によれば、誤っているものはどれか。

1　相続回復の請求権は、相続人又はその法定代理人が相続権を侵害された事実を知った時から５年間行使しないときは、時効によって消滅する。

2　被相続人の子が相続開始以前に死亡したときは、その者の子がこれを代襲して相続人となるが、さらに代襲者も死亡していたときは、代襲者の子が相続人となることはない。

3　被相続人に相続人となる子及びその代襲相続人がおらず、被相続人の直系尊属が相続人となる場合には、被相続人の兄弟姉妹が相続人となることはない。

4　被相続人の兄弟姉妹が相続人となるべき場合であっても、相続開始以前に兄弟姉妹及びその子がいずれも死亡していたときは、その者の子（兄弟姉妹の孫）が相続人となることはない。

[解答]　1　正しい。相続回復の請求権は、相続人またはその法定代理人が相続権を侵害された**事実を知った時から５年間**行使しないとき、または、**相続開始の時から20年**を経過したときに、時効によって消滅する（法884条）。

2　誤り。被相続人の子が相続開始以前に死亡していた場合、その子が代襲相続する（887条２項）。代襲した子も死亡していたときは、その子が**代襲相続**する（同条３項）。

3　正しい。直系尊属が相続人となる場合、**兄弟姉妹**が相続人となることはない。

4　正しい。被相続人の**兄弟姉妹**が相続人となる場合で、兄弟姉妹が相続開始以前に死亡しているときは、その子が代襲相続するが、代襲者がすでに死亡していた場合、**代襲者の子**が代襲相続することはできない（法889条２項、887条２項）。

正解▶2

54 遺産分割

CHECK □□□□□　　出題頻度 ■■■　　難易度 ★★　　令和5年

[問題]　次の1から4までの記述のうち、民法の規定、判例及び下記判決文によれば、誤っているものはどれか。

（判決文）
　遺産は、相続人が数人あるときは、相続開始から遺産分割までの間、共同相続人の共有に属するものであるから、この間に遺産である賃貸不動産を使用管理した結果生ずる金銭債権たる賃料債権は、遺産とは別個の財産というべきであって、各共同相続人がその相続分に応じて分割単独債権として確定的に取得するものと解するのが相当である。

1　遺産である不動産から、相続開始から遺産分割までの間に生じた賃料債権は、遺産である不動産が遺産分割によって複数の相続人のうちの一人に帰属することとなった場合、当該不動産が帰属することになった相続人が相続開始時にさかのぼって取得する。
2　相続人が数人あるときは、相続財産は、その共有に属し、各共同相続人は、その相続分に応じて被相続人の権利義務を承継する。
3　遺産分割の効力は、相続開始の時にさかのぼって生ずる。ただし、第三者の権利を害することはできない。
4　遺産である不動産が遺産分割によって複数の相続人のうちの一人に帰属することとなった場合、当該不動産から遺産分割後に生じた賃料債権は、遺産分割によって当該不動産が帰属した相続人が取得する。

[解答]　1　誤り。不動産が相続人のうちの一人に帰属することとなったとしても、相続開始から遺産分割までの間に生じた**賃料債権**は、各共同相続人がその相続分に応じて分割単独債権として確定的に取得するものと解される。
2　正しい。相続人が数人あるときは、相続財産はその共有に属し、各共同相続人は相続分に応じて**被相続人の権利義務**を承継する（法898条、899条）。
3　正しい。遺産分割協議で相続財産の帰属が確定した場合、その効力は、**相続開始の時**にさかのぼって生じる。ただし、第三者の権利を害することはできない（法909条）。
4　正しい。遺産分割によって単独の所有とされた場合、**遺産分割後**に生じた**賃料債権**は、遺産分割で当該不動産を取得した者に帰属する。

　　　　正解▶1

民　法（相続）

55 法定相続人

[問題]　Aには死亡した夫Bとの間に子Cがおり、Dには離婚した前妻Eとの間に子F及び子Gがいる。Fの親権はEが有し、Gの親権はDが有している。AとDが婚姻した後にDが令和３年７月１日に死亡した場合における法定相続分として、民法の規定によれば、正しいものはどれか。

1　Aが２分の１、Fが４分の１、Gが４分の１

2　Aが２分の１、Cが６分の１、Fが６分の１、Gが６分の１

3　Aが２分の１、Gが２分の１

4　Aが２分の１、Cが４分の１、Gが４分の１

[解答]　被相続人Dの妻（配偶者）A、Dの子であるFとGは法定相続人となる（法900条）が、Aの連れ子CはDと血族関係にないため法定相続人となることはない。

　配偶者と子が法定相続人になるときの法定相続分は、配偶者２分の１、子２分の１であるので、Aが２分の１、Fが４分の１、Gが４分の１となる。

正解 ▶ 1

56 法定相続分

CHECK □□□□□　　出題頻度 ●●●　　難易度 ★★　　　令和２年⑫

[問題]　１億2,000万円の財産を有するＡが死亡した場合の法定相続分についての次の記述のうち、民法の規定によれば、正しいものの組み合わせはどれか。

ア　Ａの長男の子Ｂ及びＣ、Ａの次男の子Ｄのみが相続人になる場合の法定相続分は、それぞれ4,000万円である。

イ　Ａの長男の子Ｂ及びＣ、Ａの次男の子Ｄのみが相続人になる場合の法定相続分は、Ｂ及びＣがそれぞれ3,000万円、Ｄが6,000万円である。

ウ　Ａの父方の祖父母Ｅ及びＦ、Ａの母方の祖母Ｇのみが相続人になる場合の法定相続分は、それぞれ4,000万円である。

エ　Ａの父方の祖父母Ｅ及びＦ、Ａの母方の祖母Ｇのみが相続人になる場合の法定相続分は、Ｅ及びＦがそれぞれ3,000万円、Ｇが6,000万円である。

1　ア、ウ
2　ア、エ
3　イ、ウ
4　イ、エ

[解答]　ア　誤り。本来相続すべきだったＡの長男および次男の相続分を計算すると、Ａの遺産の２分の１（6,000万円）ずつを相続するはずであるから（法900条４号）、長男の子ＢおよびＣはそれぞれ3,000万円ずつ、次男の子Ｄは6,000万円を相続する。

イ　正しい。

ウ　正しい。被相続人の直系尊属が相続する場合、直系尊属が数人あるときは、各自の相続分は均等となる（法900条４号）。したがって、Ｅ、ＦおよびＧの法定相続分は、Ａの遺産の３分の１、それぞれ4,000万円ずつ相続することになる。

エ　誤り。

以上により、正しいものはイとウである。

正解▶3

民　法（相続）

57 遺留分の放棄ほか

CHECK ☐☐☐☐☐　　出題頻度 ●●●●　　難易度 ★★★★　令和4年

[問題]　相続に関する次の記述のうち、民法の規定によれば、誤っているものはどれか。

1　被相続人の生前においては、相続人は、家庭裁判所の許可を受けることにより、遺留分を放棄することができる。

2　家庭裁判所への相続放棄の申述は、被相続人の生前には行うことができない。

3　相続人が遺留分の放棄について家庭裁判所の許可を受けると、当該相続人は、被相続人の遺産を相続する権利を失う。

4　相続人が被相続人の兄弟姉妹である場合、当該相続人には遺留分がない。

[解答]　**1　正しい。** 被相続人の生前（相続の開始前）における遺留分の放棄は、**家庭裁判所の許可を受けたときに限り**、その効力を生ずるとされている（法1049条1項）。

2　正しい。 相続の放棄（または単純もしくは限定の承認）ができるのは、相続人が**相続開始を知った時から3か月以内**とされており（法915条1項）、相続の放棄をしようとする者は、その旨を家庭裁判所に申述しなければならない（法938条）。被相続人の生前に相続放棄の申述を行うことはできない。

3　誤り。 遺留分を放棄したからといって、相続を放棄したわけではなく、相続人であることに変わりないので、被相続人の遺産を相続する権利を失うことはない。

4　正しい。 遺留分を主張することができるのは、**兄弟姉妹以外の相続人**である（法1042条1項）。

正解▶3

58 遺　言

CHECK □□□□□　出題頻度 ●●●　難易度 ★★★★★　令和３年⑫

[問題]　令和３年７月１日になされた遺言に関する次の記述のうち、民法の規定によれば、**誤っているもの**はどれか。

1　自筆証書によって遺言をする場合、遺言者は、その全文、日付及び氏名を自書して押印しなければならないが、これに添付する相続財産の目録については、遺言者が毎葉に署名押印すれば、自書でないものも認められる。

2　公正証書遺言の作成には、証人２人以上の立会いが必要であるが、推定相続人は、未成年者でなくとも、証人となることができない。

3　船舶が遭難した場合、当該船舶中にいて死亡の危急に迫った者は、証人２人以上の立会いがあれば、口頭で遺言をすることができる。

4　遺贈義務者が、遺贈の義務を履行するため、受遺者に対し、相当の期間を定めて遺贈の承認をすべき旨の催告をした場合、受遺者がその期間内に意思表示をしないときは、遺贈を放棄したものとみなされる。

[解答]　1　正しい。自筆証書遺言は、遺言者が全文、日付、氏名を自書、押印して作成するものであるが、自筆証書遺言に添付する**財産目録**については自書でなくてもよいこととなった。この場合、財産目録の毎葉に遺言者が署名押印する必要がある（法968条１項・２項）。

2　正しい。公正証書遺言の作成時には２人以上の**証人の立会い**が必要であるが、未成年者、推定相続人や受遺者およびその配偶者・直系血族は、遺言の証人になることができない（法974条）。

3　正しい。遭難した船舶中にあって死亡の危急に迫った者は、証人２人以上の立会いをもって**口頭**で遺言をすることができる（法979条１項）。

4　誤り。遺贈義務者その他の利害関係人は、受遺者に対し、相当の期間を定めて、遺贈の承認または放棄をすべき旨の催告をすることができ、この場合において、受遺者がその期間内に返答をしなかった場合には、遺贈を**承認**したものとみなされる（法987条）。

正解 ▶ 4

民 法（相続）

59 配偶者居住権

[問題]　甲建物を所有するAが死亡し、Aの配偶者Bが甲建物の配偶者居住権を、Aの子Cが甲建物の所有権をそれぞれ取得する旨の遺産分割協議が成立した場合に関する次の記述のうち、民法の規定によれば、正しいものはどれか。

1　遺産分割協議において、Bの配偶者居住権の存続期間が定められなかった場合、配偶者居住権の存続期間は20年となる。

2　Bが高齢となり、バリアフリーのマンションに転居するための資金が必要になった場合、Bは、Cの承諾を得ずに甲建物を第三者Dに賃貸することができる。

3　Cには、Bに対し、配偶者居住権の設定の登記を備えさせる義務がある。

4　Cは、甲建物の通常の必要費を負担しなければならない。

[解答]　1　誤り。配偶者居住権の**存続期間**は、遺産の分割の協議もしくは遺言による別段の定めがない限り、配偶者の終身の間となる（法1030条）。

2　誤り。配偶者Bは、所有者Cの**承諾**を得なければ、建物の改築もしくは増築をし、または第三者に使用収益をさせることができない（法1032条3項）。

3　正しい。建物の所有者は、配偶者居住権を取得した配偶者に対し、**登記**を備えさせる義務を負う（法1031条1項）。配偶者居住権は、賃借権と同様に、登記をしなければ第三者に対抗することができない（同条2項、605条）。

4　誤り。**必要費**（修理費など建物を維持するための費用）を負担するのは、所有者Cではなく配偶者Bである（法1034条）。

正解 ▶ 3

民　法（相続）

60 配偶者居住権

CHECK □□□□□　出題頻度 ■■■■　難易度 ★★★★　令和3年⑩

問題　被相続人Ａの配偶者Ｂが、Ａ所有の建物に相続開始の時に居住していたため、遺産分割協議によって配偶者居住権を取得した場合に関する次の記述のうち、民法の規定によれば、正しいものはどれか。

1　遺産分割協議でＢの配偶者居住権の存続期間を20年と定めた場合、存続期間が満了した時点で配偶者居住権は消滅し、配偶者居住権の延長や更新はできない。

2　Ｂは、配偶者居住権の存続期間内であれば、居住している建物の所有者の承諾を得ることなく、第三者に当該建物を賃貸することができる。

3　配偶者居住権の存続期間中にＢが死亡した場合、Ｂの相続人ＣはＢの有していた配偶者居住権を相続する。

4　Ｂが配偶者居住権に基づいて居住している建物が第三者Ｄに売却された場合、Ｂは、配偶者居住権の登記がなくてもＤに対抗することができる。

解答　1　正しい。配偶者居住権の**存続期間**は、配偶者の終身の間とされているが、遺産分割協議等で別段の定めをしたときは、その定めに従う（法1030条）。

2　誤り。配偶者は、**建物の所有者の承諾**を得なければ、建物の改築もしくは増築をし、または第三者に使用収益をさせたりすることができない（法1032条3項）。

3　誤り。配偶者居住権は、**配偶者の死亡**により終了する（法1036条、597条3項）。

4　誤り。建物の所有者は、配偶者居住権を取得した配偶者に対し、**配偶者居住権の登記**を備えさせる義務を負い、登記をしなければ第三者に対抗することができない（法1031条、605条）。

　　　　　　　　　　　　　　　　正解▶1

借地借家法

61 借地関係

CHECK ☐☐☐☐☐　出題頻度 ●●●●●　難易度 ★★★★　令和5年

問題 AがBとの間で、A所有の甲土地につき建物所有目的で期間を50年とする賃貸借契約（以下この問において「本件契約」という。）を締結する場合に関する次の記述のうち、借地借家法の規定及び判例によれば、正しいものはどれか。

1　本件契約に、当初の10年間は地代を減額しない旨の特約を定めた場合、その期間内は、BはAに対して地代の減額請求をすることはできない。

2　本件契約が甲土地上で専ら賃貸アパート事業用の建物を所有する目的である場合、契約の更新や建物の築造による存続期間の延長がない旨を定めるためには、公正証書で合意しなければならない。

3　本件契約に建物買取請求権を排除する旨の特約が定められていない場合、本件契約が終了したときは、その終了事由のいかんにかかわらず、BはAに対してBが甲土地上に所有している建物を時価で買い取るべきことを請求することができる。

4　本件契約がBの居住のための建物を所有する目的であり契約の更新がない旨を定めていない契約であって、期間満了する場合において甲土地上に建物があり、Bが契約の更新を請求したとしても、Aが遅滞なく異議を述べ、その異議に更新を拒絶する正当な事由があると認められる場合は、本件契約は更新されない。

解答　1　誤り。地代を一定期間**増額**しない特約があるときは、その定めに従うことになる（法11条1項ただし書）が、**減額しない旨の特約**は認められていないので、減額請求をすることができる。

2　誤り。この場合、存続期間の延長がない旨を定めるのであるから**定期借地権**を設定することとなるが、居住用建物であるので事業用定期借地権とすることはできない。一般定期借地権の契約方式は公正証書等の書面または電磁的記録であり、建物譲渡特約付借地権は契約方式に制限はない（法22条〜24条）。

3　誤り。**建物買取請求権**は、借地権の存続期間が満了した場合において、契約の更新がないときに成立する権利であり（13条1項）、債務不履行による契約の解除や合意解除の場合には認められない（最判昭35.2.9、最判昭29.6.11）。

4　正しい。存続期間が満了する場合において、借主が更新を請求したときは、借地上に建物がある場合に限り、従前の契約と同一の条件で契約を更新したものとみなされるが、貸主が遅滞なく正当な事由があると認められる**異議**を述べているというのであるから、契約は更新されない（法5条1項）。

　　　　　　　　　　　　　　　　　　　　　正解▶4

62 借地関係

CHECK ☐☐☐☐☐ 出題頻度 ●●●●● 難易度 ★★★ 令和4年

> **[問題]** 建物の所有を目的とする土地の賃貸借契約（定期借地権及び一時使用目的の借地権となる契約を除く。）に関する次の記述のうち、借地借家法の規定及び判例によれば、正しいものはどれか。
> 1 借地権の存続期間が満了する前に建物の滅失があった場合において、借地権者が借地権の残存期間を超えて存続すべき建物を築造したときは、その建物を築造することにつき借地権設定者の承諾がない場合でも、借地権の期間の延長の効果が生ずる。
> 2 転借地権が設定されている場合において、転借地上の建物が滅失したときは、転借地権は消滅し、転借地権者（転借人）は建物を再築することができない。
> 3 借地上の建物が滅失し、借地権設定者の承諾を得て借地権者が新たに建物を築造するに当たり、借地権設定者が存続期間満了の際における借地の返還確保の目的で、残存期間を超えて存続する建物を築造しない旨の特約を借地権者と結んだとしても、この特約は無効である。
> 4 借地上の建物所有者が借地権設定者に建物買取請求権を適法に行使した場合、買取代金の支払があるまでは建物の引渡しを拒み得るとともに、これに基づく敷地の占有についても、賃料相当額を支払う必要はない。

[解答] 1　誤り。借地権の存続期間が満了する前に建物の滅失があった場合、借地権者は、借地権設定者の承諾の有無にかかわらず、借地権の残存期間を超えて存続すべき建物を築造することができる。ただし、**再築**にあたり**借地権設定者の承諾**があった場合には、借地権は、承諾があった日または建物が築造された日のいずれか早い日から**20年間**存続するということである（法7条1項本文）。
2　誤り。転借地権が設定されている場合には、転借地権者による建物の築造を借地権者による築造とみなして法7条1項の規定が適用される（同条3項）。
3　正しい。「残存期間を超えて存続する建物を築造しない旨の特約」は、法7条の規定に反する特約で借地権者に不利なものであるので**無効**である（法9条）。
4　誤り。借地権の存続期間が満了し契約更新がない場合、借地権者は、借地権設定者に対し、建物を時価で買い取るように請求することができる（法13条1項）が、借地権者の**建物買取請求権**と借地権設定者の**土地明渡請求権**との間には、**同時履行の関係**がある（民法533条）。つまり、借地権者は、建物買取代金の支払があるまで建物の引渡しを拒むことができ、敷地の専有を継続することができるが、その場合、借地権設定者に対して敷地の賃料相当額を**不当利得**として返還すべき義務がある（同法703条。最判昭39.12.4）。

正解 ▶ 3

借地借家法

63 借地関係

CHECK ☐☐☐☐☐　　出題頻度 ●●●●●　　難易度 ★★★　　令和３年⑫

[問題] 次の記述のうち、借地借家法の規定及び判例によれば、正しいものはどれか。

1　借地権の存続期間を契約で30年と定めた場合には、当事者が借地契約を更新する際、その期間を更新の日から30年以下に定めることはできない。

2　借地権の存続期間が満了する場合、借地権者が契約の更新を請求したとき、その土地上に建物が存在する限り、借地権設定者は異議を述べることができない。

3　借地権者が借地上の建物にのみ登記をしている場合、当該借地権を第三者に対抗することができるのは、当該建物の敷地の表示として記載されている土地のみである。

4　借地権設定者は、弁済期の到来した最後の３年分の地代等について、借地権者がその土地において所有する建物の上に先取特権を有する。

[解答]　1　誤り。借地権の存続期間は、**30年**であるが、契約でこれより長い期間を定めたときは、その期間となる（法３条）。また、借地権の更新後の存続期間は、最初の更新が**20年**、2回目以降の更新が**10年**となっている。ただし、当事者がこれより長い期間を定めたときは、その期間となる（法４条）。

2　誤り。**正当の事由**があると認められる場合であれば、借地権設定者は異議を述べることができる（法６条）。

3　正しい。賃借権の対抗力は、建物の登記に**敷地**の表示として記載されている土地についてのみに生ずる（最判昭44.12.23）。

4　誤り。借地権設定者は、弁済期の到来した**最後の２年分の地代**等について、借地権者がその土地において所有する建物の上に先取特権を有する（法12条１項）。

正解 ▶ 3

64 借地関係

CHECK ☐☐☐☐☐　　出題頻度 ●●●●●　　難易度 ★★★★　　令和2年⑫

問題　次の記述のうち、借地借家法の規定及び判例によれば、正しいものはどれか。

1　借地権者が借地権の登記をしておらず、当該土地上に所有権の登記がされている建物を所有しているときは、これをもって借地権を第三者に対抗することができるが、建物の表示の登記によっては対抗することができない。

2　借地権者が登記ある建物を火災で滅失したとしても、建物が滅失した日から2年以内に新たな建物を築造すれば、2年を経過した後においても、これをもって借地権を第三者に対抗することができる。

3　土地の賃借人が登記ある建物を所有している場合であっても、その賃借人から当該土地建物を賃借した転借人が対抗力を備えていなければ、当該転借人は転借権を第三者に対抗することができない。

4　借地権者が所有する数棟の建物が一筆の土地上にある場合は、そのうちの一棟について登記があれば、借地権の対抗力が当該土地全部に及ぶ。

解答　1　誤り。借地権のある土地上の建物の登記は、**権利の登記**に限られることなく、借地権者が自己を所有者と記載した**表示の登記**のある建物を所有する場合でもよく、当該借地権は対抗力を有するものと解することができる（最判昭50.2.13、法10条1項）。

2　誤り。**建物の滅失**があっても、借地権者が、その建物を特定するために必要な事項、その滅失があった日および建物を新たに築造する旨を土地の上の見やすい場所に掲示するときは、借地権は対抗力を有するが、建物の滅失があった日から**2年**を経過した後にあっては、その前に建物を新たに築造し、かつ、その建物につき**登記**した場合に限る（法10条2項）。

3　誤り。土地賃借人の有する借地権が**対抗要件**を具備しており、かつ**転貸借**が適法に成立している以上、転借人は、賃借人（転貸人）がその借地権を対抗しうる第三者に対し、賃借人の借地権を援用して自己の転借権を主張することができる（最判昭39.11.20）。

4　正しい。借地上に**登記**された建物が一棟あれば、他の建物について登記がなかったとしても、借地権者は借地全体に対して借地権を対抗することができる（大判大3.4.4）。

　　　　　　　　　　　　　　　　　　　　正解▶4

65 借地関係

CHECK □□□□□　　出題頻度 ■■■■■　　難易度 ★★★　　令和２年⑩

[問題]　Ａ所有の甲土地につき、令和２年７月１日にＢとの間で居住の用に供する建物の所有を目的として存続期間30年の約定で賃貸借契約（以下この問において「本件契約」という。）が締結された場合に関する次の記述のうち、民法及び借地借家法の規定並びに判例によれば、正しいものはどれか。

1　Ｂは、借地権の登記をしていなくても、甲土地の引渡しを受けていれば、甲土地を令和２年７月２日に購入したＣに対して借地権を主張することができる。

2　本件契約で「一定期間は借賃の額の増減を行わない」旨を定めた場合には、甲土地の借賃が近傍類似の土地の借賃と比較して不相当となったときであっても、当該期間中は、ＡもＢも借賃の増減を請求することができない。

3　本件契約で「Ｂの債務不履行により賃貸借契約が解除された場合には、ＢはＡに対して建物買取請求権を行使することができない」旨を定めても、この合意は無効となる。

4　ＡとＢとが期間満了に当たり本件契約を最初に更新する場合、更新後の存続期間を15年と定めても、20年となる。

[解答]　1　誤り。借地権の対抗要件となるのは、**借地権の登記**（民法605条）または**借地上の建物の登記**（法10条１項）である。Ｂは、Ｃに対して借地権を主張することができない。

2　誤り。地代等が、土地に対する租税その他の負担の増減や、土地の価格の上昇もしくは低下その他の経済事情の変動、または近隣の土地の地代等に比較して不相当となったときは、当事者は、地代等の額の増減を請求することができるが、「一定の期間地代等を**増額しない**」という特約がある場合には、その定めに従う（法11条１項）。しかし、**減額**しないという特約は無効で、そのような特約があっても借地人は地代の減額請求をすることができる。

3　誤り。建物買取請求権が認められるのは、賃貸借契約が**期間の満了**によって終了する場合に限られる（法13条）。賃借人の**債務不履行**によって契約が終了した場合、建物買取請求権は認められない（最判昭35.2.9）ので、この特約は有効である。

4　正しい。借地契約を最初に更新する場合には、その期間は、**更新の日から20年以上**となる（法４条）。これに反する特約で、借地権者に不利なものは無効とされ（法９条）、契約期間は借地借家法の原則どおり20年ということになる。

66 定期借地権

CHECK ☐☐☐☐☐　出題頻度 ■■■□□　難易度 ★★★★　令和３年⑩

問題　Ａは、所有している甲土地につき、Ｂとの間で建物所有を目的とする賃貸借契約（以下この問において「借地契約」という。）を締結する予定であるが、期間が満了した時点で、確実に借地契約が終了するようにしたい。この場合に関する次の記述のうち、借地借家法の規定によれば、誤っているものはどれか。

1　事業の用に供する建物を所有する目的とし、期間を60年と定める場合には、契約の更新や建物の築造による存続期間の延長がない旨を書面で合意すれば、公正証書で合意しなくても、その旨を借地契約に定めることができる。

2　居住の用に供する建物を所有することを目的とする場合には、公正証書によって借地契約を締結するときであっても、期間を20年とし契約の更新や建物の築造による存続期間の延長がない旨を借地契約に定めることはできない。

3　居住の用に供する建物を所有することを目的とする場合には、借地契約を書面で行えば、借地権を消滅させるため、借地権の設定から20年が経過した日に甲土地上の建物の所有権を相当の対価でＢからＡに移転する旨の特約を有効に定めることができる。

4　借地契約がＢの臨時設備の設置その他一時使用のためになされることが明らかである場合には、期間を５年と定め、契約の更新や建物の築造による存続期間の延長がない旨を借地契約に定めることができる。

解答　1　正しい。存続期間が**50年以上**の場合は、**公正証書等の書面**によって一般の定期借地権を設定することができる。必ずしも公正証書による必要はない（法22条）。

2　正しい。存続期間を**20年**とし期間の延長がない借地契約であるから、事業用定期借地権となるが、居住用建物の場合は設定することはできない（法23条２項）。

3　誤り。**建物譲渡特約付借地権**を設定するには、存続期間が**30年以上**でなければならない（法24条１項）。

4　正しい。**一時使用**のために借地権を設定したことが明らかである場合には、借地借家法の存続期間や更新等に関する規定は適用されない（法25条）。

　　　　　　　　　　正解 ▶3

借地借家法

67 借家関係

CHECK ☐☐☐☐☐　　出題頻度 ●●●●●　　難易度 ★★★★★　　令和5年

> [問題] 令和5年7月1日に締結された建物の賃貸借契約（定期建物賃貸借契約及び一時使用目的の建物の賃貸借契約を除く。）に関する次の記述のうち、民法及び借地借家法の規定並びに判例によれば、正しいものはどれか。
> 1　期間を1年未満とする建物の賃貸借契約は、期間を1年とするものとみなされる。
> 2　当事者間において、一定の期間は建物の賃料を減額しない旨の特約がある場合、現行賃料が不相当になったなどの事情が生じたとしても、この特約は有効である。
> 3　賃借人が建物の引渡しを受けている場合において、当該建物の賃貸人が当該建物を譲渡するに当たり、当該建物の譲渡人及び譲受人が、賃貸人たる地位を譲渡人に留保する旨及び当該建物の譲受人が譲渡人に賃貸する旨の合意をしたときは、賃貸人たる地位は譲受人に移転しない。
> 4　現行賃料が定められた時から一定の期間が経過していなければ、賃料増額請求は、認められない。

[解答]　1　誤り。建物の賃貸借にあたって、契約で**1年未満**の期間を定めたときは、期間の定めがない建物の賃貸借とみなされる（法29条1項）。

2　誤り。賃料を一定期間**増額**しない特約があるときは、その定めに従うことになるが、**減額**しない旨の特約は認められていないので、近隣の相場と比べて不相当になったときには賃料減額請求をすることができる（法32条1項）。

3　正しい。賃貸借の対抗要件を備えた賃貸不動産が譲渡された場合には、原則としてその不動産の賃貸人たる地位は譲受人に移転する（民法605条の2第1項）が、譲渡人および譲受人が、**賃貸人たる地位**を譲渡人に留保し、かつ、その不動産を譲受人が譲渡人に賃貸する旨の合意をしたときは、賃貸人たる地位は譲受人に移転しない（民法605条の2第2項）。

4　誤り。**賃料の増減請求権**は、賃料が不相当となったときに行使できるのであって、従前の賃料決定時から相当の期間経過を要しない（最判平3.11.29）。

正解▶3

借地借家法

68 借家関係

CHECK □□□□□　　出題頻度 ●●●●●　　難易度 ★★★　　令和４年

問題　Aは、B所有の甲建物（床面積100㎡）につき、居住を目的として、期間２年、賃料月額10万円と定めた賃貸借契約（以下この問において「本件契約」という。）をBと締結してその日に引渡しを受けた。この場合における次の記述のうち、民法及び借地借家法の規定並びに判例によれば、誤っているものはどれか。

1　BはAに対して、本件契約締結前に、契約の更新がなく、期間の満了により賃貸借が終了する旨を記載した賃貸借契約書を交付して説明すれば、本件契約を借地借家法第38条に規定する定期建物賃貸借契約として締結することができる。

2　本件契約が借地借家法第38条に規定する定期建物賃貸借契約であるか否かにかかわらず、Aは、甲建物の引渡しを受けてから１年後に甲建物をBから購入したCに対して、賃借人であることを主張できる。

3　本件契約が借地借家法第38条に規定する定期建物賃貸借契約である場合、Aの中途解約を禁止する特約があっても、やむを得ない事情によって甲建物を自己の生活の本拠として使用することが困難になったときは、Aは本件契約の解約の申入れをすることができる。

4　AがBに対して敷金を差し入れている場合、本件契約が期間満了で終了するに当たり、Bは甲建物の返還を受けるまでは、Aに対して敷金を返還する必要はない。

解答　1　誤り。期間の定めがある建物の賃貸借をしようとするときは、賃貸人は、あらかじめ、賃借人に対し、契約の更新がなく、期間の満了により賃貸借は終了する旨を記載した書面を交付して説明しなければならず（法38条３項）。この書面は、**契約書とは別個独立の書面**であることを要する（最判平24.9.13）。
2　正しい。建物の賃貸借は、その登記がなくても、**建物の引渡し**があったときは、その後建物について物権を取得した者に対抗することができる（法31条）。
3　正しい。居住の用に供する建物（床面積が200㎡未満のものに限る）の賃貸借において、転勤、療養、親族の介護その他のやむを得ない事情により、賃借人が建物を自己の生活の本拠として使用することが困難となったときは、賃借人は**解約の申入れ**をすることができ、この場合、建物の賃貸借は、解約の申入れの日から１か月を経過することによって終了する（法38条７項）。
4　正しい。賃貸人は、**賃貸借が終了**し、かつ、**賃貸物の返還**を受けたときには、敷金の額から賃貸借に基づいて生じた賃借人の賃貸人に対する金銭の給付を目的とする債務の額を控除した残額を賃借人に返還しなければならない（民法622条の２）。Bは建物の返還を受けるまでは、敷金を返還する必要はない。

　　　　　　　　　　　　　　　　　　　　　　　　　正解 ▶ 1

借地借家法

69 借家関係

CHECK ☐☐☐☐☐   出題頻度 ■■■■■   難易度 ★★★   令和３年⑫

[問題] 賃貸人Ａと賃借人Ｂとの間で令和３年７月１日に締結した一時使用目的ではない建物賃貸借契約（以下この問において「本件契約」という。）の終了に関する次の記述のうち、民法及び借地借家法の規定並びに判例によれば、正しいものはどれか。

1 本件契約に期間を２年とする旨の定めがあり、ＡもＢも更新拒絶の通知をしなかったために本件契約が借地借家法に基づき更新される場合、更新後の期間について特段の合意がなければ、更新後の契約期間は２年となる。

2 本件契約において期間の定めがない場合、借地借家法第28条に定める正当事由を備えてＡが解約の申入れをしたときには、解約の申入れをした日から６月を経過した日に、本件契約は終了する。

3 建物の転貸借がされている場合において、本件契約がＢ（転貸人）の債務不履行によって解除されて終了するときは、Ａが転借人に本件契約の終了を通知した日から６月を経過することによって、転貸借契約は終了する。

4 ＢがＡの同意を得て建物に付加した造作がある場合であっても、本件契約終了時にＡに対して借地借家法第33条の規定に基づく造作買取請求権を行使することはできない、という特約は無効である。

[解答] 1 誤り。建物の賃貸借について期間の定めがある場合において、当事者が期間満了の１年前から６月前までの間に相手方に対して更新拒絶の通知をしなかったときは、従前の契約と同一の条件で契約を更新したものとみなされ、その期間は**定めがないもの**となる（法26条１項）。

2 正しい。建物の賃貸人が解約の申入れをした場合には、建物の賃貸借は、解約の申入れの日から**６月**を経過することによって終了する（法27条１項）。

3 誤り。賃貸人と賃借人の間で賃貸借契約が解除されても、その効果は転借人には及ばないが、賃貸借契約が賃借人の債務不履行により解除された場合は、その効果は転借人にも及び、賃貸人が転借人に対して**目的物の返還を請求した時**に終了する（最判平9.2.25）。

4 誤り。造作買取請求権は、借地の場合と違って任意規定なので、排除する特約は**有効**である（法33条１項、37条）。

正解▶2

70 借家関係

CHECK □□□□□　　出題頻度 ●●●●●　　難易度 ★★★★　　令和3年⑩

> **問題**　Aを賃貸人、Bを賃借人とする甲建物の賃貸借契約（以下この問において「本件契約」という。）が令和3年7月1日に締結された場合に関する次の記述のうち、民法及び借地借家法の規定並びに判例によれば、正しいものはどれか。
> 1　本件契約について期間の定めをしなかった場合、AはBに対して、いつでも解約の申入れをすることができ、本件契約は、解約の申入れの日から3月を経過することによって終了する。
> 2　甲建物がBに引き渡された後、甲建物の所有権がAからCに移転した場合、本件契約の敷金は、他に特段の合意がない限り、BのAに対する未払賃料債務に充当され、残額がCに承継される。
> 3　甲建物が適法にBからDに転貸されている場合、AがDに対して本件契約が期間満了によって終了する旨の通知をしたときは、建物の転貸借は、その通知がされた日から3月を経過することによって終了する。
> 4　本件契約が借地借家法第38条の定期建物賃貸借契約で、期間を5年、契約の更新がない旨を定めた場合、Aは、期間満了の1年前から6月前までの間に、Bに対し賃貸借が終了する旨の通知をしなければ、従前の契約と同一条件で契約を更新したものとみなされる。

解答　1　誤り。期間の定めのない建物賃貸借は、建物の賃貸人が解約の申入れをした日から**6月**を経過することによって終了する（法27条1項）。
2　正しい。建物の所有権移転に伴い賃貸人たる地位が移転した場合、賃借人が交付した**敷金**は未払賃料債務に充当され、残額についてその権利義務関係が新賃貸人に**承継**される（民法605条の2、最判昭44.7.17）。
3　誤り。建物が転貸されている場合において、借家契約を期間満了または解約の申入れによって終了させるときには、賃貸人は転借人に通知しなければならず、その通知から**6か月**で転貸借契約は終了する（法34条）。
4　誤り。期間1年以上の定期建物賃貸借の場合、賃貸人は、期間満了の1年前から6月前までの間（通知期間）に、賃借人に対して通知しなければならないが、通知期間内に通知しなかったとしても従前の契約と同一条件で更新したとみなされることはなく、通知期間後に**通知**をすることにより、通知の日から6か月経過後に契約を終了させることができる（法38条4項）。

正解 ▶ 2

借地借家法

71 借家関係

CHECK ☐☐☐☐☐　出題頻度 ●●●●●　難易度 ★★★　令和２年⑫

[問題]　賃貸人Ａと賃借人Ｂとの間で令和２年７月１日に締結した居住用建物の賃貸借契約に関する次の記述のうち、民法及び借地借家法の規定並びに判例によれば、誤っているものはどれか。

1　当該建物の修繕が必要である場合において、ＢがＡに修繕が必要である旨を通知したにもかかわらずＡが相当の期間内に必要な修繕をしないときは、Ｂは自ら修繕をすることができる。

2　ＢがＡに無断でＣに当該建物を転貸した場合であっても、Ａに対する背信行為と認めるに足りない特段の事情があるときは、Ａは賃貸借契約を解除することができない。

3　賃貸借契約に期間を定め、賃貸借契約を書面によって行った場合には、ＡがＢに対しあらかじめ契約の更新がない旨を説明していれば、賃貸借契約は期間満了により終了する。

4　Ｂが相続人なしに死亡した場合、Ｂと婚姻の届出をしていないが事実上夫婦と同様の関係にあった同居者Ｄは、Ｂが相続人なしに死亡したことを知った後１月以内にＡに反対の意思表示をしない限り、賃借人としてのＢの権利義務を承継する。

[解答]　1　正しい。**賃借物の修繕**が必要である場合において、賃借人が賃貸人にその旨を**通知**したにもかかわらず、賃貸人が相当の期間内に必要な修繕をしないときや、**急迫の事情**があるときは、賃借人は修繕をすることができる（民法607条の２）。

2　正しい。賃借人は、賃貸人の承諾を得なければ、その賃借権を譲り渡し、または賃借物を転貸することができず、無断で第三者に賃借物の使用・収益をさせたときは、賃貸人は、**契約の解除**をすることができる（民法612条１項）が、判例は、「賃借人の当該行為を賃貸人に対する背信行為と認めるに足りない特段の事情のあるときは、賃貸人は契約を解除することができない」（最判昭28.9.25）としている。「**背信行為と認めるに足りない特段の事情**」とは、たとえば、賃借人が当該建物で個人営業をしていた場合に、税金対策等の理由により法人を設立し、法人が当該建物の使用・収益をした場合など、使用・収益の実態の変化がさほど大きくない場合などが該当する。

3　誤り。契約の更新がない旨の定めをするときは、建物の賃貸人は、あらかじ
　め建物の賃借人に対し、「当該賃貸借は契約の更新がなく、期間の満了により
　終了する」旨を、**書面を交付**して**説明**しなければならない（法38条 1 項・ 2 項）。

4　正しい。居住用の建物の賃借人が相続人なしに死亡した場合、事実上夫婦ま
　たは養親子と同様の関係にあった同居者が、反対の意思表示、つまり自分は承
　継しないという意思表示をしない限り、これらの者が借家権およびその借家関
　係によって生じた債権債務を承継する（法36条 1 項）。

借地借家法

72 借家関係

CHECK ☐☐☐☐☐　　出題頻度 ■■■■■□　　難易度 ★★★　　令和2年⑩

問題　AとBとの間でA所有の甲建物をBに対して、居住の用を目的として、期間2年、賃料月額10万円で賃貸する旨の賃貸借契約（以下この問において「本件契約」という。）を締結し、Bが甲建物の引渡しを受けた場合に関する次の記述のうち、民法及び借地借家法の規定並びに判例によれば、誤っているものはどれか。

1　AがCに甲建物を売却した場合、Bは、それまでに契約期間中の賃料全額をAに前払いしていたことを、Cに対抗することができる。

2　本件契約が借地借家法第38条の定期建物賃貸借契約であって、賃料改定に関する特約がない場合、経済事情の変動により賃料が不相当となったときは、AはBに対し、賃料増額請求をすることができる。

3　本件契約が借地借家法第38条の定期建物賃貸借契約である場合、Aは、転勤、療養、親族の介護その他のやむを得ない事情があれば、Bに対し、解約を申し入れ、申入れの日から1月を経過することによって、本件契約を終了させることができる。

4　本件契約が借地借家法第38条の定期建物賃貸借契約であって、造作買取請求に関する特約がない場合、期間満了で本件契約が終了するときに、Bは、Aの同意を得て甲建物に付加した造作について買取請求をすることができる。

解答　1　正しい。建物の賃貸借は、**建物の引渡し**があれば、第三者に対抗することができる（法31条1項）。また、建物の賃借人は、賃料前払いの効果を、賃借建物につき所有権を取得した新賃貸人に主張することができる（最判昭38.1.18）。

2　正しい。**経済事情の変動**により賃料が不相当となった場合、当事者は、借賃の額の増減を請求することができる（**借賃増減請求権**。法32条1項）。ただし、定期建物賃貸借契約の場合、賃料改定に関する特約がある場合は、その定めに従う（法38条7項）。

3　誤り。定期建物賃貸借契約については、親族の介護その他の**やむを得ない事情**があれば、賃借人は解約の申入れをすることができる（法38条5項）が、賃貸人から中途解約を申し入れることはできない。

4　正しい。賃貸人の同意を得て建物に付加した造作がある場合、賃借人は、賃貸借が期間満了によって終了するときに、賃貸人に対し、買取りを請求することができる（**造作買取請求権**。法33条1項）。ただし、造作買取請求権は任意規定なので、特約により排除することができる。

　　　　　　　　　　　　　　　　　　　　　　　正解 ▶ 3

73 共用部分等

CHECK ☐☐☐☐☐　出題頻度 ●●●●　難易度 ★★★　令和２年⑩

問題 建物の区分所有等に関する法律に関する次の記述のうち、正しいものはどれか。

1　共用部分の変更（その形状又は効用の著しい変更を伴わないものを除く。）は、区分所有者及び議決権の各４分の３以上の多数による集会の決議で決するが、この区分所有者の定数は、規約で２分の１以上の多数まで減ずることができる。

2　共用部分の管理に係る費用については、規約に別段の定めがない限り、共有者で等分する。

3　共用部分の保存行為をするには、規約に別段の定めがない限り、集会の決議で決する必要があり、各共有者ですることはできない。

4　一部共用部分は、これを共用すべき区分所有者の共有に属するが、規約で別段の定めをすることにより、区分所有者全員の共有に属するとすることもできる。

解答　1　誤り。**共用部分の変更**は、軽微な変更を除いて、区分所有者および議決権の各４分の３以上の多数による集会の決議で決するが、区分所有者の定数については、規約で**過半数**まで減ずることができる（法17条１項）。「２分の１以上」ではない。

2　誤り。**共用部分の管理**に要した各区分所有者の費用の負担については、規約に別段の定めがない限り、その**持分**に応じて決する（法19条）。

3　誤り。**共用部分の保存行為**は、規約に別段の定めがない限り、各区分所有者が単独ですることができる（法18条１項ただし書）。

4　正しい。共用部分は、区分所有者全員の共有に属する。ただし、一部の区分所有者のみの共用に供されることが明らかな**一部共用部分**は、これを共用する区分所有者の共有に属する（法11条１項）が、規約で別段の定めをすることができる（同条２項）。

　　　　　　　　　　　　　　　　　正解▶4

区分所有法

74 管理者・規約・集会

CHECK ☐☐☐☐☐　　出題頻度 ●●●●　　難易度 ★★★　　令和5年

[問題] 建物の区分所有等に関する法律（以下この問において「法」という。）に関する次の記述のうち、誤っているものはどれか。

1　集会においては、法で集会の決議につき特別の定数が定められている事項を除き、規約で別段の定めをすれば、あらかじめ通知した事項以外についても決議することができる。

2　集会は、区分所有者の4分の3以上の同意があるときは、招集の手続を経ないで開くことができる。

3　共用部分の保存行為は、規約に別段の定めがある場合を除いて、各共有者がすることができるため集会の決議を必要としない。

4　一部共用部分に関する事項で区分所有者全員の利害に関係しないものについての区分所有者全員の規約は、当該一部共用部分を共用すべき区分所有者が8人である場合、3人が反対したときは変更することができない。

[解答] 1　正しい。集会においては、この法律で集会の決議につき特別の定数が定められている事項を除き、規約で**別段の定め**をすれば、あらかじめ通知した事項以外についても決議することができる（法37条2項）。

2　誤り。招集の手続を経ないで集会を開くことができるのは、**区分所有者全員の同意**があるときに限られる（法36条）。

3　正しい。**共用部分の保存行為**は、規約に別段の定めがない限り、各共有者が単独ですることができる（法18条1項ただし書）。

4　正しい。**一部共用部分**に関する事項で区分所有者全員の利害に関係しないものは、区分所有者全員の規約に定めのある場合を除いて、共用すべき区分所有者の規約で定めることができる。ただし、当該一部共用部分を共用すべき区分所有者の4分の1を超える者または4分の1を超える議決権を有する者が反対したときは、することができない（法31条2項）。この場合、8人の4分の1を超える3人以上の場合には変更することができない。

正解▶2

区分所有法

75 管理者・規約・集会

CHECK ☐☐☐☐☐　出題頻度 ■■■■　難易度 ★★★ ■■■　令和4年

> [問題]　建物の区分所有等に関する法律（以下この問において「法」とい
> う。）に関する次の記述のうち、誤っているものはどれか。
> 1　管理者は、規約により、その職務に関し、区分所有者のために、原告
> 又は被告となったときは、その旨を各区分所有者に通知しなくてよい。
> 2　管理者がないときは、区分所有者の5分の1以上で議決権の5分の1
> 以上を有するものは、集会を招集することができる。ただし、この定数
> は、規約で減ずることができる。
> 3　集会において、管理者の選任を行う場合、規約に別段の定めがない限
> り、区分所有者及び議決権の各過半数で決する。
> 4　管理組合（法第3条に規定する区分所有者の団体をいう。）は、区分
> 所有者及び議決権の各4分の3以上の多数による集会の決議で法人とな
> る旨並びにその名称及び事務所を定め、かつ、その主たる事務所の所在
> 地において登記をすることによって法人となる。

[解答]　1　誤り。管理者は、規約または集会の決議により、区分所有者のために
原告または被告となることができ、その場合、管理者は、遅滞なく、区分所有
者にその旨を**通知**しなければならない（法26条4項・5項）。
2　正しい。区分所有者の5分の1以上で議決権の5分の1以上を有するものは、
管理者に対し、会議の目的たる事項を示して、**集会の招集**を請求することがで
きる。ただし、この定数は、規約で減ずることができる（法34条3項）。
3　正しい。区分所有者は、規約に別段の定めがない限り集会の決議によって区
分所有者および議決権の各過半数で管理者を**選任**し、または**解任**することがで
きる（法25条1項）。
4　正しい。管理組合は、区分所有者および議決権の各4分の3以上の多数によ
る集会の決議で法人となる旨ならびにその名称および事務所を定め、かつ、そ
の主たる事務所の所在地において登記をすることによって**管理組合法人**となる
（法47条1項）。

区分所有法

76 規約ほか

CHECK ☐☐☐☐☐　　出題頻度 ■■■■□　　難易度 ★★★　　令和3年⑩

[問題]　建物の区分所有等に関する法律（以下この問において「法」という。）に関する次の記述のうち、誤っているものはどれか。

1　法又は規約により集会において決議をすべき場合において、区分所有者が1人でも反対するときは、集会を開催せずに書面によって決議をすることはできない。

2　形状又は効用の著しい変更を伴う共用部分の変更については、区分所有者及び議決権の各4分の3以上の多数による集会の決議で決するものであるが、規約でこの区分所有者の定数を過半数まで減ずることができる。

3　敷地利用権が数人で有する所有権その他の権利である場合には、規約に別段の定めがあるときを除いて、区分所有者は、その有する専有部分とその専有部分に係る敷地利用権とを分離して処分することができない。

4　各共有者の共用部分の持分は、規約に別段の定めがある場合を除いて、その有する専有部分の床面積の割合によるが、この床面積は壁その他の区画の中心線で囲まれた部分の水平投影面積である。

[解答]　1　正しい。区分所有者**全員の承諾**があるときは、集会を開催せずに書面または電磁的方法による決議をすることができるが、1人でも反対する人がいるときは書面による決議をすることはできない（法45条1項）。

2　正しい。形状または効用の著しい変更を伴う**共用部分の変更**は、区分所有者および議決権の各4分の3以上の多数による決議で決することができる。ただし、区分所有者の定数は、規約で過半数まで減ずることができる（法17条1項）。

3　正しい。区分所有者は、その有する専有部分とその専有部分にかかる敷地利用権を**分離**して処分することができない（法22条1項）。

4　誤り。各共有者の共用部分の持分は、その有する**専有部分の床面積の割合**による。この床面積は、壁その他の区画の**内側線**で囲まれた部分の水平投影面積による（法14条1項・3項）。

　　　　　　　　　　　　　　　　　　　正解▶4

77 規約および集会ほか

CHECK □□□□□　出題頻度 ■■■■　難易度 ★★■■■　令和2年⑫

> [問題]　建物の区分所有等に関する法律に関する次の記述のうち、誤っているものはどれか。
> 1　規約の保管場所は、建物内の見やすい場所に掲示しなければならない。
> 2　管理者は、規約に特別の定めがあるときは、共用部分を所有することができる。
> 3　規約及び集会の決議は、区分所有者の特定承継人に対しては、その効力を生じない。
> 4　区分所有者は、規約に別段の定めがない限り集会の決議によって、管理者を解任することができる。

[解答]　1　正しい。規約を保管する者は、利害関係人の請求があったときは、正当な理由がある場合を除いて、規約の閲覧を拒んではならず、**建物内の見やすい場所**に掲示しておかなければならない（法33条）。

2　正しい。共用部分は、原則として、区分所有者全員の共有に属する（法11条1項）が、**管理者**は、規約に特別の定めがあるときは、**共用部分**を所有することができる（法27条1項）。

3　誤り。規約および集会の決議は、専有部分の譲受人、受贈者、競落人などの区分所有者**特定承継人**に対してもその効力を生ずる（法46条1項）。

4　正しい。区分所有者は、規約に別段の定めがないときは、**集会の決議**（区分所有者および議決権の各過半数による普通決議）によって管理者を**選任**し、または**解任**することができる（法25条1項）。

　　　　　　　　　　　　　　　　　正解▶3

区分所有法

78 規約・集会

CHECK ☐☐☐☐☐　　出題頻度 ●●●●●　　難易度 ★★★　　令和３年⑫

[問題] 建物の区分所有等に関する法律に関する次の記述のうち、誤っているものはどれか。

1　区分所有者以外の者であって区分所有者の承諾を得て専有部分を占有する者は、会議の目的たる事項につき利害関係を有する場合には、集会に出席して議決権を行使することはできないが、意見を述べることはできる。

2　最初に建物の専有部分の全部を所有する者は、公正証書により、共用部分（数個の専有部分に通ずる廊下又は階段室その他構造上区分所有者の全員又はその一部の共用に供されるべき建物の部分）の規約を設定することができる。

3　共用部分は、区分所有者全員の共有に属するが、規約に特別の定めがあるときは、管理者を共用部分の所有者と定めることもできる。

4　管理組合法人を設立する場合は、理事を置かなければならず、理事が数人ある場合において、規約に別段の定めがないときは、管理組合法人の事務は、理事の過半数で決する。

[解答]　1　正しい。区分所有者の承諾を得て専有部分を**占有**する者は、会議の目的たる事項につき利害関係を有する場合には、集会に出席して**意見**を述べることができる（法44条1項）。

2　誤り。最初に建物の専有部分の全部を所有する者は、公正証書により規約共用部分に関する規約を設定することができる（法32条）が、数個の専有部分に通ずる**廊下**または**階段室**その他構造上区分所有者の全員またはその一部の共用に供されるべき建物の部分は、規約で定めるまでもなく区分所有権の目的とならない（法4条1項）。

3　正しい。**管理者**は、規約に特別の定めがあるときは、共用部分を所有することができる（法27条1項）。

4　正しい。管理組合法人には、**理事**を置かなければならない。理事が数人ある場合において、規約に別段の定めがないときは、管理組合法人の事務は、理事の過半数で決する（法49条）。

正解▶2

79 登記全般

CHECK ☐☐☐☐☐　　出題頻度 ■■■■□　　難易度 ★★★★　　令和5年

[問題]　不動産の登記に関する次の記述のうち、不動産登記法の規定によれば、誤っているものはどれか。

1　建物が滅失したときは、表題部所有者又は所有権の登記名義人は、その滅失の日から1か月以内に、当該建物の滅失の登記を申請しなければならない。

2　何人も、理由の有無にかかわらず、登記官に対し、手数料を納付して、登記簿の附属書類である申請書を閲覧することができる。

3　共有物分割禁止の定めに係る権利の変更の登記の申請は、当該権利の共有者である全ての登記名義人が共同してしなければならない。

4　区分建物の所有権の保存の登記は、表題部所有者から所有権を取得した者も、申請することができる。

[解答]　1　正しい。建物が滅失したときは、表題部所有者または所有権の登記名義人は、その**滅失の日から1か月以内**に、当該建物の滅失の登記を申請しなければならない（法57条）。

2　誤り。何人も、手数料を納付して、登記簿の**附属書類の閲覧**を請求することができるが、土地所在図、地積測量図、地役権図面、建物図面および各階平面図以外のものについては、正当な理由があると認められる部分に限られる（法121条3項、令21条）。

3　正しい。共有物分割禁止の定めにかかる権利の変更の登記の申請は、当該権利の共有者であるすべての登記名義人が**共同して**しなければならない（法65条）。

4　正しい。**所有権の保存の登記**は、権利の登記として初めて登記簿に記録される登記で、表題部所有者またはその相続人その他の一般承継人等以外の者は、申請することができない（法74条1項）とされているが、**区分建物**では、表題部所有者から所有権を取得した者も所有権保存登記を申請することができる（同条2項）。

不動産登記法

80 登記全般

CHECK □□□□□　　出題頻度 ■■■■□　　難易度 ★★★　　令和4年

> [問題] 不動産の登記に関する次の記述のうち、誤っているものはどれか。
> 1　所有権の移転の登記の申請をする場合には、申請人は、法令に別段の定めがある場合を除き、その申請情報と併せて登記原因を証する情報を提供しなければならない。
> 2　所有権の移転の登記の申請をする場合において、当該申請を登記の申請の代理を業とすることができる代理人によってするときは、登記識別情報を提供することができないことにつき正当な理由があるとみなされるため、登記義務者の登記識別情報を提供することを要しない。
> 3　所有権の移転の登記の申請をする場合において、登記権利者が登記識別情報の通知を希望しない旨の申出をしたときは、当該登記に係る登記識別情報は通知されない。
> 4　所有権の移転の登記の申請をする場合において、その登記が完了した際に交付される登記完了証を送付の方法により交付することを求めるときは、その旨及び送付先の住所を申請情報の内容としなければならない。

[解答]　1　正しい。権利に関する登記を申請する場合には、申請人は、法令に別段の定めがある場合を除き、その**申請情報**と併せて**登記原因を証する情報**を提供しなければならない（法61条）。

2　誤り。所有権の移転の登記など権利に関する登記を申請する場合には、**登記識別情報**を提供しなければならない（法22条本文）。ただし、「申請人が登記識別情報の通知を希望しない旨の申出をしたため、登記識別情報が通知されなかった」ような場合など正当な理由があるときは、提供する必要がないとされている（同条ただし書き）。ただ単に、「申請を登記の申請の代理を業とすることができる代理人（司法書士などの資格者代理人）によってする」というだけで、「正当な理由があるとみなされる」ことはなく、登記識別情報の提供義務がなくなるわけでもない。

3　正しい。登記官は、その登記をすることによって申請人自らが登記名義人となる場合において、当該登記を完了したときは、速やかに、当該申請人に対し、当該登記にかかる登記識別情報を通知することになっているが、当該申請人があらかじめ**登記識別情報の通知を希望しない旨の申出**をした場合は、この限りでないとされている（法21条）。

4　正しい。**送付**により**登記完了証の交付**を求める場合、申請人は、その旨および送付先の住所を申請情報の内容としなければならない（規則182条2項）。

正解▶2

[問題]　不動産の登記に関する次の記述のうち、不動産登記法の規定によれば、誤っているものはどれか。

1　表題部所有者が表示に関する登記の申請人となることができる場合において、当該表題部所有者について相続があったときは、その相続人は、当該表示に関する登記を申請することができる。

2　所有権の登記以外の権利に関する登記がある土地については、分筆の登記をすることができない。

3　区分建物が属する一棟の建物が新築された場合における当該区分建物についての表題登記の申請は、当該新築された一棟の建物についての表題登記の申請と併せてしなければならない。

4　登記の申請書の閲覧は、請求人が利害関係を有する部分に限り、することができる。

[解答]　1　正しい。表題部所有者または所有権の登記名義人が**表示に関する登記**の申請人となることができる場合において、当該表題部所有者または登記名義人について相続その他の一般承継があったときは、**相続人その他の一般承継人**は、当該表示に関する登記を申請することができる（法30条）。

2　誤り。所有権の登記以外の権利に関する登記がある土地の合筆の登記は、原則としてすることができない（41条６号）が、所有権の登記以外の権利に関する登記がある土地について**分筆の登記**をした場合には、当該権利は分筆後の各土地に及び、それらは共同担保の関係となる。ただし、分筆後のいずれかの土地につき当該権利が消滅する場合には、抵当権者の承諾が必要である（法40条）。

3　正しい。区分建物が属する一棟の建物（マンション）が新築された場合または表題登記がない建物に接続して区分建物が新築されて一棟の建物となった場合における当該区分建物についての**表題登記の申請**は、当該新築された一棟の建物または当該区分建物が属することとなった一棟の建物に属する他の区分建物についての表題登記の申請と併せてしなければならない（法48条１項）。

4　正しい。何人も、登記官に対し、手数料を納付して、登記申請の際に登記所に提出された書面（登記申請書やその添付書類）の**閲覧**を請求することができる。ただし、請求人が利害関係を有する部分に限る（法121条２項）。

正解▶2

不動産登記法

82 登記全般

CHECK ☐☐☐☐☐ 　出題頻度 ●●●●● 　難易度 ★★★★★ 　令和3年⑫

[問題] 不動産の登記に関する次の記述のうち、不動産登記法の規定によれば、誤っているものはどれか。

1 表題登記がない土地の所有権を取得した者は、その所有権の取得の日から1月以内に、表題登記を申請しなければならない。

2 共用部分である旨の登記がある建物について、合併の登記をすることができる。

3 登記官は、表示に関する登記について申請があった場合において、必要があると認めるときは、当該不動産の表示に関する事項を調査することができる。

4 区分建物である建物を新築した場合において、その所有者について相続その他の一般承継があったときは、相続人その他の一般承継人も、被承継人を表題部所有者とする当該建物についての表題登記を申請することができる。

[解答] 1 **正しい。**新たに生じた土地または表題登記がない土地の所有権を取得した者は、その所有権の取得の日から**1月以内**に、**表題登記**を申請しなければならない（法36条）。

2 **誤り。共用部分である旨の登記**のある建物は、**合併の登記**をすることはできない（法56条1号）。

3 **正しい。登記官**は、表示に関する登記について申請があった場合において、必要があると認めるときは、当該不動産の表示に関する事項を**調査**することができる（法29条1項）。

4 **正しい。**区分建物である建物を新築した場合において、その所有者について相続その他の一般承継があったときは、相続人その他の**一般承継人**も、被承継人を表題部所有者とする当該建物についての**表題登記**を申請することができる（法47条2項）。

正解▶2

不動産登記法

83 登記全般

> **[問題]** 不動産の登記に関する次の記述のうち、不動産登記法の規定によれば、正しいものはどれか。
>
> 1 敷地権付き区分建物の表題部所有者から所有権を取得した者は、当該敷地権の登記名義人の承諾を得なければ、当該区分建物に係る所有権の保存の登記を申請することができない。
>
> 2 所有権に関する仮登記に基づく本登記は、登記上の利害関係を有する第三者がある場合であっても、その承諾を得ることなく、申請することができる。
>
> 3 債権者Aが債務者Bに代位して所有権の登記名義人CからBへの所有権の移転の登記を申請した場合において、当該登記を完了したときは、登記官は、Aに対し、当該登記に係る登記識別情報を通知しなければならない。
>
> 4 配偶者居住権は、登記することができる権利に含まれない。

[解答] 1 **正しい。**区分建物については、表題部所有者から所有権を取得した者も、所有権の保存の登記を申請することができるが、この場合、当該建物が敷地権付き区分建物であるときは、当該**敷地権の登記名義人の承諾**を得る必要がある（法74条2項）。

2 **誤り。**所有権に関する仮登記に基づく本登記は、登記上の利害関係を有する第三者がある場合には、当該**第三者の承諾**を得る必要がある（法109条1項）。

3 **誤り。**登記申請人に対して登記識別情報が通知されるのは、「申請者自らが**登記名義人となる場合**」に限られる（法21条）。登記を申請したAが登記名義人になるわけではないので、Aに対して登記識別情報を通知する必要はない。

4 **誤り。**配偶者居住権は、配偶者が居住建物について無償で使用・収益をする権利のことであり、**配偶者居住権の登記**をすれば、配偶者は、その権利を第三者に対抗することができる。当然のことながら、登記することができる権利に含まれている（法3条9号）。

　　　　　　　　　　　　　　　　　　　正解▶1

不動産登記法

84 登記全般

CHECK ☐☐☐☐☐ 　出題頻度 ●●●●● 　難易度 ★★★ 　令和３年⑩

[問題]　不動産の登記に関する次の記述のうち、不動産登記法の規定によれば、正しいものはどれか。
1　所有権の登記の抹消は、所有権の移転の登記がある場合においても、所有権の登記名義人が単独で申請することができる。
2　登記の申請をする者の委任による代理人の権限は、本人の死亡によって消滅する。
3　法人の合併による権利の移転の登記は、登記権利者が単独で申請することができる。
4　信託の登記は、受託者が単独で申請することができない。

解答　1　誤り。**所有権の登記の抹消**は、所有権の移転の登記が**ない場合に限り**、所有権の登記名義人が**単独**で申請することができる（法77条）。移転登記があるときには共同申請となる。
2　誤り。登記の申請をする者の委任による代理人の権限は、本人が**死亡**しても消滅しない（法17条）。
3　正しい。**相続**または**法人の合併**による権利の移転の登記は、登記権利者が**単独**ですることができる（法63条2項）。
4　誤り。**信託の登記**の申請は、受託者が**単独**で申請することができる（法98条2項）。

正解 ▶ 3

85 地域地区

CHECK ☐☐☐☐☐　出題頻度 ●●●●●　難易度 ★★★　令和4年

[問題]　都市計画法に関する次の記述のうち、誤っているものはどれか。
1　市街化区域については、都市計画に、少なくとも用途地域を定めるものとされている。
2　準都市計画区域については、都市計画に、特別用途地区を定めることができる。
3　高度地区については、都市計画に、建築物の容積率の最高限度又は最低限度を定めるものとされている。
4　工業地域は、主として工業の利便を増進するため定める地域とされている。

[解答]　1　正しい。**市街化区域**については、少なくとも**用途地域**を定めるものとし、市街化調整区域については、原則として用途地域を定めないものとされている（法13条1項7号後段）。
2　正しい。**特別用途地区**は、用途地域内において地区の特性にふさわしい土地利用の増進、環境の保護等の特別の目的の実現を図るため用途地域の指定を補完して定める地区であり（法9条14項）、**準都市計画区域**については、都市計画に、特別用途地区を定めることができる（法8条2項・1項2号）。
3　誤り。**高度地区**は、用途地域内において市街地の環境を維持し、または土地利用の増進を図るため、**建築物の高さ**の最高限度または最低限度を定める地区とする（法9条18項）。建築物の容積率の最高限度または最低限度を定めることができるのは、高度利用地区である（同条19項）。
4　正しい。**工業地域**は、**主として工業の利便を増進する**ため定める地域である（同条12項）。

正解 ▶ 3

86 地域地区

2

法令上の制限

[問題] 都市計画法に関する次の記述のうち、正しいものはどれか。
1　近隣商業地域は、主として商業その他の業務の利便の増進を図りつつ、これと調和した住居の環境を保護するため定める地域とする。
2　準工業地域は、主として環境の悪化をもたらすおそれのない工業の利便の増進を図りつつ、これと調和した住居の環境を保護するため定める地域とする。
3　第一種低層住居専用地域については、都市計画に特定用途制限地域を定めることができる場合がある。
4　第一種住居地域については、都市計画に高層住居誘導地区を定めることができる場合がある。

解答　1　誤り。**近隣商業地域**は、近隣の住宅地の住民に対する**日用品の供給を**行うことを主たる内容とする商業その他の業務の利便を増進するため定める地域である（法9条9項）。
2　誤り。**準工業地域**は、主として環境の悪化をもたらすおそれのない工業の利便を増進するため定める地域である（同条11項）。
3　誤り。**特定用途制限地域**は、「用途地域が定められていない土地の区域（市街化調整区域を除く）内」において、その良好な環境の形成または保持のため当該地域の特性に応じて合理的な土地利用が行われるよう、制限すべき特定の建築物等の用途の概要を定める地域である（同条15項）。
4　正しい。**高層住居誘導地区**は、住居と住居以外の用途とを適正に配分し、利便性の高い高層住宅の建設を誘導するため、第一種住居地域、第二種住居地域、準住居地域、近隣商業地域または準工業地域で建築物の容積率が10分の40または10分の50と定められたものの内において、容積率の最高限度、建蔽率の最高限度および敷地面積の最低限度を定める地区である（同条17項）。

87 都市計画

2
法令上の制限

[問題]　都市計画法に関する次の記述のうち、正しいものはどれか。

1　市街化調整区域は、土地利用を整序し、又は環境を保全するための措置を講ずることなく放置すれば、将来における一体の都市としての整備に支障が生じるおそれがある区域とされている。

2　高度利用地区は、土地の合理的かつ健全な高度利用と都市機能の更新とを図るため、都市計画に、建築物の高さの最低限度を定める地区とされている。

3　特定用途制限地域は、用途地域が定められている土地の区域内において、都市計画に、制限すべき特定の建築物等の用途の概要を定める地域とされている。

4　地区計画は、用途地域が定められている土地の区域のほか、一定の場合には、用途地域が定められていない土地の区域にも定めることができる。

解答　1　誤り。放置すれば、将来における一体の都市としての整備に支障が生じるおそれがある区域は、**準都市計画区域**である（法5条の2第1項）。市街化調整区域は、市街化を抑制すべき区域をいう（法7条3項）。

2　誤り。**高度利用地区**は、用途地域内の市街地における土地の合理的かつ健全な高度利用と都市機能の更新とを図るため、容積率の最高限度・最低限度、建蔽率の最高限度、建築物の建築面積の最低限度ならびに壁面の位置の制限を定める地区である（法9条19項）。

3　誤り。**特定用途制限地域**は、「用途地域が定められていない区域」において、建築物の用途を制限するために指定される地域である（同条15項）。

4　正しい。**地区計画**は、用途地域が定められている土地の区域、用途地域が定められていない土地の区域でも、一定の条件に該当する土地の区域について定めることができる（法12条の5第1項）。

　　　　　　　　　　　　　　　　　　　　　　　　正解▶4

88 都市計画

CHECK ☐☐☐☐☐　　出題頻度 ■■■□□　　難易度 ★★★★　令和2年⑫

問題 都市計画法に関する次の記述のうち、正しいものはどれか。

1　市街化区域及び区域区分が定められていない都市計画区域については、少なくとも道路、病院及び下水道を定めるものとされている。

2　市街化調整区域内においては、都市計画に、市街地開発事業を定めることができないこととされている。

3　都市計画区域は、市町村が、市町村都市計画審議会の意見を聴くとともに、都道府県知事に協議し、その同意を得て指定する。

4　準都市計画区域については、都市計画に、高度地区を定めることができないこととされている。

解答　1　誤り。**市街化区域**および**区域区分のない都市計画区域**には、都市施設のうち少なくとも**道路、公園および下水道**を定めるものとされている（法13条1項11号）。

2　正しい。**市街地開発事業**（土地区画整理事業、新住宅市街地開発事業等）は、**市街化区域**または**区域区分が定められていない都市計画区域**において、一体的に開発し、または整備する必要がある土地の区域について定めることとされており（同項12号）、市街化調整区域においては、都市計画に、市街地開発事業を定めることができない。

3　誤り。**都市計画区域の指定**は、原則として**都道府県**が行い、二以上の都府県の区域にわたる場合は国土交通大臣が行う。都道府県は、都市計画区域を指定しようとするときは、あらかじめ、関係市町村および都道府県都市計画審議会の意見を聴くとともに、国土交通大臣に協議し、その同意を得なければならない（法5条3項）。

4　誤り。準都市計画区域については、必要に応じて、都市計画に、用途地域等のほか、高度地区を定めることができる（法8条2項）。

89 都市計画

CHECK ☐☐☐☐☐　出題頻度 ●●●　難易度 ★★★　令和2年⑩

[問題]　都市計画法に関する次の記述のうち、正しいものはどれか。

1　地区計画については、都市計画に、地区施設及び地区整備計画を定めるよう努めるものとされている。

2　都市計画事業の認可の告示があった後に当該認可に係る事業地内の土地建物等を有償で譲り渡そうとする者は、施行者の許可を受けなければならない。

3　第二種住居地域は、中高層住宅に係る良好な住居の環境を保護するため定める地域とされている。

4　市街化調整区域における地区計画は、市街化区域における市街化の状況等を勘案して、地区計画の区域の周辺における市街化を促進することがない等当該都市計画区域における計画的な市街化を図る上で支障がないように定めることとされている。

[解答]　1　誤り。**地区計画**については、地区計画の種類・名称・位置・区域、地区施設（街区内の居住者等の利用に供される道路、公園などの施設）、地区整備計画（建築物等の整備や土地の利用に関する計画）を都市計画に定めるものとされている（法12条の4第2項、12条の5第2項）。「定めるよう努めるものとされている」わけではない。

2　誤り。事業地内の土地建物を有償で譲渡しようとする場合には、事前に、施行者に**届け出**なければならない（法67条1項）。

3　誤り。**第二種住居地域**は、主として住居の環境を保護するため定める地域である（9条6項）。「中高層住宅に係る良好な住居の環境を保護するため定める地域」は、第一種中高層住居専用地域である（同条3項）。

4　正しい。**市街化調整区域における地区計画**については、市街化区域における市街化の状況等を勘案して、地区計画の区域の周辺における市街化を促進することがない等当該都市計画区域における計画的な市街化を図る上で支障がないように定めることとされている（法13条1項14号イ）。

正解 ▶ 4

90 地区計画・地区整備計画

CHECK ☐☐☐☐☐　　出題頻度 ■■□　　難易度 ★★★★★　　令和3年⑩

> [問題]　都市計画法に関する次の記述のうち、誤っているものはどれか。
> 1　地区計画については、都市計画に、当該地区計画の目標を定めるよう努めるものとされている。
> 2　地区計画については、都市計画に、区域の面積を定めるよう努めるものとされている。
> 3　地区整備計画においては、市街化区域と市街化調整区域との区分の決定の有無を定めることができる。
> 4　地区整備計画においては、建築物の建蔽率の最高限度を定めることができる。

[解答]　1　正しい。地区計画については、**地区計画の目標**、区域の整備、開発および保全に関する方針を定めるよう努めるものとされている（法12条の5第2項2号・3号）。

2　正しい。地区計画については、都市計画に、種類、名称、位置および区域を定めるとともに、**区域の面積**を定めるよう努めるものとされている（法12条の4第2項）。

3　誤り。市街化区域と市街化調整区域との区分（区域区分）は、**都市計画で定められる**（法7条1項）。

4　正しい。**地区整備計画**は、道路・公園などの位置や建築物などのルールを定めるもので、地区施設の配置・規模、建築物等の用途の制限、建築物の容積率の最高限度・最低限度、建築物の建蔽率の最高限度、建築物の敷地面積または建築面積の最低限度等を定めることができる（法12条の5第7項）。

正解▶3

- **開発行為とは**（4条12項、11項、令1条2項）

  主として、①建築物の建築、②第1種特定工作物（コンクリートプラント等）の建設、③第2種特定工作物（ゴルフコース、1ha以上の野球場、庭球場等）の建設を目的とした「土地の区画形質の変更」をいう。

- **許可の不要な開発行為**（29条1項1号～3号）

  ①市街化区域内1,000㎡未満、非線引都市計画区域・準都市計画区域内3,000㎡未満、都市計画区域・準都市計画区域外1ha未満の開発行為

  ②市街化調整区域、非線引都市計画区域、準都市計画区域内において農林漁業用建築物または農林漁業従事者の住宅を建築するための開発行為

  ③鉄道施設、図書館、公民館などの公益上必要な建築物を建築するための開発行為（学校、社会福祉施設、医療施設は除く）

- **許可の不要な開発行為**（29条1項4号～11号）

  ④都市計画事業、土地区画整理事業等の施行として行う開発行為

  ⑤非常災害のため必要な応急措置として行う開発行為

  ⑥通常の管理行為、軽易な行為

91 開発許可

CHECK □□□□□　出題頻度 ■■　難易度 ★★★★★　令和３年⑩

問題　都市計画法に関する次の記述のうち、正しいものはどれか。ただし、許可を要する開発行為の面積については、条例による定めはないものとし、この問において「都道府県知事」とは、地方自治法に基づく指定都市、中核市及び施行時特例市にあってはその長をいうものとする。

1　市街化区域において、都市公園法に規定する公園施設である建築物の建築を目的とした5,000㎡の土地の区画形質の変更を行おうとする者は、あらかじめ、都道府県知事の許可を受けなければならない。

2　首都圏整備法に規定する既成市街地内にある市街化区域において、住宅の建築を目的とした800㎡の土地の区画形質の変更を行おうとする者は、あらかじめ、都道府県知事の許可を受けなければならない。

3　準都市計画区域において、商業施設の建築を目的とした2,000㎡の土地の区画形質の変更を行おうとする者は、あらかじめ、都道府県知事の許可を受けなければならない。

4　区域区分が定められていない都市計画区域において、土地区画整理事業の施行として行う8,000㎡の土地の区画形質の変更を行おうとする者は、あらかじめ、都道府県知事の許可を受けなければならない。

解答　1　誤り。都市公園法に規定する公園施設（公益上必要な建築物）の建築を目的とした開発行為は、開発許可は不要とされている（法29条1項3号、令21条3号）。

2　正しい。市街化区域内において行う1,000㎡未満の開発行為は、許可が不要とされているが、首都圏整備法、近畿圏整備法、中部圏開発整備法が定める対象区域内の市街化区域は、500㎡以上であるときに開発許可が必要となる（法29条1項1号、令19条1項・2項）。

3　誤り。準都市計画区域において行う3,000㎡未満の開発行為は、許可が不要とされている（令19条1項）。

4　誤り。区域区分が定められていない都市計画区域内において行う3,000㎡以上の開発行為は、許可が必要である（令19条1項）が、土地区画整理事業の施行として行うものは除かれている（法29条1項5号）。

92 開発許可

CHECK ☐☐☐☐☐　　出題頻度 ■■■　　難易度 ★★★★★　令和4年

問題 都市計画法に関する次の記述のうち、正しいものはどれか。ただし、この問において条例による特別の定めはないものとし、「都道府県知事」とは、地方自治法に基づく指定都市、中核市及び施行時特例市にあってはその長をいうものとする。

1 市街化区域内において、市街地再開発事業の施行として行う1haの開発行為を行おうとする者は、あらかじめ、都道府県知事の許可を受けなければならない。

2 区域区分が定められていない都市計画区域内において、博物館法に規定する博物館の建築を目的とした8,000㎡の開発行為を行おうとする者は、都道府県知事の許可を受けなくてよい。

3 自己の業務の用に供する施設の建築の用に供する目的で行う開発行為にあっては、開発区域内に土砂災害警戒区域等における土砂災害防止対策の推進に関する法律に規定する土砂災害警戒区域内の土地を含んではならない。

4 市街化調整区域内における開発行為について、当該開発行為が開発区域の周辺における市街化を促進するおそれがあるかどうかにかかわらず、都道府県知事は、開発審査会の議を経て開発許可をすることができる。

解答 1 誤り。都市計画区域または準都市計画区域内における開発行為は、都道府県知事の許可が必要であるが、**市街地再開発事業**の施行として行う開発行為については、許可は不要とされている（法29条1項6号）。

2 正しい。区域区分が定められていない都市計画区域内において、図書館または博物館の用に供する施設である建築物については、適正かつ合理的な土地利用及び環境の保全を図る上で支障がない**公益上必要な建築物**として許可は不要とされている（29条1項3号、令21条17号）。

3 誤り。主として、自己の居住用住宅を建築する目的で行う開発行為以外の開発行為にあっては、開発区域内に災害危険区域、地すべり防止区域、土砂災害特別警戒区域、浸水被害防止区域、急傾斜地崩壊危険区域等、開発行為を行うのに適当でない区域内の土地を含んでいないことが開発許可の条件となる（法33条1項8号、令23条の2）が、**土砂災害警戒区域**は該当しない。

4 誤り。市街化調整区域内において、法33条の一般的基準に適合するほか、都道府県知事が開発審査会の議を経て、開発区域の周辺における**市街化を促進する**おそれがなく、かつ、市街化区域内で行うことが困難または著しく不適当と認める開発行為については、許可をしなければならない（法34条14号）が、市街化を促進するおそれがある開発行為は許可をすることができない。

　　　　　　　　　　　　　　　　　　　　　　　　正解 ▶ 2

93 開発許可

CHECK ☐☐☐☐☐　出題頻度 ●●●●●　難易度 ★★★★　令和2年⑫

問題　都市計画法に関する次の記述のうち、正しいものはどれか。ただし、許可を要する開発行為の面積については、条例による定めはないものとし、この問において「都道府県知事」とは、地方自治法に基づく指定都市、中核市及び施行時特例市にあってはその長をいうものとする。

1　市街化調整区域において、非常災害のため必要な応急措置として8,000㎡の土地の区画形質の変更を行おうとする者は、あらかじめ、都道府県知事の許可を受けなければならない。

2　市街化区域において、社会教育法に規定する公民館の建築の用に供する目的で行われる1,500㎡の土地の区画形質の変更を行おうとする者は、都道府県知事の許可を受けなくてよい。

3　区域区分が定められていない都市計画区域において、店舗の建築の用に供する目的で行われる2,000㎡の土地の区画形質の変更を行おうとする者は、あらかじめ、都道府県知事の許可を受けなければならない。

4　市街化調整区域において、自己の居住の用に供する住宅の建築の用に供する目的で行われる100㎡の土地の区画形質の変更を行おうとする者は、都道府県知事の許可を受けなくてよい。

解答　1　誤り。**市街化調整区域**において土地の区画形質の変更をしようとする者は、あらかじめ、都道府県知事の許可を受けなければならないが、**非常災害のため必要な応急措置**として行う開発行為は除かれている（法29条1項10号）。

2　正しい。**市街化区域**において、社会教育法に規定する**公民館**の建築の用に供する目的で行われる土地の区画形質の変更は、許可を受ける必要がない（法29条1項3号、令21条18号）。

3　誤り。**未線引都市計画区域**における3,000㎡未満の土地の区画形質の変更は、許可を受ける必要がない（法29条1項1号、令19条1項）。

4　誤り。**市街化調整区域**において、**農林漁業を営む者**の居住の用に供する住宅の建築の用に供する目的で土地の区画形質の変更は、許可が不要であるが、自己の居住の用に供する住宅の建築の用に供する目的で行う場合は、その面積にかかわらず、原則として、許可を受ける必要がある（法29条1項1号）。

問題 都市計画法に関する次の記述のうち、誤っているものはどれか。ただし、この問において「都道府県知事」とは、地方自治法に基づく指定都市、中核市及び施行時特例市にあってはその長をいうものとする。

1　開発許可を受けようとする者は、開発行為に関する工事の請負人又は請負契約によらないで自らその工事を施行する者を記載した申請書を都道府県知事に提出しなければならない。

2　開発許可を受けた者は、開発行為に関する国土交通省令で定める軽微な変更をしたときは、遅滞なく、その旨を都道府県知事に届け出なければならない。

3　開発許可を受けた者は、開発行為に関する工事の廃止をしようとするときは、都道府県知事の許可を受けなければならない。

4　開発行為に同意していない土地の所有者は、当該開発行為に関する工事完了の公告前に、当該開発許可を受けた開発区域内において、その権利の行使として自己の土地に建築物を建築することができる。

解答　1　正しい。開発許可の申請書には、**工事施行者**（開発行為に関する工事の請負人または請負契約によらないで自らその工事を施行する者をいう）を記載する必要がある（法30条1項4号）。

2　正しい。開発許可の内容の変更をしようとする場合には、都道府県知事の許可を受けなければならないが、変更しようとする開発行為が許可不要のものである場合、または**軽微な変更**をしようとするときは、この限りでなく、遅滞なく、その旨を都道府県知事に届け出ることとされている（法35条の2、則28条の4）。

3　誤り。開発許可を受けた者は、開発行為に関する工事を**廃止**したときは、遅滞なく、その旨を都道府県知事に**届け出**なければならない（法38条）。

4　正しい。開発許可を受けた開発区域内の土地においては、開発行為に関する工事完了の公告があるまでの間は、建築物の建築等を行うことができないが、**開発行為に同意をしていない土地の所有者**は、その権利の行使として建築物を建築することができる（法37条2号）。

95 開発許可

2
法令上の制限

CHECK ☐☐☐☐☐　出題頻度 ●●●●●　難易度 ★★★★　令和5年

[問題]　都市計画法に関する次の記述のうち、正しいものはどれか。ただし、この問において条例による特別の定めはないものとし、「都道府県知事」とは、地方自治法に基づく指定都市、中核市及び施行時特例市にあってはその長をいうものとする。

1　開発許可を申請しようとする者は、あらかじめ、開発行為に関係がある公共施設の管理者と協議し、その同意を得なければならない。

2　開発許可を受けた者は、当該許可を受ける際に申請書に記載した事項を変更しようとする場合においては、都道府県知事に届け出なければならないが、当該変更が国土交通省令で定める軽微な変更に当たるときは、届け出なくてよい。

3　開発許可を受けた者は、当該開発行為に関する工事が完了し、都道府県知事から検査済証を交付されたときは、遅滞なく、当該工事が完了した旨を公告しなければならない。

4　市街化調整区域のうち開発許可を受けた開発区域以外の区域内において、自己の居住用の住宅を新築しようとする全ての者は、当該建築が開発行為を伴わない場合であれば、都道府県知事の許可を受けなくてよい。

解答　1　正しい。開発許可を申請しようとする者は、あらかじめ、開発行為に関係がある公共施設の管理者と**協議**し、その**同意**を得なければならない（法32条1項）。

2　誤り。開発許可の内容を変更しようとする場合には、**都道府県知事の許可**を受けなければならない（法35条の2第1項）が、軽微な変更については、変更後に遅滞なく、その旨を**届け出**なければならない（同条3項）。

3　誤り。工事完了の公告は、**都道府県知事**が行う（法36条）。

4　誤り。市街化調整区域のうち開発許可を受けた開発区域以外の区域内においては、**都道府県知事の許可**を受けなければ、建物の新築・改築、用途変更等をすることができない（法43条1項）。

　　　　正解 ▶ 1

96 開発許可

CHECK ☐☐☐☐☐　出題頻度 ●●●●●　難易度 ★★★　令和2年⑩

問題 都市計画法に関する次の記述のうち、誤っているものはどれか。なお、この問において「都道府県知事」とは、地方自治法に基づく指定都市、中核市及び施行時特例市にあってはその長をいうものとする。

1　開発許可を申請しようとする者は、あらかじめ、開発行為又は開発行為に関する工事により設置される公共施設を管理することとなる者と協議しなければならない。

2　都市計画事業の施行として行う建築物の新築であっても、市街化調整区域のうち開発許可を受けた開発区域以外の区域内においては、都道府県知事の許可を受けなければ、建築物の新築をすることができない。

3　開発許可を受けた開発行為により公共施設が設置されたときは、その公共施設は、工事完了の公告の日の翌日において、原則としてその公共施設の存する市町村の管理に属するものとされている。

4　開発許可を受けた者から当該開発区域内の土地の所有権を取得した者は、都道府県知事の承認を受けて、当該開発許可を受けた者が有していた当該開発許可に基づく地位を承継することができる。

解答 1　正しい。開発許可を申請しようとする者は、あらかじめ、開発行為または開発行為に関する工事により設置される公共施設を管理することとなる者と**協議**しなければならない（法32条2項）。なお、開発行為に関係がある公共施設に関しては、管理者と協議するだけでなく、**同意を得る必要がある**（同条1項）。

2　誤り。**市街化調整区域**のうち開発許可を受けた開発区域以外の区域内で、建築物の新築または改築をするには、原則として、都道府県知事の許可が必要である（法43条1項）が、**都市計画事業**の施行として行う開発行為は、許可は不要とされている（同項1号）。

3　正しい。開発許可を受けた開発行為または開発行為に関する工事により公共施設が設置されたときは、その公共施設は、工事完了の公告の日の翌日において、原則として公共施設の存する**市町村の管理**に属する（法39条）。

4　正しい。開発許可を受けた者から土地の所有権を取得した者は、**都道府県知事の承認**を受けて、開発許可に基づく地位を**承継**することができる（法45条）。

97 単体規定

CHECK ☐☐☐☐☐　　出題頻度 ■■■■□　　難易度 ★★★★★　令和4年

問題 建築基準法（以下この問において「法」という。）に関する次の記述のうち、正しいものはどれか。

1　法の改正により、現に存する建築物が改正後の法の規定に適合しなくなった場合には、当該建築物は違反建築物となり、速やかに改正後の法の規定に適合させなければならない。

2　延べ面積が500㎡を超える建築物について、大規模な修繕をしようとする場合、都市計画区域外であれば建築確認を受ける必要はない。

3　地方公共団体は、条例で、建築物の敷地、構造又は建築設備に関して安全上、防火上又は衛生上必要な制限を附加することができる。

4　地方公共団体が、条例で、津波、高潮、出水等による危険の著しい区域を災害危険区域として指定した場合には、災害危険区域内における住居の用に供する建築物の建築は一律に禁止されることとなる。

解答　1　誤り。建築基準法の施行または適用の際現に存する建築物が法の規定に適合しない場合においては、当該建築物（既存不適格建築物）に対しては、法の規定は適用しないとされている（法3条2項）。

2　誤り。延べ面積が**500㎡を超える木造建築物**、延べ面積が**200㎡を超える木造以外の建築物**については、**大規模建築物**として建築確認を受ける必要がある（法6条1項）。

3　正しい。地方公共団体は、条例で、建築物の敷地、構造または建築設備に関して安全上、防火上または衛生上必要な制限を附加することができる（法40条）。

4　誤り。地方公共団体は、条例で**災害危険区域**として指定することができ、災害危険区域内における住居の用に供する建築物の建築の禁止その他建築物の建築に関する制限で災害防止上必要なものは、条例で定めるものとされている（法39条）。一律に禁止されるわけではない。

正解 ▶ 3

建築基準法

98 単体規定

CHECK □□□□□　　出題頻度 ■■■■□　　難易度 ★★★★　令和2年⑩

問題　建築基準法に関する次の記述のうち、正しいものはどれか。

1　階数が2で延べ面積が200㎡の鉄骨造の共同住宅の大規模の修繕をしようとする場合、建築主は、当該工事に着手する前に、確認済証の交付を受けなければならない。

2　居室の天井の高さは、一室で天井の高さの異なる部分がある場合、室の床面から天井の最も低い部分までの高さを2.1m以上としなければならない。

3　延べ面積が1,000㎡を超える準耐火建築物は、防火上有効な構造の防火壁又は防火床によって有効に区画し、かつ、各区画の床面積の合計をそれぞれ1,000㎡以内としなければならない。

4　高さ30mの建築物には、非常用の昇降機を設けなければならない。

解答　1　正しい。2階以上または延べ面積が200㎡を超える大規模建築物（木造以外）について大規模の修繕をする場合には、建築確認を受けなければならない（法6条1項）。

2　誤り。居室の天井の高さは2.1m以上にしなければならず、一室で天井の高さの異なる部分がある場合には、その平均の高さが2.1m以上であることが求められる（令21条）。

3　誤り。延べ面積が1,000㎡を超える建築物は、防火壁または防火床によって有効に区画し、各区画の床面積の合計をそれぞれ1,000㎡以内としなければならないが、耐火建築物または準耐火建築物については、防火壁等で区画する必要はない（法26条1号）。

4　誤り。非常用昇降機の設置が義務付けられるのは、高さ31mを超える建築物である（法34条2項）。

正解 ▶ 1

建築基準法

99 単体規定

CHECK ☐☐☐☐☐   出題頻度 ■■■   難易度 ★★★   令和5年

[問題] 建築基準法に関する次の記述のうち、誤っているものはどれか。

1 地方公共団体は、条例で、津波、高潮、出水等による危険の著しい区域を災害危険区域として指定し、当該区域内における住居の用に供する建築物の建築を禁止することができる。

2 3階建て以上の建築物の避難階以外の階を、床面積の合計が1,500㎡を超える物品販売業の店舗の売場とする場合には、当該階から避難階又は地上に通ずる2以上の直通階段を設けなければならない。

3 建築物が防火地域及び準防火地域にわたる場合、その全部について準防火地域内の建築物に関する規定を適用する。

4 石綿等をあらかじめ添加した建築材料は、石綿等を飛散又は発散させるおそれがないものとして国土交通大臣が定めたもの又は国土交通大臣の認定を受けたものを除き、使用してはならない。

[解答] 1 正しい。地方公共団体は、条例で、津波、高潮、出水等による危険の著しい区域を**災害危険区域**として指定することができ、当該区域内における居住用建築物の建築の禁止その他建築物の建築に関する制限をすることができる（法39条）。

2 正しい。建築物の避難階以外の階を、劇場や演芸場、床面積の合計が1,500㎡を超える物品販売業を営む店舗とする場合には、その階から避難階または地上に通ずる二以上の直通階段を設けなければならない（令121条1項）。

3 誤り。建築物が防火地域および準防火地域にわたる場合は、その全部について**防火地域内**の建築物に関する規定が適用される（法65条2項）。

4 正しい。**石綿等**をあらかじめ添加した建築材料は、国土交通大臣が飛散・発散のおそれがないとして指定・認定したものを除いて使用することができない（法28条の2第2号）。

正解 ▶ 3

100 単体規定

CHECK ☐☐☐☐☐　出題頻度 ●●●　難易度 ★★★★　令和３年⑫

[問題]　建築基準法に関する次の記述のうち、誤っているものはどれか。※

1　４階建ての建築物の避難階以外の階を劇場の用途に供し、当該階に客席を有する場合には、当該階から避難階又は地上に通ずる２以上の直通階段を設けなければならない。

2　床面積の合計が500㎡の映画館の用途に供する建築物を演芸場に用途変更する場合、建築主事等又は指定確認検査機関の確認を受ける必要はない。

3　換気設備を設けていない居室には、換気のための窓その他の開口部を設け、その換気に有効な部分の面積は、その居室の床面積に対して10分の１以上としなければならない。

4　延べ面積が800㎡の百貨店の階段の部分には、排煙設備を設けなくてもよい。

[解答]　1　正しい。建築物の避難階以外の階が、劇場、映画館等の用途に供する階でその階に客席、集会室等を有する場合には、その階から避難階または地上に通ずる**二以上の直通階段**を設けなければならない（令121条１項１号）。

2　正しい。建築物の用途を変更して200㎡を超える特殊建築物とする場合は、建築確認を受ける必要があるが、**類似の用途変更**の場合は確認を受ける必要がない（法87条１項、令137条の18第１号）。

3　誤り。居室には換気のための窓その他の開口部を設け、その換気に有効な部分の面積は、その居室の床面積に対して**20分の１以上**としなければならないとされている（法28条２項）。

4　正しい。建築基準法別表第一(い)欄(一)項〜(四)項に掲げる用途に供する特殊建築物（劇場、病院、学校、百貨店等）で延べ面積が500㎡を超えるものについては、排煙設備を設けなければならないが、**階段**の部分、**昇降機の昇降路**の部分その他これらに類する建築物の部分については、排煙設備を設けなくてもよいとされている（令126条の２第１項３号）。

正解▶3

建築基準法

101 単体規定ほか

CHECK ☐☐☐☐☐ 出題頻度 ●●●● 難易度 ★★★★ 令和2年⑫

[問題] 建築基準法に関する次の記述のうち、誤っているものはどれか。

1 建築物が防火地域及び準防火地域にわたる場合においては、その全部について、敷地の属する面積が大きい方の地域内の建築物に関する規定を適用する。

2 倉庫の用途に供する建築物で、その用途に供する3階以上の部分の床面積の合計が500㎡であるものは、耐火建築物としなければならない。

3 高さ25mの建築物には、周囲の状況によって安全上支障がない場合を除き、有効に避雷設備を設けなければならない。

4 高さ1m以下の階段の部分には、手すりを設けなくてもよい。

[解答] 1 誤り。建築物が防火地域および準防火地域にわたる場合は、その全部について**防火地域内の建築物に関する規定**が適用される（法65条2項）。

2 正しい。**倉庫等**で、その用途に供する**3階以上の部分の床面積の合計が200㎡以上**であるものは、**耐火建築物**としなければならない（法27条2項1号、別表第一(は)欄(五)項）。

3 正しい。高さ**20mを超える**建築物には、周囲の状況によって安全上支障がない場合を除き、有効に**避雷設備**を設けなければならない（法33条）。

4 正しい。階段には、**手すり**を設けなければならないが、**高さ1m以下の階段**は除かれている（令25条）。

正解 ▶ 1

建築基準法

102 単体規定ほか

CHECK ☐☐☐☐☐　出題頻度 ■■□　難易度 ★★★★★　令和3年⑩

問題　建築基準法に関する次の記述のうち、正しいものはどれか。

1　居室の内装の仕上げには、ホルムアルデヒドを発散させる建築材料を使用することが認められていない。

2　4階建ての共同住宅の敷地内には、避難階に設けた屋外への出口から道又は公園、広場その他の空地に通ずる幅員が2m以上の通路を設けなければならない。

3　防火地域又は準防火地域内にある建築物で、外壁が防火構造であるものについては、その外壁を隣地境界線に接して設けることができる。

4　建築主は、3階建ての木造の共同住宅を新築する場合において、特定行政庁が、安全上、防火上及び避難上支障がないと認めたときは、検査済証の交付を受ける前においても、仮に、当該共同住宅を使用することができる。

解答　1　誤り。居室を有する建築物にあっては、衛生上の支障を生ずるおそれがある物質（クロルピリホスおよびホルムアルデヒド）の区分に応じ、建築材料及び換気設備について政令で定める**技術的基準**に適合することが求められている（法28条の2第3号、令20条の5）。使用が認められないわけではない。

2　誤り。一定の特殊建築物または階数が4以上の建築物等の敷地内には、建築物の出口から道または公園その他の空地に通ずる**幅員1.5m以上**の通路を設けなければならない（令128条）。

3　誤り。防火地域または準防火地域内にある建築物で、外壁が**耐火構造**のものについては、その外壁を隣地境界線に接して設けることができる（法63条）。

4　正しい。法6条1項1号から3号までの建築物（特殊建築物または大規模建築物）については、原則として**検査済証の交付**を受けた後でなければ、使用することができないが、特定行政庁が認めたときには、検査済証の交付を受ける前においても仮に使用することができる（法7条の6第1項）。

　　　　　　　　　　　　　正解▶4

103 第3章（集団規定）

CHECK ☐☐☐☐☐ 　出題頻度 ■■■ 　難易度 ★★★★★ 　令和3年⑫

問題　次の記述のうち、建築基準法（以下この問において「法」という。）の規定によれば、正しいものはどれか。

1　法第68条の9第1項の規定に基づく条例の制定の際、現に建築物が立ち並んでいる道は、法上の道路とみなされる。

2　都市計画により、容積率の限度が10分の50とされている準工業地域内において、建築物の高さは、前面道路の反対側の境界線からの水平距離が35m以下の範囲内においては、当該部分から前面道路の反対側の境界線までの水平距離に、1.5を乗じて得た値以下でなければならない。

3　第一種住居地域においては、畜舎で、その用途に供する部分の床面積が4,000㎡のものを建築することができる。

4　建築物の敷地が、法第53条第1項の規定に基づく建築物の建蔽率に関する制限を受ける地域又は区域の二以上にわたる場合においては、当該建築物の敷地の過半の属する地域又は区域における建蔽率に関する制限が、当該建築物に対して適用される。

解答　1　誤り。都市計画区域もしくは準都市計画区域の指定・変更等により、法第3章の規定が適用され、都市計画区域または準都市計画区域に編入されるに至った際、現に存在する道は、**法上の道路**とみなされる（法42条1項）。法68条の9第1項（都市計画区域及び準都市計画区域以外の区域内の建築物の敷地及び構造）の規定に基づく条例の制定の際、現に建築物が立ち並んでいる道というだけでは、道路とはみなされない。

2　正しい。準工業地域内において容積率の限度が10分の40を超える場合は、前面道路の反対側の境界線からの水平距離が35m以下の範囲内においては、当該部分から前面道路の反対側の境界線までの水平距離に1.5を乗じて得た値以下でなければならない（法56条1項1号、別表第三）

3　誤り。第一種住居地域においては、その用途に供する部分の床面積の合計が**3,000㎡**を超える畜舎を建築することができない（法48条5項、別表第二(ほ)項4号）。

4　誤り。建築物の敷地が異なる用途地域にまたがる場合は、その地域の属する建蔽率に**面積比**を乗じて得たものの合計以下でなければならない（法53条2項）。

104 第3章（集団規定）

2

法令上の制限

[問題] 次の記述のうち、建築基準法（以下この問において「法」という。）の規定によれば、正しいものはどれか。

1　法第53条第1項及び第2項の建蔽率制限に係る規定の適用については、準防火地域内にある準耐火建築物であり、かつ、街区の角にある敷地又はこれに準ずる敷地で特定行政庁が指定するものの内にある建築物にあっては同条第1項各号に定める数値に10分の2を加えたものをもって当該各号に定める数値とする。

2　建築物又は敷地を造成するための擁壁は、道路内に、又は道路に突き出して建築し、又は築造してはならず、地盤面下に設ける建築物においても同様である。

3　地方公共団体は、その敷地が袋路状道路にのみ接する建築物であって、延べ面積が150㎡を超えるものについては、一戸建ての住宅であっても、条例で、その敷地が接しなければならない道路の幅員、その敷地が道路に接する部分の長さその他その敷地又は建築物と道路との関係に関して必要な制限を付加することができる。

4　冬至日において、法第56条の2第1項の規定による日影規制の対象区域内の土地に日影を生じさせるものであっても、対象区域外にある建築物であれば一律に、同項の規定は適用されない。

[解答]　1　正しい。建蔽率は、原則として都市計画で定めれられた指定建蔽率によるが、**準防火地域内にある準耐火建築物**は10分の1を加えた割合とし、かつ、特定行政庁が指定する**角地**にある建築物は10分の2を加えた割合とされる（53条3項）。

2　誤り。建築基準法は、原則として、道路内での建築物の建築、擁壁の設置を禁止しているが、**地盤面下**に建築するものについては、例外として道路内に建築することができる（法44条1項1号）。

3　誤り。その敷地が袋路状道路にのみ接する建築物で、延べ面積が150㎡を超えるものについては、地方公共団体の条例で接道規制に関して必要な**制限を付加**することができる（法43条3項5号）が、一戸建て住宅は除かれている。

4　誤り。日影規制の対象区域外にある建築物であっても、冬至日において対象区域内に日影を生じさせる高さ10mを超える建築物は、対象区域内の建築物とみなして**規制の対象**となる（法56条の2第4項）。

　正解▶1

105 第3章（集団規定）

問題　建築基準法に関する次の記述のうち、正しいものはどれか。

1　公衆便所及び巡査派出所については、特定行政庁の許可を得ないで、道路に突き出して建築することができる。

2　近隣商業地域内において、客席の部分の床面積の合計が200㎡以上の映画館は建築することができない。

3　建築物の容積率の算定の基礎となる延べ面積には、老人ホームの共用の廊下又は階段の用に供する部分の床面積は、算入しないものとされている。

4　日影による中高層の建築物の高さの制限に係る日影時間の測定は、夏至日の真太陽時の午前8時から午後4時までの間について行われる。

解答　1　誤り。建築物は、道路内に、または道路に突き出して建築することはできないが、公衆便所、巡査派出所その他これらに類する公益上必要な建築物で**特定行政庁**が通行上支障がないと認めて建築審査会の同意を得て**許可**したものは例外とされている（法44条1項2号）。

2　誤り。**近隣商業地域**において**映画館**を建築する場合、客席の床面積に制限はない（法48条9項、別表第二(り)項）。

3　正しい。容積率を算定する場合、**老人ホームの共用の廊下**または**階段**の用に供する部分、住宅や老人ホーム等に設ける機械室等で特定行政庁が認めるものの床面積は、計算の基礎となる延べ面積に算入しないものとされている（法52条）。

4　誤り。日影規制で制限されるのは、**冬至日**の午前8時〜午後4時までの8時間の日影時間である。

正解▶3

106 第3章（集団規定）

[問題]　次の記述のうち、建築基準法（以下この問において「法」という。）の規定によれば、誤っているものはどれか。

1　建築物の壁又はこれに代わる柱は、地盤面下の部分又は特定行政庁が建築審査会の同意を得て許可した歩廊の柱その他これに類するものを除き、壁面線を越えて建築してはならない。

2　特別用途地区内においては、地方公共団体は、その地区の指定の目的のために必要と認める場合は、国土交通大臣の承認を得て、条例で、法第48条第1項から第13項までの規定による用途制限を緩和することができる。

3　都市計画により建蔽率の限度が10分の8と定められている準工業地域においては、防火地域内にある耐火建築物については、法第53条第1項から第5項までの規定に基づく建蔽率に関する制限は適用されない。

4　田園住居地域内の建築物に対しては、法第56条第1項第3号の規定（北側斜線制限）は適用されない。

[解答]　1　正しい。**壁面線の指定**があると、建築物の壁またはこれに代わる柱は壁面線を越えて建築することができない。ただし、地盤面下の部分または特定行政庁が建築審査会の同意を得て許可した歩廊の柱その他これに類するものは除かれている（法47条）。

2　正しい。**特別用途地区内**においては、その地区指定の目的のためにする建築物の建築制限または禁止に関して必要な規定は、地方公共団体の条例で定められる。この場合、地方公共団体は国土交通大臣の承認を得て、条例で、各地域の用途制限を緩和することができる（法49条2項）。

3　正しい。都市計画により建蔽率の限度が**10分の8**とされている**防火地域内にある耐火建築物**等については、建蔽率は適用されない（法53条6項1号）。

4　誤り。**田園住居地域内の建築物**には、**北側斜線制限**が適用される（法56条1項3号）。

正解▶4

建築基準法

107 第3章（集団規定）

CHECK ☐☐☐☐☐　　出題頻度 ★★★★　　難易度 ★★★★　　令和4年

[問題]　次の記述のうち、建築基準法（以下この問において「法」という。）の規定によれば、正しいものはどれか。

1　第一種低層住居専用地域内においては、神社、寺院、教会を建築することはできない。

2　その敷地内に一定の空地を有し、かつ、その敷地面積が一定規模以上である建築物で、特定行政庁が交通上、安全上、防火上及び衛生上支障がなく、かつ、その建蔽率、容積率及び各部分の高さについて総合的な配慮がなされていることにより市街地の環境の整備改善に資すると認めて許可したものの建蔽率、容積率又は各部分の高さは、その許可の範囲内において、関係規定による限度を超えるものとすることができる。

3　法第3章の規定が適用されるに至った際、現に建築物が立ち並んでいる幅員1.8m未満の道で、あらかじめ、建築審査会の同意を得て特定行政庁が指定したものは、同章の規定における道路とみなされる。

4　第一種住居地域内においては、建築物の高さは、10m又は12mのうち当該地域に関する都市計画において定められた建築物の高さの限度を超えてはならない。

[解答]　1　誤り。**神社、寺院、教会**は、どの用途地域においても建築することができる（法48条1項、別表第二）。

2　誤り。その敷地内に政令で定める**空地**を有し、かつ、その敷地面積が一定規模以上である建築物で、特定行政庁が許可したものの**容積率**または**各部分の高さ**は、その許可の範囲内において、関係規定による限度を超えるものとすることができる（法59条の2）。建蔽率を関係規定による限度を超えるものとすることはできない。

3　正しい。法第3章の規定が適用されるに至った際、現に建築物が立ち並んでいる幅員**4m未満**の道で、特定行政庁の指定したものは、建築基準法上の道路とみなされる（法42条2項）。

4　誤り。第一種低層住居専用地域、第二種低層住居専用地域または田園住居地域内においては、建築物の高さは、**10m**または**12m**のうち当該地域に関する都市計画において定められた建築物の高さの限度を超えてはならない（法55条1項）。この**絶対高制限**の規定は、低層住宅の住環境を良好に保つためのものであり、第一種住居地域内には適用されない。

正解 ▶ 3

108 第3章（集団規定）

2

法令上の制限

[問題]　次の記述のうち、建築基準法の規定によれば、誤っているものはどれか。

1　都市計画により建蔽率の限度が10分の6と定められている近隣商業地域において、準防火地域内にある耐火建築物で、街区の角にある敷地又はこれに準ずる敷地で特定行政庁が指定するものの内にある建築物については、建蔽率の限度が10分の8となる。

2　市町村は、集落地区計画の区域において、用途地域における用途の制限を補完し、当該区域の特性にふさわしい土地利用の増進等の目的を達成するため必要と認める場合においては、国土交通大臣の承認を得て、当該区域における用途制限を緩和することができる。

3　居住環境向上用途誘導地区内においては、公益上必要な一定の建築物を除き、建築物の建蔽率は、居住環境向上用途誘導地区に関する都市計画において建築物の建蔽率の最高限度が定められたときは、当該最高限度以下でなければならない。

4　都市計画区域内のごみ焼却場の用途に供する建築物について、特定行政庁が建築基準法第51条に規定する都市計画審議会の議を経てその敷地の位置が都市計画上支障がないと認めて許可した場合においては、都市計画においてその敷地の位置が決定しているものでなくても、新築することができる。

[解答]　1　正しい。**準防火地域内**にある**耐火建築物**は10分の6に10分の1を加えた割合になり、さらに**街区の角**にあるので10分の1が加えられるので、建蔽率の限度は10分の8となる（法53条3項）。

2　誤り。市町村は、地区計画等の区域の特性にふさわしい土地利用の増進等の目的を達成するため必要と認める場合には、国土交通大臣の承認を得て用途制限を緩和できるが、**集落地区計画**は除かれている（法68条の2第5項）。

3　正しい。**居住環境向上用途誘導地区**内においては、建築物の建蔽率は、公益上必要なもの等を除いて、居住環境向上用途誘導地区に関する都市計画において建築物の建蔽率の最高限度が定められたときは、当該最高限度以下でなければならない（法60条の2の2）。

4　正しい。都市計画区域内においては、ごみ焼却場その他の処理施設は、その敷地の位置が都市計画で決定していなければ建築できないが、**特定行政庁が許可した場合**には建築することができる（法51条）。

　　　　　　　　　　　　　　　　　　正解▶2

109 宅地造成等工事規制区域内の規制

CHECK ☐☐☐☐☐　　出題頻度 ●●●●●　　難易度 ★★★　　令和2年⑩

2

法令上の制限

問題 宅地造成及び特定盛土等規制法に関する次の記述のうち、誤っているものはどれか。なお、この問において「都道府県知事」とは、地方自治法に基づく指定都市又は中核市の区域内の土地については、それぞれ指定都市又は中核市の長をいうものとする。※

1　土地の占有者は、都道府県知事又はその命じた者若しくは委任した者が、基礎調査のために当該土地に立ち入って測量又は調査を行う場合、正当な理由がない限り、立入りを拒み、又は妨げてはならない。

2　宅地を宅地以外の土地にするために行う盛土その他の土地の形質の変更は、宅地造成に該当しない。

3　宅地造成等工事規制区域内において、宅地以外の土地を宅地に転用する者は、宅地造成等に関する工事を行わない場合でも、都道府県知事の許可を受けなければならない。

4　宅地造成等に関する工事の許可を受けた者が、工事施行者を変更する場合には、遅滞なくその旨を都道府県知事に届け出ればよく、改めて許可を受ける必要はない。

解答　1　正しい。都道府県知事は、**基礎調査**のために他人の占有する土地に立ち入つて測量又は調査を行う必要があるときは、その必要の限度において、他人の占有する土地に、自ら立ち入り、またはその命じた者・委任した者に立ち入らせることができる（法5条1項）。土地の占有者は、正当な理由がない限り、立入りを拒み、または妨げることができない（同条5項）。

2　正しい。**宅地造成**とは、宅地以外の土地を宅地にするために行う盛土その他の土地の形質の変更で政令で定めるものをいう（法2条2号）。宅地を宅地以外にするためのものは除かれている。

3　誤り。許可の対象となるのは、**宅地造成等に関する工事**である（法12条1項）。宅地造成工事を行わない場合であれば、許可を受ける必要はない。

4　正しい。宅地造成等に関する工事の計画を変更しようとするときは、原則として、都道府県知事の許可を受ける必要があるが、**軽微な変更**（工事主、設計者、工事施行者の氏名・住所等の変更、工事の着手または完了予定年月日の変更）の場合は除かれている（法16条1項、則38条）。

正解▶3

110 宅地造成等工事規制区域内の規制

[問題]　宅地造成及び特定盛土等規制法に関する次の記述のうち、誤っているものはどれか。なお、この問において「都道府県」とは、地方自治法に基づく指定都市又は中核市の区域内の土地については、それぞれ指定都市又は中核市をいうものとする。※

1　宅地造成等工事規制区域は、宅地造成等に伴い災害が生ずるおそれが大きい市街地又は市街地になろうとする土地の区域または集落の区域であって、宅地造成に関する工事につき規制を行う必要があるものについて、国土交通大臣が指定することができる。

2　宅地造成等工事規制区域内において宅地造成等に関する工事を行う場合、宅地造成等に伴う災害を防止するために行う高さが5mを超える擁壁の設置に係る工事については、政令で定める資格を有する者の設計によらなければならない。

3　都道府県は、基礎調査のために行う測量又は調査のため他人の占有する土地に立ち入ったことにより他人に損失を与えた場合においては、その損失を受けた者に対して、通常生ずべき損失を補償しなければならない。

4　宅地造成等工事が完了した場合、工事主は、都道府県知事（地方自治法に基づく指定都市又は中核市にあってはその長）の検査を受けなければならない。

[解答]　1　誤り。宅地造成等工事規制区域は、宅地造成等に伴い災害が生ずるおそれが大きい市街地または市街地となろうとする土地の区域または集落の区域で、宅地造成等工事につき規制の必要があるものを、**都道府県知事**が指定することができる（法10条1項）とされている。

2　正しい。宅地造成等工事規制区域内で宅地造成等に関する工事を行う場合、高さ**5mを超える擁壁**の設置工事については、一定の資格を有する者の設計によらなければならない（法13条2項、令21条、22条）。

3　正しい。都道府県は、基礎調査のため他人の占有する土地に立ち入って測量または調査を行ったことにより他人に**損失**を与えた場合は、その損失を受けた者に対して、通常生ずべき損失を**補償**しなければならない（法8条）。

4　正しい。宅地造成等に関する工事の許可を受けた者は、当該許可にかかる工事を完了したときは、その工事が一定の技術的基準に適合しているかどうかについて、**都道府県知事の検査**を受けなければならない（法17条1項）。

　　　　　　　　　　　　　　　　　　　　　正解 ▶ 1

[問題]　宅地造成及び特定盛土等規制法に関する次の記述のうち、誤っているものはどれか。なお、この問において「都道府県知事」とは、地方自治法に基づく指定都市又は中核市の区域内の土地については、それぞれ指定都市又は中核市の長をいうものとする。※

1　宅地造成等工事規制区域外において行われる宅地造成等に関する工事について、工事主は、工事に着手する前に都道府県知事に届け出なければならない。

2　都道府県知事は、宅地造成等工事規制区域内の土地の所有者、管理者又は占有者に対して、当該土地又は当該土地において行われている工事の状況について報告を求めることができる。

3　宅地造成等工事規制区域内において宅地造成等に関する工事を行う場合、宅地造成に伴う災害を防止するために行う高さ５ｍを超える擁壁に係る工事については、政令で定める資格を有する者の設計によらなければならない。

4　都道府県知事は、偽りその他不正な手段によって宅地造成等工事規制区域内において行われる宅地造成等に関する工事の許可を受けた者に対して、その許可を取り消すことができる。

[解答]　1　誤り。宅地造成等工事規制区域内において行われる宅地造成等に関する工事については、工事主は、当該工事に着手する前に、**都道府県知事の許可**を受けなければならない（法12条１項）が、区域外において行われる工事については、都道府県知事に届け出る必要はない。

2　正しい。都道府県知事は、宅地造成等工事規制区域内の土地の所有者、管理者または占有者に対して、当該土地または当該土地において行われている工事の状況について**報告**を求めることができる（法25条）。

3　正しい。高さ**５ｍを超える擁壁**の設置工事は、政令で定める資格を有する者の設計によらなければならない（法13条２項、令21条、22条）。

4　正しい。都道府県知事は、偽りその他**不正な手段**により宅地造成等工事の許可もしくは変更の許可を受けた者またはその許可に付した条件に違反した者に対して、その許可を取り消すことができる（法20条１項）。

正解▶1

---

112 宅地造成等工事規制区域内の規制

CHECK □□□□□ 出題頻度 ●●●●● 難易度 ★★★★ 令和3年⑩

[問題] 宅地造成及び特定盛土等規制法（以下この問において「法」という。）に関する次の記述のうち、誤っているものはどれか。なお、この問において「都道府県知事」とは、地方自治法に基づく指定都市又は中核市の区域内の土地については、それぞれ指定都市又は中核市の長をいうものとする。※

1　宅地造成等工事規制区域内において、宅地を造成するために切土をする土地の面積が500㎡であって盛土を生じない場合、切土をした部分に生じる崖の高さが1.5mであれば、都道府県知事の法第12条第1項本文の工事の許可は不要である。

2　都道府県知事は、法第12条第1項本文の工事の許可の申請があった場合においては、遅滞なく、許可又は不許可の処分を申請者に通知しなければならない。

3　都道府県知事は、一定の場合には都道府県（地方自治法に基づく指定都市又は中核市の区域内の土地については、それぞれ指定都市又は中核市）の規則で、宅地造成等工事規制区域内において行われる宅地造成等に関する工事の技術的基準を強化し、又は付加することができる。

4　都道府県知事は、関係市町村長の意見を聴いて、宅地造成等工事規制区域内で、宅地造成又は特定盛土等に伴う災害で相当数の居住者等に危害を生ずるものの発生のおそれが大きい一団の造成宅地の区域であって一定の基準に該当するものを、造成宅地防災区域として指定することができる。

解答　1　正しい。切土であって、当該切土をした部分に高さが2m以下の崖を生ずることとなっても、許可は不要である（令3条2号）。

2　正しい。宅地造成等に関する工事の許可の申請があったときは、都道府県知事は、遅滞なく、許可または不許可の処分を通知しなければならない（法14条）。

3　正しい。都道府県知事は、一定の場合には都道府県の規則で、宅地造成等工事規制区域内において行われる宅地造成等に関する工事の技術的基準を強化し、または必要な技術的基準を付加することができる（令20条2項）。

4　誤り。造成宅地防災区域は、宅地造成等工事規制区域外の造成宅地について指定される（法45条1項かっこ書）。

113 宅地造成等工事規制区域内の規制

2

法令上の制限

> **問題** 宅地造成及び特定盛土等規制法に関する次の記述のうち、誤っているものはどれか。なお、この問において「都道府県知事」とは、地方自治法に基づく指定都市又は中核市の区域内の土地については、それぞれ指定都市又は中核市の長をいうものとする。※
>
> 1　宅地造成等工事規制区域内において、雨水その他の地表水又は地下水を排除するための排水施設の除却工事を行おうとする場合は、一定の場合を除き、都道府県知事への届出が必要となる。
>
> 2　宅地造成等工事規制区域内において、森林を宅地にするために行う切土であって、高さ3mの崖を生ずることとなるものに関する工事については、工事主は、当該工事に着手する前に、都道府県知事の許可を受けなければならない。
>
> 3　宅地造成等工事規制区域内で過去に宅地造成等に関する工事が行われ、現在は造成主とは異なる者がその工事が行われた土地を所有している場合において、当該宅地の所有者は宅地造成に伴う災害が生じないよう、その土地を常時安全な状態に維持するよう努めなければならない。
>
> 4　宅地造成等工事規制区域外に盛土によって造成された一団の造成宅地の区域において、造成された盛土の高さが5m未満の場合は、都道府県知事は、当該区域を造成宅地防災区域として指定することができない。

解答　1　正しい。宅地造成等工事規制区域内の土地において、**排水施設等の除却工事**を行おうとする者は、原則として、工事着手日の14日前までに都道府県知事に**届け出**なければならない（法21条3項、令26条1項）。

2　正しい。宅地造成等工事規制区域内において行われる宅地造成工事で、**切土**であって**高さ2mを超える崖**を生ずることとなるものについては、工事主は、原則として、都道府県知事の許可を受けなければならない（法12条1項、2条2号、令3条2号）。

3　正しい。宅地造成等工事規制区域内の土地の所有者等は、常時**安全な状態**に維持するよう努めなければならない（法22条1項）。

4　誤り。**造成宅地防災区域**として指定することができるのは、「盛土の面積が3,000㎡以上で、かつ、土地の地下水位が盛土前の地盤面の高さを超え、盛土の内部に浸入しているもの」または「盛土前の地盤面が水平面に対し20度以上の角度をなし、かつ、盛土の高さが5m以上であるもの」、「盛土または切土後の地盤の滑動、宅地造成等に関する工事により設置された擁壁の沈下、盛土または切土をした部分に生じた崖の崩落等が生じている一団の造成宅地の区域」）である（法45条1項、令35条1項）。盛土の高さが5m未満の場合でも、指定される場合がある。

　正解▶4

114 造成宅地防災区域ほか

【問題】　宅地造成及び特定盛土等規制法に関する次の記述のうち、誤っているものはどれか。なお、この問において「都道府県知事」とは、地方自治法に基づく指定都市又は中核市の区域内の土地については、それぞれ指定都市又は中核市の長をいうものとする。※

1　都道府県知事は、関係市町村長の意見を聴いて、宅地造成等工事規制区域内で、宅地造成又は特定盛土等に伴う災害で相当数の居住者等に危害を生ずるものの発生のおそれが大きい一団の造成宅地の区域であって、一定の基準に該当するものを、造成宅地防災区域として指定することができる。

2　都道府県知事は、その地方の気候、風土又は地勢の特殊性により、宅地造成等規制法の規定のみによっては宅地造成に伴うがけ崩れ又は土砂の流出の防止の目的を達し難いと認める場合は、都道府県（地方自治法に基づく指定都市又は中核市の区域にあっては、それぞれ指定都市又は中核市）の規則で、宅地造成等工事規制区域内において行われる宅地造成に関する工事の技術的基準を強化し、又は付加することができる。

3　都道府県知事は、宅地造成等工事規制区域内の土地について、宅地造成等に伴う災害を防止するために必要があると認める場合には、その土地の所有者に対して、擁壁等の設置等の措置をとることを勧告することができる。

4　宅地造成等工事規制区域内の土地において、雨水その他の地表水又は地下水を排除するための排水施設の除却工事を行おうとする場合は、一定の場合を除き、都道府県知事への届出が必要となる。

【解答】　1　誤り。**造成宅地防災区域**は、宅地造成等工事規制区域内の土地を除く一団の造成宅地の区域で指定される（法45条1項かっこ書）。

2　正しい。都道府県知事は、法の規定のみでは災害防止の目的を達し難いと認める場合には、都道府県の規則で、工事の技術的基準を**強化**し、または必要な技術的基準を**付加**することができる（令20条2項）。

3　正しい。都道府県知事は、宅地造成等工事規制区域内の土地について、災害防止のため必要があると認める場合においては、その土地の所有者、管理者、占有者、工事主または工事施行者に対し、**擁壁の設置等の措置**をとることを勧告することができる（法22条2項）。

4　正しい。宅地造成等工事規制区域内の土地において、地表水等を排除するための排水施設の除却工事を行おうとする者は、その工事が許可または届出済であるときを除き、その工事に着手する日の14日前までに、**都道府県知事に届け出**なければならない（法21条3項、令26条1項）。

　正解 ▶ 1

115 土地区画整理組合

CHECK ☐☐☐☐☐　出題頻度 ▪▪▪　難易度 ★★★★　令和2年⑩

[問題] 土地区画整理組合（以下この問において「組合」という。）に関する次の記述のうち、土地区画整理法の規定によれば、正しいものはどれか。

1. 組合の設立認可を申請しようとする者は、施行地区となるべき区域内の宅地について借地権を有するすべての者の3分の2以上の同意を得なければならないが、未登記の借地権を有する者の同意を得る必要はない。

2. 組合の総会の会議は、定款に特別な定めがある場合を除くほか、組合員の半数以上が出席しなければ開くことができない。

3. 組合が賦課金を徴収する場合、賦課金の額は、組合員が施行地区内に有する宅地又は借地の地積等にかかわらず一律に定めなければならない。

4. 組合の施行する土地区画整理事業に参加することを希望する者のうち、当該土地区画整理事業に参加するのに必要な資力及び信用を有する者であって定款で定められたものは、参加組合員として組合員となる。

[解答]　1　誤り。組合の設立認可を申請しようとする者は、施行地区となるべき区域内の宅地の**所有権者・借地権者の3分の2以上の同意を得なければならない**（法18条）。登記の有無は関係がない。

2　正しい。定款に特別な定めがない場合、組合の総会の定足数は**組合員の半数以上**とされている（法34条1項）。

3　誤り。賦課金の額は、組合員が施行地区内に有する宅地または借地の位置、地積等を考慮して**公平**に定めなければならない（法40条2項）とされている。

4　誤り。施行地区内の宅地について**所有権・借地権を有する者**は、すべてその組合の組合員となる（法25条1項）。このほか、都市再生機構、地方住宅供給公社など一定の公的機関などで、定款で定められたものが**参加組合員**となる（法25条の2、令68条の2）。「必要な資力及び信用を有する者」かどうかで判断するわけではない。

　　　　　　　　　　　　　　　　　　　　　　　正解 ▶2

116 土地区画整理組合

CHECK ☐☐☐☐☐　出題頻度 ■■■□　難易度 ★★★★　令和3年⑩

問題　土地区画整理法に関する次の記述のうち、誤っているものはどれか。

1　換地計画において参加組合員に対して与えるべきものとして定められた宅地は、換地処分の公告があった日の翌日において、当該宅地の所有者となるべきものとして換地計画において定められた参加組合員が取得する。

2　換地計画において換地を定める場合においては、換地及び従前の宅地の位置、地積、土質、水利、利用状況、環境等が照応するように定めなければならない。

3　土地区画整理組合の設立の認可の公告があった日後、換地処分の公告がある日までは、施行地区内において、土地区画整理事業の施行の障害となるおそれがある土地の形質の変更を行おうとする者は、当該土地区画整理組合の許可を受けなければならない。

4　土地区画整理組合の組合員は、組合員の3分の1以上の連署をもって、その代表者から理由を記載した書面を土地区画整理組合に提出して、理事又は監事の解任を請求することができる。

解答　1　正しい。換地計画で参加組合員に与えるべきものとして定められた宅地は、換地処分の公告があった日の翌日に**参加組合員**が取得する（法104条10項）。

2　正しい。換地計画において換地を定める場合においては、換地および従前の宅地の位置、地積、土質、水利、利用状況、環境等が**照応**するように定めなければならない（法89条1項）。

3　誤り。土地区画整理事業の施行についての認可の公告があった日後、換地処分の公告がある日までは、施行地区内において施行の障害となるおそれがある土地の形質の変更等を行うには**都道府県知事等の許可**を受ける必要がある。「土地区画整理組合の許可」ではない（法76条1項）。

4　正しい。土地区画整理組合の組合員は、組合員の3分の1以上の連署をもって、その代表者から理由を記載した書面を組合に提出して、理事または監事の解任を請求することができる（法27条7項）。

　　　　　正解▶3

土地区画整理法

117 土地区画整理事業

CHECK ☐☐☐☐☐　　出題頻度 ◆◆◆◆　　難易度 ★★★　　令和3年⑫

[問題] 土地区画整理法（以下この問において「法」という。）に関する次の記述のうち、誤っているものはどれか。

1　土地区画整理組合が施行する土地区画整理事業に係る施行地区内の宅地について借地権のみを有する者は、その土地区画整理組合の組合員とはならない。

2　法において、「公共施設」とは、道路、公園、広場、河川その他政令で定める公共の用に供する施設をいう。

3　施行者は、換地処分の公告があった場合においては、直ちに、その旨を換地計画に係る区域を管轄する登記所に通知しなければならない。

4　市町村が施行する土地区画整理事業では、事業ごとに、市町村に土地区画整理審議会が設置され、換地計画、仮換地の指定及び減価補償金の交付に関する事項について法に定める権限を行使する。

[解答]　1　誤り。組合が施行する土地区画整理事業にかかる施行地区内の宅地について**所有権**または**借地権**を有する者は、すべてその組合の組合員とする（法25条1項）。

2　正しい。この法律において「公共施設」とは、道路、公園、広場、河川その他政令で定める**公共の用に供する施設**をいう（法2条5項）。

3　正しい。施行者は、**換地処分の公告**があった場合においては、直ちに、その旨を換地計画にかかる区域を管轄する**登記所に通知**しなければならない（法107条1項）。

4　正しい。都道府県または市町村が施行する土地区画整理事業では、都道府県または市町村に**土地区画整理審議会**が設置され、換地計画、仮換地の指定および減価補償金の交付に関する事項についてこの法律に定める権限を行う（法56条）。

　　　　　正解 ▶ 1

118 土地区画整理事業

CHECK ☐☐☐☐☐　　出題頻度 ■■■■　　難易度 ★★★　　令和4年

問題　次の記述のうち、土地区画整理法の規定及び判例によれば、誤っているものはどれか。

1　土地区画整理組合の設立の認可の公告があった日以後、換地処分の公告がある日までは、施行地区内において、土地区画整理事業の施行の障害となるおそれがある建築物の新築を行おうとする者は、土地区画整理組合の許可を受けなければならない。

2　土地区画整理組合は、定款に別段の定めがある場合においては、換地計画に係る区域の全部について工事が完了する以前においても換地処分をすることができる。

3　仮換地を指定したことにより、使用し、又は収益することができる者のなくなった従前の宅地については、当該宅地を使用し、又は収益することができる者のなくなった時から換地処分の公告がある日までは、施行者が当該宅地を管理する。

4　清算金の徴収又は交付に関する権利義務は、換地処分の公告によって換地についての所有権が確定することと併せて、施行者と換地処分時点の換地所有者との間に確定的に発生するものであり、換地処分後に行われた当該換地の所有権の移転に伴い当然に移転する性質を有するものではない。

解答　1　誤り。土地区画整理組合の認可の公告日後、換地処分の公告日までは、施行地区内において、土地区画整理事業の施行の障害となるおそれがある土地の形質の変更もしくは建築物その他の工作物の新築を行おうとする者は、**都道府県知事等の許可**を受けなければならない（法76条1項2号）。

2　正しい。**換地処分**は、換地計画にかかる区域の全部について土地区画整理事業の工事が完了した後において、遅滞なく、しなければならないこととされているが、規準、規約、定款または施行規程に別段の定めがある場合においては、工事完了前においても換地処分をすることができる（法103条2項）。

3　正しい。仮換地を指定したことにより、使用し、または収益することができる者のなくなった従前の宅地については、当該宅地を使用し、または収益することができる者のなくなった時から換地処分の公告がある日までは、**施行者が**これを管理する（法100条の2）。

4　正しい。清算金の徴収または交付に関する権利義務は、換地処分により換地の所有権が確定するとともに、土地区画整理事業による換地処分の確定後換地につき売買による所有権の移転があっても、換地に関する**清算交付金請求権**は、施行者に対する関係において、当然にはこれに伴って移転するものではない（最判昭48.12.21）。

　　　　　　　　　　　　　　　　　　　正解 ▶ 1

119 土地区画整理事業

CHECK ☐☐☐☐☐　　出題頻度 ●●●●　　難易度 ★★★★　　令和5年

[問題] 土地区画整理法に関する次の記述のうち、誤っているものはどれか。

1　換地計画において定められた清算金は、換地処分の公告があった日の翌日において確定する。

2　現に施行されている土地区画整理事業の施行地区となっている区域については、その施行者の同意を得なければ、その施行者以外の者は、土地区画整理事業を施行することができない。

3　施行者は、換地処分の公告があった場合において、施行地区内の土地及び建物について土地区画整理事業の施行により変動があったときは、遅滞なく、その変動に係る登記を申請し、又は嘱託しなければならない。

4　土地区画整理組合は、仮換地を指定しようとする場合においては、あらかじめ、その指定について、土地区画整理審議会の同意を得なければならない。

[解答]　1　正しい。換地計画において定められた清算金は、**換地処分の公告があった日の翌日**に確定する（法104条8項）。

2　正しい。現に施行されている土地区画整理事業の施行地区となっている区域については、その**施行者の同意**を得なければ、その施行者以外の者は、土地区画整理事業を施行することができない（法128条1項）。

3　正しい。施行者は、換地処分の公告があった場合において、施行地区内の土地・建物について土地区画整理事業の施行によって変動があったときは、遅滞なく、その**変動にかかる登記**の申請し、または嘱託をしなければならない（法107条2項）。

4　誤り。土地整理組合は、仮換地を指定しようとする場合においては、あらかじめ、その指定について、**総会等の同意**を得なければならないものとされている（法98条3項）。

2 法令上の制限

120 土地区画整理事業

CHECK ☐☐☐☐☐　　出題頻度 ■■■■□　　難易度 ★★★★☐　　令和2年⑫

[問題] 土地区画整理法に関する次の記述のうち、正しいものはどれか。
1　市町村が施行する土地区画整理事業の施行後の宅地の価額の総額が土地区画整理事業の施行前の宅地の価額の総額より減少した場合においては、その差額に相当する金額を、従前の宅地に存する建築物について賃借権を有する者に対して支払わなければならない。
2　施行者は、仮換地を指定した時に、清算金を徴収し、又は交付しなければならない。
3　換地計画において換地を定める場合においては、換地及び従前の宅地の位置、地積、土質、水利、利用状況、環境等が照応するように定めなければならない。
4　土地区画整理組合が施行する土地区画整理事業の換地計画においては、災害を防止し、及び衛生の向上を図るために宅地の地積の規模を適正にする特別な必要があると認められる場合は、その換地計画に係る区域内の地積が小である宅地について、過小宅地とならないように換地を定めることができる。

[解答]　1　誤り。市町村等が施行する土地区画整理事業の施行後の宅地の価額の総額が施行前の宅地の価額の総額より減少した場合においては、その差額に相当する金額（減価補償金）を、従前の**宅地の所有者**およびその**宅地について賃借権等の宅地を使用・収益することができる権利を有する者**に対して交付しなければならない（法109条1項）。
2　誤り。土地区画整理事業の**施行者**は、**仮換地**を指定した場合において、必要があると認めるときは、**仮清算金**を、清算金の徴収または交付の方法に準ずる方法により徴収し、または交付することができる（法102条1項）。
3　正しい。換地計画において**換地**を定める場合には、換地および従前の宅地の位置、地積、土質、水利、利用状況、環境等が照応するように定めなければならない（法89条1項）。
4　誤り。都道府県または市町村、国土交通大臣、都市再生機構、地方住宅供給公社が施行する土地区画整理事業の換地計画においては、災害を防止し、および衛生の向上を図るため宅地の地積の規模を適正にする特別な必要があると認められる場合には、その換地計画にかかる区域内の地積が小である宅地について、**過小宅地**とならないように換地を定めることができる（法91条1項）が、**土地区画整理組合**は除かれている。

　　　　　　　　　　　　　　　　　　　　　　　　正解 ▶ 3

121 農地法の許可

CHECK ☐☐☐☐☐　出題頻度 ●●●●●　難易度 ★★★★　令和2年⑫

[問題]　農地に関する次の記述のうち、農地法（以下この問において「法」という。）の規定によれば、正しいものはどれか。

1　山林を開墾し、農地として耕作している土地であっても、土地登記簿上の地目が山林であれば、法の適用を受ける農地に該当しない。

2　親から子に対して、所有するすべての農地を一括して贈与する場合には、法第3条第1項の許可を受ける必要はない。

3　耕作を目的として農業者が競売により農地を取得する場合であっても、法第3条第1項の許可を受ける必要がある。

4　市街化区域以外の区域に存する4haを超える農地を転用する場合には、農林水産大臣の許可を受ける必要がある。

[解答]　1　誤り。農地法の適用を受ける農地とは、**耕作の目的に供される土地**をいう。農地の判定は、地目には関係なしに、**現況**によって客観的に行われる（法2条1項）。

2　誤り。農地または採草放牧地について、所有権を移転する場合には、当事者が**農業委員会の許可を受け**なければならない（法3条1項）。親から子に対して、所有するすべての農地を一括して**贈与**する場合には、許可を受けなければならない。

3　正しい。**競売**による農地の取得は、所有権を移転する場合に該当し、3条許可を受けなければならない（法3条1項）。

4　誤り。市街化区域内の農地を転用する場合は、農業委員会に届け出ればよいとされているが、**市街化区域外**に存する農地を**転用**する場合には、面積にかかわらず、**都道府県知事等の許可**を受けなければならない（法4条1項）。

正解 ▶ 3

122 農地法の許可

CHECK □□□□□ 出題頻度 ●●●●● 難易度 ★★★ 令和2年⑩

[問題] 農地に関する次の記述のうち、農地法（以下この問において「法」という。）の規定によれば、正しいものはどれか。
1 法第3条第1項の許可が必要な農地の売買については、この許可を受けずに売買契約を締結しても所有権移転の効力は生じない。
2 市街化区域内の自己の農地を駐車場に転用する場合には、農地転用した後に農業委員会に届け出ればよい。
3 相続により農地を取得することとなった場合には、法第3条第1項の許可を受ける必要がある。
4 農地に抵当権を設定する場合には、法第3条第1項の許可を受ける必要がある。

[解答] 1 **正しい**。3条許可を受けずに売買契約を締結した場合には、その**所有権移転の効力**は生じない（法3条6項）。
2 **誤り**。農地を農地以外のもの（駐車場）に転用する者は、4条許可を受けなければならない（法4条1項）が、**市街化区域内の農地**を、**あらかじめ農業委員会に届け出て**転用する場合には、4条許可は不要となる（同項8号）。
3 **誤り**。**相続**によって農地を取得することとなった場合は、3条許可を受ける必要はない（同条1項12号）。
4 **誤り**。**抵当権**は使用・収益を目的とする権利ではないので、農地に抵当権を設定する場合は、3条許可を受ける必要はない。

正解▶1

123 農地法の許可

CHECK ☐☐☐☐☐　　出題頻度 ●●●●●　　難易度 ★★★　　令和3年⑫

[問題]　農地に関する次の記述のうち、農地法（以下この問において「法」という。）の規定によれば、正しいものはどれか。

1　自己所有の農地に住宅を建設する資金を借り入れるため、当該農地に抵当権の設定をする場合には、法第3条第1項の許可を受ける必要がある。

2　農地の賃貸借の解除については、農地の所有者が、賃借人に対して一方的に解約の申入れを行う場合には、法第18条第1項の許可を受ける必要がない。

3　登記簿の地目が宅地となっている場合には、現況が農地であっても法の規制の対象とはならない。

4　市街化区域内の自己所有の農地を駐車場に転用するため、あらかじめ農業委員会に届け出た場合には、法第4条第1項の許可を受ける必要がない。

[解答]　1　誤り。農地に**抵当権**を設定する場合には、3条許可は不要である。

2　誤り。農地または採草放牧地の**賃貸借**の当事者は、**都道府県知事の許可**を受けなければ、賃貸借の解除をし、解約の申入れをし、合意による解約をし、または賃貸借の更新をしない旨の通知をしてはならない（法18条1項）。

3　誤り。農地法の適用を受けるか否かは、登記簿上の地目には関係なく、**現況**で判断される。

4　正しい。市街化区域内の農地を、あらかじめ**農業委員会**に**届け出**て農地以外のものにする場合には、4条許可は不要である（同条1項8号）。

正解▶4

124 農地法の許可

CHECK ☐☐☐☐☐　出題頻度 ●●●●●　難易度 ★★★　令和３年⑩

> 問題　農地に関する次の記述のうち、農地法（以下この問において「法」という。）の規定によれば、誤っているものはどれか。
> 1　遺産分割によって農地を取得する場合には、法第３条第１項の許可は不要であるが、農業委員会への届出が必要である。
> 2　法第３条第１項の許可を受けなければならない場合の売買については、その許可を受けずに農地の売買契約を締結しても、所有権移転の効力は生じない。
> 3　砂利採取法第16条の認可を受けて市街化調整区域内の農地を砂利採取のために一時的に借り受ける場合には、法第５条第１項の許可は不要である。
> 4　都道府県が市街化調整区域内の農地を取得して病院を建設する場合には、都道府県知事（法第４条第１項に規定する指定市町村の区域内にあってはその長）との協議が成立すれば、法第５条第１項の許可があったものとみなされる。

解答　1　正しい。遺産分割によって農地を取得する場合には、３条許可は不要である（法３条１項12号）が、遅滞なく、その旨を**農業委員会に届け出る**必要がある（法３条の３）。

2　正しい。農地法の許可を受けずに行った農地の売買契約については、その**効力を生じない**（法３条６項）。

3　誤り。賃借権などの**使用収益権の設定**は、農地法に定める権利移動に該当するので、一時的な使用をする場合であっても、農地以外への転用には許可が必要である。市街化調整区域内の農地を権利移動して転用するので５条許可を受けなければならない。

4　正しい。国や都道府県等が、①農地を転用するとき（４条許可の対象）、②農地を転用するために権利移動を行おうとするとき（５条許可の対象）は、**都道府県知事等との協議**が成立することをもって、農地法の許可があったものとみなされる（法４条８項、５条４項）。

正解 ▶ 3

農地法

125 農地法の許可

CHECK ☐☐☐☐☐　出題頻度 ●●●●●　難易度 ★★★　令和5年

[問題] 農地に関する次の記述のうち、農地法（以下この問において「法」という。）の規定によれば、誤っているものはどれか。

1　相続により農地を取得する場合は、法第3条第1項の許可を要しないが、相続人に該当しない者が特定遺贈により農地を取得する場合は、同項の許可を受ける必要がある。

2　自己の所有する面積4アールの農地を農作物の育成又は養畜の事業のための農業用施設に転用する場合は、法第4条第1項の許可を受ける必要はない。

3　法第3条第1項又は法第5条第1項の許可が必要な農地の売買について、これらの許可を受けずに売買契約を締結しても、その所有権の移転の効力は生じない。

4　社会福祉事業を行うことを目的として設立された法人（社会福祉法人）が、農地をその目的に係る業務の運営に必要な施設の用に供すると認められる場合、農地所有適格法人でなくても、農業委員会の許可を得て、農地の所有権を取得することができる。

[解答]　1　正しい。相続により農地を取得した場合には3条許可は不要となるが、**包括遺贈**または相続人に対する**特定遺贈**により取得した場合は、3条許可を受ける必要がある（法3条1項16号、則15条5号）。

2　誤り。農地を農作物の育成・養畜事業のための農業用施設に転用する場合に4条許可が不要となるのは、**2アール未満**の農地である（法4条1項8号、則29条1号）。

3　正しい。3条許可または5条許可が必要な農地の権利移動について、これらの許可を受けずに売買契約を締結した場合には、その**契約の効力**は生じない（法3条6項、5条3項）。

4　正しい。農地所有適格法人以外の法人は、原則として、農地の所有権を取得することができない（法3条2項2号）が、**社会福祉法人**がその権利を取得しようとする農地または採草放牧地を当該目的にかかる業務の運営に必要な施設の用に供すると認められる場合には、農地法の許可を受けることができる（法3条2項1号、令2条1項1号ハ）。

正解▶2

農地法

126 農地法の規制

CHECK □□□□□   出題頻度 ●   難易度 ★★★★★   令和４年

問題 農地に関する次の記述のうち、農地法（以下この問において「法」という。）の規定によれば、正しいものはどれか。

1 農地の賃貸借及び使用貸借は、その登記がなくても農地の引渡しがあったときは、これをもってその後にその農地について所有権を取得した第三者に対抗することができる。

2 法第２条第３項の農地所有適格法人の要件を満たしていない株式会社は、耕作目的で農地を借り入れることはできない。

3 法第４条第１項、第５条第１項の違反について原状回復等の措置に係る命令の対象となる者（違反転用者等）には、当該規定に違反した者又はその一般承継人は含まれるが、当該違反に係る土地について工事を請け負った者は含まれない。

4 法の適用については、土地の面積は、登記簿の地積によることとしているが、登記簿の地積が著しく事実と相違する場合及び登記簿の地積がない場合には、実測に基づき農業委員会が認定したところによる。

解答 1 誤り。農地の**賃貸借**については、その登記がなくても、農地の引渡しがあったときは、これをもってその後その農地について物権を取得した第三者に対抗することができる（法16条）とされているが、**使用貸借**は引渡しによる対抗力を認められていない。

2 誤り。農地所有適格法人以外の法人、農作業に常時従事しない個人は、農地の所有権を取得することはできないが、一定の要件のもとに**耕作目的**で農地を借り入れることはできる（法３条３項）。

3 誤り。都道府県知事等は、違反転用者またはその一般承継人、工事の請負人等に対して、必要があると認めるときは、**原状回復等の措置**を講ずべきことを命ずることができる（法51条１項）。

4 正しい。法の適用については、土地の面積は、**登記簿の地積**による。ただし、登記簿の地積が著しく事実と相違する場合および登記簿の地積がない場合には、実測に基づき、**農業委員会**が認定したところによる（法56条）。

正解 ▶ 4

国土利用計画法

127 事後届出

CHECK ☐☐☐☐☐ 出題頻度 ■■■■■ 難易度 ★★★■■■ 令和2年⑩

[問題] 国土利用計画法第23条の届出（以下この問において「事後届出」という。）に関する次の記述のうち、正しいものはどれか。

1 Aが所有する市街化区域内の1,500㎡の土地をBが購入した場合には、Bは事後届出を行う必要はないが、Cが所有する市街化調整区域内の6,000㎡の土地についてDと売買に係る予約契約を締結した場合には、Dは事後届出を行う必要がある。

2 Eが所有する市街化区域内の2,000㎡の土地をFが購入した場合、Fは当該土地の所有権移転登記を完了した日から起算して2週間以内に事後届出を行う必要がある。

3 Gが所有する都市計画区域外の15,000㎡の土地をHに贈与した場合、Hは事後届出を行う必要がある。

4 Iが所有する都市計画区域外の10,000㎡の土地とJが所有する市街化調整区域内の10,000㎡の土地を交換した場合、I及びJは事後届出を行う必要はない。

[解答] 1 **正しい。市街化区域内**で事後届出の対象となるのは、その面積が**2,000㎡以上**の場合であり（法23条2項1号イ）、事後届出の必要はない。届出の必要な**土地売買等の契約**には、予約も含まれる（同条1項、14条1項）。また、**市街化区域以外の都市計画区域内**では5,000㎡以上の場合に届出が必要となる（法23条2項1号ロ）ので、Dが取得した6,000㎡の土地は事後届出の必要がある。

2 誤り。Eが取得した2,000㎡の土地は、**契約を締結した日から起算して2週間以内**に届出をする必要がある（同条1項）。

3 誤り。**贈与の場合は対価がないので**、土地売買等の契約に該当せず、事後届出の必要はない。

4 誤り。**交換による土地の取得は土地売買等の契約に該当し、市街化区域以外の都市計画区域内**の場合は5,000㎡、**都市計画区域外**は10,000㎡以上の土地が事後届出の必要がある（法23条2項1号ロ・ハ）。

正解▶1

[問題]　国土利用計画法（以下この問において「法」という。）第23条の届出（以下この問において「事後届出」という。）及び法第29条の届出に関する次の記述のうち、正しいものはどれか。なお、この問において「都道府県知事」とは、地方自治法に基づく指定都市にあってはその長をいうものとする。

1　個人Ａが所有する都市計画区域外の12,000㎡の土地に、個人Ｂが地上権の設定を受ける契約を締結した場合、Ｂは一定の場合を除き事後届出を行う必要がある。

2　法第28条に基づく遊休土地に係る通知を受けた者は、その通知があった日から起算して１月以内に、その通知に係る遊休土地の利用又は処分に関する計画を、都道府県知事に届け出なければならない。

3　市街化調整区域において、宅地建物取引業者Ｃが所有する面積5,000㎡の土地について、宅地建物取引業者Ｄが一定の計画に従って、2,000㎡と3,000㎡に分割して順次購入した場合、Ｄは事後届出を行う必要はない。

4　都道府県知事は、事後届出があった場合において、土地の利用目的に係る必要な勧告を行うことができ、その勧告を受けた者がその勧告に従わないときは、その旨及びその内容を公表しなければならない。

[解答]　1　正しい。都市計画区域外の10,000㎡以上の土地について、権利の移転・設定が対価を得て行われる場合には、権利取得者が事後届出をしなければならない（法23条１項）。地上権の設定についても事後届出を行う必要があるが、相続等による場合には届出の必要はない。

2　誤り。法28条１項の規定による通知（遊休土地である旨の通知）を受けた者は、その通知があった日から起算して６週間以内に、国土交通省令で定めるところにより、その通知にかかる遊休土地の利用又は処分に関する計画を、当該土地が所在する市町村の長を経由して、都道府県知事に届け出なければならない（法29条）。

3　誤り。市街化区域以外の都市計画区域にあっては、5,000㎡以上の土地が事後届出対象となる。Ｄは事後届出を行う必要がある。

4　誤り。都道府県知事は、土地の利用目的に関する勧告をした場合において、その勧告を受けた者がその勧告に従わないときは、その旨およびその勧告の内容を公表することができる（法26条）。

　　　　　正解▶1

国土利用計画法

129 事後届出

CHECK ☐☐☐☐☐　出題頻度 ■■■■■　難易度 ★★★　令和3年⑩

[問題] 国土利用計画法第23条の届出（以下この問において「事後届出」という。）に関する次の記述のうち、正しいものはどれか。なお、この問において「都道府県知事」とは、地方自治法に基づく指定都市にあってはその長をいうものとする。

1　土地売買等の契約を締結した場合には、当事者のうち当該契約による権利取得者は、その契約を締結した日の翌日から起算して3週間以内に、事後届出を行わなければならない。

2　都道府県知事は、事後届出をした者に対し、その届出に係る土地に関する権利の移転若しくは設定後における土地の利用目的又は土地に関する権利の移転若しくは設定の対価の額について、当該土地を含む周辺の地域の適正かつ合理的な土地利用を図るために必要な助言をすることができる。

3　事後届出が必要な土地売買等の契約を締結したにもかかわらず、所定の期間内に当該届出をしなかった者は、都道府県知事からの勧告を受けるが、罰則の適用はない。

4　宅地建物取引業者Aが所有する準都市計画区域内の20,000㎡の土地について、10,000㎡をB市に、10,000㎡を宅地建物取引業者Cに売却する契約を締結した場合、B市は事後届出を行う必要はないが、Cは一定の場合を除き事後届出を行う必要がある。

[解答]　1　誤り。事後届出は、契約締結日から起算して**2週間以内**に行わなければならない（法23条1項）。

2　誤り。事後届出において、事後届出をした者に対し都道府県知事が勧告・助言することができるのは、**土地の利用目的**だけである（法24条、27条の2）。

3　誤り。事後届出を怠った場合には、都道府県知事からの勧告を経ることなく、**罰則**（6月以下の懲役または100万円以下の罰金）が適用される（法47条1号）。

4　正しい。都市計画区域外の土地を取得する場合、10,000㎡以上であれば事後届出の対象となる。B市は**国、地方公共団体等**なので届出を行う必要はないが、AC間の契約は事後届出を行う必要がある。

　正解▶4

130 事後届出

[問題]　国土利用計画法第23条の届出（以下この問において「事後届出」という。）に関する次の記述のうち、正しいものはどれか。なお、この問において「都道府県知事」とは、地方自治法に基づく指定都市にあってはその長をいうものとする。

1　都市計画区域外において、A市が所有する面積15,000㎡の土地を宅地建物取引業者Bが購入した場合、Bは事後届出を行わなければならない。

2　事後届出において、土地売買等の契約に係る土地の土地に関する権利の移転又は設定の対価の額については届出事項ではない。

3　市街化区域を除く都市計画区域内において、一団の土地である甲土地（C所有、面積3,500㎡）と乙土地（D所有、面積2,500㎡）を宅地建物取引業者Eが購入した場合、Eは事後届出を行わなければならない。

4　都道府県知事は、土地利用審査会の意見を聴いて、事後届出をした者に対し、当該事後届出に係る土地の利用目的について必要な変更をすべきことを勧告することができ、勧告を受けた者がその勧告に従わない場合、その勧告に反する土地売買等の契約を取り消すことができる。

[解答]　1　誤り。当事者の一方が**国等**である場合には、届出の必要はない（23条2項3号）。

2　誤り。事後届出は、土地に関する権利の移転または設定の**対価の額**についても届け出る必要がある（法23条1項6号）。

3　正しい。市街化区域を除く都市計画区域内で事後届出の対象となるのは、その面積が**5,000㎡以上**の場合である（法23条2項1号ロ）。面積3,500㎡と2,500㎡の一団の土地を購入したのであるから、事後届出の必要がある。

4　誤り。事後届出があった場合、都道府県知事は、土地の利用目的について勧告を行うことができ（法24条1項）、勧告を受けた者がその勧告に従わないときは、その旨と勧告の内容を公表することができるとされている（法26条）が、**勧告に従わない場合**でも、契約を取り消されることはない。

　　　　　　　　　　　　　　　　　　　　　　　正解▶3

国土利用計画法

131 事後届出

CHECK ☐☐☐☐☐　　出題頻度 ●●●●●　　難易度 ★★★★　　令和2年⑫

[問題]　国土利用計画法第23条の届出（以下この問において「事後届出」という。）に関する次の記述のうち、正しいものはどれか。なお、この問において「都道府県知事」とは、地方自治法に基づく指定都市にあってはその長をいうものとする。

1　都道府県知事は、事後届出に係る土地の利用目的及び対価の額について、届出をした宅地建物取引業者に対し勧告することができ、都道府県知事から勧告を受けた当該業者が勧告に従わなかった場合、その旨及びその勧告の内容を公表することができる。

2　事後届出が必要な土地売買等の契約により権利取得者となった者が事後届出を行わなかった場合、都道府県知事から当該届出を行うよう勧告されるが、罰則の適用はない。

3　国が所有する市街化区域内の一団の土地である1,500㎡の土地と500㎡の土地を個人Aが購入する契約を締結した場合、Aは事後届出を行う必要がある。

4　個人Bが所有する都市計画区域外の11,000㎡の土地について、個人CがBとの間で対価を支払って地上権設定契約を締結した場合、Cは事後届出を行う必要がある。

[解答]　1　誤り。都道府県知事は、事後届出にかかる土地の**利用目的**が土地利用基本計画などに適合せず、周辺の地域の適正かつ合理的な土地利用を図るため著しい支障があると認めるときは、その届出をした者に対し、土地の利用について必要な変更をすべきことを**勧告**することができ（法24条）、勧告を受けた者がその勧告に従わないときは**公表**することができる（法26条）。「対価の額」については、届出の対象ではない。

2　誤り。**事後届出をしなかった場合**には、6月以下の懲役または100万円以下の罰金に処せられる（法47条1号）。

3　誤り。契約当事者の一方または双方が**国等**である場合、事後届出の必要はない（法23条2項3号）。

4　正しい。**都市計画区域外の10,000㎡未満**の土地について土地売買等の契約をした場合には、事後届出の必要はない（法23条2項1号ハ）が、11,000㎡の土地について地上権設定契約を締結した場合、事後届出を行う必要がある。

正解 ▶ 4

132 事後届出ほか

国土利用計画法・重要土地等調査法

CHECK ☐☐☐☐☐　　出題頻度 ●●●●●　　難易度 ★★★　　令和5年

問題　土地を取得する場合における届出に関する次の記述のうち、正しいものはどれか。なお、この問において「事後届出」とは、国土利用計画法第23条の届出をいい、「重要土地等調査法」とは、重要施設周辺及び国境離島等における土地等の利用状況の調査及び利用の規制等に関する法律をいうものとする。

1　都市計画区域外において、国から一団の土地である6,000㎡と5,000㎡の土地を購入した者は、事後届出を行う必要はない。

2　市街化区域を除く都市計画区域内において、Aが所有する7,000㎡の土地をBが相続により取得した場合、Bは事後届出を行う必要がある。

3　市街化区域において、Cが所有する3,000㎡の土地をDが購入する契約を締結した場合、C及びDは事後届出を行わなければならない。

4　重要土地等調査法の規定による特別注視区域内にある100㎡の規模の土地に関する所有権又はその取得を目的とする権利の移転をする契約を締結する場合には、当事者は、一定の事項を、あらかじめ、内閣総理大臣に届け出なければならない。

解答　1　正しい。当事者の一方または双方が**国等**である場合には、事後届出を行う必要はない（法23条2項3号）。

2　誤り。**相続**や**贈与**による土地の取得は、事後届出を行う必要はない。

3　誤り。事後届出を行う義務があるのは土地の権利を**取得**することとなるDである（法23条1項）。

4　誤り。重要土地等調査法による内閣総理大臣への届出が必要となるのは、特別注視区域内に所在する**200㎡以上**の土地・建物の所有権を取得する契約をする場合である（重要土地等調査法13条1項）。

133 所得税

CHECK ☐☐☐☐☐　　出題頻度 ■■■□□　　難易度 ★★★★★　令和3年⑩

3

宅地・建物の税

[問題]　所得税法に関する次の記述のうち、正しいものはどれか。

1　譲渡所得の特別控除額（50万円）は、譲渡益のうち、まず、資産の取得の日以後5年以内にされた譲渡による所得で政令で定めるものに該当しないものに係る部分の金額から控除し、なお控除しきれない特別控除額がある場合には、それ以外の譲渡による所得に係る部分の金額から控除する。

2　譲渡所得の金額の計算上、資産の譲渡に係る総収入金額から控除する資産の取得費には、その資産の取得時に支出した購入代金や購入手数料の金額は含まれるが、その資産の取得後に支出した設備費及び改良費の額は含まれない。

3　建物の全部の所有を目的とする土地の賃借権の設定の対価として支払を受ける権利金の金額が、その土地の価額の10分の5に相当する金額を超えるときは、不動産所得として課税される。

4　居住者がその取得の日以後5年以内に固定資産を譲渡した場合には、譲渡益から譲渡所得の特別控除額（50万円）を控除した後の譲渡所得の金額の2分の1に相当する金額が課税標準とされる。

[解答]　1　正しい。総合課税の譲渡所得では特別控除額（50万円）を控除する場合には、まず、資産の取得の日以後**5年以内**にされた譲渡による所得（短期譲渡所得）から控除する（法33条3項〜5項）。

2　誤り。渡所得の金額の計算上控除する**資産の取得費**は、その資産の取得に要した金額ならびに設備費および改良費の額の合計額である（法38条1項）。

3　誤り。借地権設定の対価として支払いを受ける権利金の額が、土地の価額の10分の5に相当する金額を超えるときは資産の譲渡とみなされ、**譲渡所得**として課税される（法33条1項、令79条1項1号）。

4　誤り。総所得金額に算入するときに2分の1に相当する金額とされるのは**長期譲渡所得**である（法22条2項2号）。

正解▶1

134 登録免許税

3

宅地・建物の税

問題　住宅用家屋の所有権の移転登記に係る登録免許税の税率の軽減措置に関する次の記述のうち、正しいものはどれか。

1　この税率の軽減措置の適用対象となる住宅用家屋は、床面積が100㎡以上で、その住宅用家屋を取得した個人の居住の用に供されるものに限られる。

2　この税率の軽減措置の適用対象となる住宅用家屋は、売買又は競落により取得したものに限られる。

3　この税率の軽減措置は、一定の要件を満たせばその住宅用家屋の敷地の用に供されている土地の所有権の移転登記についても適用される。

4　この税率の軽減措置の適用を受けるためには、登記の申請書に、一定の要件を満たす住宅用家屋であることの都道府県知事の証明書を添付しなければならない。

解答　1　誤り。登録免許税の軽減措置の適用対象となる住宅用家屋は、専ら個人の住宅の用に供される一棟の家屋で、床面積の合計が**50㎡以上**であるものに限られている（法73条、令42条１項、41条１号）。

2　正しい。軽減税率の適用を受けることができるのは、住宅用家屋の取得原因が**売買または競落**である場合に限られる（令42条３項）

3　誤り。土地の所有権の移転登記については、別途、税率の軽減措置が用意されている（法72条）。

4　誤り。この軽減措置の適用を受けるためには、登記の申請書に、一定の要件を満たす住宅用家屋であることの**市区町村長の証明書**を添付しなければならない（令41条）。

135 登録免許税の税率の軽減措置

[問題] 住宅用家屋の所有権の移転登記に係る登録免許税の税率の軽減措置に関する次の記述のうち、正しいものはどれか。

1　この税率の軽減措置の適用を受けるためには、やむを得ない事情がある場合を除き、その住宅用家屋の取得後１年以内に所有権の移転登記を受けなければならない。

2　この税率の軽減措置は、住宅用家屋を相続により取得した場合に受ける所有権の移転登記についても適用される。

3　この税率の軽減措置に係る登録免許税の課税標準となる不動産の価額は、売買契約書に記載されたその住宅用家屋の実際の取引価格である。

4　過去にこの税率の軽減措置の適用を受けたことがある者は、再度この措置の適用を受けることはできない。

[解答]　1　正しい。住宅用家屋の所有権の移転登記にかかる登録免許税の税率の軽減措置は、原則として、**取得後１年以内**に所有権の移転登記を受けるものに限り適用される（租税特別措置法73条）。

2　誤り。この税率の軽減措置は、**売買**または**競落**による住宅用家屋の取得に限り適用される（同法73条、令42条３項）。

3　誤り。登録免許税の課税標準たる不動産の価額は、当分の間、その登記の申請日の属する前年12月31日現在または申請日の属する１月１日現在の**固定資産課税台帳**に登録された不動産の価格を基礎として政令に定める額によることができるとされている（登録免許税法10条１項、附則７条）。

4　誤り。この税率の軽減措置は、過去に適用を受けたことがあっても、再度この特例の適用を受けることができる。

正解▶1

136 印紙税

CHECK □□□□□　出題頻度 ■■■□□　難易度 ★★ □　令和5年

[問題]　印紙税に関する次の記述のうち、正しいものはどれか。なお、以下の契約書はいずれも書面により作成されたものとする。

1　売主Aと買主Bが土地の譲渡契約書を3通作成し、A、B及び仲介人Cがそれぞれ1通ずつ保存する場合、当該契約書3通には印紙税が課される。

2　一の契約書に土地の譲渡契約（譲渡金額5,000万円）と建物の建築請負契約（請負金額6,000万円）をそれぞれ区分して記載した場合、印紙税の課税標準となる当該契約書の記載金額は1億1,000万円である。

3　「Dの所有する甲土地（時価2,000万円）をEに贈与する」旨を記載した贈与契約書を作成した場合、印紙税の課税標準となる当該契約書の記載金額は、2,000万円である。

4　当初作成の「土地を1億円で譲渡する」旨を記載した土地譲渡契約書の契約金額を変更するために作成する契約書で、「当初の契約書の契約金額を1,000万円減額し、9,000万円とする」旨を記載した変更契約書について、印紙税の課税標準となる当該変更契約書の記載金額は、1,000万円である。

[解答]　1　正しい。同一の内容の文書を2通以上作成した場合で、それぞれの文書が課税事項を証明する目的で作成されたものであるときは、それぞれの文書が**課税文書**に該当する。また、契約当事者以外が保存する文書は、原則として課税文書に該当しないが、不動産売買契約における**仲介人等が保存する契約書**は、課税文書に該当し印紙税が課される（法基本通達19条、20条）。

2　誤り。課税事項が二つ以上あり、課税事項がそれぞれ異なった号である場合は、原則として、税率の最も高い文書に所属させられるが、第1号文書（不動産の譲渡に関する契約書）と第2号文書（請負に関する契約書）の場合は、**第1号文書**とされる。ただし、第2号文書の契約金額が第1号文書の契約金額を超えるものについては、**第2号文書**として取り扱われる。（課税物件表の適用に関する通則3ロ）ので、記載金額は6,000万円である。

3　誤り。贈与契約書は「契約金額の記載のない契約書」として課税され（法基本通達23条(1)ホ）、印紙税額は一通につき200円である。

4　誤り。契約金額を**減額**する変更契約書は、記載金額がないものとして一律200円の印紙税が課税される（法基本通達30条2項）。

　　　　　　　　　　　　　　　　　　　　　　　　正解 ▶ 1

137 印紙税

3

宅地・建物の税

[問題]　印紙税に関する次の記述のうち、正しいものはどれか。なお、以下の覚書又は契約書はいずれも書面により作成されたものとする。

1　土地を8,000万円で譲渡することを証した覚書を売主Aと買主Bが作成した場合、本契約書を後日作成することを文書上で明らかにしていれば、当該覚書には印紙税が課されない。

2　一の契約書に甲土地の譲渡契約（譲渡金額6,000万円）と、乙建物の譲渡契約（譲渡金額3,000万円）をそれぞれ区分して記載した場合、印紙税の課税標準となる当該契約書の記載金額は、6,000万円である。

3　当初作成した土地の賃貸借契約書において「契約期間は5年とする」旨の記載がされていた契約期間を変更するために、「契約期間は10年とする」旨を記載した覚書を貸主Cと借主Dが作成した場合、当該覚書には印紙税が課される。

4　駐車場経営者Eと車両所有者Fが、Fの所有する車両を駐車場としての設備のある土地の特定の区画に駐車させる旨の賃貸借契約書を作成した場合、土地の賃借権の設定に関する契約書として印紙税が課される。

[解答]　1　誤り。後日、本契約書を作成することとなっている場合で、一時的に作成する仮文書であっても、当該文書が**課税事項**（不動産の譲渡）を証明する目的で作成するものであるときは、課税文書（第一号文書）に該当する（法基本通達58条）。

2　誤り。一の契約書に二以上の記載金額があり、かつ、これらの金額が同一の号に該当する文書により証されるべき事項に係るものである場合には、これらの金額の**合計額**を当該文書の記載金額とする（課税物件表の適用に関する通則4イ）。

3　正しい。土地の賃借権の設定に関する契約書は課税文書（第一号の2文書）に該当し、**契約内容の変更**の事実を証する覚書も印紙税の課税対象となる。

4　誤り。土地の賃借権の設定に関する契約書として課されるのは、更地の賃貸借の場合である。駐車場という**施設の賃貸借**は、印紙税の課税対象とはならない。

138 印紙税

CHECK ☐☐☐☐☐　出題頻度 ■■■　難易度 ★★★　令和２年⑩

問題　印紙税に関する次の記述のうち、正しいものはどれか。

1　「建物の電気工事に係る請負代金は1,100万円（うち消費税額及び地方消費税額100万円）とする」旨を記載した工事請負契約書について、印紙税の課税標準となる当該契約書の記載金額は1,100万円である。

2　「Ａの所有する土地（価額5,000万円）とＢの所有する土地（価額4,000万円）とを交換する」旨の土地交換契約書を作成した場合、印紙税の課税標準となる当該契約書の記載金額は4,000万円である。

3　国を売主、株式会社Ｃを買主とする土地の売買契約において、共同で売買契約書を２通作成し、国とＣ社がそれぞれ１通ずつ保存することとした場合、Ｃ社が保存する契約書には印紙税は課されない。

4　「契約期間は10年間、賃料は月額10万円、権利金の額は100万円とする」旨が記載された土地の賃貸借契約書は、記載金額1,300万円の土地の賃借権の設定に関する契約書として印紙税が課される。

解答　1　誤り。消費税額等が区分して記載されていることにより、**消費税額等**が明らかである場合には、記載金額に消費税額等を含めない。契約書の記載金額は、消費税額等を除いた1,000万円である。

2　誤り。**交換**の場合、契約書に交換対象物の双方の価額が記載されているときは**いずれか高い方**（等価交換のときは、いずれか一方）の金額（5,000万円）を記載金額として取り扱う（法基本通達23条(1)ロ）。

3　正しい。**国等**とそれ以外のものが共同で作成した文書は、国等が作成した文書とみなされ**非課税**とされる（法４条５項、５条２号）。

4　誤り。**土地の賃貸借領収書**は印紙税の課税文書であり（法別表第一・１号の２文書）、賃貸料を除き、権利金その他名称のいかんを問わず、後日返還されることが予定されていない金額が記載金額とされる（法基本通達23条(2)）。記載金額として扱われるのは、権利金の100万円である。

139 不動産取得税

CHECK ☐☐☐☐☐　　出題頻度 ●●●●○　　難易度 ★★★★　　令和5年

[問題] 不動産取得税に関する次の記述のうち、正しいものはどれか。

1　不動産取得税の徴収については、特別徴収の方法によることができる。

2　不動産取得税は、目的税である。

3　不動産取得税は、不動産の取得に対し、当該不動産所在の市町村及び特別区において、当該不動産の取得者に課する。

4　不動産取得税は、市町村及び特別区に対して、課することができない。

[解答]　1　誤り。不動産取得税の徴収方法は、**普通徴収**の方法による（法73条の17第1項）。納税通知書に記載されている納期限までに税金を納付しなければならない。

2　誤り。不動産取得税は、収入の使い道を特定せず、一般経費に充てるために課される**普通税**である（法4条）。

3　誤り。不動産取得税は、不動産を取得した者に対し、その不動産の所在する**都道府県**から課される（法73条の2第1項）。

4　正しい。不動産取得税は、国、都道府県、市町村、特別区その他の一定の公的な組織に対しては、課することができない（法73条の3第1項）。

正解 ▶ 4

140 不動産取得税

問題　不動産取得税に関する次の記述のうち、正しいものはどれか。

1　平成28年に新築された既存住宅（床面積210㎡）を個人が自己の居住のために取得した場合、当該取得に係る不動産取得税の課税標準の算定については、当該住宅の価格から1,200万円が控除される。

2　家屋が新築された日から3年を経過して、なお、当該家屋について最初の使用又は譲渡が行われない場合においては、当該家屋が新築された日から3年を経過した日において家屋の取得がなされたものとみなし、当該家屋の所有者を取得者とみなして、これに対して不動産取得税を課する。

3　不動産取得税は、不動産の取得があった日の翌日から起算して2か月以内に当該不動産の所在する都道府県に申告納付しなければならない。

4　不動産取得税は、不動産を取得するという比較的担税力のある機会に相当の税負担を求める観点から創設されたものであるが、不動産取得税の税率は4％を超えることができない。

解答　1　正しい。個人が床面積50㎡以上240㎡以下の既存住宅を自己の居住用に取得した場合、取得住宅の建築年に応じて最高1,200万円が課税標準から控除される（法73条の14第3項、令37条の18）。

2　誤り。新築された家屋については、最初の使用または譲渡が行われた日において取得があったとみなされるが、新築してから**6か月**（宅建業者が売り渡す住宅については**1年**）を経過しても最初の使用または譲渡がない場合には、家屋の所有者を取得者とみなして不動産取得税が課される（法73条の2第2項ただし書）。

3　誤り。不動産取得税の徴収は、普通徴収の方法によるので、都道府県から送付される納税通知書に記載されている**納期限**までに納付する（法73条の17）。

4　誤り。不動産取得税の**標準税率**は4％とされているが、財政上その他の必要がある場合には4％を超える税率を定めることもできる（法73条の15、1条1項5号）。

　　　　　　　　　　　　　　　　　　　　　　　　　　　正解▶1

141 不動産取得税

> [問題]　不動産取得税に関する次の記述のうち、正しいものはどれか。※
>
> 1　令和６年４月に個人が取得した住宅及び住宅用地に係る不動産取得税の税率は３％であるが、住宅用以外の土地に係る不動産取得税の税率は４％である。
>
> 2　一定の面積に満たない土地の取得に対しては、狭小な不動産の取得者に対する税負担の排除の観点から、不動産取得税を課することができない。
>
> 3　不動産取得税は、不動産の取得に対して課される税であるので、家屋を改築したことにより、当該家屋の価格が増加したとしても、不動産取得税は課されない。
>
> 4　共有物の分割による不動産の取得については、当該不動産の取得者の分割前の当該共有物に係る持分の割合を超えない部分の取得であれば、不動産取得税は課されない。

[解答]　1　誤り。不動産取得税の税率は４％である（法73条の15）が、**土地や住宅用家屋**には３％（**住宅用以外の家屋**については４％）の軽減措置がとられている（法附則11条の２）。

2　誤り。不動産取得税の免税点は、**課税標準となるべき額**を基準に判断される（法73条の15の２第１項）。

3　誤り。家屋の**改築**により当該家屋の価格が増加した場合には、当該改築を家屋の取得とみなして、不動産取得税が課される（法73条の２第３項）。

4　正しい。「共有物の分割による不動産の取得」（分割前の持分割合を超える場合を除く）のように、**形式的に行われた所有権の移転**に対しては、不動産取得税は**非課税**とされている（法73条の７第２号の３）。

　　　　　　　　　　　　　　　　　　　　　　　正解▶4

142 固定資産税

3

宅地・建物の税

問題 固定資産税に関する次の記述のうち、正しいものはどれか。

1　固定資産税を既に全納した者が、年度の途中において土地の譲渡を行った場合には、その譲渡後の月数に応じて税額の還付を受けることができる。

2　固定資産税の税率は、1.7%を超えることができない。

3　固定資産税の納期は、4月、7月、12月及び2月中において、当該市町村の条例で定めることとされているが、特別の事情がある場合においては、これと異なる納期を定めることができる。

4　200㎡以下の住宅用地に対して課する固定資産税の課税標準は、課税標準となるべき価格の2分の1の額とする特例措置が講じられている。

解答　1　誤り。固定資産税を全納した不動産を年度の途中で売却しても、所有月数に応じての還付制度はない。固定資産税は、その年の**1月1日現在の登記簿上の所有者**に課税される（法343条1項、359条）が、実際の売買では、引渡日を基準として日割計算した金額を買主から受け取り、売主が納税することが多い。

2　誤り。固定資産税の標準税率は**1.4%**である（法350条1項）が、市町村は条例で1.7%を超える税率を定めることができる（同条2項）。

3　正しい。固定資産税の**納期**は、4月、7月、12月および2月中において、当該市町村の条例で定めることとされているが、特別の事情がある場合においては、これと異なる納期を定めることができる（法362条）。

4　誤り。200㎡以下の住宅用地に対する固定資産税の課税標準は、課税標準となるべき価格の**6分の1**の額とされている（法349条の3の2第2項）。

143 固定資産税

3

宅地・建物の税

[問題] 固定資産税に関する次の記述のうち、正しいものはどれか。
1　固定資産税の徴収については、特別徴収の方法によらなければならない。
2　土地価格等縦覧帳簿及び家屋価格等縦覧帳簿の縦覧期間は、毎年4月1日から、4月20日又は当該年度の最初の納期限の日のいずれか遅い日以後の日までの間である。
3　固定資産税の賦課期日は、市町村の条例で定めることとされている。
4　固定資産税は、固定資産の所有者に課するのが原則であるが、固定資産が賃借されている場合は、当該固定資産の賃借権者に対して課される。

[解答]　1　誤り。固定資産税の徴収については、**普通徴収**の方法によらなければならないとされている（法364条1項）。
2　正しい。市町村長は、毎年4月1日から、4月20日または当該年度の最初の納期限の日のいずれか遅い日以後の日までの間、その指定する場所において、土地価格等縦覧帳簿および家屋価格等縦覧帳簿を固定資産税の納税者の縦覧に供しなければならない（法416条1項）。
3　誤り。固定資産税の賦課期日は、当該年度の初日の属する年の**1月1日**とされている（法359条）。
4　誤り。固定資産税の納税義務者は、**固定資産の所有者**であり、質権または100年より永い存続期間の定めのある地上権の目的である土地については、その**質権者**または**地上権者**である（法343条1項）。固定資産の賃借権者が納税義務者となることはない。

　　　　　　　　　　　　　　　　　　　　　　　　正解▶2

144 固定資産税

CHECK ☐☐☐☐☐　出題頻度 ■■■■□　難易度 ★★★★　令和3年⑫

[問題] 固定資産税に関する次の記述のうち、正しいものはどれか。

1　市町村長は、固定資産課税台帳に登録された価格等に重大な錯誤があることを発見した場合においては、直ちに決定された価格等を修正して、これを固定資産課税台帳に登録しなければならない。

2　固定資産税の納税義務者は、その納付すべき当該年度の固定資産課税に係る固定資産について、固定資産課税台帳に登録された価格について不服があるときは、公示の日から納税通知書の交付を受けた日後1月を経過するまでの間において、文書をもって、固定資産評価審査委員会に審査の申出をすることができる。

3　年度の途中において家屋の売買が行われた場合、売主と買主は、当該年度の固定資産税を、固定資産課税台帳に所有者として登録されている日数で按分して納付しなければならない。

4　住宅用地のうち小規模住宅用地に対して課する固定資産税の課税標準は、当該小規模住宅用地に係る固定資産税の課税標準となるべき価格の3分の1の額である。

[解答]　1　正しい。市町村長は、固定資産課税台帳に登録された価格等に**重大な錯誤**があることを発見した場合には、直ちに決定された価格等を**修正**して登録しなければならない（法417条1項）。

2　誤り。固定資産税の納税者は、その納付すべき当該年度の固定資産税にかかる固定資産について、固定資産課税台帳に登録された事項について不服がある場合には、固定資産の価格等のすべてを登録した旨を公示した日から納税通知書の交付を受けた日後**3月を経過する**までの間に、固定資産評価審査委員会に審査の申出をすることができる（法432条1項）。

3　誤り。固定資産税の納税義務者は、**賦課期日**（1月1日）に固定資産課税台帳に所有者として登録されている者である（法343条、359条）。

4　誤り。**小規模住宅用地**（200㎡以下の部分）に対して課する固定資産税の課税標準は、当該小規模住宅用地にかかる固定資産税の課税標準となるべき価格の**6分の1**の額とされている（法349条の3の2第2項）。

145 地価公示法の目的ほか

4

宅地・建物の価格の評定

問題　地価公示法に関する次の記述のうち、誤っているものはどれか。

1　地価公示法の目的は、都市及びその周辺の地域等において、標準地を選定し、その正常な価格を公示することにより、一般の土地の取引価格に対して指標を与え、及び公共の利益となる事業の用に供する土地に対する適正な補償金の額の算定等に資し、もって適正な地価の形成に寄与することである。

2　不動産鑑定士は、公示区域内の土地について鑑定評価を行う場合において、当該土地の正常な価格を求めるときは、公示価格と実際の取引価格を規準としなければならない。

3　不動産鑑定士は、土地鑑定委員会の求めに応じて標準地の鑑定評価を行うに当たっては、近傍類地の取引価格から算定される推定の価格、近傍類地の地代等から算定される推定の価格及び同等の効用を有する土地の造成に要する推定の費用の額を勘案しなければならない。

4　関係市町村の長は、土地鑑定委員会が公示した事項のうち、当該市町村が属する都道府県に存する標準地に係る部分を記載した書面等を、当該市町村の事務所において一般の閲覧に供しなければならない。

解答　1　正しい。地価公示法は、都市およびその周辺の地域等において、標準地を選定し、正常な価格を公示することにより、一般の土地の取引価格に対して指標を与え、公共の利益となる事業の用に供する土地に対する適正な補償金の額の算定等に資し、**適正な地価の形成**に寄与することである（法1条）。

2　誤り。不動産鑑定士は、公示区域内の土地について鑑定評価を行う場合において、当該土地の正常な価格を求めるときは、**公示価格を規準**としなければならない（法8条）。

3　正しい。不動産鑑定士は、**標準地の鑑定評価**を行うにあたっては、近傍類地の取引価格から算定される推定の価格、近傍類地の地代等から算定される推定の価格および同等の効用を有する土地の造成に要する推定の費用の額を勘案してこれを行わなければならない（法4条）。

4　正しい。関係市町村の長は、標準地にかかる部分を記載した図書を当該市町村の事務所において**一般の閲覧**に供しなければならない（法7条2項）。

正解▶2

146 標準地の選定ほか

問題 地価公示法に関する次の記述のうち、正しいものはどれか。

1　土地鑑定委員会は、その土地に地上権が存する場合であっても、標準地として選定することができる。

2　土地鑑定委員会は、標準地について、2人以上の不動産鑑定士の鑑定評価を求めるものとし、当該2人以上の不動産鑑定士は、土地鑑定委員会に対し、鑑定評価書を連名で提出しなければならない。

3　土地鑑定委員会は、標準地の正常な価格を判定したときは、標準地の単位面積当たりの価格のほか、当該標準地の価格の総額についても官報で公示しなければならない。

4　土地収用法その他の法律によって土地を収用することができる事業を行う者は、標準地として選定されている土地を取得する場合において、当該土地の取得価格を定めるときは、公示価格と同額としなければならない。

4 宅地・建物の価格の評定

解答　1　正しい。地価公示の対象となる標準地は、**土地鑑定委員会**が選定するが、その土地に地上権その他**土地の使用・収益を制限する権利**が存する場合には、これらの権利が存在しないものとして通常成立すると認められる価格によることになっている。その土地に地上権があっても、標準地として選定することができる（法3条、則3条、2条2項参照）。

2　誤り。土地鑑定委員会は、地価公示にあたって、2人以上の不動産鑑定士の鑑定評価を求める。鑑定評価を行った不動産鑑定士は、土地鑑定委員会に対し、鑑定評価額等を記載した**鑑定評価書**を提出しなければならないが、連名で提出する必要はない（法5条）。

3　誤り。土地鑑定委員会は、標準地の正常な価格を判定したときは、官報で標準地の**単位面積当たりの価格および価格判定の基準日**をすみやかに公示しなければならない（6条2号）が、標準地の価格の総額を公示する必要はない。

4　誤り。公共事業の施行者が、公示区域内の土地を公共事業の用に供するために取得する場合は、**公示価格を規準**としなければならない（法9条）が、公示価格と同額とする必要はない。

　　　　　　　　　正解▶1

147 正常な価格ほか

CHECK ☐☐☐☐☐　　出題頻度 ■■■■□　　難易度 ★★★■■■　　令和4年

[問題] 地価公示法に関する次の記述のうち、誤っているものはどれか。
1　土地鑑定委員会は、標準地の正常な価格を判定したときは、標準地の単位面積当たりの価格のほか、当該標準地の地積及び形状についても官報で公示しなければならない。
2　正常な価格とは、土地について、自由な取引が行われるとした場合におけるその取引（一定の場合を除く。）において通常成立すると認められる価格をいい、当該土地に建物がある場合には、当該建物が存するものとして通常成立すると認められる価格をいう。
3　公示区域内の土地について鑑定評価を行う場合において、当該土地の正常な価格を求めるときは、公示価格を規準とする必要があり、その際には、当該土地とこれに類似する利用価値を有すると認められる1又は2以上の標準地との位置、地積、環境等の土地の客観的価値に作用する諸要因についての比較を行い、その結果に基づき、当該標準地の公示価格と当該土地の価格との間に均衡を保たせる必要がある。
4　公示区域とは、都市計画法第4条第2項に規定する都市計画区域その他の土地取引が相当程度見込まれるものとして国土交通省令で定める区域のうち、国土利用計画法第12条第1項の規定により指定された規制区域を除いた区域をいう。

[解答]　1　正しい。土地鑑定委員会は、標準地の単位面積当たりの正常な価格を判定したときは、すみやかに、標準地の単位面積当たりの価格および価格判定の基準日、標準地の地積および形状、標準地およびその周辺の土地の利用の現況等を**官報**で公示しなければならない（6条）。
2　誤り。**正常な価格**とは、土地について、自由な取引が行われるとした場合に通常成立すると認められる価格（当該土地に建物等または地上権その他当該土地の使用・収益を制限する権利が存する場合には、**建物等または権利が存しないもの**として通常成立すると認められる価格）をいう（法2条2項）。
3　正しい。**公示価格を規準とする**とは、対象土地の価格を求めるに際して、当該対象土地とこれに類似する利用価値を有すると認められる標準地との土地の客観的価値に作用する諸要因についての比較を行い、その結果に基づき、標準地の公示価格と対象土地の価格との間に均衡を保たせることをいう（11条）。
4　正しい。**公示区域**とは、都市計画区域その他の土地取引が相当程度見込まれる区域で国土交通大臣が定める区域（規制区域を除く）をいう（法2条1項、則1条1項）。

　　　　　　　　　　　　　　　　　　　　正解▶2

148 不動産鑑定評価基準

CHECK □□□□□　出題頻度 ■■■□　難易度 ★★★★　令和2年⑩

[問題]　不動産の鑑定評価に関する次の記述のうち、不動産鑑定評価基準によれば、誤っているものはどれか。

1　不動産の価格は、その不動産の効用が最高度に発揮される可能性に最も富む使用を前提として把握される価格を標準として形成されるが、不動産についての現実の使用方法は当該不動産が十分な効用を発揮していない場合があることに留意すべきである。

2　対象建築物に関する工事が完了していない場合でも、当該工事の完了を前提として鑑定評価を行うことがある。

3　特殊価格とは、一般的に市場性を有しない不動産について、その利用現況等を前提とした不動産の経済価値を適正に表示する価格をいい、例としては、文化財の指定を受けた建造物について、その保存等に主眼をおいた鑑定評価を行う場合において求められる価格があげられる。

4　原価法は、対象不動産が建物及びその敷地である場合において、再調達原価の把握及び減価修正を適切に行うことができるときに有効な手法であるが、対象不動産が土地のみである場合には、この手法を適用することはできない。

4　宅地・建物の価格の評定

[解答]　1　正しい。不動産の価格は、その不動産の効用が最高度に発揮される可能性に最も富む使用（**最有効使用**）を前提として把握される価格を標準として形成されるが、現実の使用方法は、必ずしも最有効使用に基づいているものではなく、不合理なまたは個人的な事情による使用方法のために、当該不動産が十分な効用を発揮していない場合があることに留意する必要がある（総論4章Ⅳ）。

2　正しい。造成に関する工事が完了していない土地または建築にかかる工事が完了していない建物について、当該工事の完了を前提として鑑定評価の対象とすることがある（**未竣工建物等鑑定評価**。総論5章1節Ⅰ）。

3　正しい。**特殊価格**とは、文化財等の一般的に市場性を有しない不動産について、その利用現況等を前提とした不動産の経済価値を適正に表示する価格をいう（総論5章3節Ⅰ）。

4　誤り。**原価法**とは、価格時点における対象不動産の再調達原価を求め、この再調達原価について減価修正を行って対象不動産の試算価格を求める手法である（総論7章1節Ⅱ）。土地に関しても、造成地などで再調達原価を適切に求めることができる場合には、原価法を適用することができる。

　正解▶4

149 不動産鑑定評価基準

4

宅地・建物の価格の評定

[問題] 不動産の鑑定評価に関する次の記述のうち、不動産鑑定評価基準によれば、**誤っているもの**はどれか。

1　不動産鑑定士の通常の調査の範囲では、対象不動産の価格への影響の程度を判断するための事実の確認が困難な特定の価格形成要因がある場合、鑑定評価書の利用者の利益を害するおそれがないと判断されるときに限り、当該価格形成要因について調査の範囲に係る条件を設定することができる。

2　対象不動産を価格時点において再調達することを想定した場合において必要とされる適正な原価の総額を再調達原価というが、建設資材、工法等の変遷により、対象不動産の再調達原価を求めることが困難な場合には、対象不動産と同等の有用性を持つものに置き換えて求めた原価を再調達原価とみなすものとする。

3　取引事例等に係る取引が特殊な事情を含み、これが当該取引事例等に係る価格等に影響を及ぼしている場合に、適切に補正することを時点修正という。

4　不動産の鑑定評価によって求める賃料は、一般的には正常賃料又は継続賃料であるが、鑑定評価の依頼目的に対応した条件により限定賃料を求めることができる場合がある。

解答　1　正しい。価格形成要因について調査の範囲にかかる**条件**を設定することができるのは、条件を設定しても鑑定評価書の利用者の利益を害するおそれがないと判断される場合に限られている（総論5章1節Ⅲ）。

2　正しい。**再調達原価**とは、対象不動産を価格時点において再調達することを想定した場合に必要とされる適正な原価の総額をいい、建設資材、工法等の変遷によりこれを求めることが困難な場合には、対象不動産と同等の有用性を持つものに置き換えて求めた原価が再調達原価とみなされる（総論7章1節Ⅱ）。

3　誤り。**時点修正**とは、取引事例等にかかる取引等の時点が価格時点と異なることにより、その間に価格水準に変動があると認められる場合に、当該取引事例等の価格等を価格時点の価格等に修正することをいう（総論7章1節Ⅰ）。

4　正しい。不動産の鑑定評価によって求める**賃料**は、一般的には正常賃料または継続賃料であるが、依頼目的に対応した条件により限定賃料を求めることができる場合がある（総論5章3節Ⅱ）。

　　　　正解▶3

150 不動産鑑定評価基準

CHECK ☐☐☐☐☐　出題頻度 ●●●●　難易度 ★★★　令和5年

> 問題 不動産の鑑定評価に関する次の記述のうち、不動産鑑定評価基準によれば、正しいものはどれか。
>
> 1 原価法は、価格時点における対象不動産の収益価格を求め、この収益価格について減価修正を行って対象不動産の比準価格を求める手法である。
>
> 2 原価法は、対象不動産が建物又は建物及びその敷地である場合には適用することができるが、対象不動産が土地のみである場合においては、いかなる場合も適用することができない。
>
> 3 取引事例比較法における取引事例が、特殊事情のある事例である場合、その具体的な状況が判明し、事情補正できるものであっても採用することは許されない。
>
> 4 取引事例比較法は、近隣地域若しくは同一需給圏内の類似地域等において対象不動産と類似の不動産の取引が行われている場合又は同一需給圏内の代替競争不動産の取引が行われている場合に有効である。

解答 1 誤り。原価法は、価格時点における対象不動産の再調達原価を求め、この再調達原価について減価修正を行って対象不動産の試算価格を求める手法である（総論7章1節Ⅱ）。

2 誤り。原価法は、再調達原価を適切に求めることができるときは、対象不動産が土地のみである場合にも適用することができる。土地の再調達原価は、その素材となる土地の標準的な取得原価に当該土地の標準的な造成費と発注者が直接負担すべき通常の付帯費用とを加算して求める（総論7章1節Ⅱ）。

3 誤り。特殊な事情を含むものであっても、事情補正および時点修正により適切に補正できる場合に取引事例として採用することができる（総論7章1節Ⅲ）。

4 正しい。取引事例比較法は、近隣地域もしくは同一需給圏内の類似地域等において対象不動産と類似の不動産取引が行われている場合または同一需給圏内の代替競争不動産の取引が行われている場合に有効である（総論7章1節Ⅲ）。

正解 ▶ 4

151 用語の定義

問題 宅地、建物に関する次の記述のうち、宅地建物取引業法の規定によれば、正しいものはどれか。
1　宅地とは、建物の敷地に供せられる土地をいい、道路、公園、河川、広場及び水路に供せられているものは宅地には当たらない。
2　建物の一部の売買の代理を業として行う行為は、宅地建物取引業に当たらない。
3　建物とは、土地に定着する工作物のうち、屋根及び柱若しくは壁を有するものをいうが、学校、病院、官公庁施設等の公共的な施設は建物には当たらない。
4　宅地とは、現に建物の敷地に供せられている土地をいい、その地目、現況によって宅地に当たるか否かを判断する。

解答　1　正しい。宅地とは、**建物の敷地に供せられる土地**をいい、建物の敷地に供せられている土地でなくとも、用途地域の指定のある土地であれば宅地とされるが、道路、公園、河川、広場、水路に供せられている土地は除かれている（法2条1号、令1条）。
2　誤り。売買の代理を**業として行う行為**は、宅建業に該当する（法2条2号）。
3　誤り。学校、病院、官公庁施設等の公共的な施設も、賃貸したり、民間に払い下げることがあるので、宅建業法上の建物に該当する。
4　誤り。宅地とは、現に建物の敷地に供せられている土地に限らず、広く**建物の敷地に供する目的**で取引の対象とされた土地をいい、その地目、現況の如何を問わない（国土交通省「宅地建物取引業法の解釈・運用の考え方」）。

正解 ▶ 1

152 宅地の定義

CHECK ☐☐☐☐☐　　出題頻度 ●●●　　難易度 ★★▮▮▮　　令和2年⑫

5

宅建業法

問題　宅地建物取引業法に関する次の記述のうち、正しいものはいくつあるか。

ア　宅地には、現に建物の敷地に供されている土地に限らず、将来的に建物の敷地に供する目的で取引の対象とされる土地も含まれる。

イ　農地は、都市計画法に規定する用途地域内に存するものであっても、宅地には該当しない。

ウ　建物の敷地に供せられる土地であれば、都市計画法に規定する用途地域外に存するものであっても、宅地に該当する。

エ　道路、公園、河川等の公共施設の用に供せられている土地は、都市計画法に規定する用途地域内に存するものであれば宅地に該当する。

1　一つ
2　二つ
3　三つ
4　四つ

解答　ア　正しい。宅地とは、**建物の敷地に供せられる土地**をいう。また、現に建物の敷地に供されていなくとも、建物の敷地に供する意図のある土地で、取引の際、その意図が明らかなものは、たとえ地目・現況が山林、原野となっていても宅地である。

イ　誤り。**用途地域内**の建物の敷地に供されている土地以外の土地は、農地であっても宅地に該当する。

ウ　正しい。用途地域外の土地であっても、建物の敷地に供される土地であれば、宅地に該当する。

エ　誤り。用途地域内の道路、公園、河川等の**公共**の用に供せられている土地は、宅地に該当しない。　　　　　　　　　　　　　　　（以上、法2条1号）

以上により、正しいものはア、ウの二つである。

　　　　　　　　　　　　　　　　　　　　　　　　　　正解▶2

153 宅地建物取引業の定義

CHECK ☐☐☐☐☐ 　出題頻度 ■■■■☐　 難易度 ★★☐☐☐ 　令和3年⑩

[問題] 宅地建物取引業の免許（以下この問において「免許」という。）に関する次の記述のうち、宅地建物取引業法の規定によれば、正しいものはどれか。なお、いずれの場合も、その行為を業として営むものとする。

1　A社が、都市計画法に規定する用途地域外の土地であって、ソーラーパネルを設置するための土地の売買を媒介しようとする場合、免許は必要ない。

2　B社が、土地区画整理事業の換地処分により取得した換地を住宅用地として分譲しようとする場合、免許は必要ない。

3　農業協同組合Cが、組合員が所有する宅地の売却の代理をする場合、免許は必要ない。

4　D社が、地方公共団体が定住促進策としてその所有する土地について住宅を建築しようとする個人に売却する取引の媒介をしようとする場合、免許は必要ない。

[解答]　1　正しい。宅建業法が規定する「宅地」は、第一に、**建物の敷地に供される土地**をいい、第二に、建物の敷地に供せられている土地でなくとも、**用途地域の指定のある地域内の土地**である。ソーラーパネルを設置するための土地は、宅地には該当しないので、宅建業の免許は不要である（法2条1号）。

2　誤り。B社が、取得した土地を住宅用地として**分譲**する行為は、宅建業に該当するので、免許が必要である（法2条2号）。

3　誤り。宅地の売却の**代理**をすることは宅地建物取引業に該当するので、免許が必要である。

4　誤り。地方公共団体が所有する土地について、個人に売却する取引の**媒介**をしようとする場合には、免許が必要である。

正解 ▶ 1

154 用語の定義

[問題] 次の記述のうち、宅地建物取引業法の規定によれば、正しいものは
いくつあるか。

ア　宅地建物取引業者Ａが、自ら所有する複数の建物について、複数人に
　　対し、反復継続して賃貸する行為は、宅地建物取引業に該当しない。

イ　宅地建物取引士とは、宅地建物取引士資格試験に合格し、都道府県知
　　事の登録を受けた者をいう。

ウ　建設業者Ｂが、建築請負工事の受注を目的として、業として宅地の売
　　買の媒介を行う行為は、宅地建物取引業に該当しない。

エ　宅地建物取引士は、宅地又は建物の取引に係る事務に必要な知識及び
　　能力の維持向上に努めなければならない。

1　一つ
2　二つ
3　三つ
4　四つ

[解答]　ア　正しい。**自ら貸主**として宅地建物を賃貸する行為は、宅建業に該当し
ない（法2条2号）。

イ　誤り。宅建士とは、試験に合格して都道府県知事の登録を受け、**宅建士証の
交付**を受けた者をいう（法2条4号）。

ウ　誤り。**業として宅地建物の売買の媒介**を行うことは、宅建業に該当する（法
2条2号）。

エ　正しい。宅建士は、宅地建物取引にかかる事務に必要な**知識**および**能力の維
持向上**に努めなければならない（法15条の3）。

以上により、正しいものはア、エの二つである。

155 事務所

CHECK ☐☐☐☐☐　　出題頻度 ■■■■　　難易度 ★★★　　令和4年

5
宅建業法

[問題]　宅地建物取引業法第3条第1項に規定する事務所（以下この問において「事務所」という。）に関する次の記述のうち、正しいものはどれか。

1　事務所とは、契約締結権限を有する者を置き、継続的に業務を行うことができる施設を有する場所を指すものであるが、商業登記簿に登載されていない営業所又は支店は事務所には該当しない。

2　宅地建物取引業を営まず他の兼業業務のみを営んでいる支店は、事務所には該当しない。

3　宅地建物取引業者は、主たる事務所については、免許証、標識及び国土交通大臣が定めた報酬の額を掲げ、従業者名簿及び帳簿を備え付ける義務を負う。

4　宅地建物取引業者は、その事務所ごとに一定の数の成年者である専任の宅地建物取引士を置かなければならないが、既存の事務所がこれを満たさなくなった場合は、30日以内に必要な措置を執らなければならない。

[解答]　1　誤り。**事務所**とは、本店または支店のほか、継続的に業務を行うことができる施設を有する場所で、宅建業にかかる契約を締結する権限を有する使用人を置くものを指す（法3条1項、令1条の2）。商業登記簿への搭載とは関係がない。

2　正しい。**本店**は業務を統括するところで、宅建業の業務を行っていなくても事務所となるが、**支店**の場合、宅建業を営んでいなければ事務所には該当しない。

3　誤り。宅建業者は、その事務所ごとに、公衆の見やすい場所に、標識と報酬の額を掲げなければならず（法50条1項、46条4項）、従業者名簿と業務に関する帳簿を備える必要がある（法48条3項、49条）。主たる事務所にもこれらを掲示し、または備え付けなければならないが、事務所に**免許証**を掲示する必要はない。

4　誤り。既存の事務所等について専任の宅建士の数が不足した場合には、**2週間以内**に、新たに専任の宅建士を選任しなければならない（31条の3第3項）。

正解▶2

156 免　許

[問題]　宅地建物取引業の免許（以下この問において「免許」という。）に関する次の記述のうち、宅地建物取引業法の規定によれば、正しいものはどれか。

1　宅地建物取引業者A社（甲県知事免許）が宅地建物取引業者ではないB社との合併により消滅した場合には、B社は、A社が消滅した日から30日以内にA社を合併した旨を甲県知事に届け出れば、A社が受けていた免許を承継することができる。

2　信託業法第3条の免許を受けた信託会社が宅地建物取引業を営もうとする場合には、国土交通大臣の免許を受けなければならない。

3　個人Cが、転売目的で競売により取得した宅地を多数の区画に分割し、宅地建物取引業者Dに販売代理を依頼して、不特定多数の者に分譲する事業を行おうとする場合には、免許を受けなければならない。

4　宅地建物取引業者E（乙県知事免許）は、乙県内に2以上の事務所を設置してその事業を営もうとする場合には、国土交通大臣に免許換えの申請をしなければならない。

5
宅建業法

[解答]　1　誤り。宅建業者A社が宅建業者でないB社に**吸収合併**された場合、A社の免許は、その時点で効力を失う。B社がA社の免許を承継することはできない。

2　誤り。信託業法3条の免許を受けた**信託会社**は、国土交通大臣の免許を受けた宅建業者とみなされ、宅建業の免許を受ける必要はない（法77条）。

3　正しい。自ら売主として、**宅地**を**不特定多数**の者に**分譲**する場合、免許を受ける必要がある（法2条2号、3条1項）。宅建業者に販売代理を依頼したからといって、免許が不要になるわけではない。

4　誤り。宅建業者Eが、乙県内にしか事務所を持たない場合には、乙県知事の免許のままでよく（法3条1項）、国土交通大臣の免許が必要になるわけではない。

157 免 許

CHECK ☐☐☐☐☐　　出題頻度 ■■■■□　　難易度 ★★■■■　　令和３年⑩

5
宅建業法

[問題]　宅地建物取引業の免許（以下この問において「免許」という。）に関する次の記述のうち、宅地建物取引業法の規定によれば、正しいものはどれか。

1　個人Ａが不正の手段により免許を受けた後、免許を取り消され、その取消しの日から５年を経過した場合、その間に免許を受けることができない事由に該当することがなかったとしても、Ａは再び免許を受けることはできない。

2　免許を受けようとする個人Ｂが破産手続開始の決定を受けた後に復権を得た場合においても、Ｂは免許を受けることができない。

3　免許を受けようとするＣ社の役員Ｄが刑法第211条（業務上過失致死傷等）の罪により地方裁判所で懲役１年の判決を言い渡された場合、当該判決に対してＤが高等裁判所に控訴し裁判が係属中であっても、Ｃ社は免許を受けることができない。

4　免許を受けようとするＥ社の役員に、宅地建物取引業法の規定に違反したことにより罰金の刑に処せられた者がいる場合、その刑の執行が終わって５年を経過しなければ、Ｅ社は免許を受けることができない。

[解答]　1　誤り。不正の手段により免許を受けて免許を取り消された場合は、その取消しの日から**5年間**は免許を受けることができない（法５条１項２号）が、他に欠格事由がなければ、再び免許を受けることができる。

2　誤り。破産手続開始の決定を受けた者は、復権を得れば、直ちに免許を受けることができる（同条１項１号）。

3　誤り。控訴期間中はまだ刑が確定していないので、免許を受けることができる。

4　正しい。宅建業法の規定に違反して罰金刑を受けた役員や政令で定める使用人がいる法人は、その刑の執行を終えた日から**5年間**は免許を受けることができない（同条１項５号・12号）。

158 免　許

> 問題 宅地建物取引業の免許（以下この問において「免許」という。）に関する次の記述のうち、宅地建物取引業法の規定によれば、正しいものはどれか。
> 1 宅地建物取引業者A社の使用人であって、A社の宅地建物取引業を行う支店の代表者であるものが、道路交通法の規定に違反したことにより懲役の刑に処せられたとしても、A社の免許は取り消されることはない。
> 2 宅地建物取引業者B社の取締役が、所得税法の規定に違反したことにより罰金の刑に処せられたとしても、B社の免許は取り消されることはない。
> 3 宅地建物取引業者である個人Cが、宅地建物取引業法の規定に違反したことにより罰金の刑に処せられたとしても、Cの免許は取り消されることはない。
> 4 宅地建物取引業者D社の非常勤の取締役が、刑法第222条（脅迫）の罪を犯したことにより罰金の刑に処せられたとしても、D社の免許は取り消されることはない。

解答　1　誤り。支店の代表者（政令で定める使用人）が**懲役刑**に処せられると免許の欠格事由に該当するので、A社の免許は取り消される（法5条1項5号・12号）。

2　正しい。**罰金刑**で欠格事由となるのは、宅建業法もしくは暴力団対策法、または刑法犯である傷害、現場助勢、暴行、凶器準備集合、脅迫、背任等が理由である場合に限られるので、B社の免許が取り消されることはない（同条1項6号・12号）。

3　誤り。**宅建業法**に違反して**罰金刑**に処せられた場合、免許の欠格事由に該当し、Cの免許は取り消される。

4　誤り。役員が**脅迫罪**を犯して**罰金刑**に処されると免許の欠格事由に該当するので、D社の免許は取り消される。

正解▶2

免許の基準

	主な欠格事由	法5条1項
5年間免許を受けられない場合	免許不正取得、情状が特に重い不正・不当行為または業務停止処分違反をして免許を取り消された場合	2号、11号〜13号
	免許不正取得、情状が特に重い不正・不当行為または業務停止処分違反をした疑いがあるとして免許取消処分の聴聞の公示をされた後、廃業等の届出をした場合	3号、4号、11号〜13号
	禁錮以上の刑または宅建業法違反等により罰金の刑に処せられた場合（注）	5号、6号、11号〜13号
	暴力団の構成員である場合	7号
	免許の申請前5年以内に宅建業に関して不正または著しく不当な行為をした場合	8号、11号〜13号
その他	破産手続の開始決定を受けている場合	1号、11号〜13号
	宅建業に関し不正または不誠実な行為をするおそれが明らかな場合	9号、11号〜13号
	心身の故障により宅建業を適正に営むことができない者	10号、11号〜13号
	暴力団員等がその事業活動を支配する者	14号
	事務所に専任の宅建士を設置していない場合	15号

（注）法5条1項5号（抜粋）
　　　　禁錮以上の刑に処せられ、その刑の執行を終わり、または執行を受けることがなくなった日から5年を経過しない者
　　　法5条1項6号（抜粋）
　　　　宅建業法もしくは暴力団員による不当な行為の防止等に関する法律の規定に違反し、または刑法の傷害、現場助勢、暴行、凶器準備集合等、脅迫もしくは背任の罪もしくは暴力行為等処罰に関する法律の罪を犯したことにより、罰金の刑に処せられ、その刑の執行を終わり、または執行を受けることがなくなった日から5年を経過しない者

159 免 許

CHECK ☐☐☐☐☐　出題頻度 ■■■■□　難易度 ★★★■■■　令和２年⑫

問題　宅地建物取引業の免許に関する次の記述のうち、宅地建物取引業法の規定によれば、正しいものはどれか。

1　宅地建物取引業者が、免許を受けてから１年以内に事業を開始せず免許が取り消され、その後５年を経過していない場合は、免許を受けることができない。

2　免許を受けようとしている法人の政令で定める使用人が、破産手続開始の決定を受け、復権を得てから５年を経過していない場合、当該法人は免許を受けることができない。

3　免許権者は、免許に条件を付することができ、免許の更新に当たっても条件を付することができる。

4　宅地建物取引業者の役員の住所に変更があったときは、30日以内に免許権者に変更を届け出なければならない。

解答　1　誤り。宅建業者が免許を受けてから１年以内に事業を**開始**せず、または引き続いて１年以上事業を**休止**した場合は免許を取り消される（法66条１項６号）が、この場合、５年を経過しなくても免許を受けることができる。

2　誤り。**破産手続開始**の決定を受けても、復権を得れば免許を受けることができる（法５条１項１号）。

3　正しい。免許権者は、新たに免許をするときまたは免許の更新をするときは、その免許に**条件**を付し、あるいはこれを**変更**することができる（法３条の２）。

4　誤り。役員や政令で定める使用人の氏名に変更があったときは、**30日以内**に免許権者に届け出なければならない（法９条、８条２項３号）が、住所変更については届け出る必要はない。

正解 ▶ 3

5

宅建業法

160 免 許

CHECK ☐☐☐☐☐　出題頻度 ●●●●　難易度 ★★★　令和２年⑫

5

宅建業法

[問題]　次の記述のうち、宅地建物取引業法の規定によれば、正しいものは
どれか。

1　宅地建物取引業者（甲県知事免許）が、乙県内に新たに事務所を設置
して宅地建物取引業を営むため、国土交通大臣に免許換えの申請を行い、
その免許を受けたときは、国土交通大臣から、免許換え前の免許（甲県
知事）の有効期間が経過するまでの期間を有効期間とする免許証の交付
を受けることとなる。

2　宅地建物取引士（甲県知事登録）が、乙県に所在する宅地建物取引業
者の事務所の業務に従事することとなったため、乙県知事に登録の移転
の申請とともに宅地建物取引士証の交付の申請をしたときは、乙県知事
から、有効期間を５年とする宅地建物取引士証の交付を受けることとな
る。

3　宅地建物取引士（甲県知事登録）が、乙県に所在する建物の売買に関
する取引において宅地建物取引士として行う事務に関し不正な行為をし、
乙県知事により事務禁止処分を受けたときは、宅地建物取引士証を甲県
知事に提出しなければならない。

4　宅地建物取引業者（甲県知事免許）は、乙県内で一団の建物の分譲を
行う案内所を設置し、当該案内所において建物の売買の契約を締結し、
又は契約の申込みを受ける場合、国土交通大臣に免許換えの申請をしな
ければならない。

[解答]　1　誤り。免許換えにより、従前の免許はその効力を失い、新たに受ける
免許の有効期間は、取得した日から**5年**となる（法７条１項）。

2　誤り。登録の移転の申請とともに宅建士証の交付の申請があったときは、新
たな宅建士証の有効期間は、従前の宅建士証の**残存期間**となる（法19条の２、
22条の２第５項、則14条の14）。

3　正しい。宅建士は、事務禁止処分を受けたときは、速やかに、宅建士証をそ
の交付を受けた都道府県知事に**提出**しなければならない（法22条の２第７項）。

4　誤り。宅建業者が事務所を新設・移転・廃止した結果、免許権者が異なるこ
ととなったときには、**免許換え**の手続をとらなければならないが、案内所を設
置しても免許換えをする必要はない（法７条）。

正解▶3

宅建業法（免許）

161 免 許

CHECK ☐☐☐☐☐　出題頻度 ■■■■　難易度 ★★★　令和２年⑩

> [問題] 宅地建物取引業の免許（以下この問において「免許」という。）に関する次の記述のうち、宅地建物取引業法の規定によれば、正しいものはどれか。
>
> 1　免許を受けようとするA社の取締役が刑法第204条（傷害）の罪により懲役１年執行猶予２年の刑に処せられた場合、刑の執行猶予の言渡しを取り消されることなく猶予期間を満了し、その日から５年を経過しなければ、A社は免許を受けることができない。
>
> 2　宅地建物取引業者である個人Bが死亡した場合、その相続人Cは、Bが締結した契約に基づく取引を結了する目的の範囲内において宅地建物取引業者とみなされ、Bが売主として締結していた売買契約の目的物を買主に引き渡すことができる。
>
> 3　宅地建物取引業者D社について破産手続開始の決定があった場合、D社を代表する役員は廃業を届け出なければならない。また、廃業が届け出られた日にかかわらず、破産手続開始の決定の日をもって免許の効力が失われる。
>
> 4　免許を受けようとするE社の取締役について、破産手続開始の決定があった場合、復権を得た日から５年を経過しなければ、E社は免許を受けることができない。

[解答]　1　誤り。法人でその役員または政令で定める使用人が刑法第204条（傷害）の罪により懲役１年執行猶予２年の刑に処せられると、免許の欠格要件に該当する（法５条１項12号）が、**執行猶予期間が満了**すれば刑の言渡し自体が効力を失うので、A社は免許を受けることができる。

2　正しい。宅建業者が死亡すれば免許は効力を失うが、その宅建業者が締結した契約に基づく**取引を結了する目的の範囲内**において、宅建業者の一般承継人が宅建業者とみなされる（法76条）。

3　誤り。宅建業者について破産手続開始の決定があった場合には、その**破産管財人**が、30日以内に免許権者に届け出なければならない（法11条１項３号）。また、D社の免許が失効するのは、届出があったときである（同条２項）。

4　誤り。E社の取締役が**復権**を得れば、その時点で免許を受けることができる。

179

正解▶2

162 免許・廃業等の届出

CHECK □□□□□ 　出題頻度 ●●●● 　難易度 ★★★ 　令和3年⑫

5

宅建業法

問題 次の記述のうち、宅地建物取引業法の規定によれば、誤っているものはどれか。

1 宅地建物取引業の免許の有効期間は5年であり、免許の更新の申請は、有効期間満了の日の90日前から30日前までの間に行わなければならない。

2 宅地建物取引業者から免許の更新の申請があった場合において、有効期間の満了の日までにその申請について処分がなされないときは、従前の免許は、有効期間の満了後もその処分がなされるまでの間は、なお効力を有する。

3 個人である宅地建物取引業者A（甲県知事免許）が死亡した場合、Aの相続人は、Aの死亡の日から30日以内に、その旨を甲県知事に届け出なければならない。

4 法人である宅地建物取引業者B（乙県知事免許）が合併により消滅した場合、Bを代表する役員であった者は、その日から30日以内に、その旨を乙県知事に届け出なければならない。

解答 1 正しい。免許の有効期間は**5年**であり、免許の更新の申請は、有効期間満了の日の**90日前から30日前まで**の間に行わなければならない（法3条2項、則3条）。

2 正しい。従前の免許は、有効期間の満了後も申請についての処分がなされるまでの間は、効力を有する（法3条4項）。

3 誤り。死亡の日から30日ではなく、死亡の**事実を知った日から30日以内**である（法11条1項）。

4 正しい。法人が合併により消滅した場合は、その**法人を代表する役員**であった者が届け出なければならない（同条1項2号）。

正解 ▶ 3

163 変更の届出ほか

CHECK ☐☐☐☐☐　　出題頻度 ●●●●　　難易度 ★★★　　令和5年

問題　宅地建物取引業者が行う届出に関する次の記述のうち、宅地建物取引業法の規定によれば、誤っているものはどれか。

1　宅地建物取引業者A（甲県知事免許）が、新たに宅地建物取引業を営む支店を甲県内に設置した場合、Aはその日から30日以内にその旨を甲県知事に届け出なければならない。

2　宅地建物取引業者B（乙県知事免許）が、宅地建物取引業者ではないCとの合併により消滅した場合、Bを代表する役員であった者は、その日から30日以内にその旨を乙県知事に届け出なければならない。

3　宅地建物取引業者D（丙県知事免許）が、本店における専任の宅地建物取引士Eの退職に伴い、新たに専任の宅地建物取引士Fを本店に置いた場合、Dはその日から30日以内にその旨を丙県知事に届け出なければならない。

4　宅地建物取引業者G（丁県知事免許）が、その業務に関し展示会を丁県内で実施する場合、展示会を実施する場所において売買契約の締結（予約を含む。）又は売買契約の申込みの受付を行うときは、Gは展示会での業務を開始する日の5日前までに展示会を実施する場所について丁県知事に届け出なければならない。

5　宅建業法

解答　1　正しい。宅建業法上の事務所の名称・所在地、事務所ごとに置かれる専任の宅建士の氏名は、宅建業者名簿の登載事項となっており（法8条2項5号・6号）、これらの事項について変更があった場合には、**30日以内**に免許権者である甲県知事に届け出なくてはならない（法9条）。

2　正しい。法人が合併により消滅した場合には、その日から**30日以内**に、消滅法人の代表役員であった者が届け出なければならない（法11条1項2号）。

3　正しい。事務所に置かれる専任の宅建士の氏名に変更があった場合には、**30日以内**にその旨を丙県知事に届け出なければならない（法9条）。

4　誤り。宅建業者が、事務所以外の宅建士を置くべき場所を設置する場合、その場所で業務を開始する**10日前**までに、所定の事項を免許権者と所在地を管轄する都道府県知事に届け出なければならない（法50条2項、則19条3項）。売買契約の申込み受付を行う展示会の場所は宅建士を置くべき場所に該当するので、免許を受けた都道府県知事と所在地を管轄する都道府県知事に届け出る義務がある（則15条の5の2第4号）。

正解▶4

164 廃業等の届出ほか

CHECK ☐☐☐☐☐ 　出題頻度 ◆◆◆◆ 　難易度 ★★★ 　令和3年⑫

問題 宅地建物取引業の免許（以下この問において「免許」という。）に関する次の記述のうち、宅地建物取引業法の規定によれば、正しいものはどれか。

1 　法人である宅地建物取引業者A（甲県知事免許）について破産手続開始の決定があった場合、その日から30日以内に、Aを代表する役員Bは、その旨を、甲県知事に届け出なければならない。

2 　宅地建物取引業者C（乙県知事免許）が国土交通大臣に免許換えの申請を行っているときは、Cは、取引の相手方に対し、重要事項説明書及び宅地建物取引業法第37条の規定により交付すべき書面を交付することができない。

3 　宅地建物取引業者D（丙県知事免許）が、免許の更新の申請を怠り、その有効期間が満了した場合、Dは、遅滞なく、丙県知事に免許証を返納しなければならない。

4 　宅地建物取引業者E（丁県知事免許）が引き続いて1年以上事業を休止したときは、丁県知事は免許を取り消さなければならない。

解答 　1 　誤り。法人について破産手続開始の決定があった場合、届け出るのは**破産管財人**である（法11条1項3号）。

2 　誤り。免許換えの申請をしたが、従前の免許の有効期限満了の日までにその申請について処分がなされなかったときは、従前の免許は引き続きその**効力**を有する（法7条2項）。

3 　誤り。免許証を**返納**しなければならないのは、①免許換えにより従前の免許が失効したとき、②免許が取り消されたとき、③亡失した免許証を発見したとき、④廃業届等を提出したときである（則4条の4）。免許の有効期間が満了して失効した場合に、免許証を返納しなければならないという規定はない。

4 　正しい。宅建業者が、免許を受けてから**1年以内**に事業を開始せず、または引き続いて**1年以上**事業を**休止**したときは、免許を取り消さなければならない（法66条1項6号）。

正解 ▶ 4

165 宅地建物取引士

CHECK ☐☐☐☐☐　　出題頻度 ■●●●●●　　難易度 ★★★★　　令和4年

問題 宅地建物取引士に関する次の記述のうち、宅地建物取引業法の規定によれば、誤っているものはどれか。

1　宅地建物取引士は、禁錮以上の刑に処せられた場合、刑に処せられた日から30日以内に、その旨を宅地建物取引士の登録を受けた都道府県知事に届け出なければならない。

2　宅地建物取引士は、業務に関して事務禁止の処分を受けた場合、速やかに、宅地建物取引士証をその交付を受けた都道府県知事に提出しなければならず、これを怠った場合には罰則の適用を受けることがある。

3　宅地建物取引士は、有効期間の満了日が到来する宅地建物取引士証を更新する場合、国土交通大臣が指定する講習を受講しなければならず、また、当該宅地建物取引士証の有効期間は5年である。

4　宅地建物取引士は、宅地建物取引士の信用を害するような行為をしてはならず、信用を害するような行為には、宅地建物取引士の職務に必ずしも直接関係しない行為や私的な行為も含まれる。

解答　1　正しい。禁錮以上の刑に処せられた場合、**30日以内**に登録を受けた都道府県知事に届け出なければならない（法21条2号、18条1項6号）。

2　正しい。宅建士が事務の禁止処分を受けたときは、速やかに、宅建士証をその交付を受けた都道府県知事に提出しなければならず（法22条の2第7項）、これを怠った場合には**10万円以下の過料**に処せられることがある（法86条）。

3　誤り。宅建士証の更新にあたって受講する必要があるのは、**都道府県知事が指定する講習**である（法22条の2第2項）。また、当該宅建士証の有効期間は5年である（法22条の3第2項、22条の2第3項）。

4　正しい。宅建士は、宅建士の信用または品位を害するような行為をしてはならない（法15条の2）。宅建士としての信用を傷つける行為とは、宅物士の職務として行われるものに限らず、職務に必ずしも直接関係しない行為や私的な行為も含まれる（国土交通省「宅地建物取引業法の解釈・運用の考え方」）。

正解▶3

166 宅地建物取引士

CHECK ☐☐☐☐☐　　出題頻度 ●●●●●　　難易度 ★★★　　令和4年

[問題] 宅地建物取引士に関する次の記述のうち、宅地建物取引業法の規定によれば、正しいものはいくつあるか。

ア　宅地建物取引士資格試験は未成年者でも受験することができるが、宅地建物取引士の登録は成年に達するまでいかなる場合にも受けることができない。

イ　甲県知事登録の宅地建物取引士が、宅地建物取引業者（乙県知事免許）の専任の宅地建物取引士に就任するためには、宅地建物取引士の登録を乙県に移転しなければならない。

ウ　丙県知事登録の宅地建物取引士が、事務の禁止の処分を受けた場合、丁県に所在する宅地建物取引業者の事務所の業務に従事しようとするときでも、その禁止の期間が満了するまで、宅地建物取引士の登録の移転を丁県知事に申請することができない。

エ　戊県知事登録の宅地建物取引士が、己県へ登録の移転の申請とともに宅地建物取引士証の交付を申請した場合、己県知事が宅地建物取引士証を交付するときは、戊県で交付された宅地建物取引士証の有効期間が経過するまでの期間を有効期間とする宅地建物取引士証を交付しなければならない。

1　一つ
2　二つ
3　三つ
4　四つ

[解答] ア　誤り。未成年者であっても、**法定代理人**から宅建業を営むことについて**許可**を得ている者は、登録を受けることができる（法18条1項1号）。

イ　誤り。登録の移転は**任意**であり、登録している都道府県とは異なる都道府県に勤務地が変更となったからといって、登録の移転が強制されるものではない（法19条の2）。

ウ　正しい。宅建士が不正または不当な行為を行ったとして**事務の禁止処分**を受け、その禁止期間が満了していないときは、登録の移転をすることができない（同条ただし書）。

エ　正しい。登録の移転の申請とともに移転先の都道府県知事に対して新たな宅建士証の交付を申請できるが、新たな宅建士証の有効期間は、従前の宅建士証の有効期間が満了するまでの期間（**残存期間**）となる（法22条の2第5項）。

以上により、正しいものはウ、エの二つである。

　　　　　　　　　　　　　　　　　　　　　　　　　　　　　正解▶2

167 登録・宅地建物取引士証

CHECK ☐☐☐☐☐　出題頻度 ■★★★☆　難易度 ★★★　令和2年⑩

問題 宅地建物取引士の登録（以下この問において「登録」という。）及び宅地建物取引士証に関する次の記述のうち、宅地建物取引業法の規定によれば、正しいものはどれか。

1　甲県で宅地建物取引士資格試験に合格した後1年以上登録の申請をしていなかった者が宅地建物取引業者（乙県知事免許）に勤務することとなったときは、乙県知事あてに登録の申請をしなければならない。

2　登録を受けている者は、住所に変更があっても、登録を受けている都道府県知事に変更の登録を申請する必要はない。

3　宅地建物取引士は、従事先として登録している宅地建物取引業者の事務所の所在地に変更があったときは、登録を受けている都道府県知事に変更の登録を申請しなければならない。

4　丙県知事の登録を受けている宅地建物取引士が、丁県知事への登録の移転の申請とともに宅地建物取引士証の交付の申請をした場合は、丁県知事から、移転前の宅地建物取引士証の有効期間が経過するまでの期間を有効期間とする新たな宅地建物取引士証が交付される。

解答　1　誤り。宅建試験の合格者は、**試験を行った都道府県知事**に登録の申請をすることになる（法18条1項）。

2　誤り。登録を受けている者（資格者）の氏名や生年月日、**住所**は、資格登録簿の登載事項であり（法18条2項）、住所に変更があった場合には、遅滞なく、**変更の登録**を申請する必要がある（法20条）。

3　誤り。勤務先の宅建業者の商号や名称、免許証番号は、資格登録簿の登載事項である（法18条2項、則14条の2の2第1項5号）が、**事務所の所在地**は、登載事項には含まれていないので、勤務先に変更があったとしても、変更の登録を申請する必要はない。

4　正しい。登録の移転の申請とともに宅建士証の交付の申請があったときは、移転後の都道府県知事は、**従前の宅建士証の有効期間**が経過するまでの期間を有効期間とする宅建士証を交付する（法22条の2第5項）。

正解 ▶ 4

5
宅建業法

168 登録の移転ほか

CHECK ☐☐☐☐☐　　出題頻度 ●●●●●　　難易度 ★★★　　令和３年⑫

[問題]　宅地建物取引士に関する次の記述のうち、宅地建物取引業法の規定によれば、正しいものはどれか。なお、この問において「登録」とは、宅地建物取引士の登録をいうものとする。

1　甲県知事の登録を受けている宅地建物取引士は、乙県に主たる事務所を置く宅地建物取引業者の専任の宅地建物取引士となる場合、乙県知事に登録の移転を申請しなければならない。

2　宅地建物取引士の氏名等が登載されている宅地建物取引士資格登録簿は一般の閲覧に供されることとはされていないが、専任の宅地建物取引士は、その氏名が宅地建物取引業者名簿に登載され、当該名簿が一般の閲覧に供される。

3　宅地建物取引士が、刑法第204条（傷害）の罪により罰金の刑に処せられ、登録が消除された場合、当該登録が消除された日から５年を経過するまでは、新たな登録を受けることができない。

4　未成年者は、宅地建物取引業に係る営業に関し成年者と同一の行為能力を有していたとしても、成年に達するまでは登録を受けることができない。

[解答]　1　誤り。甲県知事の登録を受けている宅建士が、乙県に所在する宅建業者の事務所の業務に従事し、または従事する場合、甲県知事を経由して、当該事務所の所在地を管轄する乙県知事に対し、**登録の移転の申請をすることができる**（法19条の２）。「登録の移転を申請しなければならない」わけではない。

2　正しい。宅建士の**資格登録簿**は一般の閲覧に供されることはないが、**宅建業者名簿**は、一般の閲覧に供しなければならならないこととされており、業者名簿には専任の宅建士の氏名が登載されている（法10条、８条６号）。

3　誤り。宅建業法や暴力団対策法に違反し、または刑法犯である障害、暴行、脅迫、背任等の罪を犯し、罰金の刑に処せられた場合は、**刑の執行を終えた日から５年**を経過しなければ登録を受けることができない（法５条１項６号）。

4　誤り。宅建業にかかる営業に関し**成年者と同一の行為能力を有しない未成年者**は宅建士の登録をすることができない（法18条１項１号）が、成年者と同一の行為能力を有している未成年者（法定代理人から宅建業を営むことについて許可を得ている者）であれば、登録を受けることができる。

正解 ▶ 2

169 登録の移転ほか

CHECK □□□□□　出題頻度 ●●●●　難易度 ★★★　令和3年⑩

問題　宅地建物取引士の登録（以下この問において「登録」という。）に関する次の記述のうち、宅地建物取引業法の規定によれば、正しいものはどれか。

1　宅地建物取引士A（甲県知事登録）が、乙県に所在する宅地建物取引業者の事務所の業務に従事することとなったときは、Aは甲県知事を経由せずに、直接乙県知事に対して登録の移転を申請しなければならない。

2　甲県知事の登録を受けているが宅地建物取引士証の交付を受けていないBが、宅地建物取引士としてすべき事務を行った場合、情状のいかんを問わず、甲県知事はBの登録を消除しなければならない。

3　宅地建物取引士C（甲県知事登録）は、宅地建物取引業者D社を退職し、宅地建物取引業者E社に再就職したが、CはD社及びE社のいずれにおいても専任の宅地建物取引士ではないので、勤務先の変更の登録を申請しなくてもよい。

4　甲県で宅地建物取引士資格試験を受け、合格したFは、乙県に転勤することとなったとしても、登録は甲県知事に申請しなければならない。

解答　1　誤り。登録を受けている都道府県とは別の都道府県の事務所に従事することとなった場合、登録を受けている都道府県知事を経由して、移転先の都道府県知事に申請をすることで**登録の移転をすることができる**（法19条の2）。「登録の移転を申請しなければならない」わけではない。

2　誤り。宅建士証の交付を受けていない者の登録が消除されるのは、登録の欠格事由に該当するに至ったとき、不正の手段により登録を受けたとき、宅建士としてすべき事務を行い、情状が特に重いときである（法68条の2第2項）。

3　誤り。勤務先の業者の商号（名称）、免許証番号等の登録事項に変更があった場合には、**遅滞なく**、登録を受けている都道府県知事に**変更の登録**を申請しなければならない（法20条、則14条の10第1項3号）。

4　正しい。登録を受けることができるのは、宅建試験に合格した都道府県に限られており、Fは甲県知事に登録を申請しなければならない（法18条1項）。

正解 ▶ 4

170 死亡等の届出ほか

CHECK □□□□□　　出題頻度 ■■■　　　難易度 ★★★　　令和2年⑫

[問題]　宅地建物取引業法に規定する宅地建物取引士及びその登録（以下この問において「登録」という。）に関する次の記述のうち、正しいものはどれか。

1　登録を受けている者が精神の機能の障害により宅地建物取引士の事務を適正に行うに当たって必要な認知、判断及び意思疎通を適切に行うことができない者となった場合、本人がその旨を登録をしている都道府県知事に届け出ることはできない。

2　甲県知事の登録を受けている宅地建物取引士が乙県知事に登録の移転の申請を行うとともに宅地建物取引士証の交付の申請を行う場合、交付の申請前6月以内に行われる乙県知事が指定した講習を受講しなければならない。

3　宅地建物取引士が、事務禁止処分を受け、宅地建物取引士証をその交付を受けた都道府県知事に速やかに提出しなかったときは、50万円以下の罰金に処せられることがある。

4　宅地建物取引士が、刑法第222条（脅迫）の罪により、罰金の刑に処せられ、登録が消除された場合、刑の執行を終わり又は執行を受けることがなくなった日から5年を経過するまでは、新たな登録を受けることができない。

[解答]　1　誤り。心身の故障により宅建士の事務を適正に行うことができない者に該当するに至った場合は、**本人またはその法定代理人**もしくは**同居の親族**が届け出なければならない（法21条3号）。

2　誤り。登録の移転の申請とともに宅建士証の交付の申請を行う場合は、新しい宅建士証の有効期間は、従来の宅建士証の残存期間となるので（22条の2第5項）、法定講習を受講する必要はない。交付の申請前6月以内に行われる**法定講習**を受講しなければならないのは、宅建士証の新規の交付申請時および更新申請時である（法22条の2第1項・2項）。

3　誤り。宅建士が事務禁止処分を受け、宅建士証を提出しなかったときは、**10万円以下の過料**に処される（法86条、22条の2第7項）。

4　正しい。宅建士が、刑法222条（脅迫）の罪により、罰金刑に処せられ、登録が消除された場合、刑の執行を終え、または執行を受けることがなくなった日から**5年**を経過するまでは、登録を受けることができない（法18条1項7号）。

正解▶4

171 宅地建物取引士証の提出ほか

CHECK ☐☐☐☐☐　出題頻度 ■■■■　難易度 ★★★ 令和３年⑩

問題 宅地建物取引士の登録（以下この問において「登録」という。）及び宅地建物取引士証に関する次の記述のうち、正しいものはいくつあるか。

ア　宅地建物取引士（甲県知事登録）が事務禁止処分を受けた場合、宅地建物取引士証を甲県知事に速やかに提出しなければならず、速やかに提出しなかったときは10万円以下の過料に処せられることがある。

イ　宅地建物取引士（甲県知事登録）が宅地建物取引士としての事務禁止処分を受け、その禁止の期間中に本人の申請により登録が消除された場合は、その者が乙県で宅地建物取引士資格試験に合格したとしても、当該期間が満了していないときは、乙県知事の登録を受けることができない。

ウ　宅地建物取引士（甲県知事登録）が甲県から乙県に住所を変更したときは、乙県知事に対し、登録の移転の申請をすることができる。

エ　宅地建物取引士（甲県知事登録）が本籍を変更した場合、遅滞なく、甲県知事に変更の登録を申請しなければならない。

1　一つ
2　二つ
3　三つ
4　四つ

解答 ア　正しい。事務禁止処分を受けたときは、速やかに、宅建士証を**提出**しなければならず（法22条の２第７項）、これに違反した場合には**10万円以下の過料**に処せられることがある（法86条）。

イ　正しい。事務禁止処分中に本人の申請により登録が消除された場合、事務禁止処分の期間が満了しない者は登録を受けることができない（法18条１項11号）。

ウ　誤り。**登録の移転**は、登録を受けている場所とは別の都道府県に所在する宅建業者の事務所の業務に従事することになったときでなければ申請することができない（法19条の２）。

エ　正しい。本籍など登録を受けている事項に変更があったときは、遅滞なく、**変更の登録**を申請しなければならない（法20条、則14条の３第１項１号）。

以上により、正しいものはア、イ、エの三つである。

　　　　　　　　　　　　　　　　　　　　　正解▶3

172 宅地建物取引士証

CHECK □□□□□　　出題頻度 ●●●●　　難易度 ★★　　令和２年⑩

［問題］　宅地建物取引士に関する次の記述のうち、宅地建物取引業法の規定によれば、正しいものはどれか。

1　宅地建物取引士資格試験に合格した者は、合格した日から10年以内に登録の申請をしなければ、その合格は無効となる。

2　宅地建物取引士証の有効期間の更新の申請は、有効期間満了の90日前から30日前までにする必要がある。

3　宅地建物取引士は、重要事項の説明をするときは説明の相手方からの請求の有無にかかわらず宅地建物取引士証を提示しなければならず、また、取引の関係者から請求があったときにも宅地建物取引士証を提示しなければならない。

4　甲県知事の登録を受けている宅地建物取引士が、乙県知事に登録の移転を申請するときは、乙県知事が指定する講習を受講しなければならない。

［解答］　1　誤り。宅建試験の合格に期限はなく、10年以内に登録の申請をしなかったとしても、その合格が無効になることはない。

2　誤り。宅建士証の有効期間は５年で、５年ごとに更新の手続が必要となる（法22条の３）が、更新の申請を有効期間満了の90日前から30日前までとする規定はない（有効期間満了の日の90日前から30日前までの間に更新をしなければならないのは、宅建業の免許である）。

3　正しい。**重要事項の説明**をするときには、説明の相手方からの請求の有無にかかわらず宅建士証を提示しなければならない（法35条４項）。また、取引関係者から**請求**があったときにも、宅建士証を提示しなければならない（法22条の４）。

4　誤り。宅建士証の交付を申請しようとする者は、交付の申請前６か月以内に、登録をしている都道府県知事が指定する講習（**法定講習**）を受講しなければならないが、宅建試験に合格した日から１年以内に交付を受ける者、登録の移転をした者は、法定講習を受ける必要がない（法22条の２第２項）。

正解▶3

173 営業保証金の供託ほか

CHECK ☐☐☐☐☐　出題頻度 ●●●●　難易度 ★★★　令和3年⑩

問題　宅地建物取引業法の規定に基づく営業保証金に関する次の記述のうち、正しいものはどれか。

1　国土交通大臣から免許を受けた宅地建物取引業者が、営業保証金を主たる事務所のもよりの供託所に供託した場合、当該供託所から国土交通大臣にその旨が通知されるため、当該宅地建物取引業者は国土交通大臣にその旨を届け出る必要はない。

2　宅地建物取引業者と宅地建物取引業に関し取引をした者は、その取引により生じた債権に関し、当該宅地建物取引業者が供託した営業保証金について、その債権の弁済を受ける権利を有するが、取引をした者が宅地建物取引業者に該当する場合は、その権利を有しない。

3　営業保証金は、金銭による供託のほか、有価証券をもって供託することができるが、金銭と有価証券とを併用して供託することはできない。

4　有価証券を営業保証金に充てる場合における当該有価証券の価額は、国債証券の場合はその額面金額の100分の90、地方債証券の場合はその額面金額の100分の80である。

解答　1　誤り。宅建業者は、営業保証金を供託したときは、供託書の写しを添付して、免許権者に供託をした旨を**届け出**なければならない（法25条4項）。

2　正しい。営業保証金から**債権の弁済**を受けることができるのは、宅建業に関し取引をした者であるが、宅建業者は除かれている（法27条1項）。

3　誤り。営業保証金は、金銭のみ、有価証券のみによる供託ほか、**金銭と有価証券**とを併用して行うことができる（法25条3項）。

4　誤り。有価証券を営業保証金に充てる場合における当該有価証券の価額は、**国債証券**についてはその**額面金額**、**地方債証券**は額面金額の100分の90、それ以外の債券は**額面金額の100分の80**である（則15条1項）。

正解▶2

174 営業保証金の供託ほか

CHECK ☐☐☐☐☐　　出題頻度 ◆◆◆◆　　難易度 ★★★★　　令和5年

5

宅建業法

[問題]　宅地建物取引業者Ａ（甲県知事免許）の営業保証金に関する次の記述のうち、宅地建物取引業法の規定によれば、正しいものはいくつあるか。なお、Ａは宅地建物取引業保証協会の社員ではないものとする。

ア　Ａが免許を受けた日から６か月以内に甲県知事に営業保証金を供託した旨の届出を行わないとき、甲県知事はその届出をすべき旨の催告をしなければならず、当該催告が到達した日から１か月以内にＡが届出を行わないときは、その免許を取り消すことができる。

イ　Ａは、営業保証金を供託したときは、その供託物受入れの記載のある供託書の写しを添付して、その旨を甲県知事に届け出なければならず、当該届出をした後でなければ、その事業を開始することができない。

ウ　Ａは、営業保証金が還付され、甲県知事から営業保証金が政令で定める額に不足が生じた旨の通知を受け、その不足額を供託したときは、30日以内に甲県知事にその旨を届け出なければならない。

エ　Ａが免許失効に伴い営業保証金を取り戻す際、供託した営業保証金につき還付を受ける権利を有する者に対し、３か月を下らない一定期間内に申し出るべき旨を公告し、期間内にその申出がなかった場合でなければ、取り戻すことができない。

1　一つ
2　二つ
3　三つ
4　なし

[解答]　ア　誤り。免許権者である甲県知事は、その免許をした宅建業者が**３月以内**に営業保証金を供託した旨の届出をしない場合、届出をすべき旨の**催告**をしなければならない（法25条６項）。また、その催告が到達した日から**１月以内**に当該宅建業者が供託をした旨の**届出**をしないときは、その免許を取り消すことができる（同条７項）。

イ　正しい。宅建業者が営業保証金を供託したときは、その供託物受入れの記載のある**供託書の写し**を添附して、その旨を甲県知事に届け出る必要がある（同条４項）。事業を開始するのは、この届出をした後でなければならない（同条

5項)。

ウ　誤り。還付の実行により、供託している営業保証金が法定の額に不足した場合は、不足額を供託すべき旨の通知書の送付を受けた日から**2週間以内**に不足額を**供託**し、供託をしてから**2週間以内**に甲県知事に**届け出**なければならない（法28条2項）。

エ　誤り。営業保証金の取戻しは、営業保証金を取り戻すことのできる事由が発生したときから10年を経過した場合を除き、還付請求権者に対し、**6月を下らない一定の期間内**に権利を主張すべき旨を公告し、その期間内にその申出がなかった場合に行うことができる（法30条2項）。

以上により、正しいものはイの一つだけである。

正解▶1

175 事務所新設の場合の営業保証金ほか

CHECK □□□□□　　出題頻度 ●●●●　　難易度 ★★★　　令和2年⑫

[問題]　宅地建物取引業法に規定する営業保証金に関する次の記述のうち、正しいものはどれか。

1　宅地建物取引業者は、事業の開始後、新たに従たる事務所を設置したときは、その従たる事務所の最寄りの供託所に政令で定める額の営業保証金を供託し、その旨を免許権者に届け出なければならない。

2　宅地建物取引業者は、主たる事務所を移転したためその最寄りの供託所が変更した場合、国債証券をもって営業保証金を供託しているときは、遅滞なく、従前の主たる事務所の最寄りの供託所に対し、営業保証金の保管替えを請求しなければならない。

3　宅地建物取引業者は、免許の有効期間満了に伴い営業保証金を取り戻す場合は、還付請求権者に対する公告をすることなく、営業保証金を取り戻すことができる。

4　免許権者は、宅地建物取引業者が宅地建物取引業の免許を受けた日から3月以内に営業保証金を供託した旨の届出をしないときは、その届出をすべき旨の催告をしなければならず、その催告が到達した日から1月以内に届出がないときは、当該宅地建物取引業者の免許を取り消すことができる。

[解答]　1　誤り。宅建業者は、免許を受けた後、新たにその他の事務所を設置したときは、主たる事務所の最寄りの供託所に営業保証金を**供託**し、その旨を免許権者に**届け出た後**でなければ、その事務所で営業を開始することができない（法26条）。

2　誤り。営業保証金の**保管替え**は、**金銭のみ**をもって営業保証金を供託している場合に限られる（法29条1項）。

3　誤り。免許の**有効期間満了**に伴い営業保証金を取り戻す場合は、還付請求権者に対する公告後でなければ取り戻すことができない（法30条）。

4　正しい。免許権者は、その免許をした宅建業者が**3カ月以内**に営業保証金を供託した旨の届出をしないときは、その届出をすべき旨の**催告**をしなければならず（法25条6項）、催告が到達した日から**1月以内**に届出がないときは、**免許を取り消す**ことができる（同条7項）。

　　　　　　　　　　　　　　　正解 ▶ 4

176 営業保証金の還付ほか

CHECK □□□□□　出題頻度 ■■■■　難易度 ★★★　令和２年⑩

5

宅建業法

問題　宅地建物取引業者Ａ（甲県知事免許）の営業保証金に関する次の記述のうち、宅地建物取引業法の規定によれば、正しいものはどれか。

1　Ａから建設工事を請け負った建設業者は、Ａに対する請負代金債権について、営業継続中のＡが供託している営業保証金から弁済を受ける権利を有する。

2　Ａが甲県内に新たに支店を設置したときは、本店の最寄りの供託所に政令で定める額の営業保証金を供託すれば、当該支店での事業を開始することができる。

3　Ａは、営業保証金の還付により、営業保証金の額が政令で定める額に不足することとなったときは、甲県知事から不足額を供託すべき旨の通知書の送付を受けた日から２週間以内にその不足額を供託しなければならない。

4　Ａが甲県内に本店及び２つの支店を設置して宅地建物取引業を営もうとする場合、供託すべき営業保証金の合計額は1,200万円である。

解答　1　誤り。営業保証金から弁済を受けること（営業保証金の還付）ができるのは、宅建業に関しその取引により生じた債権に限られる（法27条１項）。

2　誤り。宅建業者が新たに事務所を設置したときは、その事務所について政令で定める額の営業保証金を供託しなければならず（法26条１項）、その場合、供託物受入れの記載のある供託書の写しを添付して免許権者に届け出なければ、その事務所で事業を開始することができない（同条２項、25条４項・５項）。

3　正しい。営業保証金の還付により、営業保証金の額が不足することとなったときは、ただちにこれを補てんしなければならない。すなわち、免許権者から不足額を供託すべき旨の通知書の送付を受けた日から２週間以内に、その不足額を供託しなければならない（法28条１項、営業保証金規則４条）。

4　誤り。供託すべき営業保証金の額は、主たる事務所1,000万円、従たる事務所500万円である（法25条２項、令２条の４）。本店と２つの支店を設置する場合、2,000万円の営業保証金の供託が必要となる。

正解▶3

177 営業保証金・保証協会

CHECK ☐☐☐☐☐　　出題頻度 ●●●●●　　難易度 ★★★　　令和4年

問題　営業保証金及び宅地建物取引業保証協会（以下この問において「保証協会」という。）に関する次の記述のうち、宅地建物取引業法の規定によれば、誤っているものはいくつあるか。

ア　宅地建物取引業者の代表者が、その業務に関し刑法第222条（脅迫）の罪により懲役の刑に処せられたことを理由に宅地建物取引業の免許を取り消された場合、当該宅地建物取引業者であった者は、当該刑の執行を終わった日から5年間は供託した営業保証金を取り戻すことができない。

イ　営業保証金の還付により、営業保証金が政令で定める額に不足することとなったため、国土交通大臣又は都道府県知事から不足額を供託すべき旨の通知書の送付を受けた宅地建物取引業者は、その送付を受けた日から2週間以内にその不足額を供託しなければならない。

ウ　保証協会の社員は、自らが取り扱った宅地建物取引業に係る取引の相手方から当該取引に関する苦情について解決の申出が保証協会にあり、保証協会から関係する資料の提出を求められたときは、正当な理由がある場合でなければ、これを拒んではならない。

エ　保証協会の社員と宅地建物取引業に関し取引をした者は、その取引により生じた債権に関し、当該社員が納付した弁済業務保証金の額に相当する額の範囲内において弁済を受ける権利を有する。

1　一つ
2　二つ
3　三つ
4　四つ

解答　ア　誤り。宅建業者が禁錮以上の刑に処せられ**免許を取り消されたとき**は、営業保証金を取り戻すことができる（法30条1項、66条1項1号）。

イ　正しい。宅建業者は、営業保証金が不足することとなったときは、免許権者から不足額を供託すべき旨の通知書の送付を受けた日から2週間以内にその不足額を供託しなければならない（法28条1項、営業保証金規則5条）。

ウ　正しい。保証協会の社員は、保証協会から**資料の提出**を求められたときは、正当な理由がある場合でなければ拒んではならない（法64条の5第3項）。

エ　誤り。還付される弁済業務保証金の額は、「社員が社員でないとしたならば供託すべき**営業保証金の額**に相当する額の範囲内」である（法64条の8第1項）。

以上により、誤っているものはア、エの二つである。

正解▶2

178 専任の宅地建物取引士の設置義務

[問題]　宅地建物取引士に関する次の記述のうち、宅地建物取引業法の規定によれば、誤っているものはどれか。※

1　宅地建物取引業者Aは、一団の宅地建物の分譲をするため設置した案内所には、契約を締結することなく、かつ、契約の申込みを受けることがないときでも、1名以上の専任の宅地建物取引士を置かなければならない。

2　宅地建物取引業者Bは、その主たる事務所に従事する唯一の専任の宅地建物取引士が退職したときは、2週間以内に、宅地建物取引業法第31条の3第1項の規定に適合させるため必要な措置を執らなければならない。

3　宅地建物取引業者Cが、20戸の一団の分譲建物の売買契約の申込みのみを受ける案内所甲を設置した場合、売買契約の締結は事務所乙で行うとしても、甲にも専任の宅地建物取引士を置かなければならない。

4　法人である宅地建物取引業者D社の従業者であり、宅地建物取引業に係る営業に関し成年者と同一の行為能力を有する18歳未満の宅地建物取引士Eは、D社の役員であるときを除き、D社の専任の宅地建物取引士となることができない。

5

宅建業法

[解答]　1　誤り。**契約行為**等を行わない案内所には、専任の宅建士を置く必要はない（法31条の3第1項、則15条の5の2）。

2　正しい。宅建業者は、専任の宅建士の設置義務に抵触することとなった場合には、**2週間以内**に必要な措置をとらなければならない（法31条の3第3項）。

3　正しい。**契約行為**等を行う案内所には、1名以上の専任の宅建士を設置しなければならない（則15条の5の3）。

4　正しい。**未成年者**は、法人である宅建業者の役員であったり、自らが宅建業を行ったりしている場合を除いて、専任の宅建士になることができない。

　　　　　　　　　　　　　　　　　　　　　　　　　　正解 ▶ 1

179 専任の宅地建物取引士の設置義務

CHECK ☐☐☐☐☐　　出題頻度 ■■■　　難易度 ★★★★　　令和２年⑫

[問題] 宅地建物取引士に関する次の記述のうち、宅地建物取引業法及び民法の規定によれば、正しいものはいくつあるか。

ア　宅地建物取引業者は、事務所に置く唯一の専任の宅地建物取引士が退任した場合、その日から30日以内に新たな専任の宅地建物取引士を設置し、その設置の日から２週間以内に、専任の宅地建物取引士の変更があった旨を免許権者に届け出なければならない。

イ　未成年者も、法定代理人の同意があれば、宅地建物取引業者の事務所に置かれる専任の宅地建物取引士となることができる。

ウ　宅地建物取引士は、重要事項説明書を交付するに当たり、相手方が宅地建物取引業者である場合、相手方から宅地建物取引士証の提示を求められない限り、宅地建物取引士証を提示する必要はない。

エ　成年被後見人又は被保佐人は、宅地建物取引士として都道府県知事の登録を受けることができない。

1　一つ
2　二つ
3　三つ
4　四つ

解答　ア　誤り。専任の宅建士の法定数が不足したときは、宅建業者は**２週間以内**に補充しなければならず（法31条の３第３項）、その設置の日から**30日以内**に免許権者に届け出なければならない（法９条、８条２項６号）。

イ　誤り。宅建業者の事務所に置かれる専任の宅建士は、**成年者**でなければならず、未成年者は専任の宅建士になることはできない（法31条の３第１項）。

ウ　正しい。相手方が宅建業者である場合は、重要事項説明書の交付のみで足り、説明の必要はない（法35条６項）ので、相手方から請求がない限り提示する必要はない（法22条の４）。

エ　誤り。成年被後見人または被保佐人であることを理由に登録を拒否されることはない。なお従来、成年被後見人または被保佐人は、登録の欠格要件とされていたが、令和元年９月施行の改正法により削除され「心身の故障により宅建士の事務を適正に行うことができない者」が加えられた（法18条１項12号）。

以上により、正しいものはウの一つだけである。

正解 ▶ 1

180 広告に関する規制

CHECK ☐☐☐☐☐　　出題頻度 ●●●●●　　難易度 ★★★★　　令和４年

問題　宅地建物取引業者Ａがその業務に関して行う広告に関する次の記述のうち、宅地建物取引業法（以下この問において「法」という。）の規定によれば、正しいものはいくつあるか。

ア　Ａが未完成の建売住宅を販売する場合、建築基準法第６条第１項に基づく確認を受けた後、同項の変更の確認の申請書を提出している期間においては、変更の確認を受ける予定であることを表示し、かつ、当初の確認内容を合わせて表示すれば、変更の確認の内容を広告することができる。

イ　Ａが新築住宅の売買に関する広告をインターネットで行った場合、実際のものより著しく優良又は有利であると人を誤認させるような表示を行ったが、当該広告について問合せや申込みがなかったときは、法第32条に定める誇大広告等の禁止の規定に違反しない。

ウ　Ａが一団の宅地の販売について、数回に分けて広告をするときは、そのたびごとに広告へ取引態様の別を明示しなければならず、当該広告を見た者から売買に関する注文を受けたときも、改めて取引態様の別を明示しなければならない。

1　一つ
2　二つ
3　三つ
4　なし

解答　ア　正しい。宅建業者は、工事完了前においては、当該工事に関し必要とされる都市計画法の開発許可、建築基準法の確認等があった後でなければ、宅地建物の売買その他の業務に関する広告をしてはならない（法33条）。この場合、建築確認を受けているのであるから、その内容で広告することはできるが、**変更の確認の申請をしている期間**は、変更の確認を受ける予定である旨を表示し、かつ、当初の確認内容をあわせて表示すれば、変更の確認の内容を広告することができる（国土交通省「宅地建物取引業法の解釈・運用の考え方」）。

イ　誤り。法32条は、著しく事実に相違する表示をし、または実際のものよりも著しく優良または有利であると**誤認**させるような表示行為自体を禁じている。

ウ　正しい。宅建業者は、広告をするときや注文を受けたときは、その都度、**取引態様の別**を明示しなければならない（法34条）。

以上により、正しいものはア、ウの二つである。

正解▶2

181 広告に関する規制

CHECK ☐☐☐☐☐　　出題頻度 ●●●●　　難易度 ★★　　令和３年⑩

> [問題]　宅地建物取引業者がその業務に関して行う広告に関する次の記述のうち、宅地建物取引業法の規定によれば、正しいものはいくつあるか。
> ア　宅地の販売広告において、宅地に対する将来の利用の制限について、著しく事実に相違する表示をしてはならない。
> イ　建物の貸借の媒介において広告を行った場合には、依頼者の依頼の有無にかかわらず、報酬の限度額を超えて、当該広告の料金に相当する額を受領することができる。
> ウ　複数の区画がある宅地の売買について、数回に分けて広告するときは、最初に行う広告に取引態様の別を明示すれば足り、それ以降は明示する必要はない。
> エ　賃貸マンションの貸借に係る媒介の依頼を受け、媒介契約を締結した場合であっても、当該賃貸マンションが建築確認申請中であるときは広告をすることができない。
> 1　一つ
> 2　二つ
> 3　三つ
> 4　四つ

[解答]　ア　正しい。宅建業者は、その業務に関して広告をするときは、宅地建物の所在、規模、形質もしくは現在または将来の利用の制限等について、著しく**事実に相違**する表示をし、または実際のものよりも著しく**優良**であり、もしくは著しく有利であると**誤認**させるような表示をしてはならない（法32条）。

イ　誤り。報酬とは別に広告料金を請求できるのは、**依頼者の依頼**によって行う広告料金に限られる（報酬告示第9）。

ウ　誤り。**取引態様の別**は、広告を行う都度明示しなければならない（法34条1項）。

エ　正しい。売買その他の業務に関する広告は、建築確認を受けた後でなければすることはできない（法33条）。

以上により、正しいものはア、エの2つである。

　　　　　　　　　　　　　　　　　　　　　正解 ▶ 2

182 広告に関する規制

CHECK □□□□□　出題頻度 **■■■■**　難易度 **★★**■■■　令和2年⑫

> 問題　宅地建物取引業者がその業務に関して行う広告に関する次の記述の
> うち、宅地建物取引業法の規定によれば、正しいものはどれか。
> 1　広告の表示が実際のものよりも著しく優良又は有利であると人を誤認
> 　させるようなものであっても、誤認による損害が実際に発生していなけ
> 　れば、監督処分の対象とならない。
> 2　宅地建物取引業者は、建築確認申請中の建物について、建築確認申請
> 　中である旨を表示すれば、自ら売主として当該建物を販売する旨の広告
> 　をすることができる。
> 3　宅地建物取引業者は、宅地の造成工事の完了前においては、当該造成
> 　工事に必要とされる許可等の処分があった後であれば、当該宅地の販売
> 　に関する広告をすることができる。
> 4　テレビやインターネットを利用して行う広告は、新聞の折込チラシや
> 　配布用のチラシと異なり、規制の対象とならない。

解答　1　誤り。広告の表示が実際のものよりも**著しく優良**または**有利**であると
　人を誤認させるものは、実際にその表示の誤認により損害を受けた人がいなく
　ても**誇大広告**として宅建業法違反となり、監督処分の対象となる（法32条）。
2　誤り。広告を開始することができる時期は、開発許可、建築確認その他政令
　で定める一連の**許可等の処分**があったとき以後である。建築確認申請中の建物
　については、許可等の処分後でなければ広告することができない（法33条）。
3　正しい。造成工事の完成前の宅地であっても、許可等の処分後であれば、当
　該宅地の販売に関する広告をすることができる（法33条）。
4　誤り。テレビやインターネット、ラジオによるもの、新聞、雑誌、新聞の折
　込チラシなど、その方法はどのようなものであっても誇大広告の禁止の対象と
　なる（法32条）

5
宅建業法

　　　　　　　　　　　　　　　　　　　　　正解▶3

183 広告に関する規制ほか

CHECK ☐☐☐☐☐　　出題頻度 ■■■■□　　難易度 ★★ ■■□　　令和3年⑫

[問題] 次の記述のうち、宅地建物取引業法の規定に違反しないものの組合せとして、正しいものはどれか。なお、この問において「建築確認」とは、建築基準法第6条第1項の確認をいうものとする。

ア　宅地建物取引業者Aは、建築確認の済んでいない建築工事完了前の賃貸住宅の貸主Bから当該住宅の貸借の媒介を依頼され、取引態様を媒介と明示して募集広告を行った。

イ　宅地建物取引業者Cは、建築確認の済んでいない建築工事完了前の賃貸住宅の貸主Dから当該住宅の貸借の代理を依頼され、代理人として借主Eとの間で当該住宅の賃貸借契約を締結した。

ウ　宅地建物取引業者Fは、自己の所有に属しない宅地について、自ら売主として、宅地建物取引業者Gと売買契約の予約を締結した。

エ　宅地建物取引業者Hは、農地の所有者Iと建物の敷地に供するため農地法第5条の許可を条件とする売買契約を締結したので、自ら売主として宅地建物取引業者ではない個人JとI所有の農地の売買契約を締結した。

1　ア、イ
2　ア、エ
3　イ、ウ
4　ウ、エ

[解答] ア　違反する。未完成物件の場合、**建築確認後**でなければ、広告をすることはできない（法33条）。

イ　違反しない。**売買・交換**の場合、建築確認の済んでいない**未完成物件**の契約を締結することができない（法36条）が、**賃貸**は除かれている。

ウ　違反しない。他人物売買は禁じられているが、宅建業者が物件を**取得**する契約（**予約を含む**）を締結している場合は、自ら売主として売買契約を締結することができる（法33条の2）。

エ　違反する。農地法第5条の許可を条件とする売買契約のような**停止条件付き売買契約**の場合は、条件が成就するかどうかが不確実であるため、自ら売主として売買契約を締結することができない。

以上により、違反しないものはイとウである。

正解 ▶ 3

184 広告に関する規制

[問題]　宅地建物取引業者Ａがその業務に関して行う広告に関する次の記述のうち、宅地建物取引業法（以下この問において「法」という。）の規定によれば、正しいものはどれか。

1　Ａは、中古の建物の売買において、当該建物の所有者から媒介の依頼を受け、取引態様の別を明示せずに広告を掲載したものの、広告を見た者からの問合せはなく、契約成立には至らなかった場合には、当該広告は法第34条の規定に違反するものではない。

2　Ａは、自ら売主として、建築基準法第６条第１項の確認の申請中である新築の分譲マンションについて「建築確認申請済」と明示した上で広告を行った。当該広告は、建築確認を終えたものと誤認させるものではないため、法第33条の規定に違反するものではない。

3　Ａは、顧客を集めるために売る意思のない条件の良い物件を広告し、実際は他の物件を販売しようとしたが注文がなく、売買が成立しなかった場合であっても、監督処分の対象となる。

4　Ａは、免許を受けた都道府県知事から宅地建物取引業の免許の取消しを受けたものの、当該免許の取消し前に建物の売買の広告をしていた場合、当該建物の売買契約を締結する目的の範囲内においては、なお宅地建物取引業者とみなされる。

5 宅建業法

[解答]　1　誤り。宅建業者は、広告をするときには、必ず**取引態様の別**を明示しなければならない（法34条）。

2　誤り。宅建業者は、**建築確認**等を受けた後でなければ、広告をすることはできない（法33条）。

3　正しい。顧客を集めるために売る意思のない物件の広告（**おとり広告**）は禁止されており、注文がなく、売買が成立しなかったとしても、監督処分の対象となる（法32条、65条２項２号）。

4　誤り。免許の取消し等に伴う取引の結了の規定が適用されるのは、「その宅建業者が締結した**契約に基づく取引**を結了する目的の範囲内」である（法76条）。

正解▶3

185 広告に関する規制

CHECK □□□□□　出題頻度 ■■■■　難易度 ★★★★　令和２年⑩

[問題] 宅地建物取引業者がその業務に関して行う広告に関する次の記述のうち、宅地建物取引業法の規定によれば、正しいものはいくつあるか。

ア　建物の売却について代理を依頼されて広告を行う場合、取引態様として、代理であることを明示しなければならないが、その後、当該物件の購入の注文を受けたときは、広告を行った時点と取引態様に変更がない場合を除き、遅滞なく、その注文者に対し取引態様を明らかにしなければならない。

イ　広告をするに当たり、実際のものよりも著しく優良又は有利であると人を誤認させるような表示をしてはならないが、誤認させる方法には限定がなく、宅地又は建物に係る現在又は将来の利用の制限の一部を表示しないことにより誤認させることも禁止されている。

ウ　複数の区画がある宅地の売買について、数回に分けて広告をする場合は、広告の都度取引態様の別を明示しなければならない。

エ　宅地の造成又は建物の建築に関する工事の完了前においては、当該工事に必要な都市計画法に基づく開発許可、建築基準法に基づく建築確認その他法令に基づく許可等の申請をした後でなければ、当該工事に係る宅地又は建物の売買その他の業務に関する広告をしてはならない。

1　一つ
2　二つ
3　三つ
4　四つ

[解答]　ア　誤り。宅地建物の売買・交換または貸借に関する**広告**をするときは、自己が契約の当事者となって当該売買もしくは交換を成立させるか、代理人として当該売買、交換もしくは貸借を成立させるか、または媒介して当該売買、交換もしくは貸借を成立させるかの別（**取引態様の別**）を明示しなければならない（法34条１項）。また、**注文**を受けたときも、遅滞なく、その注文をした者に対し、取引態様の別を明らかにしなければならない（同条２項）。広告を行った時点で取引態様の別を明示しており、取引態様に変更がないとしても、注文を受けたときに改めて取引態様を明らかにしなければならない。

イ　正しい。著しく事実に相違する表示や、実際のものよりも著しく優良または有利であると誤認させるような表示（**誇大広告**）は禁止されており（法32条）、誤認させる方法に限定はない。

ウ　正しい。数回に分けて広告する場合、広告の都度、取引態様の別を明示しなければならない（法34条１項）。

エ　誤り。宅地造成や建物建築に関する工事の完了前においては、開発許可や建築確認など**必要な処分**を受けた後でなければ、宅地建物の売買その他の業務に関する広告をすることができない（法33条）。

　　以上により、正しいものはイ、ウの二つである。

誇大広告等の禁止

1　「**誇大広告等**」とは、顧客を集めるために売る意思のない条件の良い物件を広告し、実際は他の物件を販売しようとする、いわゆる「**おとり広告**」や、実際には存在しない物件等の「**虚偽広告**」についても法32条が適用される。
　　広告の媒体は、新聞の折込チラシ、配布用のチラシ、新聞、雑誌、テレビ、ラジオまたはインターネットのホームページ等種類を問わない。

2　本条の適用を受ける広告における**表示項目**は、物件の**所在・規模・形質**、現在または将来における**利用の制限・環境・交通**その他の**利便**、代金・借賃等の**対価の額**またはその**支払方法、金銭の貸借のあっせん**等である。

3　「**著しく事実に相違する表示**」と認められるものとは、上記２の各項目について、一般購入者等において広告に書いてあることと事実との相違を知っていれば当然に誘引されないものをいい、単に、事実と当該表示との相違することの度合いが大きいことのみで判断されるものではない。

4　「**実際のものよりも著しく優良であり、若しくは有利であると人を誤認させるような表示**」と認められるものとは、上記２の各項目について、宅地建物についての専門的知識や物件に関する実際の情報を有していない一般購入者等を誤認させる程度のものをいう。
（国土交通省「宅地建物取引業法の解釈・運用の考え方」）

正解▶2

186 広告に関する規制

5
宅建業法

問題　宅地建物取引業者がその業務に関して行う広告に関する次の記述のうち、宅地建物取引業法（以下この問において「法」という。）の規定によれば、正しいものはどれか。なお、この問において「建築確認」とは、建築基準法第6条第1項の確認をいうものとする。

1　宅地又は建物の売買に関する注文を受けたときは、遅滞なくその注文をした者に対して取引態様の別を明らかにしなければならないが、当該注文者が事前に取引態様の別を明示した広告を見てから注文してきた場合においては、取引態様の別を遅滞なく明らかにする必要はない。

2　既存の住宅に関する広告を行うときは、法第34条の2第1項第4号に規定する建物状況調査を実施しているかどうかを明示しなければならない。

3　これから建築工事を行う予定である建築確認申請中の建物については、当該建物の売買の媒介に関する広告をしてはならないが、貸借の媒介に関する広告はすることができる。

4　販売する宅地又は建物の広告に関し、著しく事実に相違する表示をした場合、監督処分の対象となるだけでなく、懲役若しくは罰金に処せられ、又はこれを併科されることもある。

解答　1　誤り。宅建業者は、宅地建物の売買に関する**広告**をするときは、取引態様の別を明示するとともに、**注文**を受けたときは、遅滞なく、その注文をした者に対して明らかにしなければならない（法34条2項）。

2　誤り。**建物状況調査の実施状況**については、広告で明示する必要はない。

3　誤り。**未完成**の造成宅地や建物について、宅建業者自ら売買・交換をする旨の広告をしてはならず、また宅建業者が代理・媒介をすることにより、売買・交換・貸借を行う旨の広告もしてはならない（法33条）。

4　正しい。**誇大広告等の禁止**に違反した場合、指示処分または業務停止処分の対象となるとともに、6月以下の懲役もしくは100万円以下の罰金に処せられ、またはこれを併科されることがある（法32条、81条）。

正解 ▶ 4

187 媒介契約

CHECK ☐☐☐☐☐　出題頻度 ●●●●●　難易度 ★★★　令和2年⑩

> **問題** 宅地建物取引業者Aが、BからB所有の甲住宅の売却に係る媒介の依頼を受けて締結する一般媒介契約に関する次の記述のうち、宅地建物取引業法（以下この問において「法」という。）の規定によれば、正しいものはどれか。
>
> 1　Aは、法第34条の2第1項の規定に基づき交付すべき書面に、宅地建物取引士をして記名押印させなければならない。
> 2　Aは、甲住宅の価額について意見を述べる場合、Bに対してその根拠を口頭ではなく書面で明示しなければならない。
> 3　Aは、当該媒介契約を締結した場合、指定流通機構に甲住宅の所在等を登録しなければならない。
> 4　Aは、媒介契約の有効期間及び解除に関する事項を、法第34条の2第1項の規定に基づき交付すべき書面に記載しなければならない。

5

宅建業法

解答　1　誤り。媒介契約書を作成して**記名押印**し、依頼者にこれを**交付**しなければならないのは、**宅建業者**である（法34条の2第1項）。
2　誤り。媒介契約を締結した宅建業者が依頼者に対して、価額について意見を述べるときは、その**根拠**を明示しなければならない（同条2項）が、書面で明示することまでは求められていない。
3　誤り。宅建業者は、**専任媒介契約**を締結したときは、契約の相手方を探索するため、契約の締結の日から7日以内（専属専任媒介契約の場合は5日以内。ともに休業日を除く）に、**指定流通機構**に登録しなければならない（法34条の2第5項、則15条の10）が、一般媒介契約の場合には、指定流通機構に登録する義務はない。
4　正しい。媒介契約の**有効期間および解除に関する事項**は、媒介契約書の記載事項とされている（法34条の2第1項5号）。

正解 ▶ 4

188 媒介契約

CHECK □□□□□　出題頻度 ●●●●●　難易度 ★★★　　令和４年

[問題]　宅地建物取引業者Ａが、ＢからＢ所有の土地付建物の売却について媒介の依頼を受けた場合における次の記述のうち、宅地建物取引業法（以下この問において「法」という。）の規定によれば、正しいものはどれか。

1　Ａが、Ｂと一般媒介契約を締結した場合、ＡがＢに対し当該土地付建物の価額について意見を述べるために行った価額の査定に要した費用をＢに請求することはできない。

2　Ａは、Ｂとの間で締結した媒介契約が一般媒介契約である場合には、専任媒介契約の場合とは異なり、法第34条の２第１項の規定に基づく書面に、売買すべき価額を記載する必要はない。

3　Ａが、Ｂとの間で締結した専任媒介契約については、Ｂからの申出により更新することができ、その後の有効期間については、更新の時から３か月を超える内容に定めることができる。

4　Ａが、当該土地付建物の購入の媒介をＣから依頼され、Ｃとの間で一般媒介契約を締結した場合、Ａは、買主であるＣに対しては、必ずしも法第34条の２第１項の規定に基づく書面を交付しなくともよい。

[解答]　1　正しい。宅建業者は、**依頼者の依頼**によって行う**広告料金**や遠距離に所在する物件の**現地調査等の費用**に相当する額を除いて報酬を受けることができない（報酬告示第９）。

2　誤り。媒介契約書には、売買すべき**価額**または**評価額**を記載しなければならない（法34条の２第１項２号）

3　誤り。専任媒介契約の有効期間は、**３か月**を超えることができず、有効期間は依頼者の申出により更新することができるが、更新の時から３か月を超えることができない（同条３項・４項）。

4　誤り。一般媒介契約であっても、媒介契約書を交付しなければならない。

正解▶1

189 一般媒介契約

[問題] 宅地建物取引業者Ａが、宅地建物取引業者ＢからＢ所有の建物の売却を依頼され、Ｂと一般媒介契約（以下この問において「本件契約」という。）を締結した場合に関する次の記述のうち、宅地建物取引業法の規定に違反しないものはいくつあるか。

ア　本件契約を締結する際に、Ｂから有効期間を６か月としたい旨の申出があったが、ＡとＢが協議して、有効期間を３か月とした。

イ　当該物件に係る買受けの申込みはなかったが、ＡはＢに対し本件契約に係る業務の処理状況の報告を口頭により14日に１回以上の頻度で行った。

ウ　Ａは本件契約を締結した後、所定の事項を遅滞なく指定流通機構に登録したが、その登録を証する書面を、登録してから14日後にＢに交付した。

エ　本件契約締結後、１年を経過しても当該物件を売却できなかったため、Ｂは売却をあきらめ、当該物件を賃貸することにした。そこでＢはＡと当該物件の貸借に係る一般媒介契約を締結したが、当該契約の有効期間を定めなかった。

1　一つ
2　二つ
3　三つ
4　四つ

[解答]　ア　違反しない。一般媒介契約には専任媒介契約のような**有効期間**の規制はない（法34条の２第３項参照）。

イ　違反しない。**業務処理状況の報告**は、専任媒介契約の場合にのみ課される義務である（同条９項参照）。

ウ　違反しない。**指定流通機構への登録義務**があるのは、専任媒介契約を締結した場合にのみ課される義務である（同条５項参照）。

エ　違反しない。宅建業法の媒介契約の規定は、**売買**または**交換**の場合にのみ適用される。

以上により、ア〜エの四つすべてが違反しない。

正解▶4

190 媒介契約

5

宅建業法

[問題]　宅地建物取引業者Ａが、Ｂから B 所有の住宅の売却の媒介を依頼された場合における次の記述のうち、宅地建物取引業法（以下この問において「法」という。）の規定によれば、正しいものはいくつあるか。

ア　Ａは、Ｂとの間で専任媒介契約を締結し、所定の事項を指定流通機構に登録したときは、その登録を証する書面を遅滞なくＢに引き渡さなければならない。

イ　Ａは、Ｂとの間で媒介契約を締結したときは、当該契約が国土交通大臣が定める標準媒介契約約款に基づくものであるか否かの別を、法第34条の2第1項の規定に基づき交付すべき書面に記載しなければならない。

ウ　Ａは、Ｂとの間で専任媒介契約を締結するときは、Ｂの要望に基づく場合を除き、当該契約の有効期間について、有効期間満了時に自動的に更新する旨の特約をすることはできない。

エ　Ａは、Ｂとの間で専属専任媒介契約を締結したときは、Ｂに対し、当該契約に係る業務の処理状況を1週間に1回以上報告しなければならない。

1　一つ
2　二つ
3　三つ
4　四つ

[解答]　ア　正しい。**専任媒介契約**を締結した場合、宅建業者は、契約締結の日から**7日以内**（休業日を除く。）に、指定流通機構に登録しなければならず（34条の2第5項、則15条の10）。指定流通機構が発行した**登録を証する書面**を遅滞なく依頼者に引き渡さなければならない（法34条の2第6項）。

イ　正しい。媒介契約書には、標準媒介契約約款に基づくものであるか否かの別を記載しなければならない（同条1項8号、則15条の9第4号）。

ウ　誤り。専任媒介契約の**有効期間**は3月を超えることができず（同条3項）、依頼者の申出があれば更新することができる（同条4項）。依頼者の要望に基づく場合であっても、自動更新することはできない。

エ　正しい。**専属専任媒介契約**では、依頼者に対し、業務の処理状況を**1週間に1回以上**報告しなければならない（同条9項）。

以上により、正しいものはア、イ、エの三つである。

正解▶3

191 媒介契約

CHECK ☐☐☐☐☐　出題頻度 ■■■■■　難易度 ★★★　令和２年⑫

[問題]　宅地建物取引業者Ａが、ＢからＢ所有の宅地の売却について媒介の依頼を受けた場合における次の記述のうち、宅地建物取引業法の規定によれば、正しいものはいくつあるか。なお、この問において「専任媒介契約」とは、専属専任媒介契約ではない専任媒介契約をいうものとする。

ア　ＡがＢとの間で専任媒介契約を締結した場合、Ｂの要望により当該宅地を指定流通機構に登録しない旨の特約をしているときを除き、Ａは、当該契約締結日から７日以内（Ａの休業日を含まない。）に、当該宅地の所在等を指定流通機構に登録しなければならない。

イ　ＡがＢとの間で専任媒介契約を締結した場合、ＡはＢに対して、当該契約に係る業務の処理状況を１週間に１回以上報告しなければならない。

ウ　ＡがＢとの間で一般媒介契約を締結し、当該契約において、Ｂが他の宅地建物取引業者に重ねて依頼するときは当該他の宅地建物取引業者を明示する義務がある旨を定める場合、Ａは、Ｂが明示していない他の宅地建物取引業者の媒介又は代理によって売買の契約を成立させたときの措置を宅地建物取引業法第34条の２第１項の規定に基づき交付すべき書面に記載しなければならない。

エ　ＡがＢとの間で一般媒介契約を締結した場合、ＡがＢに対し当該宅地の価額について意見を述べるときは、不動産鑑定士に評価を依頼して、その根拠を明らかにしなければならない。

1　一つ
2　二つ
3　三つ
4　四つ

解答　ア　誤り。宅建業者は、**専任媒介契約**を締結したときは、契約の相手方を探索するため、**契約締結日から７日以内**（休業日を含まない）に、所在、規模、形質、売買すべき価額その他国土交通省令で定める事項を、指定流通機構に登録しなければならず（法34条の２第５項、則15条の10）。登録しない旨の特約をすることはできない。

イ　誤り。専任媒介契約を締結した宅建業者は、業務の処理状況を**２週間に１回**

以上報告しなければならない（法34条の2第9項）。

ウ　正しい。依頼者が他の宅建業者に重ねて依頼することを許し、かつ、他の取引業者を明示する義務がある媒介契約（一般媒介契約・明示型）を締結した宅建業者は、**明示義務に違反して成約させたときの措置**を書面に記載しなければならない（法34条の2第1項8号、則15条の9第3号）。

エ　誤り。宅建業者が売買価額またはその評価額について意見を述べるときは、その**根拠**を明らかにしなければならないが、「根拠」としては、近隣の取引事例等により合理的な説明がつくものであればよい（法34条の2第2項、国土交通省「宅地建物取引業法の解釈・運用の考え方」）。

以上により、正しいものはウの一つである。

媒介契約の三類型

	一般媒介契約	専属媒介契約	専属専任媒介契約
他業者への依頼	重ねての依頼ができる	重ねての依頼ができない	
自己発見取引	認められる	認められる	**認められない**
有効期間	規定なし	3か月以内	3か月以内
業務処理状況の報告義務	規定なし	**2週間に1回以上**	**1週間に1回以上**
指定流通機構への登録義務	規定なし	契約締結日から7日以内（休業日を除く）	契約締結日から5日以内（休業日を除く）

正解▶1

192 媒介契約

CHECK ☐☐☐☐☐   出題頻度 ●●●●●   難易度 ★★★   令和３年⑫

問題 宅地建物取引業者Ａは、ＢからＢ所有の宅地の売却について媒介の依頼を受けた。この場合における次の記述のうち、宅地建物取引業法の規定によれば、正しいものはいくつあるか。なお、この問において「専任媒介契約」とは、専属専任媒介契約ではない専任媒介契約をいう。

ア　ＡがＢとの間で専任媒介契約を締結した場合、ＡはＢに対して、当該専任媒介契約に係る業務の処理状況を１週間に１回以上報告しなければならない。

イ　ＡがＢとの間で専任媒介契約を締結した場合、Ｂの要望により当該宅地を指定流通機構に登録しない旨の特約をしているときを除き、Ａは、当該専任媒介契約締結日から７日以内（休業日数を含まない。）に、指定流通機構に当該宅地の所在等を登録しなければならない。

ウ　ＡがＢとの間で一般媒介契約を締結した場合、ＡはＢに対して、遅滞なく、宅地建物取引業法第34条の２第１項の規定に基づく書面を交付しなければならない。

エ　ＡがＢとの間で一般媒介契約を締結した場合、ＡがＢに対し当該宅地の価額又は評価額について意見を述べるときは、その根拠を明らかにしなければならないが、根拠の明示は口頭でも書面を用いてもよい。

1　一つ
2　二つ
3　三つ
4　四つ

解答 ア　誤り。専任媒介契約の場合、業務の処理状況を**２週間に１回以上報告**しなければならない（法34条の２第９項）。

イ　誤り。専任媒介契約の場合、指定流通機構への登録は、契約締結日から**７日以内**（休業日数を含まない）にしなければならない（同条５項、則15条の10）。

ウ　正しい。宅建業者は、媒介契約書を作成して記名押印し、依頼者にこれを交付しなければならない（法34条の２第１項）。

エ　正しい（同条２項）。**根拠の明示は口頭でも書面を用いてもよい**。

以上により、正しいものはウ、エの二つである。

5
宅建業法

193 専任媒介契約

CHECK □□□□□　出題頻度 ●●●●●　難易度 ★★ ▮▮▮▮　令和5年

[問題]　宅地建物取引業者Aが、BからB所有の中古住宅の売却の依頼を受け、専任媒介契約（専属専任媒介契約ではないものとする。）を締結した場合に関する次の記述のうち、宅地建物取引業法（以下この問において「法」という。）の規定によれば、正しいものはどれか。

1　Aは、当該中古住宅について購入の申込みがあったときは、遅滞なく、その旨をBに報告しなければならないが、Bの希望条件を満たさない申込みだとAが判断した場合については報告する必要はない。

2　Aは、法第34条の2第1項の規定に基づく書面の交付後、速やかに、Bに対し、法第34条の2第1項第4号に規定する建物状況調査を実施する者のあっせんの有無について確認しなければならない。

3　Aは、当該中古住宅について法で規定されている事項を、契約締結の日から休業日数を含め7日以内に指定流通機構へ登録する義務がある。

4　Aは、Bが他の宅地建物取引業者の媒介又は代理によって売買の契約を成立させたときの措置を法第34条の2第1項の規定に基づく書面に記載しなければならない。

[解答]　1　誤り。物件の売買等の申込みがあったときは、遅滞なく、その旨を依頼者に**報告**しなければならない（法34条の2第8項）。

2　誤り。「建物状況調査を実施する者のあっせんの有無」は、媒介契約書の交付後に確認するのではなく、媒介契約書に**記載**する必要がある（「宅地建物取引業法の解釈・運用の考え方」）。

3　誤り。専任媒介契約を締結したときは、契約の相手方を探索するため、契約締結の日から7日以内に一定の事項を指定流通機構に登録しなければならず、その期間の計算については、**休業日数**は算入しない（則15条の10）。

4　正しい。専任媒介契約は、他の宅建業者に重ねて依頼をすることができない契約であるので、依頼者が**他の宅建業者**の媒介または代理によって売買または交換の契約を成立させたときの措置を契約書に記載することになっている（則15条の9第1号）。

194 専属専任媒介契約

CHECK ☐☐☐☐☐　　出題頻度 ●●●●●　　難易度 ★★★　　令和4年

問題 宅地建物取引業者Aが、BからB所有の宅地の売却を依頼され、Bと専属専任媒介契約（以下この問において「本件媒介契約」という。）を締結した場合に関する次の記述のうち、宅地建物取引業法の規定によれば、正しいものはどれか。

1　AはBに対して、契約の相手方を探索するために行った措置など本件媒介契約に係る業務の処理状況を2週間に1回以上報告しなければならない。

2　AがBに対し当該宅地の価額又は評価額について意見を述べるときは、その根拠を明らかにしなければならないが、根拠の明示は口頭でも書面を用いてもどちらでもよい。

3　本件媒介契約の有効期間について、あらかじめBからの書面による申出があるときは、3か月を超える期間を定めることができる。

4　Aは所定の事項を指定流通機構に登録した場合、Bから引渡しの依頼がなければ、その登録を証する書面をBに引き渡さなくてもよい。

解答　1　誤り。専属専任媒介契約を締結した宅建業者は、依頼者に対し、業務の処理状況を**1週間に1回以上**報告しなければならない（法34条の2第9項）。

2　正しい。宅建業者は、価額または評価額について意見を述べるときは、その根拠を明らかにしなければならない（同条2項）が、**明示方法**については規定されていない。

3　誤り。専任媒介契約の有効期間は、**3か月**を超えることができない（同条3項）。

4　誤り。指定流通機構に登録をした宅地建物取引業者は、**登録を証する書面**を遅滞なく依頼者に引き渡さなければならない（同条6項）。

　　　　　　　　　　　　　　　　正解 ▶2

195 建物状況調査

CHECK ☐☐☐☐☐   出題頻度 ●●● 　難易度 ★★★★   令和5年

> [問題] 宅地建物取引業法第34条の2第1項第4号に規定する建物状況調査（以下この問において「建物状況調査」という。）に関する次の記述のうち、誤っているものはどれか。
>
> 1　建物状況調査とは、建物の構造耐力上主要な部分又は雨水の浸入を防止する部分として国土交通省令で定めるものの状況の調査であって、経年変化その他の建物に生じる事象に関する知識及び能力を有する者として国土交通省令で定める者が実施するものをいう。
> 2　宅地建物取引業者が建物状況調査を実施する者のあっせんを行う場合、建物状況調査を実施する者は建築士法第2条第1項に規定する建築士であって国土交通大臣が定める講習を修了した者でなければならない。
> 3　既存住宅の売買の媒介を行う宅地建物取引業者が売主に対して建物状況調査を実施する者のあっせんを行った場合、宅地建物取引業者は売主から報酬とは別にあっせんに係る料金を受領することはできない。
> 4　既存住宅の貸借の媒介を行う宅地建物取引業者は、宅地建物取引業法第37条の規定により交付すべき書面に建物の構造耐力上主要な部分等の状況について当事者の双方が確認した事項を記載しなければならない。

解答　1　正しい。建物状況調査は、住宅の基礎、壁、柱等建物の**構造耐力上主要な部分**または住宅の屋根、排水管等**雨水の侵入を防止する部分**等の状況について、国土交通省令で定める者が実施する（法34条の2第1項4号）。

2　正しい。建物状況調査を実施する者は、建築士法に規定する**建築士**であって、国土交通大臣が定める**講習**を修了した者でなければならない（則15条の8第1項）。

3　正しい。建物状況調査を実施する者のあっせんは、法で定められた**媒介業務の一環**として行うものであるため、宅建業者は、報酬とは別にその料金を受領することはできない（「宅地建物取引業法の解釈・運用の考え方」）。

4　誤り。建物の構造耐力上主要な部分等の状況は、**既存建物の売買・交換**の場合に限って必要となる事項である（法37条1項2号の2）。

196 重要事項の説明

CHECK ☐☐☐☐☐　出題頻度 ●●●●●　難易度 ★★★　令和4年

> **問題** 宅地建物取引業者が行う宅地建物取引業法第35条に規定する重要事項の説明に関する次の記述のうち、正しいものはどれか。
>
> 1　宅地建物取引業者が、宅地建物取引業者ではない個人から媒介業者の仲介なしに土地付建物を購入する場合、買主である宅地建物取引業者は重要事項説明書を作成しなくても宅地建物取引業法違反とはならない。
> 2　宅地建物取引業者が、重要事項説明書を作成する際、調査不足のため、重要事項説明書に記載された内容が事実と異なるものとなったが、意図的に事実と異なる内容を記載したものではないため、宅地建物取引業法違反とはならない。
> 3　宅地建物取引業者は、土地売買の媒介を行う場合、宅地建物取引業者ではない売主に対して契約が成立する前までの間に、宅地建物取引士をして重要事項説明書を交付して説明をさせなければならない。
> 4　宅地又は建物の取引は権利関係や法令上の制限など取引条件に関する事項が複雑で多岐にわたるため、重要事項説明書は、宅地又は建物の取引の専門的知識を有する宅地建物取引士が作成しなければならない。

5

宅建業法

解答　1　正しい。重要事項説明書は、宅地建物の売買・交換・貸借の**相手方**等に対して、その者が取得し、または借りようとしている宅地建物に関し、その契約が成立するまでの間に作成しなければならないとされている（法35条1項）。媒介業者の仲介なしに土地付建物を購入する場合、買主である宅建業者が重要事項説明書を作成する必要はない。

2　誤り。意図的でなくても、**事実と異なる内容**を記載すれば、宅建業法違反となる。

3　誤り。売買の場合、重要事項の説明は買主に行うものであって、売主に対して説明する必要はない。

4　誤り。宅建士は、重要事項の説明を行い（同条1項）、重要事項説明書に記名する（同条5項）ことを義務付けられているが、重要事項説明書を宅建士が作成しなければならないというわけではない。

正解 ▶ 1

197 重要事項の説明

[問題]　宅地建物取引業者が宅地及び建物の売買の媒介を行う場合における宅地建物取引業法第35条に規定する重要事項の説明及び重要事項説明書の交付に関する次の記述のうち、正しいものはどれか。※

1　宅地建物取引士は、テレビ会議等のITを活用して重要事項の説明を行うときは、相手方の承諾があれば宅地建物取引士証の提示を省略することができる。

2　宅地建物取引業者は、その媒介により売買契約が成立したときは、当該契約の各当事者に、遅滞なく、重要事項説明書を交付しなければならない。

3　宅地建物取引業者は、重要事項説明書の交付に当たり、専任の宅地建物取引士をして当該書面に記名させるとともに、売買契約の各当事者にも当該書面に記名させなければならない。

4　宅地建物取引業者は、買主が宅地建物取引業者であっても、重要事項説明書を交付しなければならない。

[解答]　1　誤り。ITを使って重要事項の説明をする場合であっても、**宅建士証を提示**し、相手方が画面上で**視認**できたことを確認している必要がある（国土交通省「宅地建物取引業法の解釈・運用の考え方」）。

2　誤り。重要事項の説明は、**契約が成立するまでの間**に行う必要がある（法35条1項）。

3　誤り。重要事項説明書の交付にあたって記名する宅建士は、専任である必要はない。

4　正しい。買主が宅建業者である場合は、**書面の交付のみ**で足りる（同条6項）。

正解▶4

198 重要事項の説明

CHECK ☐☐☐☐☐　出題頻度 ●●●●●　難易度 ★★★★　令和4年

5
宅建業法

[問題]　建物の貸借の媒介を行う宅地建物取引業者が、その取引の相手方（宅地建物取引業者を除く。）に対して、次のアからエの発言に続けて宅地建物取引業法第35条の規定に基づく重要事項の説明を行った場合のうち、宅地建物取引業法の規定に違反しないものはいくつあるか。※

ア　本日は重要事項の説明を行うためにお電話しました。お客様はＩＴ環境をお持ちでなく映像を見ることができないとのことですので、宅地建物取引士である私が記名した重要事項説明書は現在お住まいの住所に郵送いたしました。このお電話にて重要事項の説明をさせていただきますので、お手元でご覧いただきながらお聞き願います。

イ　建物の貸主が宅地建物取引業者で、代表者が宅地建物取引士であり建物の事情に詳しいことから、その代表者が作成し、記名した重要事項説明書がこちらになります。当社の宅地建物取引士は同席しますが、説明は貸主の代表者が担当します。

ウ　この物件の担当である弊社の宅地建物取引士が本日急用のため対応できなくなりましたが、せっかくお越しいただきましたので、重要事項説明書にある宅地建物取引士欄を訂正の上、宅地建物取引士である私が記名をし、代わりに説明をいたします。私の宅地建物取引士証をお見せします。

エ　本日はお客様のご希望ですので、テレビ会議を用いて重要事項の説明を行います。当社の側の音声は聞こえていますでしょうか。十分に聞き取れたとのお返事、こちらにも聞こえました。では、説明を担当する私の宅地建物取引士証をお示ししますので、画面上でご確認をいただき、私の名前を読み上げていただけますでしょうか。そうです、読み方も間違いありません。それでは、双方音声・映像ともやりとりできる状況ですので、説明を始めます。事前にお送りした私が記名した重要事項説明書をお手元にご用意ください。

1　一つ
2　二つ
3　三つ
4　四つ

解答 　令和３年５月19日に公布された「デジタル社会の形成を図るための関係法律の整備に関する法律」（令和３年法律第37号。令和４年５月18日施行）により、重要事項説明書および37条書面への宅建士の押印を不要とするとともに、売買契約書や重要事項説明書を電磁的方法により提供することを可能とする見直しが行われた。また、令和４年４月には、国土交通省から「重要事項説明書等の電磁的方法による提供及びＩＴを活用した重要事項説明実施マニュアル」が公表されている。

　重要事項の説明にテレビ会議等のＩＴを活用するにあたっての要件は、次のとおりである（国土交通省「宅地建物取引業法の解釈・運用の考え方」）。

① 　宅建士および重要事項の説明を受けようとする者が、図面等の書類および説明の内容について十分に理解できる程度に映像を**視認**でき、かつ、双方が発する音声を十分に聞き取ることができるとともに、**双方向**でやりとりできる環境において実施していること。

② 　宅建士により記名された重要事項説明書および添付書類を、重要事項の説明を受けようとする者に**あらかじめ交付**（電磁的方法による提供を含む）していること。

③ 　重要事項の説明を受けようとする者が、重要事項説明書および添付書類を確認しながら説明を受けることができる状態にあることならびに**映像および音声の状況**について、宅建士が重要事項の説明を開始する前に**確認**していること。

④ 　宅建士が、宅建士証を提示し、重要事項の説明を受けようとする者が、当該**宅建士証を画面上で視認**できたことを確認していること。

ア　電話など音声のみによる重要事項の説明は、上記①の要件を満たしておらず、宅建業法の規定に違反する。

イ・ウ　宅建業者が自ら貸主となる場合、宅建業には該当しないため、重要事項の説明義務を負わず、貸借の媒介を行う宅建業者が宅建士をして説明をさせなければならない（法35条１項）ので、イは宅建業法の規定に違反し、ウは違反しない。

エ　上記①～④の要件を満たしているので、宅建業法の規定に違反しない。

　以上により、宅建業法の規定に違反しないものはウ、エの二つである。

正解 ▶2

199 重要事項の説明

CHECK □□□□□　　出題頻度 ●●●●●　　難易度 ★★★★★　　令和5年

[問題]　宅地建物取引業法第35条に規定する重要事項の説明に関する次の記述のうち、正しいものはどれか。

1　甲宅地を所有する宅地建物取引業者Aが、乙宅地を所有する宅地建物取引業者ではない個人Bと、甲宅地と乙宅地の交換契約を締結するに当たって、Bに対して、甲宅地に関する重要事項の説明を行う義務はあるが、乙宅地に関する重要事項の説明を行う義務はない。

2　宅地の売買における当該宅地の引渡しの時期について、重要事項説明において説明しなければならない。

3　宅地建物取引業者が売主となる宅地の売買に関し、売主が買主から受領しようとする金銭のうち、買主への所有権移転の登記以後に受領するものに対して、宅地建物取引業法施行規則第16条の4に定める保全措置を講ずるかどうかについて、重要事項説明書に記載する必要がある。

4　重要事項説明書の電磁的方法による提供については、重要事項説明を受ける者から電磁的方法でよいと口頭で依頼があった場合、改めて電磁的方法で提供することについて承諾を得る必要はない。

[解答]　1　正しい。交換の場合、当事者双方が取得者となるが、Aは、Bに対して、自身が所有する**甲宅地**に関する説明を行う義務はあるものの、Bが所有する**乙宅地**に関する説明を行う義務はない。

2　誤り。**物件の引渡し時期**は、37条書面の記載事項となっているが、説明すべき重要事項の対象にはなっていない。

3　誤り。宅建業者が売主となって手付金等を受領する場合には、**保全措置の概要**が重要事項の説明の対象となる（法35条1項10号）が、所有権移転登記後に受領するものに関しては保全措置の対象ではなく、重要事項の説明の対象でもない（法41条の2第1項）。

4　誤り。電磁的方法による提供を行う上での**承諾**は、書面または電子情報処理組織を使用する方法その他の情報通信の技術を利用する方法によって得なくてはならない（令3条の3第1項）。

　　　　　　　　　　　　　　　　　　　　　　　　正解 ▶ 1

200 重要事項の説明

CHECK ☐☐☐☐☐　出題頻度 ●●●●●　難易度 ★★★★★　令和4年

[問題]　宅地建物取引業者が建物の売買の媒介の際に行う宅地建物取引業法第35条に規定する重要事項の説明に関する次の記述のうち、誤っているものはどれか。なお、説明の相手方は宅地建物取引業者ではないものとする。

1　当該建物が既存の建物であるときは、宅地建物取引業法第34条の2第1項第4号に規定する建物状況調査を過去1年以内に実施しているかどうか、及びこれを実施している場合におけるその結果の概要を説明しなければならない。

2　当該建物が宅地造成等規制法の規定により指定された造成宅地防災区域内にあるときは、その旨を説明しなければならない。

3　当該建物について、石綿の使用の有無の調査の結果が記録されているときは、その内容を説明しなければならない。

4　当該建物（昭和56年5月31日以前に新築の工事に着手したもの）が指定確認検査機関、建築士、登録住宅性能評価機関又は地方公共団体による耐震診断を受けたものであるときは、その旨を説明しなければならない。

[解答]　1　正しい。既存建物の場合は、**建物状況調査**を過去1年以内に実施しているかどうか、およびこれを実施している場合におけるその結果の概要を説明しなければならない（法35条1項6号の2イ）。

2　正しい。建物が**造成宅地防災区域内**にあるときは、その旨を説明しなければならない（同条1項14号、則16条の4の3第1号）。

3　正しい。建物について、**石綿の使用の有無の調査**の結果が記録されているときは、その**内容**を説明しなければならない（同条4号）。

4　誤り。建物が**耐震診断**を受けたものであるときは、昭和56年5月31日以降に新築の工事に着手したものを除き、その**内容**を説明しなければならない（同条5号）。耐震診断を受けたことを説明するだけでは不十分である。

正解 ▶ 4

201 重要事項の説明

CHECK ☐☐☐☐☐   出題頻度 ●●●●●   難易度 ★★   令和3年⑩

> [問題] 宅地建物取引業者Aが、自ら売主として宅地建物取引業者ではない買主Bに対し建物の売却を行う場合における宅地建物取引業法第35条に規定する重要事項の説明に関する次の記述のうち、正しいものはどれか。
> 1 Aは、Bに対し、専任の宅地建物取引士をして説明をさせなければならない。
> 2 Aは、Bに対し、代金以外に授受される金銭の額だけでなく、当該金銭の授受の目的についても説明しなければならない。
> 3 Aは、Bに対し、建物の上に存する登記された権利の種類及び内容だけでなく、移転登記の申請の時期についても説明しなければならない。
> 4 Aは、Bに対し、売買の対象となる建物の引渡しの時期について説明しなければならない。

[解答] 1 誤り。重要事項の説明は、宅建士であればよく、必ずしも**専任**の宅建士にさせる必要はない。

2 正しい。代金、交換差金、借賃以外に授受される**金銭の額**だけでなく、その**目的**も説明しなければならない（法35条1項7号）。

3 誤り。**登記された権利**の種類および内容ならびに登記をした者の氏名等は説明しなければならないが、**移転登記の申請の時期**は説明内容には含まれていない。

4 誤り。**物件の引渡しの時期**は、37条書面の記載事項であり、重要事項として説明する必要はない。

正解▶2

202 重要事項の説明

[問題] 宅地建物取引業者が行う宅地建物取引業法第35条に規定する重要事項の説明に関する次の記述のうち、同法の規定に少なくとも説明しなければならない事項として掲げられていないものはどれか。

1　建物の貸借の媒介を行う場合における、「都市計画法第29条第１項の規定に基づく制限」
2　建物の貸借の媒介を行う場合における、「当該建物について、石綿の使用の有無の調査の結果が記録されているときは、その内容」
3　建物の貸借の媒介を行う場合における、「台所、浴室、便所その他の当該建物の設備の整備の状況」
4　宅地の貸借の媒介を行う場合における、「敷金その他いかなる名義をもって授受されるかを問わず、契約終了時において精算することとされている金銭の精算に関する事項」

[解答]　1　説明事項として掲げられていない。都市計画法29条１項は「開発行為の許可」に関する規定で、**建物の貸借の契約**については、令３条３項に掲げられている建物の賃借権の設定・移転に関する制限を除いて、法令上の制限に関する事項の説明は不要とされている。

2　説明事項として掲げられている。**石綿の使用の有無の調査の結果**は、建物の貸借においても説明が必要な重要事項とされている（則16条の４の３第４号）。

3　説明事項として掲げられている。台所、浴室、便所その他の当該建物の**設備の整備の状況**は、建物の貸借の契約で説明が必要な重要事項とされている（同条７号）。

4　説明事項として掲げられている。**敷金等の金銭の精算に関する事項**は、宅地建物の貸借の契約で説明が必要な重要事項とされている（同条11号）。

　正解▶1

203 重要事項の説明

CHECK ☐☐☐☐☐　出題頻度 ●●●●●　難易度 ★★★　令和２年⑫

5

宅建業法

[問題]　宅地建物取引業法第35条に規定する重要事項の説明に関する次の記述のうち、誤っているものはどれか。なお、説明の相手方は宅地建物取引業者ではないものとする。

1　地域における歴史的風致の維持及び向上に関する法律第12条第１項により指定された歴史的風致形成建造物である建物の売買の媒介を行う場合、その増築をするときは市町村長への届出が必要である旨を説明しなくてもよい。

2　既存の建物の売買の媒介を行う場合、当該建物の建築確認済証がなくなっているときは、その旨を説明すればよい。

3　区分所有建物の売買の媒介を行う場合、一棟の建物の維持修繕の実施状況が記録されているときは、その内容を説明しなければならない。

4　建物の貸借の媒介を行う場合、台所、浴室、便所その他の当該建物の設備の整備の状況について、説明しなければならない。

[解答]　1　誤り。**歴史的風致形成建造物**の売買の媒介を行う場合、その増築をするときは**市町村長への届出**が必要（歴史的風致の維持及び向上に関する法律15条１項）である旨を説明しなければならない（法35条１項２号、令３条１項12号の５）。

2　正しい。**既存の建物の売買**の媒介を行う場合、当該建物の建築確認済証がなくなっているときは、その旨を説明すればよい。

3　正しい。**区分所有建物の売買**の媒介を行う場合、**一棟の建物の維持修繕の実施状況**が記録されているときは、その内容を説明しなければならない（法35条１項６号、則16条の２第９号）。

4　正しい。**建物の貸借**の媒介を行う場合、**台所、浴室、便所その他の当該建物の設備の整備の状況**について、説明しなければならない（法35条１項14号、則16条の４の３第７号）。

204 重要事項の説明

[問題]　宅地建物取引業者が行う宅地建物取引業法第35条に規定する重要事項の説明に関する次の記述のうち、正しいものはいくつあるか。なお、説明の相手方は宅地建物取引業者ではないものとする。

ア　宅地の売買の媒介を行う場合、当該宅地が急傾斜地の崩壊による災害の防止に関する法律第３条第１項により指定された急傾斜地崩壊危険区域にあるときは、同法第７条第１項に基づく制限の概要を説明しなければならない。

イ　建物の貸借の媒介を行う場合、当該建物が土砂災害警戒区域等における土砂災害防止対策の推進に関する法律第７条第１項により指定された土砂災害警戒区域内にあるときは、その旨を説明しなければならない。

ウ　宅地の貸借の媒介を行う場合、文化財保護法第46条第１項及び第５項の規定による重要文化財の譲渡に関する制限について、その概要を説明する必要はない。

エ　宅地の売買の媒介を行う場合、当該宅地が津波防災地域づくりに関する法律第21条第１項により指定された津波防護施設区域内にあるときは、同法第23条第１項に基づく制限の概要を説明しなければならない。

1　一つ
2　二つ
3　三つ
4　四つ

[解答]　ア　正しい。宅地の売買の媒介を行う場合、急傾斜地の崩壊による災害の防止に関する法律７条１項に基づく制限の概要は、説明しなければならない（法35条１項２号、令３条１項23号）。

イ　正しい。建物の貸借の媒介を行う場合、建物が土砂災害警戒区域内にあるときは、その旨を説明しなければならない（法35条１項14号、則16条の４の３第２号）。

ウ　正しい。宅地の貸借の媒介を行う場合、文化財保護法の規定に基づく制限の概要を説明する必要はない（法35条１項２号、令３条２項）。

エ　正しい。宅地の売買の媒介を行う場合、その宅地が津波防護施設区域内にあるときは、その制限の概要を説明しなければならない（法35条１項２号、令３条１項20号の２）。

以上により、ア〜エの四つすべてが正しい。

205 重要事項の説明

CHECK ☐☐☐☐☐　　出題頻度 ●●●●●　　難易度 ★★★★　　令和2年⑩

> [問題]　宅地建物取引業者が行う宅地建物取引業法第35条に規定する重要事項の説明に関する次の記述のうち、正しいものはどれか。なお、説明の相手方は宅地建物取引業者ではないものとする。
> 1　建物の売買の媒介だけでなく建物の貸借の媒介を行う場合においても、損害賠償額の予定又は違約金に関する事項について、説明しなければならない。
> 2　建物の売買の媒介を行う場合、当該建物について、石綿の使用の有無の調査の結果が記録されているか照会を行ったにもかかわらず、その存在の有無が分からないときは、宅地建物取引業者自らが石綿の使用の有無の調査を実施し、その結果を説明しなければならない。
> 3　建物の売買の媒介を行う場合、当該建物が既存の住宅であるときは、建物状況調査を実施しているかどうかを説明しなければならないが、実施している場合その結果の概要を説明する必要はない。
> 4　区分所有建物の売買の媒介を行う場合、建物の区分所有等に関する法律第2条第3項に規定する専有部分の用途その他の利用の制限に関する規約の定めがあるときは、その内容を説明しなければならないが、区分所有建物の貸借の媒介を行う場合は、説明しなくてよい。

5

宅建業法

[解答]　1　正しい。宅地建物の売買・貸借のいずれの場合にも、**損害賠償額の予定または違約金に関する事項**について説明する必要がある（法35条1項9号）。

2　誤り。建物の売買・貸借のいずれの場合にも、**石綿の使用の有無の調査の結果が記録されているときは、その内容**について説明する必要がある（同項14号、則16条の4の3第4号）が、宅建業者が調査を行う必要はない。

3　誤り。既存住宅の売買・貸借については、**1年以内に建物状況調査を実施しているかどうか、およびこれを実施している場合におけるその結果の概要**について説明する必要がある（法35条1項6号の2イ、規則16条の2の2）。

4　誤り。区分所有建物の売買・貸借のいずれの場合にも、**専有部分の利用の制限に関する規約の定めがあるときには、その内容**が重要事項とされている（法35条1項6号、則16条の2第3号）。

　　　　　　　　　　　　　　　　　　　　　　　正解 ▶ 1

206 重要事項の説明

CHECK □□□□□　出題頻度 ●●●●●　難易度 ★★★★　令和3年⑫

[問題]　宅地建物取引業者が行う宅地建物取引業法第35条に規定する重要事項の説明についての次の記述のうち、正しいものはいくつあるか。なお、説明の相手方は宅地建物取引業者ではないものとする。

ア　賃貸借契約において、取引対象となる宅地又は建物が、水防法施行規則第11条第1項の規定により市町村（特別区を含む。）の長が提供する図面に当該宅地又は建物の位置が表示されている場合には、当該図面における当該宅地又は建物の所在地を説明しなければならない。

イ　賃貸借契約において、対象となる建物が既存の住宅であるときは、法第34条の2第1項第4号に規定する建物状況調査を実施しているかどうか、及びこれを実施している場合におけるその結果の概要を説明しなければならない。

ウ　建物の売買において、その建物の種類又は品質に関して契約の内容に適合しない場合におけるその不適合を担保すべき責任の履行に関し保証保険契約の締結などの措置を講ずるかどうか、また、講ずる場合はその措置の概要を説明しなければならない。

1　一つ
2　二つ
3　三つ
4　なし

[解答]　ア　正しい。**水害ハザードマップに関する説明**は、宅地・建物の売買・交換だけではなく、賃貸の場合も、説明すべき重要事項とされている（法35条1項14号、則16条の4の3）。ただし、記述中にある「水防法施行規則第11条第1項」は誤植で、正しくは第11条第1号であり、その場合は誤りとなる。

イ　正しい。**建物状況調査に関する説明**は、宅地・建物の売買・交換だけではなく、賃貸の場合も行わなければならない（法35条1項6号の2）。

ウ　正しい。契約の内容に適合しない場合におけるその**不適合**を担保すべき責任の履行に関し、その措置を講ずるかどうか、また、講ずる場合はその措置の概要を説明しなければならない（法35条1項13号、則16条の4の2）。

以上により、正しいものはア、イ、ウの三つ（または、イ、ウの二つ）である。

正解▶2・3

207 重要事項の説明

5

宅建業法

[問題] 宅地建物取引業法第35条に規定する重要事項の説明における水防法施行規則第11条第１号の規定により市町村（特別区を含む。以下この問において同じ。）の長が提供する図面（以下この問において「水害ハザードマップ」という。）に関する次の記述のうち、正しいものはどれか。なお、説明の相手方は宅地建物取引業者ではないものとする。

1 宅建業者は、市町村が、取引の対象となる宅地建物の位置を含む水害ハザードマップを作成せず、又は印刷物の配布若しくはホームページ等への掲載等をしていないことを確認できた場合は、重要事項説明書にその旨記載し、重要事項説明の際に提示すべき水害ハザードマップが存在しない旨を説明すればよい。

2 宅地建物取引業者は、市町村が取引の対象となる宅地又は建物の位置を含む「洪水」、「雨水出水（内水）」、「高潮」の水害ハザードマップを作成している場合、重要事項説明の際にいずれか１種類の水害ハザードマップを提示すればよい。

3 宅地建物取引業者は、市町村が取引の対象となる宅地又は建物の位置を含む水害ハザードマップを作成している場合、売買又は交換の媒介のときは重要事項説明の際に水害ハザードマップを提示しなければならないが、貸借の媒介のときはその必要はない。

4 宅地建物取引業者は、市町村が取引の対象となる宅地又は建物の位置を含む水害ハザードマップを作成している場合、重要事項説明書に水害ハザードマップを添付すれば足りる。

[解答] 1 正しい。取引の対象となる宅地建物の位置を含む**水害ハザードマップ**が作成されていない場合は、提示すべき水害ハザードマップが作成されていない旨の説明を行う必要がある。

2 誤り。市町村が、取引の対象となる宅地建物の位置を含む洪水・雨水出水（内水）・高潮の水害ハザードマップを作成している場合、3種類すべてを提示して説明しなければならない。

3 誤り。水害ハザードマップに関する説明は、**売買・交換**の場合だけではなく、**貸借**の媒介の場合も必要である（則16条の４の３第３号の２）。

4 誤り。重要事項説明の際には水害ハザードマップを提示し、当該宅地建物の位置を示さなければならない。

　正解▶1

208 重要事項の説明

CHECK ☐☐☐☐☐ 出題頻度 ●●●●● 難易度 ★★★★ 令和２年⑩

[問題] 宅地建物取引業者が行う宅地建物取引業法第35条に規定する重要事項の説明に関する次の記述のうち、誤っているものはどれか。なお、特に断りのない限り、説明の相手方は宅地建物取引業者ではないものとする。

1 昭和55年に新築の工事に着手し完成した建物の売買の媒介を行う場合、当該建物が地方公共団体による耐震診断を受けたものであるときは、その内容を説明しなければならない。

2 貸借の媒介を行う場合、敷金その他いかなる名義をもって授受されるかを問わず、契約終了時において精算することとされている金銭の精算に関する事項を説明しなければならない。

3 自らを委託者とする宅地又は建物に係る信託の受益権の売主となる場合、取引の相手方が宅地建物取引業者であっても、重要事項説明書を交付して説明をしなければならない。

4 区分所有建物の売買の媒介を行う場合、一棟の建物の計画的な維持修繕のための費用の積立てを行う旨の規約の定めがあるときは、その内容を説明しなければならないが、既に積み立てられている額について説明する必要はない。

[解答] 1 **正しい。建物の売買・貸借**の場合、建物（昭和56年６月１日以降に着工されたものを除く）が、**耐震診断**を受けたものであるときには、その内容を説明しなければならない（法35条１項14号、則16条の４の３第５号）。

2 正しい。**宅地・建物の貸借**の場合、契約終了時において精算することとされている**金銭の精算**に関する事項を説明しなければならない（法35条１項14号、則16条の４の３第11号）。

3 正しい。宅建業者は、宅地建物にかかる**信託**（当該宅建業者を委託者とするものに限る）の受益権の売主となる場合における売買の相手方に対して、**重要事項説明書**を交付して説明をしなければならず、売買と異なり、業者間取引であっても説明を省略することはできない（法35条３項・６項）。

4 **誤り**。**区分所有建物の売買**に関し、一棟の建物の計画的な維持修繕のための費用の積立てを行う旨の規約の定めがあるときは、その内容およびすでに積み立てている額を説明しなければならない（同条１項６号、則16条の２第６号）。

正解 ▶ 4

209 重要事項の説明

CHECK ☐☐☐☐☐　　出題頻度 ●●●●●　　難易度 ★★★★　　令和5年

> [問題]　宅地建物取引業法第35条に規定する重要事項の説明に関する次の記述のうち、誤っているものはいくつあるか。
>
> ア　宅地建物取引士は、重要事項説明をする場合、取引の相手方から請求されなければ、宅地建物取引士証を相手方に提示する必要はない。
>
> イ　売主及び買主が宅地建物取引業者ではない場合、当該取引の媒介業者は、売主及び買主に重要事項説明書を交付し、説明を行わなければならない。
>
> ウ　宅地の売買について売主となる宅地建物取引業者は、買主が宅地建物取引業者である場合、重要事項説明書を交付しなければならないが、説明を省略することはできる。
>
> エ　宅地建物取引業者である売主は、宅地建物取引業者ではない買主に対して、重要事項として代金並びにその支払時期及び方法を説明しなければならない。
>
> 1　一つ
> 2　二つ
> 3　三つ
> 4　四つ

5

宅建業法

[解答]　ア　誤り。宅建士が重要事項の説明をするときは、相手方からの請求がなくても、宅建士証を提示しなければならない（法35条4項）。

イ　誤り。重要事項の説明は、物件を取得し、または借りようとしている宅地建物に関し、買主・借主になろうとする者に対して行う（同条1項）。売主に対して行う必要はない。

ウ　正しい。買主や借主が宅建業者である場合、書面の交付のみで足り、重要事項の説明を省略することができる（同条6項）。

エ　誤り。代金の額ならびにその支払時期および方法は、いずれも37条書面の記載事項である（法37条1項3号）。

以上により、誤っているものはア、イ、エの三つである。

　　　　　　　　　　　　　　　　　　　　　　　　　　正解▶3

210 重要事項の説明

CHECK □□□□□　出題頻度 ●●●●●　難易度 ★★　令和2年⑩

> **問題**　宅地建物取引業者が行う宅地建物取引法第35条に規定する重要事項の説明に関する次の記述のうち、正しいものはどれか。※
> 1　重要事項説明書には、代表者の記名があれば宅地建物取引士の記名は必要がない。
> 2　重要事項説明書に記名する宅地建物取引士は専任の宅地建物取引士でなければならないが、実際に重要事項の説明を行う者は専任の宅地建物取引士でなくてもよい。
> 3　宅地建物取引士証を亡失した宅地建物取引士は、その再交付を申請していても、宅地建物取引士証の再交付を受けるまでは重要事項の説明を行うことができない。
> 4　重要事項の説明は、宅地建物取引業者の事務所において行わなければならない。

解答　1　誤り。重要事項説明書には、**宅建士の記名**が必要である（法35条5項）。
2　誤り。重要事項の説明や書面への記名は、宅建士が行わなければならず、（同条1項）が、**専任の宅建士である必要はない**。
3　正しい。宅建士が重要事項説明をするときには、宅建士証を**提示**する必要がある（同条4項）ので、重要事項の説明を行うことはできない。
4　誤り。重要事項の説明や書面の交付を行う**場所**については、規定されていない。

　　正解▶3

211 重要事項の説明

問題　宅地建物取引業者が行う宅地建物取引業法第35条に規定する重要事項の説明に関する次の記述のうち、正しいものはどれか。なお、説明の相手方は宅地建物取引業者ではないものとする。

1　建物の売買の媒介を行う場合、当該建物が既存の住宅であるときは当該建物の検査済証（宅地建物取引業法施行規則第16条の２の３第２号に定めるもの）の保存の状況について説明しなければならず、当該検査済証が存在しない場合はその旨を説明しなければならない。

2　宅地の売買の媒介を行う場合、売買代金の額並びにその支払の時期及び方法について説明しなければならない。

3　建物の貸借の媒介を行う場合、当該建物が、水防法施行規則第11条第１号の規定により市町村（特別区を含む。）の長が提供する図面にその位置が表示されている場合には、当該図面が存在していることを説明すれば足りる。

4　自ら売主となって建物の売買契約を締結する場合、当該建物の引渡しの時期について説明しなければならない。

5
宅建業法

解答　1　正しい。既存建物の場合は、建物の建築および維持保全の状況に関する書類（確認済証、検査済証、建設住宅性能評価書等）の保存の状況について説明しなければならず、当該検査済証が存在しない場合はその旨を説明しなければならない（法35条１項６号の２ロ、則16条の２の３第２号）。

2　誤り。代金の額ならびにその支払いの時期・方法は、37条書面の記載事項である（法37条１項３号）。

3　誤り。宅地の位置が水害ハザードマップに表示されているときは、当該図面における当該宅地の所在地について説明しなければならない（法35条１項14号、則16条の４の３第３号の２）。

4　誤り。建物の売買の場合、当該建物の引渡しの時期は、37条書面の記載事項である（法37条１項４号）。

　　　　　　　　　　　　　　　　　　　　正解 ▶ 1

212 重要事項の説明・37条書面

[問題] 宅地建物取引業法第35条の規定に基づく重要事項の説明及び同法第37条の規定により交付すべき書面（以下この問において「37条書面」という。）に関する次の記述のうち、正しいものはどれか。

1　宅地建物取引業者は、媒介により区分所有建物の賃貸借契約を成立させた場合、専有部分の用途その他の利用の制限に関する規約においてペットの飼育が禁止されているときは、その旨を重要事項説明書に記載して説明し、37条書面にも記載しなければならない。

2　宅地建物取引業者は、自ら売主となる土地付建物の売買契約において、宅地建物取引業者ではない買主から保全措置を講ずる必要のない金額の手付金を受領する場合、手付金の保全措置を講じないことを、重要事項説明書に記載して説明し、37条書面にも記載しなければならない。

3　宅地建物取引業者は、媒介により建物の敷地に供せられる土地の売買契約を成立させた場合において、当該売買代金以外の金銭の授受に関する定めがあるときは、その額並びに当該金銭の授受の時期及び目的を37条書面に記載しなければならない。

4　宅地建物取引業者は、自ら売主となる土地付建物の売買契約及び自ら貸主となる土地付建物の賃貸借契約のいずれにおいても、37条書面を作成し、その取引の相手方に交付しなければならない。

[解答]　1　誤り。区分建物の貸借において、ペット、ピアノの禁止など**専有部分の用途**その他の利用の制限があるときには、その内容を重要事項として説明しなければならない（法35条1項6号、則16条の2第3号）が、37条書面の記載事項とはされていない。

2　誤り。宅建業者が、手付金等を受領しようとするときは、その**保全措置の概要**を重要事項として説明しなければならない（法35条1項10号）。保全措置を講ずる必要のない金額であっても、保全措置を講ずるかどうかについて説明する必要があるが、37条書面の記載事項とはされていない。

3　正しい。**代金以外の金銭の授受の定め**があるときは、その内容を37条書面に記載事項しなければならない（法37条1項6号）。

4　誤り。自ら貸主となる取引は宅建業には該当しないので、37条書面を作成・交付する必要はない。

正解 ▶ 3

213 業務に関する規制

[問題]　次の記述のうち、宅地建物取引業法（以下この問において「法」という。）及び犯罪による収益の移転防止に関する法律の規定によれば、正しいものはいくつあるか。

ア　法第35条第２項の規定による割賦販売とは、代金の全部又は一部について、目的物の引渡し後６か月以上の期間にわたり、かつ、２回以上に分割して受領することを条件として販売することをいう。

イ　犯罪による収益の移転防止に関する法律において、宅地建物取引業のうち、宅地若しくは建物の売買契約の締結又はその代理若しくは媒介が特定取引として規定されている。

ウ　宅地建物取引業者は、その従業者に対し、その業務を適正に実施させるため、必要な教育を行うよう努めなければならないと法に定められている。

エ　宅地建物取引業者の使用人その他の従業者は、正当な理由がある場合でなければ、宅地建物取引業の業務を補助したことについて知り得た秘密を他に漏らしてはならないと法に定められている。

1　一つ
2　二つ
3　三つ
4　なし

5
宅建業法

[解答]　ア　誤り。割賦販売とは、代金の全部または一部について、目的物の引渡し後**１年以上**の期間にわたり、かつ、２回以上に分割して受領することを条件として販売することをいう（法35条２項かっこ書き）。

イ　正しい。宅地建物の売買契約の締結やその代理・媒介が、取引時確認の必要な**特定取引**とされている（犯罪収益移転防止法２条２項42号、４条、別表）。

ウ　正しい。宅建業者は、その従業者に対し、その業務を適正に実施させるため、必要な**教育**を行うよう努めなければならない（法31条の２）。

エ　正しい。宅建業者の使用人その他の従業者は、**正当な理由**がある場合でなければ、宅建業の業務を補助したことについて知り得た秘密を他に漏らしてはならない（法75条の３）。

以上により、正しいものはイ、ウ、エの三つである。

　　　　　　　　　　　　　　　　　　　　　　正解▶3

214 供託所等に関する説明

問題　宅地建物取引業法第35条の2に規定する供託所等に関する説明についての次の記述のうち、正しいものはどれか。なお、特に断りのない限り、宅地建物取引業者の相手方は宅地建物取引業者ではないものとする。

1　宅地建物取引業者は、宅地建物取引業者の相手方に対して供託所等の説明を行う際に書面を交付することは要求されていないが、重要事項説明書に記載して説明することが望ましい。

2　宅地建物取引業者は、宅地建物取引業者が取引の相手方の場合においても、供託所等に係る説明をしなければならない。

3　宅地建物取引業者は、売買、交換又は貸借の契約に際し、契約成立後、速やかに供託所等に係る説明をしなければならない。

4　宅地建物取引業者は、自らが宅地建物取引業保証協会の社員である場合、営業保証金を供託した主たる事務所の最寄りの供託所及び所在地の説明をしなければならない。

解答　1　**正しい。**宅建業者は、取引の相手方等に対して、営業保証金を供託した**供託所**や、保証協会に加入している場合は当該**保証協会の名称**等について説明するようにしなければならないが、書面の交付義務までは要求されていない（法35条の2）。

2　誤り。**宅建業者**は、営業保証金や弁済業務保証金の還付を受けることができず、供託所等の説明の規定は適用されない。

3　誤り。供託所等に関する説明は、**契約が成立するまでの間**に行う必要がある。

4　誤り。保証協会の社員は、当該保証協会の社員である旨、保証協会の名称、住所および事務所の所在地ならびに保証協会が**弁済業務保証金**を供託した供託所およびその所在地を説明する必要がある。

正解▶1

215 37条書面

CHECK ☐☐☐☐☐　　出題頻度 ■■■■■　　難易度 ★★★ ■■■■　　令和4年

[問題] 宅地建物取引業法（以下この問において「法」という。）第37条の規定により交付すべき書面（以下この問において「37条書面」という。）に関する次の記述のうち、宅地建物取引業者Aが法の規定に違反するものはどれか。

1　Aは、自ら売主として宅地建物取引業者ではないBとの間で宅地の売買契約を締結した。この際、当該買主の代理として宅地建物取引業者Cが関与していたことから、37条書面をBに加え、Cにも交付した。

2　Aは、その媒介により建物の貸借の契約を成立させ、37条書面を借主に交付するに当たり、37条書面に記名した宅地建物取引士が不在であったことから、宅地建物取引士ではないAの従業員に書面を交付させた。

3　Aは、その媒介により借主Dと建物の貸借の契約を成立させた。この際、借賃以外の金銭の授受に関する定めがあるので、その額や当該金銭の授受の時期だけでなく、当該金銭の授受の目的についても37条書面に記載し、Dに交付した。

4　Aは、自ら売主として宅地建物取引業者Eの媒介により、宅地建物取引業者Fと宅地の売買契約を締結した。37条書面については、A、E、Fの三者で内容を確認した上で各自作成し、交付せずにそれぞれ自ら作成した書類を保管した。

5
宅建業法

[解答]　1　違反しない。宅建業者は、宅地建物の売買に関し、自ら当事者として契約を締結したときはその**相手方**に、遅滞なく、37条書面を交付しなければならない（法37条1項）とされているが、買主の代理業者に交付する必要はない。しかし、交付したことが宅建業法の規定に違反するわけではない。

2　違反しない。宅建業者は、37条書面を作成したときは、宅建士に記名させなければならない（同条3項）が、**書面の交付**は誰が行っても構わない。

3　違反しない。借賃以外の金銭の授受に関する定めがあるときは、その**額・授受の時期・授受の目的**を記載しなければならない（同条2項3号）。

4　違反する。自ら当事者として契約を締結したときは、37条書面を交付しなければならない。

正解▶4

216 37条書面

CHECK ☐☐☐☐☐　　出題頻度 ●●●●●　　難易度 ★★　　令和5年

5
宅建業法

[問題]　宅地建物取引業者Ａが媒介により宅地の売買契約を成立させた場合における宅地建物取引業法第37条の規定により交付すべき書面（以下この問において「37条書面」という。）に関する次の記述のうち、正しいものはどれか。
1　Ａは、買主が宅地建物取引業者であるときは、37条書面に移転登記の申請時期を記載しなくてもよい。
2　Ａは、37条書面を売買契約成立前に、各当事者に交付しなければならない。
3　Ａは、37条書面を作成したときは、専任の宅地建物取引士をして37条書面に記名させる必要がある。
4　Ａは、天災その他不可抗力による損害の負担に関する定めがあるときは、その内容を37条書面に記載しなければならない。

[解答]　1　誤り。37条書面の記載事項は、買主が宅建業者であっても省略することはできない。**移転登記の申請時期**は、37条書面の必要的記載事項である（法37条1項5号）。
2　誤り。37条書面は、契約が**成立**したときに、**遅滞なく**、契約の各当事者に**交付**する（同条1項）。
3　誤り。記名をするのは**宅建士**であればよく、専任の宅建士である必要はない（同条3項）。
4　正しい。「天災その他不可抗力による損害の負担に関する定め」があるときは、売買・貸借を問わず37条書面に記載しなければならない（任意的記載事項、同条1項10号）。

　　　　　　　　　　　　　　　　　　　　　　　　正解▶4

217 37条書面

5

宅建業法

[問題] 宅地建物取引業法第37条の規定により交付すべき書面（以下この問において「37条書面」という。）に関する次の記述のうち、誤っているものはどれか。※

1 宅地建物取引業者である売主Aは、宅地建物取引業者であるBの媒介により、宅地建物取引業者ではないCと宅地の売買契約を令和5年4月1日に締結した。AとBが共同で作成した37条書面にBの宅地建物取引士の記名がなされていれば、Aは37条書面にAの宅地建物取引士をして記名をさせる必要はない。

2 宅地建物取引士は、37条書面を交付する際、買主から請求があったときは、宅地建物取引士証を提示しなければならない。

3 宅地建物取引業者である売主Dと宅地建物取引業者ではないEとの建物の売買契約において、手付金の保全措置を講ずる場合、Dはその保全措置の概要を、重要事項説明書に記載し説明する必要があるが、37条書面には記載する必要はない。

4 宅地建物取引業者である売主と宅地建物取引業者ではない個人との建物の売買において、建物の品質に関して契約の内容に適合しない場合におけるその不適合を担保すべき責任について特約を定めたときは、37条書面にその内容を記載しなければならない。

[解答] 1 誤り。売主Aと売買契約の媒介をしたBは、それぞれ、買主Cに対して37条書面を交付しなければならず、書面を作成したときは、**宅建士**をして当該書面に**記名**させなければならない（法37条1項・3項）。

2 正しい。宅建士は、取引の関係者から請求があったときは、**宅建士証**を提示しなければならない（法22条の4）。

3 正しい。**手付金の保全措置の概要**は重要事項説明書の記載事項とされている（法35条1項10号）が、37条書面に記載する必要はない。

4 正しい。宅地建物が種類・品質に関して契約の内容に適合しない場合におけるその**不適合を担保すべき責任**について特約を定めたときは、37条書面にその内容を記載しなければならない（法37条1項11号）。

正解▶1

218 37条書面

CHECK ☐☐☐☐☐　出題頻度 ●●●●●　難易度 ★★★　令和3年⑫

5

宅建業法

[問題]　宅地建物取引業法第37条の規定により交付すべき書面（以下この問において「37条書面」という。）についての宅地建物取引業者Aの義務に関する次の記述のうち、正しいものはどれか。※

1　Aは、自ら売主として、宅地建物取引業者Bの媒介により、Cと宅地の売買契約を締結した。Bが宅地建物取引士をして37条書面に記名させている場合、Aは宅地建物取引士をして当該書面に記名させる必要はない。

2　Aは、Dを売主としEを買主とする宅地の売買契約を媒介した。当該売買契約に、当該宅地が種類又は品質に関して契約の内容に適合しない場合においてその不適合を担保すべき責任に関する特約があるときは、Aは、当該特約について記載した37条書面をD及びEに交付しなければならない。

3　Aは、自ら買主として、Fと宅地の売買契約を締結した。この場合、Fに対して37条書面を交付する必要はない。

4　Aは、自ら貸主として、Gと事業用建物の定期賃貸借契約を締結した。この場合において、借賃の支払方法についての定めがあるときは、Aはその内容を37条書面に記載しなければならず、Gに対して当該書面を交付しなければならない。

[解答]　1　誤り。宅建業者は、宅地建物の売買・交換に関し、自ら当事者として契約を締結し、またその媒介により契約が成立したときは、当該契約の各当事者に、遅滞なく、37条書面を交付しなければならず、宅建士をして当該書面に記名させなければならない（法37条1項・3項）。いずれの場合も、宅建士の記名は必要である。

2　正しい。宅地建物が種類もしくは品質に関して契約の内容に適合しない場合におけるその不適合を担保すべき責任に関する特約があるときは、Aは、その内容を記載した書面をDおよびEに交付しなければならない。

3　誤り。Aが、自ら買主の場合であっても、当事者であるから、相手方に37条書面を交付しなければならない。

4　誤り。宅建業者が自ら貸主となる場合は、宅建業法の規定は適用されない。

正解 ▶ 2

219 37条書面

CHECK □□□□□　出題頻度 ●●●●●　難易度 ★★★　令和2年⑫

5
宅建業法

> **問題**　宅地建物取引業法第37条の規定により交付すべき書面（以下この問において「37条書面」という。）に関する次の記述のうち、同法の規定によれば、正しいものはどれか。
> 1　既存の建物の構造耐力上主要な部分等の状況について当事者の双方が確認した事項がない場合、確認した事項がない旨を37条書面に記載しなければならない。
> 2　代金又は交換差金についての金銭の貸借のあっせんに関する定めがない場合、定めがない旨を37条書面に記載しなければならない。
> 3　損害賠償額の予定又は違約金に関する定めがない場合、定めがない旨を37条書面に記載しなければならない。
> 4　宅地又は建物に係る租税その他の公課の負担に関する定めがない場合、定めがない旨を37条書面に記載しなければならない。

解答　1　正しい。既存建物の場合、**建物の構造耐力上主要な部分等の状況**について当事者の双方が確認した事項を37条書面に記載しなければならず（法37条1項2号の2）、確認した事項がない場合でも、その旨を記載しなければならない。

2　誤り。代金または交換差金についての**金銭の貸借のあっせん**に関する定めがある場合においては、当該あっせんにかかる金銭の貸借が成立しないときの措置を記載しなければならない（同項9号）が、定めがない場合は記載する必要はない。

3　誤り。**損害賠償額の予定**または**違約金**に関する定めがあるときは、その内容を37条書面に記載しなければならない（同項8号）が、定めがない場合は記載する必要はない。

4　誤り。宅地建物にかかる**租税その他の公課の負担**に関する定めがあるときは、その内容を37条書面に記載しなければならない（同項12号）が、定めがない場合は記載する必要はない。

　　　　　　　　　　　正解▶1

220 37条書面

CHECK □□□□□　　出題頻度 ■■■■■　　難易度 ★★★■■■■　　令和3年⑫

[問題]　宅地建物取引業者が宅地建物取引業法第37条の規定により交付すべき書面（以下この問において「37条書面」という。）に関する次の記述のうち、正しいものはどれか。※

1　宅地建物取引業者は、その媒介により建物の売買の契約を成立させた場合において、当該建物の引渡しの時期又は移転登記の申請の時期のいずれかを37条書面に記載し、当該契約の各当事者に交付しなければならない。

2　宅地建物取引業者は、その媒介により建物の貸借の契約を成立させた場合において、当該建物が既存の建物であるときは、建物の構造耐力上主要な部分等の状況について当事者の双方が確認した事項を37条書面に記載し、当該契約の各当事者に交付しなければならない。

3　宅地建物取引業者は、その媒介により建物の貸借の契約を成立させた場合において、借賃以外の金銭の授受に関する定めがあるときは、その額や当該金銭の授受の時期だけでなく、当該金銭の授受の目的についても37条書面に記載し、当該契約の各当事者に交付しなければならない。

4　宅地建物取引業者は、37条書面を交付するに当たり、宅地建物取引士をして、その書面に記名の上、その内容を説明させなければならない。

[解答]　1　誤り。37条書面には、**建物の引渡しの時期、移転登記の申請の時期**のいずれも記載しなければならない（法37条1項4号・5号）。

2　誤り。既存の建物であるときに、建物の構造耐力上主要な部分等の状況について当事者の双方が確認した事項を記載しなければならないのは、**売買**または**交換**の場合であり、**貸借**の場合は記載する必要はない（同条2項）。

3　正しい。**借賃以外の金銭の授受**に関する定めがあるときは、その額ならびに当該金銭の授受の時期および目的を記載しなければならない（同条2項3号）。

4　誤り。宅建業法は、37条書面の**内容の説明**を義務付けていない。

　　　　　　　　　　　　　　　　　　　　正解▶3

221 37条書面

CHECK □□□□□ 　出題頻度 ●●●●● 　難易度 ★★★★ 　令和３年⑫

> **問題** 宅地建物取引業者が媒介により既存建物の貸借の契約を成立させた場合に関する次の記述のうち、宅地建物取引業法第37条の規定により当該貸借の契約当事者に対して交付すべき書面に記載しなければならない事項はいくつあるか。
>
> ア 借賃以外の金銭の授受に関する定めがあるときは、その額並びに当該金銭の授受の時期及び目的
>
> イ 設計図書、点検記録その他の建物の建築及び維持保全の状況に関する書面で、国土交通省令で定めるものの保存の状況
>
> ウ 契約の解除に関する定めがあるときは、その内容
>
> エ 天災その他不可抗力による損害の負担に関する定めがあるときは、その内容
>
> 1 　一つ
> 2 　二つ
> 3 　三つ
> 4 　四つ

解答 ア **借賃以外の金銭の授受**に関する定めがあるときは、その額、授受の時期・目的を37条書面に記載しなければならない（法37条2項3号）。

イ 記載しなければならない事項ではない。既存建物の**維持保全の状況**に関する書面の保存の状況は、重要事項の説明事項である（法35条1項6号の2ロ）。

ウ **契約の解除**に関する定めがあるときは、その内容を記載しなければならない（法37条1項7号）。

エ 天災その他**不可抗力による損害の負担**に関する定めがあるときは、その内容を記載しなければならない。（同条1項10号）。

　以上により、37条書面に記載しなければならない事項は、ア、ウ、エの三つである。

正解▶3

222 37条書面

CHECK □□□□□ 　出題頻度 ●●●●● 　難易度 ★★★★ 　令和3年⑩

[問題] 宅地建物取引業者Aが行う業務に関する次の記述のうち、宅地建物取引業法の規定によれば、正しいものはいくつあるか。なお、この問において「37条書面」とは、同法第37条の規定により交付すべき書面をいうものとする。※

ア　Aが自ら売主として建物を売却する場合、宅地建物取引業者Bに当該売却の媒介を依頼したときは、Bは宅地建物取引士をして37条書面に記名させなければならず、Aも宅地建物取引士をして37条書面に記名させなければならない。

イ　Aが自ら売主として建物を売却する場合、当該売買契約に際し、買主から支払われる手付金の額が売買代金の5％未満であるときは、当該手付金の額の記載があれば、授受の時期については37条書面に記載しなくてもよい。

ウ　Aが売主を代理して建物を売却する場合、買主が宅地建物取引業者であるときは、37条書面を交付しなくてもよい。

エ　Aが売主を代理して抵当権が設定されている建物を売却する場合、当該抵当権の内容について37条書面に記載しなければならない。

1　一つ
2　二つ
3　三つ
4　四つ

[解答] ア　正しい。37条書面を交付する必要があるのは、業者が自ら当事者として売買または交換の契約を締結したときはその相手方に、その媒介により契約が成立したときは、当該契約の**各当事者**である（法37条1項本文）。したがって、A・Bとも宅建士をして37条書面に記名させなければならない。

イ　誤り。代金および交換差金以外に授受する金銭があるときは、**その額**ならびに**授受の時期・目的**を記載しなければならない（同条1項6号）。

ウ　誤り。37条書面は、相手方が宅建業者であっても交付しなければならない。

エ　誤り。宅地建物について**登記された権利の内容**は、重要事項の説明項目ではあるが、37条書面の記載事項とはされていない。

以上により、正しいものはアの一つだけである。

　　　　　　　　　　　　　　　　　　　　　　　　正解 ▶ 1

5
宅建業法

223 37条書面

CHECK ☐☐☐☐☐ 　出題頻度 ■■■■■ 　難易度 ★★★ 　令和2年⑩

> [問題]　宅地建物取引業者Aが、自ら売主として宅地の売買契約を締結した場合に関する次の記述のうち、宅地建物取引業法の規定によれば、正しいものはいくつあるか。なお、この問において「37条書面」とは、同法第37条の規定に基づき交付すべき書面をいうものとする。
> ア　Aは、専任の宅地建物取引士をして、37条書面の内容を当該契約の買主に説明させなければならない。
> イ　Aは、供託所等に関する事項を37条書面に記載しなければならない。
> ウ　Aは、買主が宅地建物取引業者であっても、37条書面を遅滞なく交付しなければならない。
> エ　Aは、買主が宅地建物取引業者であるときは、当該宅地の引渡しの時期及び移転登記の申請の時期を37条書面に記載しなくてもよい。
> 1　一つ
> 2　二つ
> 3　三つ
> 4　四つ

5

宅建業法

[解答]　ア　誤り。宅建業者は、37条書面を作成したときは、宅建士をして、当該書面に**記名**させなければならない（法37条3項）が、専任の宅建士である必要はなく、宅建士をして書面の内容を説明させる必要もない。

イ　誤り。**供託所等に関する事項**は、契約が成立するまでの間に説明するようにしなければならない（法35条の2）が、37条書面の記載事項ではない。

ウ　正しい。**業者間取引**であっても、37条書面は交付しなければならない（法37条1項、78条2項参照）。

エ　誤り。物件の**引渡し時期**および**移転登記の申請時期**は37条書面の必要的記載事項である（法37条1項4号・5号）。

以上により、正しいものはウの一つだけである。

　　　　　　　　　　　　　　　　　　　　　　　　正解▶1

37条書面の記載事項

	記載事項	条項 （37条）	売買 交換	貸借
必要的記載事項	当事者の氏名・住所	1項1号 2項1号	○	○
	物件を特定するために必要な表示	1項2号 2項1号	○	○
	既存建物の場合、構造耐力上主要な部分等の状況について当事者双方が確認した事項	1項2号 の2	○	×
	代金・交換差金、借賃の額、支払時期・方法	1項3号 2項2号	○	○
	物件の引渡しの時期	1項4号 2項1号	○	○
	移転登記の申請時期	1項5号	○	×
任意的記載事項	代金・交換差金、借賃以外の金銭の額、授受の時期・目的	1項6号 2項3号	△	△
	契約解除に関する定めの内容	1項7号 2項1号	△	△
	損害賠償額の予定・違約金に関する定めの内容	1項8号 2項1号	△	△
	代金・交換差金についての金銭のあっせんにかかる金銭の貸借が成立しないときの措置	1項9号	△	×
	天災その他不可抗力による損害の負担に関する定めの内容	1項10号 2項1号	△	△
	担保責任、当該責任の履行に関して講ずべき措置についての定めの内容	1項11号	△	×
	租税その他の公課の負担に関する定めの内容	1項12号	△	×

○：記載事項　△：定めがあれば記載　×：記載が不要な事項

224 37条書面

CHECK ☐☐☐☐☐　出題頻度 ■■■■■　難易度 ★★★★　令和2年⑩

[問題]　宅地建物取引業者Ａが宅地建物取引業法第37条の規定により交付すべき書面（以下この問において「37条書面」という。）に関する次の記述のうち、正しいものはどれか。※

1　Ａが媒介により建物の貸借の契約を成立させたときは、37条書面に借賃の額並びにその支払の時期及び方法を記載しなければならず、また、当該書面を契約の各当事者に交付しなければならない。

2　Ａが媒介により宅地の貸借の契約を成立させた場合において、当該宅地の引渡しの時期について重要事項説明書に記載して説明を行ったときは、その内容を37条書面に記載する必要はない。

3　Ａが自ら売主として宅地建物取引業者である買主と建物の売買契約を締結した場合、37条書面に宅地建物取引士をして記名させる必要はない。

4　Ａが自ら売主として宅地の売買契約を締結した場合、代金についての金銭の貸借のあっせんに関する定めがある場合における当該あっせんに係る金銭の貸借が成立しないときの措置については、37条書面に記載する必要はない。

[解答]　1　正しい。**借賃の額**ならびにその**支払いの時期・方法**は、37条書面に必ず記載しなければならない必要的記載事項であり、**建物の貸借の契約**を媒介した宅建業者は、契約の各当事者に37条書面を交付しなければならない（法37条2項2号）。

2　誤り。**宅地建物の引渡しの時期**は、売買・貸借のいずれの場合にも37条書面の必要的記載事項である（同条2項1号、1項4号）。重要事項説明書に記載したからといって省略することはできない。

3　誤り。**業者間取引**であっても、売主である宅建業者Ａは、37条書面を作成し、買主である宅建業者に交付する義務を負い、その書面には、宅建士に**記名**させなければならない（同条1項・3項）。

4　誤り。売買契約では、代金についての**金銭の貸借のあっせんにかかる金銭の貸借が成立しないときの措置**は、その定めがあれば記載する任意的記載事項とされている（同条1項9号）。

　　　　　　　　　　　　　　　　　　　正解 ▶ 1

225 37条書面

[問題]　宅地建物取引業者Ａが行う媒介業務に関する次の記述のうち、宅地建物取引業法の規定によれば、正しいものはいくつあるか。なお、この問において「37条書面」とは、同法第37条の規定により交付すべき書面をいうものとする。※

ア　Ａが建物の売買契約を成立させた場合においては、37条書面を買主に交付するに当たり、37条書面に記名した宅地建物取引士ではないＡの従業者が当該書面を交付することができる。

イ　Ａが建物の賃貸借契約を成立させた場合においては、契約の当事者が宅地建物取引業者であっても、37条書面には、引渡しの時期及び賃借権設定登記の申請の時期を記載しなければならない。

ウ　Ａが建物の売買契約を成立させた場合において、天災その他不可抗力による損害の負担に関する定めがあるときは、重要事項説明書にその旨記載していたとしても、その内容を37条書面に記載しなければならない。

エ　Ａが事業用宅地の定期賃貸借契約を公正証書によって成立させた場合においては、公正証書とは別に37条書面を作成し交付するに当たり、契約の当事者が宅地建物取引業者であっても、宅地建物取引士をして37条書面に記名させなければならない。

1　一つ
2　二つ
3　三つ
4　四つ

[解答]　ア　正しい。37条書面は、**宅建士をして記名**させなければならない（法37条3項）が、書面の交付義務を課されているのは、宅建業者である（同条1項）。

イ　誤り。建物の賃貸借契約において、**引渡しの時期**は37条書面の必要的記載事項である（同条2項1号、同条1項4号）が、**賃借権設定登記の申請の時期**は記載事項ではない（売買契約では必要的記載事項となる）。また、37条書面は、業者間取引でも適用される（法78条2項）。

ウ　正しい。**天災その他不可抗力による損害の負担に関する定め**は、37条書面の記載事項である（法37条1項10号）が、35条書面の説明事項ではない。

エ　正しい。業者間取引でも、宅建士をして記名させなければならない。

以上により、正しいものはア、ウ、エの三つである。

正解▶3

重要事項説明書と37条書面の比較

	重要事項説明書	37条書面
いつ	契約成立前	契約成立後遅滞なく
誰から	宅建士	宅建業者
誰に	買主・借主*	両当事者
宅地建物取引士の記名	必要（専任である必要はない）	
特有項目	●登記に関する事項 ●法令上の制限 ●私道負担（建物の貸借以外） ●飲用水・電気・ガスの供給および排水施設の状況 ●手付金等保全措置 ●建物状況調査の実施の有無等（既存建物）	●**代金**等の額とその**支払時期・方法** ●物件の**引渡し**時期 ●**移転登記**の時期 ●天災等による損害の負担、公租公課 ●構造耐力上主要な部分等の状況（既存建物）
共通項目	●代金等以外の金銭の授受の定め ●契約解除の定め ●損害賠償額の予定または違約金の定め ●ローンのあっせんの定め ●担保責任の履行に関する措置 ※重要事項は、定めがあってもなくても説明しなければならず、37条書面は、定めがある場合にのみ記載する。	

＊相手方が宅建業者の場合には、重要事項の説明を要せず、重要事項説明書の交付のみで足りるものとされている。

226 書面の電磁的方法による提供

問題 宅地建物取引業法第37条の規定により交付すべき書面に記載すべき事項を電磁的方法により提供すること（以下この問において「37条書面の電磁的方法による提供」という。）に関する次の記述のうち、正しいものはいくつあるか。

ア 宅地建物取引業者が自ら売主として締結する売買契約において、当該契約の相手方から宅地建物取引業法施行令第3条の4第1項に規定する承諾を得なければ、37条書面の電磁的方法による提供をすることができない。

イ 宅地建物取引業者が媒介業者として関与する売買契約について、宅地建物取引業法施行令第3条の4第1項に規定する承諾を取得するための通知の中に宅地建物取引士を明示しておけば、37条書面の電磁的方法による提供において提供に係る宅地建物取引士を明示する必要はない。

ウ 宅地建物取引業者が自ら売主として締結する売買契約において、37条書面の電磁的方法による提供を行う場合、当該提供されたファイルへの記録を取引の相手方が出力することにより書面を作成できるものでなければならない。

エ 宅地建物取引業者が媒介業者として関与する建物賃貸借契約について、37条書面の電磁的方法による提供を行う場合、当該提供するファイルに記録された記載事項について、改変が行われていないかどうかを確認することができる措置を講じなければならない。

1　一つ
2　二つ
3　三つ
4　四つ

解答 ア **正しい。** 37条書面を電磁的方法により提供する場合は、あらかじめ相手方から書面または電磁的方法（電子メールによる方法、WEBでのダウンロードによる方法、CD-ROMの交付等）により**承諾**を得なければならない（令3条の4第1項）。なお、承諾を得た場合であっても、相手方から書面等で電磁的方法による提供を受けない旨の申出があった場合には、電磁的方法による

提供をしてはならない。

イ　誤り。電磁的方法による提供においては、書面への記名に代わるものとして、書面の交付にかかる宅地建物取引士が**明示**されるものである必要がある（則16条の4の12第2項第4号）。

ウ　正しい。電磁的方法による提供においては、相手方のコンピュータにファイルとして記録され、**出力**することにより書面を作成することができるものでなければならない（則16条の4の12第2項1号）。

エ　正しい。電磁的方法による提供においては、ファイルに記録された記載事項について、**改変**が行われていないかどうかを確認できる措置を講じているものでなければならない（同条2項2号）。

以上により、正しいものはア、ウ、エの三つである。

なお、国土交通省「宅地建物取引業法の解釈・運用の考え方」は、その他書面の電磁的方法による提供において留意すべき事項として、次のような事項をあげている。

⑴　電磁的方法により書面を提供しようとすることについて、あらかじめ相手方から承諾を得る際に、併せて、宅地建物取引業者が利用を予定するソフトウェア等に相手方のIT環境が対応可能であることを確認すること。

⑵　電磁的方法による提供後、相手方に到達しているかを確認すること。

⑶　相手方の端末において、電磁的方法により提供した書面の内容に文字化けや文字欠け、改変などが生じていないかについて、電子書面の提供前に相手方に確認方法を伝えた上で、確認をするよう依頼すること。

⑷　相手方に電子書面の保存の必要性や保存方法を説明すること。

5
宅建業法

正解▶3

227 クーリング・オフ

[問題] 宅地建物取引業者Aが、自ら売主として、宅地建物取引業者ではない法人B又は宅地建物取引業者ではない個人Cをそれぞれ買主とする土地付建物の売買契約を締結する場合において、宅地建物取引業法第37条の2の規定に基づくいわゆるクーリング・オフに関する次の記述のうち、誤っているものはどれか。なお、この問において、買主は本件売買契約に係る代金の全部を支払ってはおらず、かつ、土地付建物の引渡しを受けていないものとする。

1　Bは、Aの仮設テント張りの案内所で買受けの申込みをし、その8日後にAの事務所で契約を締結したが、その際クーリング・オフについて書面の交付を受けずに告げられた。この場合、クーリング・オフについて告げられた日から8日後には、Bはクーリング・オフによる契約の解除をすることができない。

2　Bは、Aの仮設テント張りの案内所で買受けの申込みをし、その3日後にAの事務所でクーリング・オフについて書面の交付を受け、告げられた上で契約を締結した。この書面の中で、クーリング・オフによる契約の解除ができる期間を14日間としていた場合、Bは、その書面を交付された日から12日後であっても契約の解除をすることができる。

3　Cは、Aの仮設テント張りの案内所で買受けの申込みをし、その3日後にAの事務所でクーリング・オフについて書面の交付を受け、告げられた上で契約を締結した。Cは、その書面を受け取った日から起算して8日目に、Aに対しクーリング・オフによる契約の解除を行う旨の文書を送付し、その2日後にAに到達した。この場合、Aは契約の解除を拒むことができない。

4　Cは、Aの事務所で買受けの申込みをし、その翌日、喫茶店で契約を締結したが、Aはクーリング・オフについて告げる書面をCに交付しなかった。この場合、Cはクーリング・オフによる契約の解除をすることができない。

解答 1　誤り。クーリング・オフの規定は、相手方が宅建業者でなければ、**法人であっても個人であっても**適用される。Bは、**仮設テント張りの案内所**で申込みをしたというのであるから、クーリング・オフによる契約の解除をすることができる。また、クーリング・オフができる旨を**書面**で告げられた日から起算して**8日**が経過すれば、クーリング・オフをすることができなくなるが、書面の交付を受けずに告げられたというのであるから、8日後でも、Bはクーリング・オフによる契約の解除をすることができる。

2　正しい。クーリング・オフによる契約の解除ができる期間を14日間とする特約は、**買主に有利**であるので有効である。Bは、その書面を交付された日から12日後であっても契約の解除をすることができる。

3　正しい。申込みの撤回等を行う意思表示は書面で行わなければならないが、このばあいには**発信主義**がとられている。Cは、クーリング・オフについての書面を受け取った日から起算して8日目にクーリング・オフによる契約の解除を行う旨の文書を送付しているので、Aは契約の解除を拒むことができない。

4　正しい。Aの**事務所**で買受けの申込みをしたのであるから、Cはクーリング・オフによる契約解除をすることができない。

5

宅建業法

228 クーリング・オフ

CHECK ☐☐☐☐☐　出題頻度 ■■■■■　難易度 ★★★★　令和2年⑩

5
宅建業法

[問題]　宅地建物取引業者Ａが、自ら売主として、宅地建物取引業者ではないＢとの間で宅地の売買契約を締結した場合における、宅地建物取引業法第37条の2の規定に基づくいわゆるクーリング・オフに関する次の記述のうち、Ｂがクーリング・オフにより契約の解除を行うことができるものはいくつあるか。

ア　Ｂが喫茶店で当該宅地の買受けの申込みをした場合において、Ｂが、Ａからクーリング・オフについて書面で告げられた日の翌日から起算して8日目にクーリング・オフによる契約の解除の書面を発送し、10日目にＡに到達したとき。

イ　Ｂが喫茶店で当該宅地の買受けの申込みをした場合において、クーリング・オフによる契約の解除ができる期間内に、Ａが契約の履行に着手したとき。

ウ　Ｂが喫茶店で当該宅地の買受けの申込みをした場合において、ＡとＢとの間でクーリング・オフによる契約の解除をしない旨の合意をしたとき。

エ　Ａの事務所ではないがＡが継続的に業務を行うことができる施設があり宅地建物取引業法第31条の3第1項の規定により専任の宅地建物取引士が置かれている場所で、Ｂが買受けの申込みをし、2日後に喫茶店で売買契約を締結したとき。

1　一つ
2　二つ
3　三つ
4　四つ

[解答]　ア　契約の解除を行うことはできない。喫茶店は、クーリング・オフができる「事務所等以外の場所」であり、クーリング・オフについて書面で**告げられた日から起算して8日を経過するまでに**クーリング・オフの意思を表示しなければならない。しかし、書面で告げられた日の翌日から起算して8日目に契約解除の書面を発送したというのであるから、クーリング・オフをすることはできない（法37条の2第1項）。

イ 契約の解除を行うことができる。クーリング・オフによる契約の解除ができる期間内に、売主Aが契約の履行に着手したからといって、クーリング・オフができなくなるわけではない。

ウ 契約の解除を行うことができる。クーリング・オフに関する特約で、**買主に不利なものは無効**とされる（同条4項）。

エ 契約の解除を行うことはできない。事務所ではないが継続的に業務を行うことができる施設で、専任の宅建士を置くべき場所であれば、クーリング・オフができない「**事務所等**」に該当する（法37条の2第1項、規則16条の5第1号イ）。事務所等で買受けの申込みをして、事務所等以外の場所で契約を締結した場合には、クーリング・オフをすることはできない。

以上により、クーリング・オフにより契約の解除を行うことができるものはイ、ウの二つである。

クーリング・オフ制度のポイント

● 宅建業者が売主となる宅地・建物の売買契約に限られる（賃貸借契約や売主が宅建業者でない売買契約は対象外）。

● 宅建業者の事務所や事務所に準ずる場所（下記参照）以外での契約に限られる。

〈クーリング・オフの適用対象外となる場所〉
- ・宅建業者の事務所
- ・継続的に業務を行うことができる施設を有する場所（分譲マンションのモデルルームなど）
- ・10区画以上の一団の宅地か10戸以上の一団の建物の分譲を行う案内所（ただし、テント張りや仮設小屋はクーリング・オフの対象となる）
- ・買主が、自宅か勤務先等で売買契約に関する説明を受けることを申し出た場合のその自宅または勤務先
  - ※買主の自宅や勤務先等で締結した契約については、買主が自宅または勤務先等で売買契約に関する説明を受けると申し出た場合には、クーリング・オフの対象外となる。

● 無条件解約ができなくなるのは、
(1) 宅建者から、クーリング・オフができること、およびクーリング・オフの方法について書面で告げられた日から8日間を経過したとき。
(2) 買主が物件の引渡しを受け、かつ、その代金の全部を支払ったとき。

● クーリング・オフは、書面でしなければならない（8日以内に発信すればよい）。

正解▶2

229 クーリング・オフ

5

宅建業法

[問題]　宅地建物取引業者Ａが、自ら売主として宅地建物取引業者ではない買主Ｂとの間で締結した宅地の売買契約について、Ｂが宅地建物取引業法第37条の2の規定に基づき、いわゆるクーリング・オフによる契約の解除をする場合における次の記述のうち、誤っているものはどれか。

1　Ｂは、Ａの仮設テント張りの案内所で買受けの申込みをし、2日後、Ａの事務所で契約を締結した上で代金全額を支払った。その5日後、Ｂが、宅地の引渡しを受ける前に当該契約について解除の書面を送付した場合、Ａは代金全額が支払われていることを理由に契約の解除を拒むことができる。

2　Ｂは、自らの希望により自宅近くの喫茶店において買受けの申込みをし、売買契約を締結した。当該契約に係るクーリング・オフについては、その3日後にＡから書面で告げられた場合、Ｂは、当該契約の締結日から10日後であっても契約の解除をすることができる。

3　Ｂは、Ａの仮設テント張りの案内所で買受けの申込みをし、Ａの事務所でクーリング・オフについて書面で告げられ、その日に契約を締結した。この書面の中で、クーリング・オフによる契約の解除ができる期間を14日間としていた場合、Ｂは、当該契約の締結日から10日後であっても契約の解除をすることができる。

4　Ｂは、売買契約締結後に速やかに建物建築工事請負契約を締結したいと考え、自ら指定した宅地建物取引業者であるハウスメーカー（Ａから当該宅地の売却について代理又は媒介の依頼は受けていない。）の事務所で買受けの申込み及び売買契約の締結をし、その際、クーリング・オフについて書面で告げられた。その6日後、Ｂが当該契約について解除の書面を送付した場合、Ａは契約の解除を拒むことができない。

[解答]　1　誤り。**仮設テント張りの案内所**は、クーリング・オフの対象となる事務所等以外の場所に該当し（法37条の2第1項1号、則16条の5第1号ロ）、仮設テント張りの案内所で買受けの申込みをした買主Ｂは、売主である宅建業者Ａから宅地の引渡しを受けるまでは、いつでも申込みの撤回等をすることができる（同条1項2号）。Ａは、代金金額が支払われていることを理由に契約

の解除を拒むことができない。

2　正しい。事務所等以外の場所である喫茶店で買受けの申込みをした買主Bは、売主である宅建業者Aから、クーリング・オフについて書面による告知を受けた日から**8日以内**であれば、契約の解除をすることができる。

3　正しい。クーリング・オフ期間を14日間とする特約は、**買主に有利**なものなので有効であり（法37条の2第4項）、Bは契約の締結日から10日後であっても契約の解除をすることができる。

4　正しい。宅建業者であっても、宅地の売却について代理または媒介の依頼を受けていないハウスメーカーの事務所は、**事務所等以外の場所**に該当する（則16条の5第1号）。したがって、Bは、クーリング・オフについて書面で告げられた日から8日間以内であれば契約を解除することができ、Aは、契約の解除を拒むことができない。

正解▶1

230 クーリング・オフ

CHECK ☐☐☐☐☐　出題頻度 ■■■■■　難易度 ★★★★　令和３年⑩

5
宅建業法

[問題] 宅地建物取引業者Ａが、自ら売主として、宅地建物取引業者Ｂの媒介により、宅地建物取引業者ではないＣを買主とするマンションの売買契約を締結した場合における宅地建物取引業法第37条の２の規定に基づくいわゆるクーリング・オフについて告げるときに交付すべき書面（以下この問において「告知書面」という。）に関する次の記述のうち、正しいものはどれか。

1　告知書面には、クーリング・オフによる買受けの申込みの撤回又は売買契約の解除があったときは、Ａは、その買受けの申込みの撤回又は売買契約の解除に伴う損害賠償又は違約金の支払を請求することができないことを記載しなければならない。

2　告知書面には、クーリング・オフについて告げられた日から起算して８日を経過するまでの間は、Ｃが当該マンションの引渡しを受け又は代金の全部を支払った場合を除き、書面によりクーリング・オフによる買受けの申込みの撤回又は売買契約の解除を行うことができることを記載しなければならない。

3　告知書面には、Ｃがクーリング・オフによる売買契約の解除をするときは、その旨を記載した書面がＡに到達した時点で、その効力が発生することを記載しなければならない。

4　告知書面には、Ａ及びＢの商号又は名称及び住所並びに免許証番号を記載しなければならない。

[解答]　1　正しい。告知書面には、契約の解除に伴う**損害賠償**または**違約金の支払い**を請求することはできないことを記載しなければならない（法37条の２第１項、則16条の６第４号）。

2　誤り。クーリング・オフができなくなるのは、「宅地建物の**引渡し**を受け、かつ、**代金の全部**を支払ったとき」である（法37条の２第１項２号、則16条の６第３号）。

3　誤り。クーリング・オフの意思表示は、**書面を発した時**にその効力を生じるとされている（法37条の２第２項、則16条の６第５号）

4　誤り。売主Ａの商号または名称および住所ならびに免許証番号は、告知書面の記載事項となるが、取引を媒介するＢの商号については、告知書面に記載する必要はない（則16条の６第２号）

正解 ▶ 1

231 クーリング・オフ

CHECK ☐☐☐☐☐　　出題頻度 ●●●●●　　難易度 ★★★　　令和4年

[問題] 宅地建物取引業者が自ら売主となる宅地の売買契約について、買受けの申込みを喫茶店で行った場合における宅地建物取引業法第37条の2の規定に基づくいわゆるクーリング・オフに関する次の記述のうち、正しいものはどれか。

1　買受けの申込みをした者が、売買契約締結後、当該宅地の引渡しを受けた場合、クーリング・オフによる当該売買契約の解除を行うことができない。

2　買受けの申込みをした者が宅地建物取引業者であった場合、クーリング・オフについて告げられていなくても、申込みを行った日から起算して8日を経過するまでは、書面により買受けの申込みの撤回をすることができる。

3　売主業者の申出により、買受けの申込みをした者の勤務先で売買契約を行った場合、クーリング・オフによる当該売買契約の解除を行うことはできない。

4　クーリング・オフによる売買契約の解除がなされた場合において、宅地建物取引業者は、買受けの申込みをした者に対し、速やかに、当該売買契約の締結に際し受領した手付金その他の金銭を返還しなければならない。

[解答]　1　誤り。クーリング・オフによる契約の解除を行うことができなくなるのは、宅地建物の**引渡し**を受け、かつ、その**代金の全部**を支払ったときである（法37条の2第1項2号）。

2　誤り。クーリング・オフの規定は、**業者間取引**には適用されない（法78条2項）。

3　誤り。クーリング・オフによる契約の解除を行うことができなくなるのは、宅建業者の**相手方の申出**により、相手方の勤務先で売買契約を行った場合である。売主業者の申出による場合は、クーリング・オフによる当該売買契約の解除を行うことができる（則16条の5第2号）。

4　正しい。申込みの撤回等が行われた場合、宅建業者は、申込者等に対し、速やかに、受領した手付金その他の金銭を**返還**しなければならない（法37条の2第3項）。

正解 ▶ 4

232 クーリング・オフ

5

宅建業法

[問題]　宅地建物取引業者Ａが、自ら売主として、宅地建物取引業者ではない買主Ｂから宅地の買受けの申込みを受けた場合における宅地建物取引業法第37条の２の規定に基づくいわゆるクーリング・オフに関する次の記述のうち、正しいものはどれか。

1　Ａは、仮設テント張りの案内所でＢから買受けの申込みを受けた際、以後の取引について、その取引に係る書類に関してＢから電磁的方法で提供をすることについての承諾を得た場合、クーリング・オフについて電磁的方法で告げることができる。

2　Ａが、仮設テント張りの案内所でＢから買受けの申込みを受けた場合、Ｂは、クーリング・オフについて告げられた日から８日以内に電磁的方法により当該申込みの撤回を申し出れば、申込みの撤回を行うことができる。

3　Ａが、Ａの事務所でＢから買受けの申込みを受けた場合、Ｂは、申込みの日から８日以内に電磁的方法により当該申込みの撤回を申し出れば、申込みの撤回を行うことができる。

4　Ａが、売却の媒介を依頼している宅地建物取引業者Ｃの事務所でＢから買受けの申込みを受けた場合、Ｂは、申込みの日から８日以内に書面により当該申込みの撤回を申し出ても、申込みの撤回を行うことができない。

[解答]　1　誤り。宅建業者から買主へのクーリング・オフに関する告知は、電磁的方法でなく**書面**で行わなければならない（法37条の２第１項）。

2　誤り。買主からのクーリング・オフの通知は、**書面**により行う必要がある。

3　誤り。売主である宅建業者Ａの事務所で買受けの申込みをした場合には、クーリング・オフの対象外となる。

4　正しい。売主である宅建業者Ａから媒介を依頼されている宅建業者Ｃの事務所で買受けの申込みを行った場合には、クーリング・オフの対象外となる（則16条の５第１号ハ）。

正解▶4

233 業務に関する規制

CHECK ☐☐☐☐☐　出題頻度 ●●●●●　難易度 ★★★　令和３年⑫

問題　宅地建物取引業者Ａが、自ら売主として、宅地建物取引業者ではないＢとの間で建物の売買契約を締結する場合における次の記述のうち、宅地建物取引業法の規定によれば、正しいものはどれか。

1　ＡＢ間で建物の売買契約を締結する場合において、当事者の債務の不履行を理由とする契約の解除に伴う損害賠償の額についての特約を、代金の額の10分の２を超えて定めた場合、当該特約は全体として無効となる。

2　ＡＢ間で建築工事完了前の建物の売買契約を締結する場合において、ＡがＢから保全措置が必要となる額の手付金を受領する場合、Ａは、事前に、国土交通大臣が指定する指定保管機関と手付金等寄託契約を締結し、かつ、当該契約を証する書面を買主に交付した後でなければ、Ｂからその手付金を受領することができない。

3　ＡＢ間で建物の売買契約を締結する場合において、Ａは、あらかじめＢの承諾を書面で得た場合に限り、売買代金の額の10分の２を超える額の手付を受領することができる。

4　ＡＢ間で建築工事完了前の建物の売買契約を締結する場合において、売買代金の10分の２の額を手付金として定めた場合、Ａが手付金の保全措置を講じていないときは、Ｂは手付金の支払を拒否することができる。

解答　1　誤り。宅建業者が自ら売主となる宅地建物の売買契約において、当事者の債務の不履行を理由とする契約の解除に伴う損害賠償の額を予定し、または違約金を定めるときは、これらを合算した額が代金の額の10分の２を超えることとなる定めをしてはならないが、無効となるのは**代金の額の10分の２を超える部分**である（法38条）。

2　誤り。未完成物件は、**指定保管機関**による手付金等寄託契約が認められていない（法41条１項）。

3　誤り。宅建業者は、自ら売主となる宅地建物の売買契約の締結に際して、代金の額の**10分の２**を超える額の手付を受領することができない（39条１項）。

4　正しい。未完成物件の売買の場合、代金額の**100分の５**を超える手付金等は、**保全措置**を講じた後でないと受け取ることができず、買主Ｂは、Ａが手付金の保全措置を講じていないときは、手付金の支払いを拒否することができる（法41条４項）。

正解▶4

234 業務に関する規制

5

宅建業法

[問題]　宅地建物取引業者Ａが、自ら売主として、宅地建物取引業者ではないＢとの間で建物の売買契約を締結する場合における次の記述のうち、宅地建物取引業法（以下この問において「法」という。）の規定によれば、正しいものはどれか。

1　ＡＢ間の建物の売買契約において、Ｂが当該契約の履行に着手した後においては、Ａは、契約の締結に際してＢから受領した手付金の倍額をＢに現実に提供したとしても、契約を解除することはできない。

2　ＡＢ間の建物の売買契約における「法第37条の２の規定に基づくクーリング・オフによる契約の解除の際に、当該契約の締結に際しＡがＢから受領した手付金は返還しない」旨の特約は有効である。

3　ＡＢ間の建物の割賦販売の契約において、Ｂからの賦払金が当初設定していた支払期日までに支払われなかった場合、Ａは直ちに賦払金の支払の遅滞を理由として当該契約を解除することができる。

4　ＡＢ間で工事の完了前に当該工事に係る建物（代金5,000万円）の売買契約を締結する場合、Ａは、法第41条に定める手付金等の保全措置を講じた後でなければ、Ｂから200万円の手付金を受領してはならない。

解答　1　正しい。宅建業者が、自ら売主となる宅地建物の売買契約において、手付を受領したときは、**相手方が履行に着手するまで**、買主は手付を放棄し、宅建業者は手付の倍額を提供することで、契約を解除することができるが、相手方が契約の履行に着手した後は、契約を解除することはできない（法39条2項）。

2　誤り。**クーリング・オフによる契約解除**が行われた場合、宅建業者は、買主が支払った手付金その他の金銭の全額を、遅滞なく返還しなければならないが、買主に不利な特約は**無効**となる（法37条の2第3項・4項）。

3　誤り。賦払金の支払義務が履行されない場合、**30日以上の相当の期間を定めて**支払いを**書面で催告**し、その期間内にその義務が履行されないときでなければ、契約を解除することはできず、支払時期の到来していない賦払金の支払いを請求することもできない（法42条1項）。

4　誤り。**未完成物件**の場合、5,000万円×5％＝250万円を超える手付金等を受領する場合に保全措置の対象となる（法41条1項）。

235 業務に関する規制

CHECK ☐☐☐☐☐　出題頻度 ★★★★★　難易度 ★★★　令和4年

[問題] 宅地建物取引業者Aが、自ら売主として行う売買契約に関する次の記述のうち、宅地建物取引業法の規定によれば、誤っているものはどれか。なお、買主は宅地建物取引業者ではないものとする。

1　Aが、宅地又は建物の売買契約に際して手付を受領した場合、その手付がいかなる性質のものであっても、Aが契約の履行に着手するまでの間、買主はその手付を放棄して契約の解除をすることができる。

2　Aが、土地付建物の売買契約を締結する場合において、買主との間で、「売主は、売買物件の引渡しの日から1年間に限り当該物件の種類又は品質に関して契約の内容に適合しない場合におけるその不適合を担保する責任を負う」とする旨の特約を設けることができる。

3　販売代金2,500万円の宅地について、Aが売買契約の締結を行い、損害賠償の額の予定及び違約金の定めをする場合、その合計額を500万円と設定することができる。

4　Aが建物の割賦販売を行った場合、当該建物を買主に引き渡し、かつ、代金の額の10分の3を超える額の支払を受けた後は、担保の目的で当該建物を譲り受けてはならない。

[解答]　1　正しい。宅建業者が、自ら売主となる宅地建物の売買契約の締結に際して手付を受領したときは、買主はその手付を**放棄**して、当該宅建業者はその倍額を現実に提供して、契約の解除をすることができる（法39条2項）。

2　誤り。宅建業者は、自ら売主となる宅地建物の売買契約において、その目的物が種類または品質に関して契約内容に適合しない場合における担保責任の期間について、その目的物の**引渡しの日から2年以上**となる特約をする場合を除き、民法566条の規定（不適合発見から1年以内の通知）より買主に不利となる特約をしてはならず、これに反する特約は**無効**となる（法40条）。

3　正しい。宅建業者が、自ら売主となる宅地建物の売買契約において、損害賠償の額の予定および違約金の定めをする場合、**代金の額の10分の2を超える**こととなる定めをしてはならない（法38条2項）。

4　正しい。宅建業者は、自ら売主として建物の割賦販売を行った場合には、建物を買主に引き渡し、かつ、**代金の額の10分の3を超える**額の金銭の支払いを受けた後は、担保の目的で建物を譲り受けてはならない（法43条2項）。

正解 ▶ 2

236 業務に関する規制

CHECK □□□□□　　出題頻度 ◆◆◆◆　　難易度 ★★★★★　令和２年⑩

[問題] 宅地建物取引業者Ａが、自ら売主として締結する売買契約に関する次の記述のうち、宅地建物取引業法（以下この問において「法」という。）及び民法の規定によれば、誤っているものはどれか。

1　Ａが宅地建物取引業者ではないＢとの間で締結する宅地の売買契約において、当該宅地の種類又は品質に関して契約の内容に適合しない場合におけるその不適合を担保すべき責任を負う期間をＢがその不適合を知った時から２年とする特約を定めた場合、この特約は有効である。

2　Ａが宅地建物取引業者ではないＣとの間で建築工事の完了前に締結する建物（代金5,000万円）の売買契約においては、Ａは、手付金200万円を受領した後、法第41条に定める手付金等の保全措置を講じなければ、当該建物の引渡し前に中間金300万円を受領することができない。

3　Ａが宅地建物取引業者Ｄとの間で造成工事の完了後に締結する宅地（代金3,000万円）の売買契約においては、Ａは、法第41条の２に定める手付金等の保全措置を講じないで、当該宅地の引渡し前に手付金800万円を受領することができる。

4　Ａが宅地建物取引業者ではないＥとの間で締結する建物の売買契約において、Ａは当該建物の種類又は品質に関して契約の内容に適合しない場合におけるその不適合を担保すべき責任を一切負わないとする特約を定めた場合、この特約は無効となり、Ａが当該責任を負う期間は当該建物の引渡日から２年となる。

解答　1　誤り。宅建業者は、自ら売主となる宅地建物の売買契約において、契約不適合責任に関し、**引渡しの日から２年以上**とする場合を除いて、「**不適合を知った時から１年以内に売主に通知**しなければ、売主の責任を追及することができない」という民法566条の規定より買主に不利な特約をすることはできない（法40条）。ただし、この規定は**通知期間**について定めたものであり、請求権の行使までは求められていない。**請求権の行使**については、消滅時効の一般原則（166条１項）により、買主が契約不適合を知った時から５年、または引渡しを受けた時から10年を経過するまでは契約不適合責任を負うことになる。「不適合を知った時から２年」というのは、**買主に不利な特約**なので無効とな

る。

2　正しい。工事完了前の場合、**売買代金の額の5％**を超える手付金等を受領するときには、保全措置を講じなければならない（法41条1項）。200万円は、売買代金の額の5％（250万円）以下なので、保全措置を講じる必要はない。

3　正しい。宅建業者は、自ら売主となる宅地建物の売買契約において、**売買代金の額の20％**（600万円）を超える額の手付金を受領することができず（法39条）、工事完了後の場合、**売買代金の額の10％**を超える手付金等を受領するときには、保全措置を講じなければならない（41条の2第1項）が、これらの規定は**業者間取引**には適用されない（法78条2項）ので、手付金800万円を受領することができる。

4　誤り。「不適合を担保すべき責任を一切負わない」とする特約は、民法の規定よりも**買主に不利な特約**なので、無効となる。この場合は、民法566条の規定が適用される。

5
宅建業法

237 手付金の保全措置

5
宅建業法

> [問題]　宅地建物取引業者Ａが、自ら売主として、宅地建物取引業者ではない個人Ｂとの間で宅地の売買契約を締結する場合における手付金の保全措置に関する次の記述のうち、宅地建物取引業法の規定によれば、正しいものはどれか。なお、当該契約に係る手付金は保全措置が必要なものとする。
> 1　Ａは、Ｂから手付金を受領した後に、速やかに手付金の保全措置を講じなければならない。
> 2　Ａは、手付金の保全措置を保証保険契約を締結することにより講ずる場合、保険期間は保証保険契約が成立した時から宅地建物取引業者が受領した手付金に係る宅地の引渡しまでの期間とすればよい。
> 3　Ａは、手付金の保全措置を保証保険契約を締結することにより講ずる場合、保険事業者との間において保証保険契約を締結すればよく、保険証券をＢに交付する必要はない。
> 4　Ａは、手付金の保全措置を保証委託契約を締結することにより講ずるときは、保証委託契約に基づいて銀行等が手付金の返還債務を連帯して保証することを約する書面のＢへの交付に代えて、Ｂの承諾を得ることなく電磁的方法により講ずることができる。

解答　1　誤り。手付金の保全措置は、**手付金を受領する前**に講じなければならない（法41条1項）。
2　正しい。手付金は、契約の締結日以後、物件の引渡し前に支払われる金銭であるので、保全措置は、少なくとも物件の引渡しまでの期間であることが必要である（法41条2項）。
3　誤り。手付金の保全措置の契約を締結するだけではなく、**契約を証する書面**または電磁的記録を買主Ｂに交付しなければならない（法41条1項1号・2号）。
4　誤り。書面の交付を電磁的方法による提供に代える場合には、あらかじめ書面または電磁的方法により買主Ｂの**承諾**を得る必要がある（法41条5項）。

238 業務に関する規制

CHECK □□□□□　出題頻度 ●●●●　難易度 ★★★★　令和3年⑩

[問題]　宅地建物取引業者Aが、自ら売主として宅地建物取引業者ではないBを買主とする土地付建物の売買契約（代金3,200万円）を締結する場合に関する次の記述のうち、民法及び宅地建物取引業法の規定によれば、正しいものはどれか。

1　割賦販売の契約を締結し、当該土地付建物を引き渡した場合、Aは、Bから800万円の賦払金の支払を受けるまでに、当該土地付建物に係る所有権の移転登記をしなければならない。

2　当該土地付建物の工事の完了前に契約を締結した場合、Aは、宅地建物取引業法第41条に定める手付金等の保全措置を講じなくても手付金100万円、中間金60万円を受領することができる。

3　当事者の債務の不履行を理由とする契約の解除に伴う損害賠償の予定額を400万円とし、かつ、違約金の額を240万円とする特約を定めた場合、当該特約は無効となる。

4　当事者の債務の不履行を理由とする契約の解除に伴う損害賠償の予定額を定めていない場合、債務の不履行による損害賠償の請求額は売買代金の額の10分の2を超えてはならない。

[解答]　1　誤り。宅建業者は、自ら売主として宅地建物の割賦販売を行った場合には、当該物件を相手方に引き渡すまでに、**所有権移転登記**をしなければならない。ただし、物件の引渡し後であっても、受け取った金銭の総額が**代金の3割**を超えていない場合には、所有権を留保しておくことができる（法43条1項）が、800万円は代金の3割を超えているので、所有権移転登記をしなければならない。

2　正しい。未完成物件の場合、宅建業者が受領しようとする手付金等の額が、**売買代金の額の5％**で、かつ**1,000万円以下**であるときは、手付金等の保存措置を講じる必要はない（法41条1項）。160万円はこの範囲に収まっているので、保全措置を講じなくても受領することができる。

3　誤り。宅建業者が、自ら売主となる取引において、損害賠償の予定額や違約金等の合計額が**売買代金の2割**を超えて受領することができない（法38条1項）。640万円はこの範囲に収まっているので、特約は有効である。

4　誤り。損害賠償額の予定額を定めていない場合には、民法の債務不履行の規定に基づき、**実際の損害額**を請求することができる。

正解▶2

239 秘密を守る義務

CHECK ☐☐☐☐☐　　出題頻度 ■■■　　難易度 ★★　　令和2年⑫

5
宅建業法

問題　宅地建物取引業者の守秘義務に関する次の記述のうち、宅地建物取引業法（以下この問において「法」という。）の規定によれば、正しいものはどれか。

1　宅地建物取引業者は、依頼者本人の承諾があった場合でも、秘密を他に漏らしてはならない。

2　宅地建物取引業者が、宅地建物取引業を営まなくなった後は、その業務上取り扱ったことについて知り得た秘密を他に漏らしても、法に違反しない。

3　宅地建物取引業者は、裁判の証人として、その取り扱った宅地建物取引に関して証言を求められた場合、秘密に係る事項を証言することができる。

4　宅地建物取引業者は、調査の結果判明した法第35条第1項各号に掲げる事項であっても、売主が秘密にすることを希望した場合は、買主に対して説明しなくてもよい。

解答　1　誤り。宅建業者は、正当な理由がある場合でなければ、その業務上取り扱ったことについて知り得た**秘密**を他に漏らしてはならない（法45条）。**正当な理由がある場合**とは、①法律上秘密事項を告知する義務がある場合、②本人の承諾がある場合、③取引の相手方または第三者の正当な利益を保護することが、秘密保持による当事者の利益よりも重要な場合などがある。

2　誤り。宅建業者は、宅建業を営まなくなった後であっても、同様に秘密を守らなければならない（同条）。

3　正しい。「正当な理由がある場合」には、裁判の証人として、業務上知り得た秘密事項を証言する場合も含まれる（同条）。

4　誤り。宅建業者は、売主が秘密にすることを希望した場合でも、買主に対して重要事項を説明させなければならない（法35条1項）。

正解▶3

240 報　酬

CHECK □□□□□　　出題頻度 ■■■■■　　難易度 ★★★　　令和２年⑫

[問題]　宅地建物取引業者（消費税課税事業者）が受けることができる報酬に関する次の記述のうち、宅地建物取引業法の規定によれば、誤っているものはどれか。

1　宅地建物取引業者が受けることのできる報酬は、依頼者が承諾していたとしても、国土交通大臣の定める報酬額の上限を超えてはならない。

2　宅地建物取引業者は、その業務に関し、相手方に不当に高額の報酬を要求した場合、たとえ受領していなくても宅地建物取引業法違反となる。

3　宅地建物取引業者が、事業用建物の貸借（権利金の授受はないものとする。）の媒介に関する報酬について、依頼者の双方から受けることのできる報酬の合計額は、借賃（消費税等相当額を含まない。）１か月分の1.1倍に相当する金額が上限であり、貸主と借主の負担の割合については特段の規制はない。

4　宅地建物取引業者は、依頼者の依頼によらない広告の料金に相当する額を報酬額に合算する場合は、代理又は媒介に係る報酬の限度額を超える額の報酬を依頼者から受けることができる。

[解答]　1　正しい。宅建業者が受けることのできる報酬の額は、**国土交通大臣が定める報酬告示**による。宅建業者は、この額を超えて報酬を受けてはならない（法46条）。

2　正しい。実際に受領していなくとも、**不当に高額の報酬の要求**をすれば宅建業法違反となる（法47条２号）。

3　正しい。権利金の授受がない事業用建物の貸借の媒介の場合、宅建業者が依頼者双方から受けることのできる報酬の合計額は、**借賃の１か月分の1.1倍以内**とされる（報酬告示第４）が、貸主と借主の負担の割合については特段の規制はない。

4　誤り。宅建業者が受領することができるのは、**依頼者の依頼**によって行う広告の料金に相当する額である（同告示第９）。報酬告示に定められた限度額を超える額の報酬を依頼者から受けることはできない。

　　　　　　　　　　　　　　　　　　　正解 ▶ 4

241 報　酬

5
宅建業法

[問題]　宅地建物取引業者Ａ及び宅地建物取引業者Ｂ（ともに消費税課税事業者）が受領する報酬に関する次の記述のうち、宅地建物取引業法の規定によれば、正しいものはどれか。なお、借賃には消費税等相当額を含まないものとする。

1　Ａは売主から代理の依頼を、Ｂは買主から媒介の依頼を、それぞれ受けて、代金5,000万円の宅地の売買契約を成立させた場合、Ａは売主から343万2,000円、Ｂは買主から171万6,000円、合計で514万8,000円の報酬を受けることができる。

2　Ａが単独で行う居住用建物の貸借の媒介に関して、Ａが依頼者の一方から受けることができる報酬の上限額は、当該媒介の依頼者から報酬請求時までに承諾を得ている場合には、借賃の1.1か月分である。

3　Ａが単独で貸主と借主の双方から店舗用建物の貸借の媒介の依頼を受け、１か月の借賃25万円、権利金330万円（権利設定の対価として支払われるもので、返還されないものをいい、消費税等相当額を含む。）の賃貸借契約を成立させた場合、Ａが依頼者の一方から受けることができる報酬の上限額は、30万8,000円である。

4　Ａが単独で行う事務所用建物の貸借の媒介に関し、Ａが受ける報酬の合計額が借賃の1.1か月分以内であれば、Ａは依頼者の双方からどのような割合で報酬を受けてもよく、また、依頼者の一方のみから報酬を受けることもできる。

[解答]　1　誤り。**土地の譲渡**は、消費税の課税の対象とはならないので、代金5,000万円をそのまま報酬額の計算に使用する。売主の**代理業者**Ａは、媒介の場合の２倍の報酬を受領することができる（報酬告示第2・第3）ので、（5,000万円×3％＋6万円）＋消費税10％＝171万6,000円の２倍343万2,000円を受けることができる。買主の媒介業者Ｂの報酬の限度額は171万6,000円であるが、複数の業者が絡む場合でも、その報酬の合計は媒介の場合の報酬限度額の２倍（すなわち代理の場合の報酬限度額）を超えることができないので、ＡとＢが受ける報酬の合計は343万2,000円以内の必要がある。

2　誤り。宅地建物の貸借の媒介報酬の限度額は、借賃（税別）の1月分の1.1

倍であり、居住用建物の場合は、依頼者の一方から受けることのできる報酬の額は1月分の0.55倍以内とされているが、**媒介の依頼を受けるにあたって依頼者から承諾を得ている場合**には、借賃の1.1か月分を受けることができる（報酬告示第4）。「報酬請求時までに」承諾を得るのではない。

3　誤り。**店舗用建物**（居住用建物以外）の賃貸借の場合、**権利金の額**を売買代金の額とみなして計算することもできる（報酬告示第6）。借賃をもとに計算すると、貸主・借主から合わせて**借賃（税別）の1月分の1.1倍**を報酬として受けることができるので、報酬の上限額は27万5,000円である。権利金をもとにした場合は、権利金330万円から消費税分を差し引いた本体価格で計算する。（200万円×5.5％）＋（100万円×4.4％）＝15万4,000円が、依頼者の一方から受けることができる報酬の限度額であり、30万8,000円を受領することはできない。

4　正しい。**事務所用建物**の賃貸借の媒介では、依頼者の双方から受領することができる報酬額の上限は、**借賃の1月分の1.1倍**である。貸主・借主のどちらからどのような割合で受領しても構わないし、一方のみから報酬を受領することもできる。

242 報　酬

CHECK □□□□□　　出題頻度 ■■■■■　　難易度 ★★★★★　令和5年

[問題]　宅地建物取引業者A（消費税課税事業者）は貸主Bから建物の貸借の媒介の依頼を受け、宅地建物取引業者C（消費税課税事業者）は借主Dから建物の貸借の媒介の依頼を受け、BとDとの間で、1か月分の借賃を12万円（消費税等相当額を含まない。）とする賃貸借契約（以下この問において「本件契約」という。）を成立させた場合における次の記述のうち、宅地建物取引業法の規定に違反するものはいくつあるか。

ア　本件契約が建物を住居として貸借する契約である場合に、Cは、媒介の依頼を受けるに当たってDから承諾を得ないまま、132,000円の報酬を受領した。

イ　AはBから事前に特別な広告の依頼があったので、依頼に基づく大手新聞掲載広告料金に相当する額をBに請求し、受領した。

ウ　CはDに対し、賃貸借契約書の作成費を、Dから限度額まで受領した媒介報酬の他に請求して受領した。

エ　本件契約が建物を事務所として貸借する契約である場合に、報酬として、AはBから132,000円を、CはDから132,000円をそれぞれ受領した。

1　一つ
2　二つ
3　三つ
4　四つ

[解答]　ア　違反する。居住用建物の賃貸借の媒介では、依頼者の双方から受領できる報酬は、（借賃の1月分＋消費税）の半分以内であるが、承諾を得ていないので、一方から132,000円を受領することはできない（報酬告示第4）。

イ　違反しない。依頼者の**依頼**によって行う広告料金については、法定の報酬限度額とは別にその**実費**を受領することができる（報酬告示第9）。

ウ　違反する。媒介により成立した契約について契約書を作成するのは媒介業務の一部である。宅建業者は、報酬とは別に**賃貸借契約書の作成費**を受領することはできない。

エ　違反する。貸借の媒介では、依頼者双方から受領できる報酬の合計は（借賃の1月分＋消費税）以下とされている。（報酬告示第4）。

以上により、違反するものはア、ウ、エの三つである。

　　　　　　　　　　　　　　　　　　　　　　　　正解▶3

243 報　酬

CHECK ☐☐☐☐☐　　出題頻度 ■■■■■　　難易度 ★★★★★　令和3年⑫

問題　宅地建物取引業者A（消費税課税事業者）が貸主Bから建物の貸借の代理の依頼を受け、宅地建物取引業者C（消費税課税事業者）が借主Dから媒介の依頼を受け、BとDとの間で賃貸借契約を成立させた場合における次の記述のうち、宅地建物取引業法の規定によれば、誤っているものはいくつあるか。なお、1か月分の借賃は8万円とし、借賃及び権利金（権利設定の対価として支払われる金銭であって返還されないものをいう。）には、消費税等相当額を含まないものとする。

ア　建物を住居として貸借する場合、Cは、媒介の依頼を受けるに当たってDから承諾を得ているときを除き、44,000円を超える報酬をDから受領することはできない。

イ　建物を店舗として貸借する場合、AがBから受領する報酬とCがDから受領する報酬の合計額は88,000円を超えてはならない。

ウ　建物を店舗として貸借する場合、200万円の権利金の授受があるときは、A及びCが受領できる報酬の額の合計は、110,000円を超えてはならない。

エ　Aは、Bから媒介報酬の限度額まで受領する他に、Bの依頼によらない通常の広告の料金に相当する額を別途受領することができる。

1　一つ
2　二つ
3　三つ
4　四つ

解答　ア　正しい。**居住用建物の貸借**の媒介の場合、依頼者の承諾を得ている場合を除き、**借賃の1か月分の0.55倍**（44,000円）を超える報酬を受け取ることはできない（報酬告示第4）。

イ　正しい。賃貸の場合に依頼者から受けることができる報酬の合計額は、借賃の1か月分の1.1倍（88,000円）に相当する金額を超えることはできない（報酬告示第4・第5）。

ウ　誤り。居住用建物を除く宅地建物の賃貸借で、返還されない**権利金**の授受がある場合には、当該権利金の額を売買代金とみなして計算することができる

（報酬告示第6）。借賃の1か月分の金額をもとにした報酬限度額（88,000円）と、権利金の額を売買代金の額とみなして計算した報酬限度額を比べて、金額が高いほうを報酬限度額とすることができる。この場合、代理業者Aの報酬は200万円×5％×1.1＝110,000円の2倍である220,000円、媒介業者Cは110,000円となるが、貸主・借主の双方から報酬を受ける場合には、AおよびCが受領できる報酬の額の合計は220,000円を超えることができない。したがって、220,000円がこの場合の報酬限度額となる。

エ　誤り。広告料金を受けることができるのは、**依頼者からの依頼**によって行うものに限られる（報酬告示第9）。

以上により、誤っているものはウ、エの二つである。

正解▶2

244 報 酬

CHECK □□□□□　出題頻度 ■■■■■　難易度 ★★★★　令和３年⑩

[問題] 宅地建物取引業者Ａ（消費税課税事業者）が受け取ることができる報酬額についての次の記述のうち、宅地建物取引業法の規定によれば、正しいものはどれか。

1　居住の用に供する建物（１か月の借賃20万円。消費税等相当額を含まない。）の貸借であって100万円の権利金の授受があるものの媒介をする場合、依頼者双方から受領する報酬の合計額は11万円を超えてはならない。

2　宅地（代金1,000万円。消費税等相当額を含まない。）の売買について、売主から代理の依頼を受け、買主から媒介の依頼を受け、売買契約を成立させて買主から303,000円の報酬を受領する場合、売主からは489,000円を上限として報酬を受領することができる。

3　宅地（代金300万円。消費税等相当額を含まない。）の売買の媒介について、通常の媒介と比較して現地調査等の費用が６万円（消費税等相当額を含まない。）多く要した場合、依頼者双方から合計で44万円を上限として報酬を受領することができる。

4　店舗兼住宅（１か月の借賃20万円。消費税等相当額を含まない。）の貸借の媒介をする場合、依頼者の一方から受領する報酬は11万円を超えてはならない。

[解答]　1　誤り。権利金の授受がある賃貸借の場合には、権利金の額を売買代金の額とみなすことができるが、**居住用建物**は除かれている（報酬告示第６）。貸借の媒介については、**借賃の１月分の1.1倍**が、依頼者の双方から受ける報酬の限度とされているので、22万円まで受け取ることができる（報酬告示第４）。

2　正しい。買主（媒介）から受け取ることができる報酬額は、（1,000万円×3％＋６万円）×1.1＝39万6,000円、売主（代理）から受け取ることができる報酬額は、39万6,000円×２＝79万2,000円であり、依頼者の双方から受け取る報酬額は79万2,000円を超えてはならないこととされている（報酬告示第２、第３）。

3　誤り。400万円以下の宅地建物の場合、通常と比較して**現地調査等の費用**を要するときには、その費用を売主から受け取る報酬に上乗せして受領することができるが、18万円×1.1＝19万8,000円が上限となる（報酬告示第７・第８）。買主からは200万円×5.5/100＋100万円×4.4/100＝15万4,000円までしか受領できないので、依頼者双方から受領できる限度額は35万2,000円である。

4　誤り。居住用建物の貸借の媒介の場合には、依頼者から承諾を得ている場合を除き、依頼者の一方から受領できる金額は、借賃の１か月分の0.55倍以内である。しかしこの規定は、**店舗兼住宅**の場合には適用されない。

正解▶2

245 報 酬

CHECK ☐☐☐☐☐　出題頻度 ■■■■■　難易度 ★★★　令和４年

[問題]　宅地建物取引業者Ａ（消費税課税事業者）が受け取ることができる報酬についての次の記述のうち、宅地建物取引業法の規定によれば、正しいものはどれか。

1　Ａが、Ｂから売買の媒介を依頼され、Ｂからの特別の依頼に基づき、遠隔地への現地調査を実施した。その際、当該調査に要する特別の費用について、Ｂが負担することを事前に承諾していたので、Ａは媒介報酬とは別に、当該調査に要した特別の費用相当額を受領することができる。

2　Ａが、居住用建物について、貸主Ｂから貸借の媒介を依頼され、この媒介が使用貸借に係るものである場合は、当該建物の通常の借賃をもとに報酬の限度額が定まるが、その算定に当たっては、不動産鑑定業者の鑑定評価を求めなければならない。

3　Ａが居住用建物の貸主Ｂ及び借主Ｃの双方から媒介の依頼を受けるに当たって、依頼者の一方から受けることのできる報酬の額は、借賃の1か月分の0.55倍に相当する金額以内である。ただし、媒介の依頼を受けるに当たって、依頼者から承諾を得ている場合はこの限りではなく、双方から受けることのできる報酬の合計額は借賃の1か月分の1.1倍に相当する金額を超えてもよい。

4　Ａは、土地付建物について、売主Ｂから媒介を依頼され、代金300万円（消費税等相当額を含み、土地代金は80万円である。）で契約を成立させた。現地調査等の費用については、通常の売買の媒介に比べ５万円（消費税等相当額を含まない。）多く要する旨、Ｂに対して説明し、合意の上、媒介契約を締結した。この場合、ＡがＢから受領できる報酬の限度額は20万200円である。

[解答]　1　正しい。**依頼者の特別の依頼**によって行う、①広告料金に相当する額、②遠隔地における現地調査や空家の特別な調査等に要する実費の費用に相当する額は、仮に取引が不成立に終わっても請求することができる（報酬告示第９、国土交通省「宅地建物取引業法の解釈・運用の考え方」）。

2　誤り。貸借の媒介が使用貸借にかかるものである場合においては、当該**宅地建物の通常の借賃**をもとに報酬の限度額が定まる（報酬告示第４）。「宅地建物

の通常の借賃」とは、当該宅地建物が賃貸借される場合に通常定められる適正かつ客観的な賃料を指すものであり、その算定に当たっては、必要に応じて不動産鑑定業者の鑑定評価を求めることとする（「宅地建物取引業法の解釈・運用の考え方」）とされているが、その算定に当たって、必ず不動産鑑定業者の鑑定評価を求めなければならないわけではない。

3　誤り。**居住用建物の貸借の媒介**に関しては、依頼者の承諾を得ている場合を除いて、**借賃の 1 か月分の0.55倍**に相当する金額以内であるが、**宅地建物の貸借の媒介**に関して依頼者の一方から受けることのできる報酬の額の合計額は、**借賃の 1 か月分の1.1倍**に相当する金額が限度とされている（報酬告示第 4 ）。1 か月分の1.1倍に相当する金額を超えることはできない。

4　誤り。代金300万円のうち、土地代金は80万円（消費税非課税）、建物代金は本体価格200万円なので、土地付建物の本体代金は280万円。報酬額の上限は200万円×5.5/100＋80万円×4.4/100＝14万5,200円で、これに**現地調査等の費用**5 万5,000円を加えると20万200円となるが、400万円以下の宅地建物の媒介については、18万円×1.1＝198,000円が、AがBから受領できる報酬（税込）の上限となる（報酬告示第 7 ）。

5

宅建業法

246 業務に関する規制

CHECK ☐☐☐☐☐　　出題頻度 ◆◆◆◆　　難易度 ★★★　　令和２年⑫

> 問題　次の記述のうち、宅地建物取引業法の規定によれば、正しいものは
> どれか。
> 1　宅地建物取引業者は、建物の売買に際し、買主に対して売買代金の貸
> 　借のあっせんをすることにより、契約の締結を誘引してはならない。
> 2　宅地建物取引士は、自ら役員を務める宅地建物取引業者が宅地建物取
> 　引業に関し不正な行為をし、情状が特に重いことにより免許を取り消さ
> 　れた場合、宅地建物取引士の登録を消除されることとなる。
> 3　宅地建物取引業者は、建築工事完了前の賃貸住宅について、借主とし
> 　て貸借の契約を締結してはならない。
> 4　宅地建物取引業者は、10区画以上の一団の宅地の分譲を行う案内所を
> 　設置し、当該案内所において売買の契約の締結をし、又は契約の申込み
> 　を受ける場合は、当該案内所にその業務に関する帳簿を備え付けなけれ
> 　ばならない。

解答　1　誤り。**手付**について貸付けその他**信用の供与**をすることにより契約の
締結を誘引する行為は禁じられている（法47条３号）が、買主に対して売買代
金の貸借のあっせんをすることは禁止されていない。
2　正しい。宅建士は、自ら役員を務める宅建業者が宅建業に関し**不正な行為**を
し、情状が特に重いことにより**免許**を取り消された場合には、**登録**を消除され
る（法18条１項３号、21条２号、22号２号）。
3　誤り。宅地建物を自ら**貸借**する行為は宅建業に該当しないので、建築工事完
了前の賃貸住宅について、借主として貸借契約を締結することができる（法２
条２号）。
4　誤り。宅建業者は、その事務所ごとに、その**業務に関する帳簿**を備えなけれ
ばならないが、案内所に備えることは義務付けられていない。
（法49条）。

正解▶2

247 業務に関する禁止事項

CHECK ☐☐☐☐☐　　出題頻度 ■■■■　　難易度 ★★★　　令和3年⑩

[問題]　宅地建物取引業者の業務に関する次の記述のうち、宅地建物取引業法の規定に違反するものはいくつあるか。

ア　マンションの販売に際して、買主が手付として必要な額を持ち合わせていなかったため、手付を分割受領することにより、契約の締結を誘引した。

イ　宅地の売買に際して、相手方が「契約の締結をするかどうか明日まで考えさせてほしい」と申し出たのに対し、事実を歪めて「明日では契約締結できなくなるので、今日しか待てない」と告げた。

ウ　マンション販売の勧誘を電話で行った際に、勧誘に先立って電話口で宅地建物取引業者の商号又は名称を名乗らずに勧誘を行った。

エ　建物の貸借の媒介に際して、賃貸借契約の申込みをした者がその撤回を申し出たが、物件案内等に経費がかかったため、預り金を返還しなかった。

1　一つ
2　二つ
3　三つ
4　四つ

[解答]　ア　違反する。宅建業者が、手付の貸付け、手付の分割払いなど**信用を供与**することにより契約を誘引する行為は禁止されている（法47条3号）。

イ　違反する。契約の勧誘に際し、正当な理由なく、当該契約を締結するかどうかを**判断するために必要な時間**を与えることを拒むことは禁止されている（法47条の2第3項、則16条の12第1号ロ）。

ウ　違反する。勧誘に先立って、商号または名称、勧誘者の氏名、勧誘の目的を相手方に告げずに、勧誘を行うことは禁止されている（同条1号ハ）。

エ　違反する。相手方が契約の申込みの撤回を申し出たが、正当な理由なく、すでに受領した**預り金の返還**を拒むことは禁止されている（同条2号）。

以上により、ア〜エの四つすべてが違反する。

248 業務に関する禁止事項ほか

CHECK ☐☐☐☐☐ 　出題頻度 ■■■■□ 　難易度 ★★■■■ 　令和5年

[問題] 宅地建物取引業者Aの業務に関する次の記述のうち、宅地建物取引業法（以下この問において「法」という。）の規定に違反するものはいくつあるか。

ア 　Aの従業員Bが、Cが所有する戸建住宅の買取りを目的とした訪問勧誘をCに対して行ったところ、Cから「契約の意思がないので今後勧誘に来ないでほしい」と言われたことから、後日、Aは、別の従業員Dに同じ目的で訪問勧誘を行わせて、当該勧誘を継続した。

イ 　Aの従業員Eは、Fが所有する戸建住宅の買取りを目的とした電話勧誘をFに対して行った際に、不実のことと認識しながら「今後5年以内にこの一帯は再開発されるので、急いで売却した方がよい。」と説明した。

ウ 　Aの従業員Gは、Hが所有する戸建住宅の買取りを目的とした電話勧誘をHに対して行おうと考え、23時頃にHの自宅に電話をかけ、勧誘を行い、Hの私生活の平穏を害し、Hを困惑させた。

エ 　Aは、Jとの間でJが所有する戸建住宅を買い取る売買契約を締結し、法第37条の規定に基づく書面をJに交付したが、Aの宅地建物取引士に、当該書面に記名のみさせ、押印させることを省略した。

1 　一つ
2 　二つ
3 　三つ
4 　四つ

[解答] ア 　違反する。相手方等が当該契約を締結しない旨の意思（勧誘を引き続き受けることを希望しない旨の意思を含む）を表示したにもかかわらず、当該勧誘を継続することは禁じられている（則16条の11第1号ニ）。

イ 　違反する。契約の勧誘の際に、相手方の判断に重要な影響を及ぼす事項について、故意に事実を告げず、事実ではないことを告げる行為は禁じられている（法47条1号）。また、正当な理由なく、当該契約を締結するかどうかを判断するために必要な時間を与えることを拒否することにより、契約の締結を不当に急がせる行為も禁止されている（則16条の11第1号ロ）。

ウ　違反する。深夜の勧誘や長時間の勧誘など、相手方の私生活の平穏を害する方法で勧誘を行うことは禁じられている（則16条の11第1号ヘ）。また、相手方が迷惑と感じる時間に電話し、または訪問することも禁止されている（同条1号ホ）。

エ　違反しない。令和4年5月より35条書面・37条書面への宅建士の押印義務は廃止されており、押印は省略することができる（法37条3項）。

以上により、違反するものはア、イ、ウの三つである。

正解▶3

249 業務に関する禁止事項

CHECK ☐☐☐☐☐　　出題頻度 ●●●●　　難易度 ★★★　　令和２年⑫

[問題]　宅地建物取引業法（以下この問において「法」という。）に規定する業務に関する禁止事項についての次の記述のうち、正しいものはどれか。

1　宅地建物取引業者が、マンション販売の勧誘をするに際し、相手方から購入を希望しない旨の返事があった後に、当該勧誘を継続することは法に違反しない。

2　宅地建物取引業者は、契約の相手方に対して資金不足を理由に手付の貸付けを行ったが、契約締結後償還された場合は法に違反しない。

3　宅地建物取引業者は、契約の締結の勧誘をするに際し、理由の如何を問わず、相手方に対して当該契約を締結するかどうかを判断するために必要な時間を与えることを拒んではならない。

4　宅地建物取引業者は、勧誘の相手方が金銭的に不安であることを述べたため、売買代金の額を引き下げて、契約の締結を勧誘したとしても、法に違反しない。

解答　1　誤り。宅建業者の相手方から購入を希望しない旨の返事があったにもかかわらず勧誘を継続することは、**相手方等の利益の保護に欠けるもの**として禁止されている（法47条の2第3項、則16条の12第1号ニ）。

2　誤り。手付について貸付けその他**信用の供与**をすることにより契約の締結を誘引する行為は、契約締結後償還されたとしても、宅建業法に違反する（法47条3号）。

3　誤り。契約の締結の勧誘をするに際し、**正当な理由なく**、相手方に対して、当該契約を締結するかどうかを判断するために必要な時間を与えることを拒むことはできない（法47条の2第3項、則16条の12第1号ロ）。

4　正しい。**売買代金の額**を引き下げて契約の締結を勧誘しても、信用の供与には該当しないので、宅建業法に違反しない（法47条3号）

正解▶4

250 業務に関する規制

[問題]　次の記述のうち、宅地建物取引業者Aが行う業務に関して宅地建物取引業法の規定に違反するものはいくつあるか。

ア　建物の貸借の媒介に際して、賃借の申込みをした者がその撤回を申し出たので、Aはかかった諸費用を差し引いて預り金を返還した。

イ　Aは、売主としてマンションの売買契約を締結するに際して、買主が手付として必要な額を今すぐには用意できないと申し出たので、手付金の分割払いを買主に提案した。

ウ　Aは取引のあったつど、その年月日やその取引に係る宅地又は建物の所在及び面積その他必要な記載事項を帳簿に漏らさず記載し、必要に応じて紙面にその内容を表示できる状態で、電子媒体により帳簿の保存を行っている。

エ　Aはアンケート調査を装ってその目的がマンションの売買の勧誘であることを告げずに個人宅を訪問し、マンションの売買の勧誘をした。

1　一つ
2　二つ
3　三つ
4　四つ

[解答]　ア　**違反する。**契約の申込みの撤回を行う際に、すでに受領した**預り金の返還を拒むこと**は禁じられている（則16条の11第2号）。

イ　**違反する。**手付について貸付けその他**信用の供与**をすることにより契約の締結を誘引する行為は禁じられている（法47条3号）。手付の分割受領も、信用の供与に該当する（「宅地建物取引業法の解釈・運用の考え方」）。

ウ　**違反しない。**帳簿は**事務所ごと**に備え、取引のあったつど所定の事項を記載しなければならない（法49条）。帳簿は、必要に応じてその事務所で明確に紙面に表示できることを条件として、コンピュータ内のファイルまたは電磁的記録媒体に記録することもできる（則18条2項）。

エ　**違反する。**勧誘に先立って、商号・名称、勧誘を行う者の氏名、勧誘をする目的である旨を告げずに、勧誘を行うことは禁じられている（則16条の11第1号ハ）。

以上により、違反するものはア、イ、エの三つである。

正解▶3

5　宅建業法

251 業務に関する規制

[問題]　次の記述のうち、宅地建物取引業法（以下この問において「法」という。）の規定によれば、正しいものはどれか。

1　宅地建物取引業者の従業者である宅地建物取引士は、取引の関係者から事務所で従業者証明書の提示を求められたときは、この証明書に代えて従業者名簿又は宅地建物取引士証を提示することで足りる。

2　宅地建物取引業者Aが所有する甲建物を法人Bに売却するに当たり、Bが宅地建物取引業者であるか否かにかかわらず、AはBに対し、宅地建物取引士をして、法第35条の規定に基づく書面を交付し説明をさせなければならない。

3　法人Cが所有する乙建物の個人Dへの賃貸を宅地建物取引業者Eが媒介し、当該賃貸借契約が成立したときは、EはDに対し、宅地建物取引士をして、法第35条の規定に基づく書面を交付し説明をさせなければならない。

4　宅地建物取引業者Fが所有する丙宅地を法人Gに売却する契約を締結したとき、Gが宅地建物取引業者であるか否かにかかわらず、FはGに対し、法第37条の規定に基づく書面を交付しなければならない。

[解答]　1　誤り。宅建業者は、従業者に**従業者証明書**を携帯させなければ、その者をその業務に従事させてはならず、従業者は、取引の関係者の請求があったときは、従業者証明書を提示しなければならない（法48条）。

2　誤り。宅地建物の取得者または借主となる者が宅建業者である場合における重要事項の説明については、説明を要せず、重要事項を記載した**書面の交付**のみで足りる（宅建士の記名は必要。同条6項・7項）。

3　誤り。重要事項の説明は、**契約が成立するまでの間**に行わなければならない（同条1項）。

4　正しい。宅建業者が、自ら売主となって契約を締結したときは、業者間取引の場合であっても、37条書面の交付は必要である。

252 従業者名簿・従業者証明書

CHECK ☐☐☐☐☐　　出題頻度 ■■■　　難易度 ★★★　　令和２年⑩

5

宅建業法

[問題] 次の記述のうち、宅地建物取引業法の規定によれば、正しいものは
どれか。

1　宅地建物取引業者は、従業者名簿の閲覧の請求があったときは、取引
の関係者か否かを問わず、請求した者の閲覧に供しなければならない。

2　宅地建物取引業者は、その業務に従事させる者に従業者証明書を携帯
させなければならず、その者が宅地建物取引士であり、宅地建物取引士
証を携帯していても、従業者証明書を携帯させなければならない。

3　宅地建物取引業者は、その事務所ごとに従業者名簿を備えなければな
らないが、退職した従業者に関する事項は、個人情報保護の観点から従
業者名簿から消去しなければならない。

4　宅地建物取引業者は、その業務に従事させる者に従業者証明書を携帯
させなければならないが、その者が非常勤の役員や単に一時的に事務の
補助をする者である場合には携帯させなくてもよい。

[解答]　1　誤り。宅建業者は、その事務所ごとに、**従業者名簿を備えなければな**
らず、取引の関係者から請求があったときは、従業者名簿をその者の閲覧に供
しなければならない（法48条３項・４項）。

2　正しい。宅建業者は、従業者に、その従業者であることを証する証明書を携
帯させなければ、その者をその業務に従事させてはならない。宅建士証を携帯
していたとしても、**従業者証明書を携帯させなければならない**（法48条１項）。

3　誤り。**従業者名簿の記載事項**は、生年月日、主たる職務内容、宅建士である
か否かの別、当該事務所の従業者となった年月日、当該事務所の従業者でなく
なったときは、その年月日であり、**最終の記載をした日から10年間保存しなけ**
ればならない（同条３項、則17条の２）。

4　誤り。**従業者証明書を携帯させるべき者の範囲**は、代表者（いわゆる社長）
を含み、かつ、非常勤の役員、単に一時的に事務の補助をする者を加えるもの
とされている（法48条１項、国土交通省「宅地建物取引業法の解釈・運用の考
え方」）。

　　　　　　　　　　　　　　　　　　　　　　　　　　　　　正解 ▶2

253 従業者名簿ほか

CHECK ☐☐☐☐☐　　出題頻度 ●●●　　難易度 ★★　　令和5年

5

宅建業法

[問題]　次の記述のうち、宅地建物取引業法の規定によれば、正しいものはどれか。

1　宅地建物取引業者は、非常勤役員には従業者であることを証する証明書を携帯させる必要はない。

2　宅地建物取引業者は、その事務所ごとに従業者名簿を備えなければならないが、取引の関係者から閲覧の請求があった場合であっても、宅地建物取引業法第45条に規定する秘密を守る義務を理由に、閲覧を拒むことができる。

3　宅地建物取引業者の従業者は、宅地の買受けの申込みをした者から請求があった場合には、その者が宅地建物取引業者であっても、その者に従業者であることを証する証明書を提示する必要がある。

4　宅地建物取引業者は、従業者名簿を最終の記載をした日から5年間保存しなければならない。

[解答]　1　誤り。宅建業者は、**従業者証明書**を携帯させなければ、業務に従事させることはできない（法48条1項）。従業者証明書を携帯させるべき者には代表者、非常勤の役員、一時的に事務の補助をする者も含まれる（「宅地建物取引業法の解釈・運用の考え方」）。

2　誤り。宅建業者は、事務所ごとに**従業者名簿**を備えなければならず、取引の関係者から請求があったときには、その者の閲覧に供しなければならない（法48条3項・4項）。

3　正しい。宅建業者の従業者は、取引の関係者から**従業者証明書の提示**を求められたときには、提示しなければならない（法48条2項）。

4　誤り。従業者名簿については、最終の記載をした日から**10年間**保存しなければならない（則17条の2第4項）。

正解 ▶ 3

254 業務に関する規制

CHECK ☐☐☐☐☐ 　出題頻度 ■■■■ 　難易度 ★★★ 　令和3年⑩

問題　次の記述のうち、宅地建物取引業法の規定によれば、正しいものはどれか。

1　宅地建物取引業者は、その業務に関する帳簿を備え、取引のあったつど、その年月日、その取引に係る宅地又は建物の所在及び面積その他国土交通省令で定める事項を記載しなければならないが、支店及び案内所には備え付ける必要はない。

2　成年である宅地建物取引業者は、宅地建物取引業の業務に関し行った行為について、行為能力の制限を理由に取り消すことができる。

3　宅地建物取引業者は、一団の宅地建物の分譲をする場合における当該宅地又は建物の所在する場所に国土交通省令で定める標識を掲示しなければならない。

4　宅地建物取引業者は、業務上取り扱ったことについて知り得た秘密に関し、税務署の職員から質問検査権の規定に基づき質問を受けたときであっても、回答してはならない。

解答　1　誤り。業務に関する帳簿は、案内所には備え付ける必要はないが、**事務所ごと**に備え付けなければならない（法49条）。

2　誤り。宅建業者（個人に限り、未成年者は除く）が宅建業に関して行った行為は、**行為能力の制限**によって取り消すことはできない（法47条の3）。

3　正しい。一団の宅地建物の分譲をする場合には、当該**宅地建物の所在する場所**に標識を掲示する必要がある（法50条1項、則19条1項2号）。

4　誤り。宅建業者は、**正当な理由**がある場合でなければ、その業務上知り得た秘密について、他に漏らしてはならない（法45条）。この場合の「正当な理由」とは、裁判の証人として証言を求められたとき、税務署等の職員から質問検査権の規定に基づき質問を受けたとき、取引の相手方に真実を告げなければならない場合等が考えられるとされている（国土交通省「宅地建物取引業法の解釈・運用の考え方」）。

　　　　　　　　　　　　　　　　　　正解▶3

5

宅建業法

255 従業者名簿・標識ほか

CHECK ☐☐☐☐☐　　出題頻度 ■■■□□　　難易度 ★★★　　令和３年⑩

5

宅建業法

問題　次の記述のうち、宅地建物取引業法の規定によれば、正しいものは
どれか。

1　宅地建物取引業者は、その事務所ごとに従業者の氏名、従業者証明書
番号その他国土交通省令で定める事項を記載した従業者名簿を備えなけ
ればならず、当該名簿を最終の記載をした日から５年間保存しなければ
ならない。

2　宅地建物取引業者は、一団の宅地の分譲を行う案内所において宅地の
売買の契約の締結を行わない場合、その案内所には国土交通省令で定め
る標識を掲示しなくてもよい。

3　宅地建物取引業者が、一団の宅地の分譲を行う案内所において宅地の
売買の契約の締結を行う場合、その案内所には国土交通大臣が定めた報
酬の額を掲示しなければならない。

4　宅地建物取引業者は、事務所以外の継続的に業務を行うことができる
施設を有する場所であっても、契約（予約を含む。）を締結せず、かつ、
その申込みを受けない場合、当該場所に専任の宅地建物取引士を置く必
要はない。

解答　1　誤り。宅建業者は、その事務所ごとに**従業者名簿**を備えなければなら
ず、最終の記載をした日から**10年間**保存しなければならない（法48条３項、則
17条の２第４項）。

2　誤り。宅建業者が**一団の宅地建物の分譲を行う案内所**においては、契約の締
結や申込みを受けるかどうかにかかわらず、標識を掲示しなければならない
（法50条１項、則19条１項２号）。

3　誤り。報酬の額を掲示しなければならないのは**事務所**であり、案内所や事務
所以外の継続的に業務を行うことができる施設では報酬額の掲示を行う必要は
ない（法46条４項）。

4　正しい。事務所以外で宅建士を置くべき案内所等は、**契約を締結**し、または
契約の申込みを受けるものに限られる（法31条の３第１項、則15条の５の２）。

正解▶4

256 業務に関する帳簿

CHECK ☐☐☐☐☐　出題頻度 ●●●　難易度 ★★★　令和２年⑫

[問題]　宅地建物取引業法第49条に規定する帳簿に関する次の記述のうち、正しいものはどれか。

1　宅地建物取引業者は、本店と複数の支店がある場合、支店には帳簿を備え付けず、本店に支店の分もまとめて備え付けておけばよい。

2　宅地建物取引業者は、宅地建物取引業に関し取引のあったつど、その年月日、その取引に係る宅地又は建物の所在及び面積その他国土交通省令で定める事項を帳簿に記載しなければならない。

3　宅地建物取引業者は、帳簿を各事業年度の末日をもって閉鎖するものとし、閉鎖後５年間当該帳簿を保存しなければならないが、自ら売主となり、又は売買の媒介をする新築住宅に係るものにあっては10年間保存しなければならない。

4　宅地建物取引業者は、帳簿の記載事項を、事務所のパソコンのハードディスクに記録し、必要に応じ当該事務所においてパソコンやプリンターを用いて明確に紙面に表示する場合でも、当該記録をもって帳簿への記載に代えることができない。

[解答]　1　誤り。宅建業者は、その**事務所ごとに**、**業務に関する帳簿**を備えなければならない（法49条）。

2　正しい。宅建業者は、**取引のあったつど**、その年月日、その取引にかかる宅地建物の所在および面積その他国土交通省令で定める事項を記載しなければならない（同条）。

3　誤り。宅建業者は、帳簿を各事業年度の末日をもって閉鎖するものとし、閉鎖後**５年間**（宅建業者が**自ら売主**となる新築住宅にかかるものは、**10年間**）保存しなければならない（則18条３項）。

4　誤り。帳簿の記載事項を事務所のパソコンのハードディスクに記録し、必要に応じ当該事務所においてパソコンやプリンターを用いて明確に紙面に表示されるときは、当該記録をもって帳簿への記載に代えることができる（同条２項）。

正解▶2

257 保証協会の業務

CHECK □□□□□　出題頻度 ■■■□□　難易度 ★★★■■■　令和２年⑫

[問題]　宅地建物取引業保証協会（以下この問において「保証協会」という。）に関する次の記述のうち、宅地建物取引業法の規定によれば、誤っているものはどれか。

1　保証協会は、その名称、住所又は事務所の所在地を変更しようとするときは、あらかじめ、その旨を国土交通大臣に届け出なければならない。

2　保証協会は、新たに社員が加入したときは、直ちに、その旨を当該社員である宅地建物取引業者が免許を受けた国土交通大臣又は都道府県知事に報告しなければならない。

3　宅地建物取引業者で保証協会に加入しようとする者は、その加入した日から１週間以内に、政令で定める額の弁済業務保証金分担金を当該保証協会に納付しなければならない。

4　保証協会の社員は、自らが取り扱った宅地建物取引業に係る取引の相手方から当該取引に関する苦情について解決の申出が保証協会にあり、保証協会から説明を求められたときは、正当な理由がある場合でなければ、これを拒んではならない。

[解答]　1　正しい。保証協会は、その名称、住所または事務所の所在地を変更しようとするときは、あらかじめ、その旨を**国土交通大臣に届け出**なければならない（法64条の２第３項）。

2　正しい。保証協会は、新たに社員が加入し、または社員がその地位を失ったときは、直ちに、その旨を当該社員である宅建業者が免許を受けた国土交通大臣または都道府県知事に**報告**しなければならない（法64条の４第２項）。

3　誤り。宅建業者で保証協会に加入しようとする者は、その**加入しようとする日までに**弁済業務保証金分担金を当該保証協会に納付しなければならない（法64条の９第１項１号）。

4　正しい。社員は、保証協会から苦情の解決のために必要な**説明**または**資料の提出**の求めがあつたときは、正当な理由がある場合でなければ、これを拒んではならない（法64条の５第３項）。

258 保証協会の業務

CHECK ☐☐☐☐☐　出題頻度 ●●●●●　難易度 ★★★　令和３年⑩

> 問題 宅地建物取引業保証協会（以下この問において「保証協会」という。）に関する次の記述のうち、宅地建物取引業法の規定によれば、誤っているものはどれか。
>
> 1　保証協会は、当該保証協会の社員である宅地建物取引業者が社員となる前に当該宅地建物取引業者と宅地建物取引業に関し取引をした者の有するその取引により生じた債権に関し弁済業務保証金の還付が行われることにより弁済業務の円滑な運営に支障を生ずるおそれがあると認めるときは、当該社員に対し、担保の提供を求めることができる。
>
> 2　保証協会の社員である宅地建物取引業者は、取引の相手方から宅地建物取引業に係る取引に関する苦情について解決の申出が当該保証協会になされ、その解決のために当該保証協会から資料の提出の求めがあったときは、正当な理由がある場合でなければ、これを拒んではならない。
>
> 3　保証協会の社員である宅地建物取引業者は、当該宅地建物取引業者と宅地建物取引業に関し取引をした者の有するその取引により生じた債権に関し弁済業務保証金の還付がなされたときは、その日から２週間以内に還付充当金を保証協会に納付しなければならない。
>
> 4　還付充当金の未納により保証協会の社員がその地位を失ったときは、保証協会は、直ちにその旨を当該社員であった宅地建物取引業者が免許を受けた国土交通大臣又は都道府県知事に報告しなければならない。

解答　1　正しい。保証協会に加入しようとする宅建業者は、その加入に際して、加入前の宅建業に関する取引により生じたその者の債務に関し、保証協会から担保の提供を求められる場合がある（法64条の４第３項）。

2　正しい。保証協会は、取引に関する苦情について解決の申出があったときは、社員に対して文書または口頭による説明や資料の提出を求めることができ、社員は、正当な理由がある場合を除きこれを拒むことができない（法64条の５）。

3　誤り。弁済業務保証金の還付があったときは、その旨が保証協会に通知され、協会から宅建業者に還付充当金を納付すべき旨が通知される。還付充当金の納付期限は、その**通知を受けた日から２週間以内**である（法64条の10第２項）。

4　正しい。還付充当金を納付しなかった宅建業者は、社員の地位を失い（法64条の10第３項）、保証協会は、直ちに業者が免許を受けた国土交通大臣または都道府県知事に報告しなければならない（法64条の４第２項）。

正解▶3

259 保証協会の業務

CHECK ☐☐☐☐☐　　出題頻度 ■■■■■　　難易度 ★★★ ■■■■　　令和5年

[問題] 宅地建物取引業保証協会（以下この問において「保証協会」という。）に関する次の記述のうち、宅地建物取引業法の規定によれば、正しいものはどれか。

1　保証協会の社員は、自らが取り扱った宅地建物取引業に係る取引の相手方から当該取引に関する苦情について解決の申出が保証協会にあり、保証協会から関係する資料の提出を求められたときは、正当な理由がある場合でなければ、これを拒んではならない。

2　保証協会は、社員がその一部の事務所を廃止したことに伴って弁済業務保証金分担金を当該社員に返還しようとするときは、弁済業務保証金の還付請求権者に対し、一定期間内に認証を受けるため申し出るべき旨の公告を行わなければならない。

3　保証協会は、宅地建物取引業者の相手方から、社員である宅地建物取引業者の取り扱った宅地建物取引業に係る取引に関する損害の還付請求を受けたときは、直ちに弁済業務保証金から返還しなければならない。

4　保証協会は、手付金等保管事業について国土交通大臣の承認を受けた場合、社員が自ら売主となって行う宅地又は建物の売買で、宅地の造成又は建築に関する工事の完了前における買主からの手付金等の受領について、当該事業の対象とすることができる。

解答　1　正しい。保証協会は、社員が取り扱った宅建業にかかる取引に関する苦情について解決の申出があったときは、当該社員に対し文書または口頭による**説明**や**資料の提出**を求めることができる。この場合、当該社員は正当な理由がなければ、これを拒むことができない（法64条の5第2項・3項）。

2　誤り。保証協会の社員が社員の地位を失ったときは公告が必要であるが、**一部の事務所を廃止**したときは、公告を経ずに弁済業務保証金分担金の返還を受けることができる（法64条の11第1項）。

3　誤り。還付請求権者が弁済業務保証金から弁済を受けるためには、**保証協会の認証**を受けなければならない（法64条の8第2項）。

4　誤り。保証協会は、国土交通大臣の承認を受けて手付金等保管事業を行うことができる（法64条の3第2項2号）が、未完成物件に関する保全措置では、指定保管機関との手付金等寄託契約は認められていない（法41条第1項）。

正解 ▶ 1

260 弁済業務保証金

CHECK □□□□□ 　出題頻度 ●●●●● 　難易度 ★★★ 　令和4年

[問題]　宅地建物取引業保証協会（以下この問において「保証協会」という。）に関する次の記述のうち、宅地建物取引業法の規定によれば、正しいものはどれか。

1　保証協会は、弁済業務保証金について弁済を受ける権利を有する者から認証申出書の提出があり、認証に係る事務を処理する場合には、各月ごとに、認証申出書に記載された取引が成立した時期の順序に従ってしなければならない。

2　保証協会は、当該保証協会の社員から弁済業務保証金分担金の納付を受けたときは、その納付を受けた額に相当する額の弁済業務保証金を当該社員の主たる事務所の最寄りの供託所に供託しなければならない。

3　保証協会の社員が弁済業務保証金分担金を納付した後に、新たに事務所を設置したときは、その日から2週間以内に保証協会に納付すべき弁済業務保証金分担金について、国債証券をもって充てることができる。

4　宅地建物取引業者と宅地の売買契約を締結した買主（宅地建物取引業者ではない。）は、当該宅地建物取引業者が保証協会の社員となる前にその取引により生じた債権に関し、当該保証協会が供託した弁済業務保証金について弁済を受ける権利を有する。

[解答]　1　誤り。弁済業務保証金について弁済を受ける権利を有する者は、がその権利を実行しようとするときは、保証協会の認証を受けなければならず（法64条の8第2項）、認証申出書の提出を受けた保証協会が認証にかかる事務を処理する場合には、**認証申出書の受理の順序**に従ってしなければならない（則26条の7第1項）。

2　誤り。保証協会が弁済業務保証金を供託するのは、**法務大臣および国土交通大臣の定める供託所**である（法64条の7第2項）。

3　誤り。弁済業務保証金分担金は**金銭**で納付する必要があり、国債証券をもって充てることはできない（法64条の9第2項）。

4　正しい。宅建業者と宅建業に関し取引をした者は、その取引（当該宅建業者が保証協会の社員となる前に行った取引を含む）により生じた債権に関し、当該**保証協会が供託した弁済業務保証金**について弁済を受ける権利を有する。

正解▶4

261 弁済業務保証金

CHECK □□□□□　　出題頻度 ●●●●●　　難易度 ★★★　　令和２年⑩

[問題] 宅地建物取引業保証協会（以下この問において「保証協会」という。）に関する次の記述のうち、宅地建物取引業法の規定によれば、正しいものはどれか。

1　保証協会の社員との宅地建物取引業に関する取引により生じた債権を有する者は、当該社員が納付した弁済業務保証金分担金の額に相当する額の範囲内で弁済を受ける権利を有する。

2　保証協会の社員と宅地建物取引業に関し取引をした者が、その取引により生じた債権に関し、弁済業務保証金について弁済を受ける権利を実行するときは、当該保証協会の認証を受けるとともに、当該保証協会に対し還付請求をしなければならない。

3　保証協会は、弁済業務保証金の還付があったときは、当該還付に係る社員又は社員であった者に対し、当該還付額に相当する額の還付充当金をその主たる事務所の最寄りの供託所に供託すべきことを通知しなければならない。

4　保証協会は、弁済業務保証金の還付があったときは、当該還付額に相当する額の弁済業務保証金を供託しなければならない。

[解答]　1　誤り。保証協会の社員である宅建業者と宅建業に関し取引した者は、その取引により生じた債権に関し、当該社員が社員でないとしたならばその者が供託すべき**営業保証金の額に相当する額の範囲内**において、保証協会が供託した**弁済業務保証金**から弁済を受けることができる（法64条の8第1項）。

2　誤り。還付請求権者がその権利を実行しようとするときは、弁済を受けることができる額について、**保証協会の認証**を受けなければならない（同条2項）が、還付請求をする先は供託所である。

3　誤り。弁済業務保証金の還付があったときは、保証協会は社員に対して、還付額に相当する額の還付充当金を**保証協会に納付**すべきことを通知しなければならない（法64条の10第1項）。この通知を受けた社員は、2週間以内に、保証協会に金銭で納付しなければならない（同条2項）。

4　正しい。保証協会は、弁済業務保証金の還付があったときは、その旨の通知書の送付を受けた日から**2週間以内**に、還付された弁済業務保証金の額に相当する額の弁済業務保証金を供託する必要がある（法64条の8第3項）。

正解▶4

262 弁済業務保証金

CHECK ☐☐☐☐☐　　出題頻度 ●●●●●　　難易度 ★★★　　令和2年⑫

> [問題]　宅地建物取引業保証協会（以下この問において「保証協会」という。）に関する次の記述のうち、宅地建物取引業法の規定によれば、正しいものはどれか。
>
> 1　本店と3つの支店を有する宅地建物取引業者が保証協会に加入しようとする場合、当該保証協会に、110万円の弁済業務保証金分担金を納付しなければならない。
>
> 2　保証協会の社員又は社員であった者が、当該保証協会から、弁済業務保証金の還付額に相当する還付充当金を当該保証協会に納付すべき旨の通知を受けたときは、その通知を受けた日から2週間以内に、その通知された額の還付充当金を当該保証協会に納付しなければならない。
>
> 3　保証協会に加入している宅地建物取引業者は、保証を手厚くするため、更に別の保証協会に加入することができる。
>
> 4　保証協会の社員（甲県知事免許）と宅地建物取引業に関し取引をした者が、その取引により生じた債権に関し、当該保証協会が供託した弁済業務保証金について弁済を受ける権利を実行しようとするときは、弁済を受けることができる額について甲県知事の認証を受ける必要がある。

5

宅建業法

[解答]　1　誤り。弁済業務保証金分担金の額は、主たる事務所60万円、その他の事務所につき事務所ごとに30万円の割合による金額の合計額であり（法64条の9第1項、令7条）、60万円＋30万円×3＝150万円となる。

2　正しい。保証協会の社員または社員であった者が、保証協会から弁済業務保証金の還付額に相当する額の**還付充当金**を納付すべき旨の通知を受けたときは、その通知を受けた日から**2週間以内**に、その通知された額の還付充当金を保証協会に納付しなければならない（法64条の10第2項）。

3　誤り。一の保証協会の社員である者は、他の保証協会の社員となることができない（法64条の4第1項）とされている。

4　誤り。還付が受けられる額は、保証協会の社員でない場合に供託すべき営業保証金に相当する額の範囲内で、**保証協会の認証した額**である（法64の8第1項・2項）。

　　　　　　　　　　　　　　　　正解▶2

263 監督処分・罰則

CHECK □□□□□　出題頻度 ■■■□□　難易度 ★★★★★　令和3年⑫

[問題]　宅地建物取引業者Ａ（甲県知事免許）に関する監督処分及び罰則に関する次の記述のうち、宅地建物取引業法（以下この問において「法」という。）の規定によれば、正しいものはいくつあるか。

ア　Ａが、不正の手段により甲県知事から免許を受けたとき、甲県知事はＡに対して当該免許を取り消さなければならない。

イ　Ａが、法第3条の2第1項の規定により付された条件に違反したときは、甲県知事はＡの免許を取り消さなければならない。

ウ　Ａが、事務所の公衆の見やすい場所に国土交通大臣が定めた報酬の額を掲示しなかった場合、Ａは甲県知事から指示処分を受けることはあるが、罰則の適用を受けることはない。

エ　Ａの従業者名簿の作成に当たり、法第48条第3項の規定により記載しなければならない事項についてＡの従業者Ｂが虚偽の記載をした場合、Ｂは罰則の適用を受けることはあるが、Ａは罰則の適用を受けることはない。

1　一つ
2　二つ
3　三つ
4　四つ

[解答]　ア　正しい。宅建業者が**不正の手段**により免許を受けたとき、免許権者である甲県知事は当該免許を取り消さなければならない（法66条1項8号）。

イ　誤り。甲県知事は、Ａが**免許の条件**に違反したときは、Ａの免許を取り消すことができる（同条2項）。取り消さなければならないわけではない。

ウ　誤り。報酬額を掲示しなかったときは、**指示処分**の対象となる（法65条1項）ほか、**50万円以下の罰金**に処せられることがある（法83条2号）。

エ　誤り。法48条3項の規定に違反して従業者名簿に必要事項を記載せず、もしくは**虚偽の記載**をした場合、宅建業者Ａも従業者Ｂも罰則を受ける場合がある（法83条1項第3号の2、84条）。

以上により、正しいものはアの一つだけである。

正解▶1

264 宅建士に対する監督処分

CHECK ☐☐☐☐☐ 　出題頻度 ■■■■□　 難易度 ★★★★★ 　令和5年

問題　次の記述のうち、宅地建物取引業法の規定によれば、正しいものはどれか。

1　甲県知事は、宅地建物取引士に対して必要な報告を求めることができるが、その対象は、甲県知事登録の宅地建物取引士であって、適正な事務の遂行を確保するために必要な場合に限られる。

2　宅地建物取引業者A（甲県知事免許）で専任の宅地建物取引士として従事しているB（甲県知事登録）が、勤務実態のない宅地建物取引業者C（乙県知事免許）において、自らが専任の宅地建物取引士である旨の表示がされていることを許した場合には、乙県知事は、Bに対し、必要な指示をすることができる。

3　宅地建物取引士が不正の手段により宅地建物取引士証の交付を受けた場合においては、その登録をしている都道府県知事は、情状が特に重いときは、当該宅地建物取引士の登録を消除することができる。

4　都道府県知事は、宅地建物取引士に対して登録消除処分を行ったときは、適切な方法で公告しなければならない。

解答　1　誤り。国土交通大臣は**すべての宅建士**に対して、都道府県知事はその**登録を受けている宅建士**および当該都道府県の**区域内でその事務を行う宅建士**に対して、宅建士の事務の適正な遂行を確保するため必要があると認めるときは、その事務について必要な報告を求めることができる（法72条3項）。

2　正しい。いわゆる「名義貸し」で、都道府県知事は、その**登録を受けている宅建士**および当該都道府県の**区域内で名義貸しを行った宅建士**に対して、必要な指示をすることができる（法68条1項2号・3項）。

3　誤り。宅建士が**不正の手段**により取引士証の交付を受けたときは、都道府県知事は登録を**消除しなければならない**（法68条の2第1項3号）。

4　誤り。監督処分をしたときにその旨が官報または公報により**公告**されるのは、宅建業者に対する業務の停止と免許の取消しの処分に限られ、宅建士に対する処分について公告されることはない（法70条1項）。

　　　　　　　　　　　　　　　　　　　　　　　正解 ▶ 2

265 瑕疵担保保証金の供託

CHECK ☐☐☐☐☐　出題頻度 ●●●●●　難易度 ★★★　令和2年⑩

[問題]　宅地建物取引業者Ａ（甲県知事免許）が、自ら売主として宅地建物取引業者ではない買主Ｂに新築住宅を販売する場合における次の記述のうち、特定住宅瑕疵担保責任の履行の確保等に関する法律の規定によれば、正しいものはどれか。

1　Ａが媒介を依頼した宅地建物取引業者又はＢが住宅販売瑕疵担保責任保険契約の締結をしていれば、Ａは住宅販売瑕疵担保保証金の供託又は住宅販売瑕疵担保責任保険契約の締結を行う必要はない。

2　Ａが住宅販売瑕疵担保保証金の供託をし、その額が、基準日において、販売新築住宅の合計戸数を基礎として算定する基準額を超えることとなった場合、甲県知事の承認を受けた上で、その超過額を取り戻すことができる。

3　新築住宅をＢに引き渡したＡは、基準日ごとに基準日から50日以内に、当該基準日に係る住宅販売瑕疵担保保証金の供託及び住宅販売瑕疵担保責任保険契約の締結の状況について、甲県知事に届け出なければならない。

4　Ｂが宅地建物取引業者である場合であっても、Ａは、Ｂに引き渡した新築住宅について、住宅販売瑕疵担保保証金の供託又は住宅販売瑕疵担保責任保険契約の締結を行う義務を負う。

[解答]　1　誤り。住宅販売瑕疵担保保証金の供託または住宅販売瑕疵担保責任保険契約の締結（資力確保措置）を講じる義務を負うのは、**新築住宅の売主**である宅建業者Ａである（法2条4項、住宅品質確保法95条1項）。

2　正しい。住宅販売瑕疵担保保証金の供託をしている宅建業者は、基準日において当該住宅販売瑕疵担保保証金の額が基準額を超えることとなったときは、宅建業者は、免許を受けた国土交通大臣または都道府県知事の**承認**を受けて、超過した金額を取り戻すことができる（法16条、9条）。

3　誤り。自ら売主として新築住宅を販売して引き渡した宅建業者は、基準日ごとに、**基準日から3週間以内に**、当該基準日にかかる住宅販売瑕疵担保保証金の供託および住宅販売瑕疵担保責任保険契約の締結の状況について、免許を受けた国土交通大臣または都道府県知事に届け出なければならない（法12条1項、則16条1項）。

4　誤り。**業者間取引**の場合には、資力確保措置を講ずる必要はない（法2条6項2号ロかっこ書き）。

正解▶2

266 暇疵担保保証金の供託等

CHECK ☐☐☐☐☐　　出題頻度 ■■■■■　　難易度 ★★★　　令和3年⑫

[問題] 宅地建物取引業者Ａが、自ら売主として宅地建物取引業者ではない買主Ｂに新築住宅を販売する場合における次の記述のうち、特定住宅瑕疵担保責任の履行の確保等に関する法律の規定によれば、正しいものはどれか。

1　Ａは、Ｂの承諾を得た場合には、Ｂに引き渡した新築住宅について、住宅販売瑕疵担保保証金の供託又は住宅販売瑕疵担保責任保険契約の締結を行わなくてもよい。

2　Ａは、基準日に係る住宅販売瑕疵担保保証金の供託及び住宅販売瑕疵担保責任保険契約の締結の状況について届出をしなければ、当該基準日の翌日から起算して1月を経過した日以後においては、新たに自ら発主となる新築住宅の売買契約を締結することができない。

3　Ａが住宅販売瑕疵担保責任保険契約を締結する場合、保険金額は2,000万円以上でなければならないが、Ｂの承諾を得た場合には、保険金額を500万円以上の任意の額とすることができる。

4　Ａが住宅販売瑕疵担保責任保険契約を締結した場合、住宅の構造耐力上主要な部分又は雨水の浸入を防止する部分の瑕疵があり、Ａが相当の期間を経過してもなお特定住宅販売瑕疵担保責任を履行しないときは、Ｂは住宅販売瑕疵担保責任保険契約の有効期間内であれば、その瑕疵によって生じた損害について保険金を請求することができる。

[解答]　1　誤り。売主は、**引渡しから10年間**、住宅の構造耐力上主要な部分等の瑕疵について担保責任が義務付けられている（法2条5項、住宅品質確保法95条）、Ｂの承諾を得た場合であっても担保責任を負う。

2　誤り。新築住宅を引き渡した宅建業者は、基準日ごとに、当該基準日にかかる保証金の供託および保険契約の締結の状況について、免許権者に届け出なければならず（法12条1項）、この届出をしなかった場合、**基準日の翌日から起算して50日を経過した日以後**においては、新たに自ら売主となる新築住宅の売買契約を締結してはならない（法13条）。

3　誤り。保険契約は、損害を填補するための保険金額が**2,000万円以上**でなければならない（法2条7項3号）。

4　正しい。保険契約は、宅建業者が相当の期間を経過してもなお瑕疵担保責任を履行しないときには、買主の請求に基づき、その瑕疵によって生じた当該買主の損害を填補するとされている（同条7項2号ロ）。

　　　　　　　　　　　　　　　　　　　　　　　　　　　正解▶4

267 保証金の供託・保険契約の締結

住宅瑕疵担保履行法

CHECK ☐☐☐☐☐　出題頻度 ●●●●●　難易度 ★★　　令和5年

[問題] 宅地建物取引業者Aが、自ら売主として、宅地建物取引業者ではない買主Bに新築住宅を販売する場合に関する次の記述のうち、特定住宅瑕疵担保責任の履行の確保等に関する法律の規定によれば、正しいものはどれか。

1　Aが信託会社又は金融機関の信託業務の兼営等に関する法律第1条第1項の認可を受けた金融機関であって、宅地建物取引業を営むものである場合、住宅販売瑕疵担保保証金の供託又は住宅販売瑕疵担保責任保険契約の締結を行う義務を負わない。

2　Aは、住宅販売瑕疵担保保証金の供託をする場合、当該住宅の売買契約を締結するまでに、Bに対し供託所の所在地等について、必ず書面を交付して説明しなければならず、買主の承諾を得ても書面の交付に代えて電磁的方法により提供することはできない。

3　Aは、住宅販売瑕疵担保保証金の供託をする場合、当該住宅の最寄りの供託所へ住宅販売瑕疵担保保証金の供託をしなければならない。

4　AB間の売買契約において、当該住宅の構造耐力上主要な部分に瑕疵があってもAが瑕疵担保責任を負わない旨の特約があった場合においても、Aは住宅販売瑕疵担保保証金の供託又は住宅販売瑕疵担保責任保険契約の締結を行う義務を負う。

[解答]　1　誤り。信託会社や信託業務を兼営する銀行は、宅建業者とみなされこの法律の規定が適用される（法2条4項）ので、保険または供託による瑕疵担保責任の履行のための**資力確保措置**が義務づけられる。

2　誤り。供託宅建業者は、あらかじめ買主の承諾を得て、書面に記載すべき事項を**電磁的方法**により提供することができる（法15条2項、10条2項）。

3　誤り。住宅販売瑕疵担保保証金は、宅建業者の**主たる**事務所の**最寄りの供託所**に供託する（法11条6項）。

4　正しい。供託宅建業者は、品質確保法94条1項または95条2項の規定による住宅の構造耐力上主要な部分等に関する**10年間の瑕疵担保責任**（特定住宅瑕疵担保責任）を前提とした資力確保措置が義務づけられる（法11条1項）。

正解▶4

5
宅建業法

268 保証金の供託・保険契約の締結

CHECK ☐☐☐☐☐　　出題頻度 ■■■■　　難易度 ★★★★　　令和4年

[問題]　特定住宅瑕疵担保責任の履行の確保等に関する法律に基づく住宅販売瑕疵担保保証金の供託又は住宅販売瑕疵担保責任保険契約の締結に関する次の記述のうち、正しいものはどれか。

1　宅地建物取引業者は、自ら売主として宅地建物取引業者である買主との間で新築住宅の売買契約を締結し、その住宅を引き渡す場合、住宅販売瑕疵担保保証金の供託又は住宅販売瑕疵担保責任保険契約の締結を行う義務を負う。

2　住宅販売瑕疵担保責任保険契約は、新築住宅の引渡し時から10年以上有効でなければならないが、当該新築住宅の買主の承諾があれば、当該保険契約に係る保険期間を5年間に短縮することができる。

3　自ら売主として新築住宅を販売する宅地建物取引業者は、基準日から3週間を経過する日までの間において、当該基準日前10年間に自ら売主となる売買契約に基づき宅地建物取引業者ではない買主に引き渡した新築住宅（住宅販売瑕疵担保責任保険契約に係る新築住宅を除く。）について、住宅販売瑕疵担保保証金の供託をしていなければならない。

4　宅地建物取引業者が住宅販売瑕疵担保保証金の供託をし、その額が、基準日において、販売新築住宅の合計戸数を基礎として算定する基準額を超えることとなった場合、宅地建物取引業法の免許を受けた国土交通大臣又は都道府県知事の承認がなくても、その超過額を取り戻すことができる。

5

宅建業法

解答　1　誤り。**業者間取引**の場合には、住宅販売瑕疵担保保証金の供託または住宅販売瑕疵担保責任保険契約の締結（資力確保措置）を行う必要はない（法2条7項2号ロかっこ書き）。

2　誤り。住宅販売瑕疵担保責任保険契約の有効期間は、**10年以上**の期間にわたって有効である必要がある（同項4号）。

3　正しい。宅建業者は、毎年、**基準日から3週間**を経過する日までの間において、当該**基準日前10年間**に自ら売主となる売買契約に基づき買主に引き渡した新築住宅について、住宅販売瑕疵担保保証金の供託をしていなければならない（法11条1項）。

4　誤り。宅建業者が住宅販売瑕疵担保保証金の供託をし、基準日において当該住宅販売瑕疵担保保証金の額が当該基準日にかかる基準額を超えることとなったときは、その超過額を取り戻すことができるが、**住宅販売瑕疵担保保証金の取戻し**は、免許を受けた国土交通大臣または都道府県知事の**承認**を受けなければ、することができない。（法16条、9条1項・2項）。

　　　　　　　　　　　　　　　　　　正解▶3

269 保証金の供託・保険契約の締結

5

宅建業法

問題 宅地建物取引業者Aが、自ら売主として宅地建物取引業者ではない買主Bに新築住宅を販売する場合における次の記述のうち、特定住宅瑕疵担保責任の履行の確保等に関する法律の規定によれば、正しいものはどれか。

1 Bが建設業者である場合、Aは、Bに引き渡した新築住宅について、住宅販売瑕疵担保保証金の供託又は住宅販売瑕疵担保責任保険契約の締結を行う義務を負わない。

2 Aが住宅販売瑕疵担保責任保険契約を締結する場合、当該契約は、BがAから当該新築住宅の引渡しを受けた時から2年以上の期間にわたって有効なものでなければならない。

3 Aが住宅販売瑕疵担保責任保険契約を締結した場合、A及びBは、指定住宅紛争処理機関に特別住宅紛争処理の申請をすることにより、当該新築住宅の瑕疵に関するAとBとの間の紛争について、あっせん、調停又は仲裁を受けることができる。

4 AB間の新築住宅の売買契約において、当該新築住宅の構造耐力上主要な部分に瑕疵があってもAが瑕疵担保責任を負わない旨の特約があった場合、住宅販売瑕疵担保保証金の供託又は住宅販売瑕疵担保責任保険契約の締結を行う義務はない。

解答 1 誤り。買主が**宅建業者**である場合には資力確保措置の義務を負わないが、買主が**建築業者**である場合には資力確保措置の対象となる（法2条7項2号ロ）。

2 誤り。住宅販売瑕疵担保責任保険契約は、建物の引渡しから**10年以上**の期間にわたって有効なものでなければならない（同条7項4号）。

3 正しい。**指定住宅紛争処理機関**は住宅品質確保法に基づき設置されている組織で、紛争の当事者双方または一方からの申請により、評価住宅にかかる住宅紛争処理（当該紛争のあっせん、調停・仲裁）、住宅瑕疵担保責任保険契約にかかる紛争処理の業務を行うことができる（法33条1項）。

4 誤り。新築住宅の売主は、買主に引き渡した時から10年間、住宅の構造耐力上主要な部分等の瑕疵について担保責任を負い、これに反する特約で買主に不利なものは**無効**とされる（法2条5項、住宅品質確保法95条）。

正解▶3

270 瑕疵担保保証金の供託

CHECK ☐☐☐☐☐　　出題頻度 ●●●●●　　難易度 ★★★　　令和2年⑫

5
宅建業法

問題　宅地建物取引業者Ａが自ら売主として、宅地建物取引業者ではない買主Ｂに新築住宅を販売する場合における次の記述のうち、特定住宅瑕疵担保責任の履行の確保等に関する法律によれば、正しいものはどれか。

1　Ａが、住宅販売瑕疵担保保証金を供託する場合、当該住宅の床面積が100㎡以下であるときは、新築住宅の合計戸数の算定に当たって、2戸をもって1戸と数えることになる。

2　Ａは、住宅瑕疵担保責任保険法人と住宅販売瑕疵担保責任保険契約の締結をした場合、Ｂが住宅の引渡しを受けた時から10年以内に当該住宅を転売したときは、当該住宅瑕疵担保責任保険法人にその旨を申し出て、当該保険契約の解除をしなければならない。

3　Ａは、住宅販売瑕疵担保責任保険契約の締結をした場合、当該住宅を引き渡した時から10年間、当該住宅の構造耐力上主要な部分、雨水の浸入を防止する部分、給水設備又はガス設備の隠れた瑕疵によって生じた損害について保険金の支払を受けることができる。

4　住宅販売瑕疵担保責任保険契約は、新築住宅を引き渡したＡが住宅瑕疵担保責任保険法人と締結する必要があり、Ｂが保険料を支払うものではない。

解答　1　誤り。新築住宅の合計個数の算定にあたっては、その床面積の合計が**55㎡以下**であるときは、2戸をもって1戸とする（法11条3項、令5条）。100㎡以下ではない。

2　誤り。住宅販売瑕疵担保責任保険契約の保険期間は、新築住宅の買主がその**新築住宅の引渡しを受けた時から10年以上**でなければならないため、買主Ｂが引渡しから10年以内に転売したときでも、宅建業者Ａは当該保険契約を解除することはできない（法2条7項4号、11条）。

3　誤り。住宅販売瑕疵担保責任保険契約の対象となる**特定住宅瑕疵担保責任**には、住宅の構造耐力上主要な部分等の瑕疵によって生じた損害を含むが、給水設備またはガス設備の瑕疵によって生じた損害は含まれない（法2条7項2号、住宅品質確保法95条1項）。

4　正しい。住宅販売瑕疵担保責任保険契約は、自ら売主として新築住宅を売買した宅建業者が住宅瑕疵担保責任保険法人と締結して**保険料**を支払うことを約するものであり、買主が保険料を支払うものではない（法2条7項1号）。

正解▶4

住宅瑕疵担保履行法のポイント

　新築住宅（建設工事完了日から１年以内のもので、人の居住の用に供したことのない住宅）の売主等は、住宅品質確保法に基づき、「構造耐力上主要な部分」と「雨水の浸入を防止する部分」の欠陥について10年間の瑕疵担保責任を負うこととされており、新築住宅の欠陥部分の補修に要する費用を確保する（資力確保措置＝保証金の供託・保険への加入）義務を負う。

●**資力確保措置の方法**

（１）　保証金の供託

　各基準日（毎年３月31日の年１回）前の過去10年間に引き渡した新築住宅の合計戸数に応じた額の現金等を住宅販売瑕疵担保保証金として、主たる事務所の最寄りの供託所に供託する。

（２）　保険への加入

　国土交通大臣が指定した指定保険法人との間で、個々の新築住宅ごとに保険金を支払うこととする住宅販売瑕疵担保責任保険契約を締結する。

●**届出義務**

　年２回の基準日ごとに、過去10年間に引き渡した新築住宅の戸数、供託した戸数、保証金の供託額、保険加入した戸数等、保険契約の締結状況の報告を基準日から３週間以内に免許権者に届け出なければならない。

●**買主に対する説明義務**

　新築住宅を引き渡した売主の宅建業者は、その新築住宅の資力確保措置の内容について、重要事項説明書において説明等をしなければならない。

271 住宅金融支援機構の業務

CHECK ☐☐☐☐☐ 　出題頻度 ■■■■ 　難易度 ★★★ 　令和4年

> [問題] 独立行政法人住宅金融支援機構（以下この問において「機構」という。）に関する次の記述のうち、誤っているものはどれか。
>
> 1 機構は、住宅の建設又は購入に必要な資金の貸付けに係る金融機関の貸付債権の譲受けを業務として行っているが、当該住宅の建設又は購入に付随する土地又は借地権の取得に必要な資金については、譲受けの対象としていない。
>
> 2 機構は、団体信用生命保険業務において、貸付けを受けた者が死亡した場合のみならず、重度障害となった場合においても、支払われる生命保険の保険金を当該貸付けに係る債務の弁済に充当することができる。
>
> 3 証券化支援事業（買取型）において、機構による譲受けの対象となる貸付債権の償還方法には、元利均等の方法であるものに加え、元金均等の方法であるものもある。
>
> 4 機構は、証券化支援事業（買取型）において、MBS（資産担保証券）を発行することにより、債券市場（投資家）から資金を調達している。

6

宅地・建物の需給と取引の実務

[解答] 1 誤り。機構は、住宅の建設・購入に必要な資金（当該住宅の建設・購入に付随する土地または**借地権の取得**に必要な資金を含む）の貸付けにかかる金融機関の貸付債権の譲受けを業務として行っている（法13条1項1号、令5条1項）。

2 正しい。団体信用生命保険業務において、貸付けを受けた者が死亡した場合のみならず、重度障害となった場合においても、支払われる生命保険の保険金を当該貸付けにかかる**債務の弁済**に充当することができる（法13条1項11号）。

3 正しい。機構による譲受けの対象となる貸付債権の償還方法には、**元利均等**毎月払いまたは**元金均等**毎月払いがある。

4 正しい。機構は、**MBS**（資産担保証券）を発行することにより、債券市場（投資家）から資金を調達している（法19条1項）。

　　　　　　　　　　　　　　　　　　　　　　　　正解 ▶ 1

272 住宅金融支援機構の業務

CHECK ☐☐☐☐☐　出題頻度 ●●●●●　難易度 ★★★★★　令和２年⑩

> [問題]　独立行政法人住宅金融支援機構（以下この問において「機構」という。）に関する次の記述のうち、誤っているものはどれか。
> 1　機構は、証券化支援事業（買取型）において、金融機関から買い取った住宅ローン債権を担保として MBS（資産担保証券）を発行している。
> 2　機構は、災害により住宅が滅失した場合におけるその住宅に代わるべき住宅の建設又は購入に係る貸付金については、元金据置期間を設けることができない。
> 3　機構は、証券化支援事業（買取型）において、賃貸住宅の建設又は購入に必要な資金の貸付けに係る金融機関の貸付債権については譲受けの対象としていない。
> 4　機構は、貸付けを受けた者とあらかじめ契約を締結して、その者が死亡した場合に支払われる生命保険の保険金を当該貸付けに係る債務の弁済に充当する団体信用生命保険を業務として行っている。

6

宅地・建物の需給と取引の実務

[解答]　1　正しい。機構は、買い取った住宅ローン債権を担保として MBS（**資産担保証券**）を発行することができる（法13条１項１号、19条１項）。

2　誤り。機構は、災害復興建築物等の建設または購入にかかる貸付金については、**据置期間**を設けることができる（独立行政法人住宅金融支援機構業務方法書24条２項）。

3　正しい。証券化支援事業（買取型）において、買取り（譲受け）の対象となるのは、**自ら居住する住宅**または自ら居住する住宅以外の**親族の居住の用に供する住宅**を建設し、または購入する者に対する貸付けに係るものに限られており（業務方法書３条１号）、賃貸住宅の建設または購入に必要な資金の貸付けにかかるものは譲受けの対象とはならない。

4　正しい。機構は、貸付けを受けた者と契約を締結し、その者が死亡した場合に支払われる生命保険金を債務の弁済に充当する**団体信用生命保険**業務を行っている（法13条１項10号）。

正解 ▶ 2

273 住宅金融支援機構の業務

CHECK ☐☐☐☐☐ 　出題頻度 ●●●●● 　難易度 ★★★★ 　令和2年⑫

> [問題] 独立行政法人住宅金融支援機構（以下この問において「機構」という。）に関する次の記述のうち、誤っているものはどれか。
>
> 1 機構は、地震に対する安全性の向上を主たる目的とする住宅の改良に必要な資金の貸付けを業務として行っている。
>
> 2 証券化支援事業（買取型）における民間金融機関の住宅ローン金利は、金融機関によって異なる場合がある。
>
> 3 機構は、高齢者が自ら居住する住宅に対して行うバリアフリー工事に係る貸付けについて、貸付金の償還を高齢者の死亡時に一括して行うという制度を設けている。
>
> 4 証券化支援業務（買取型）において、機構による譲受けの対象となる住宅の購入に必要な資金の貸付けに係る金融機関の貸付債権には、当該住宅の購入に付随する改良に必要な資金は含まれない。

6

宅地・建物の需給と取引の実務

[解答] 1 正しい。機構は、**地震に対する安全性の向上**を主たる目的とする住宅の改良に必要な資金の貸付けを行っている（法13条1項6号）。

2 正しい。民間金融機関の住宅ローン金利は、金融機関によって異なる。

3 正しい。機構は、高齢者が自ら居住する住宅に対して行うバリアフリー工事に係る貸付けについては、**貸付金の償還**を高齢者の**死亡時に一括**して行う制度を設けている（機構業務方法書24条4項）。

4 誤り。証券化支援事業（買取型）において、機構による譲受けの対象となる住宅の購入に必要な資金の貸付けにかかる金融機関の貸付債権には、当該住宅の**建設**または**購入**に必要な資金のほか、購入に付随する住宅の**改良**に必要な資金も含まれる（法13条1項1号、令5条1項2号）。

正解▶4

住宅金融支援機構

274 住宅金融支援機構の業務

CHECK ☐☐☐☐☐　　出題頻度 ●●●●●　　難易度 ★★★　　令和3年⑫

[問題]　独立行政法人住宅金融支援機構（以下この問において「機構」という。）に関する次の記述のうち、誤っているものはどれか。

1　機構は、子どもを育成する家庭又は高齢者の家庭に適した良好な居住性能及び居住環境を有する賃貸住宅の建設に必要な資金の貸付けを業務として行っていない。

2　機構は、災害により住宅が滅失した場合において、それに代わるべき建築物の建設又は購入に必要な資金の貸付けを業務として行っている。

3　機構が証券化支援事業（買取型）により譲り受ける貸付債権は、自ら居住する住宅又は自ら居住する住宅以外の親族の居住の用に供する住宅を建設し、又は購入する者に対する貸付けに係るものでなければならない。

4　機構は、マンション管理組合や区分所有者に対するマンション共用部分の改良に必要な資金の貸付けを業務として行っている。

[解答]　1　誤り。機構は、**子どもを育成する家庭**もしくは**高齢者**の家庭に適した良好な居住性能および居住環境を有する賃貸住宅もしくは賃貸の用に供する住宅部分が大部分を占める建築物の建設に必要な資金または当該賃貸住宅の改良に必要な資金の貸付けを行っている（法13条1項8号）。

2　正しい。機構は、**災害復興建築物**の建設もしくは購入または被災建築物の補修に必要な資金の貸付けを行っている（同条1項5号）。

3　正しい。証券化支援事業（買取型）の対象となる貸付債権は、自ら居住する住宅または親族のための住宅の建築・購入にかかるものとされている（機構業務方法書3条1号）。

4　正しい。機構は、マンション共用部分の改良に必要な資金の貸付けを行っている（法13条1項7号）。

6

宅地・建物の需給と取引の実務

308

正解 ▶ 1

275 住宅金融支援機構の業務

CHECK ☐☐☐☐☐　　出題頻度 ●●●●●　　難易度 ★★　　　令和5年

問題　独立行政法人住宅金融支援機構（以下この問において「機構」という。）に関する次の記述のうち、誤っているものはどれか。

1　機構は、子どもを育成する家庭又は高齢者の家庭（単身の世帯を含む。）に適した良好な居住性能及び居住環境を有する賃貸住宅の建設に必要な資金の貸付けを業務として行っている。

2　機構は、証券化支援事業（買取型）において、新築住宅に対する貸付債権のみを買取りの対象としている。

3　機構は、証券化支援事業（買取型）において、ZEH（ネット・ゼロ・エネルギー・ハウス）及び省エネルギー性、耐震性、バリアフリー性、耐久性・可変性に優れた住宅を取得する場合に、貸付金の利率を一定期間引き下げる制度を実施している。

4　機構は、マンション管理組合や区分所有者に対するマンション共用部分の改良に必要な資金の貸付けを業務として行っている。

解答　1　正しい。機構は、**子どもを育成する家庭**または**高齢者**の家庭に適した良好な居住性能や居住環境を有する賃貸住宅の建設に必要な資金の貸付けを行っている（法13条1項8号）。

2　誤り。機構による買取りの対象となる貸付債権には、新築住宅だけではなく、機構が定める基準に適合した**中古住宅の購入**のための貸付債権も含まれる（機構業務方法書4条）。

3　正しい。機構は、証券化支援事業（買取型）において、バリアフリー性、省エネルギー性、耐震性、耐久性・可変性のいずれかについて優れた性能を有する住宅を取得する場合に貸付金の利率を一定期間引き下げる**優良住宅取得支援制度**（【フラット35】S）を実施している（令6条）。

4　正しい。機構は、**マンションの共用部分の改良**に必要な資金の貸付けを行っている（法13条1項7号）。

6

宅地・建物の需給と取引の実務

正解▶2

276 住宅金融支援機構の業務

CHECK □□□□□　出題頻度 ●●●●●　難易度 ★★★　令和3年⑩

問題　独立行政法人住宅金融支援機構（以下この問において「機構」という。）に関する次の記述のうち、誤っているものはどれか。

1　機購は、証券化支援事業（買取型）において、賃貸住宅の購入に必要な資金の貸付けに係る金融機関の貸付債権を譲受けの対象としている。

2　機構は、市街地の土地の合理的な利用に寄与する一定の建築物の建設に必要な資金の貸付けを業務として行っている。

3　機構は、証券化支援事業（買取型）において、省エネルギー性に優れた住宅を取得する場合について、貸付金の利率を一定期間引き下げる制度を設けている。

4　機構は、経済事情の変動に伴い、貸付けを受けた者の住宅ローンの元利金の支払が著しく困難になった場合に、償還期間の延長等の貸付条件の変更を行っている。

解答　1　誤り。証券化支援事業（買取型）の対象となる貸付債権は、自ら居住する住宅または親族のための住宅の建築・購入にかかるものとされており、**賃貸住宅の建設・購入**に必要な資金の貸付けにかかる金融機関の貸付債権については譲受けの対象としていない（機構業務方法書3条1号）。

2　正しい。機構は、市街地の土地の合理的な利用に寄与する建築物（**合理的土地利用建築物**）の建設に必要な資金の貸付けを業務として行っている（法13条1項7号、2条7項）。

3　正しい。機構は、証券化支援事業（買取型）において、省エネルギー性、耐震性、バリアフリー性または耐久性・可変性に優れた住宅を取得する場合に一定期間金利を引き下げる制度（【フラット35】S）などを実施している。

4　正しい。機構は、経済情勢の著しい変動に伴い、住宅ローンの元利金の支払いが著しく困難となった場合には、**貸付条件の変更または元利金の支払方法の変更**をすることができる（機構業務方法書26条1項）。

正解 ▶ 1

277 公正競争規約

CHECK ☐☐☐☐☐　出題頻度 ■■■■■　難易度 ★★★★　令和5年

問題　宅地建物取引業者が行う広告に関する次の記述のうち、不当景品類及び不当表示防止法（不動産の表示に関する公正競争規約を含む。）の規定によれば、正しいものはどれか。

1　実際には取引する意思がない物件であっても実在するものであれば、当該物件を広告に掲載しても不当表示に問われることはない。

2　直線距離で50m以内に街道が存在する場合、物件名に当該街道の名称を用いることができる。

3　物件の近隣に所在するスーパーマーケットを表示する場合は、物件からの自転車による所要時間を明示しておくことで、徒歩による所要時間を明示する必要がなくなる。

4　一棟リノベーションマンションについては、一般消費者に対し、初めて購入の申込みの勧誘を行う場合であっても、「新発売」との表示を行うことはできない。

解答　1　誤り。物件は存在するが、実際には取引する意思がない物件に関する表示は、**おとり広告**として禁じられている（表示規約21条3号）。

2　正しい。街道が物件から直線距離で**50m以内**に所在している場合、物件の名称にその街道の名称（坂名を含む）を用いることができる（同規約19条1項4号）。

3　誤り。デパート、スーパーマーケット等の商業施設を表示する場合、物件からの**道路距離**または**徒歩**による**移動時間**を明示しなければならない（同規約施行規則9条31号）。

4　誤り。一棟リノベーションマンションとは、共同住宅等の1棟の建物全体を改装・改修したもので、**工事完了前**もしくは**工事完了後1年未満**で工事完了後居住の用に供されたことがないものをいう（同規約施行規則3条11号）。一棟リノベーションマンションについて、初めて購入の申込みの勧誘を行う場合には「新発売」の表示を行うことができる（同規約18条1項2号）。

6

宅地・建物の需給と取引の実務

311　　　　　　　　　　　　　正解▶2

278 公正競争規約

CHECK ☐☐☐☐☐　　出題頻度 ●●●●●　　難易度 ★★★　　令和4年

[問題] 宅地建物取引業者が行う広告に関する次の記述のうち、不当景品類及び不当表示防止法（不動産の表示に関する公正競争規約を含む。）の規定によれば、正しいものはどれか。

1　物件からスーパーマーケット等の商業施設までの徒歩所要時間は、道路距離80mにつき1分間を要するものとして算出し、1分未満の端数が生じたときは、端数を切り捨てて表示しなければならない。

2　インターネット上に掲載した賃貸物件の広告について、掲載直前に契約済みとなっていたとしても、消費者からの問合せに対して既に契約済みであり取引できない旨を説明すれば、不当表示に問われることはない。

3　マンションの管理費について、住戸により管理費の額が異なる場合において、その全ての住宅の管理費を示すことが困難であるときは、最高額のみを表示すればよい。

4　建築条件付土地の取引の広告においては、当該条件の内容、当該条件が成就しなかったときの措置の内容だけでなく、そもそも当該取引の対象が土地であることも明らかにして表示しなければならない。

[解答]　1　誤り。スーパーマーケット、コンビニエンスストア等の商業施設は、現に利用できるものを物件からの道路距離または徒歩所要時間を明示して表示し、徒歩による所要時間は、**道路距離80mにつき1分間**を要するものとして算出した数値を表示する。この場合において、**1分未満の端数**が生じたときは、1分として算出する（表示規約施行規則9条31号、9号）。

2　誤り。契約済みの物件を新規に掲載したり、契約済みとなっているのに削除せず、広告を継続することがあってはならない（同規約21条）。

3　誤り。管理費については、**1戸当たりの月額**を表示する。住戸により管理費の額が異なる場合に、すべての住宅の管理費を示すことが困難なときは、最低額および最高額のみで表示することができる（同規約施行規則9条41号）。

4　正しい。建築条件付土地の取引については、当該取引の対象が土地である旨ならびに当該条件の内容および当該**条件が成就しなかったときの措置**の内容を明示して表示する（同規約施行規則7条1号）。

　　　　　　　　　　　　　　　　　　　　　正解▶4

279 公正競争規約

CHECK ☐☐☐☐☐　出題頻度 ●●●●●　難易度 ★★★★　令和３年⑫

> **問題** 宅地建物取引業者が行う広告に関する次の記述のうち、不当景品類及び不当表示防止法（不動産の表示に関する公正競争規約を含む。）の規定によれば、正しいものはどれか。
>
> 1　新築分譲マンションの販売広告において、近隣のデパート、スーパーマーケット、商店等の商業施設は、将来確実に利用できる施設であっても、現に利用できるものでなければ表示することができない。
> 2　有名な旧跡から直線距離で1,100mの地点に所在する新築分譲マンションの名称に当該旧跡の名称を用いることができる。
> 3　土地の販売価格については、１区画当たりの価格並びに１㎡当たりの価格及び１区画当たりの土地面積のいずれも表示しなければならない。
> 4　新築分譲マンションの修繕積立金が住戸により異なる場合、広告スペースの関係で全ての住戸の修繕積立金を示すことが困難であっても、修繕積立金について全住戸の平均額で表示することはできない。

解答　1　誤り。デパート、スーパーマーケット、商店等の**商業施設**は、現に利用できるものを物件までの道路距離を明示して表示しなければならないが、工事中である等その施設が将来確実に利用できると認められるものにあっては、**整備予定時期**を明示して表示することができる（表示規約施行規則９条31号）。
2　誤り。公園、庭園、旧跡その他の施設から直線距離で**300m以内**に所在している場合は、これらの**施設の名称**を用いることができる（同規約19条１項３号）が、直線距離で1,100m離れた新築分譲マンションの名称に当該旧跡の名称を用いることはできない。
3　誤り。**土地の価格**については、１区画当たりの価格を表示することとされているが、**１区画当たりの土地面積**を明らかにし、これを基礎として算出する場合に限り、１㎡当たりの価格で表示することができる（同規約施行規則９条35号）。
4　正しい。**修繕積立金**については、１戸当たりの月額を表示することとなっている。ただし、住戸により修繕積立金の額が異なる場合において、そのすべての住宅の修繕積立金を示すことが困難であるときは、**最低額**および**最高額**のみで表示することができる（同規約施行規則９条43号）が、平均額で表示することはできない。

6

宅地・建物の需給と取引の実務

正解 ▶ 4

不当景品類及び不当表示防止法

280 公正競争規約

CHECK ☐☐☐☐☐　　出題頻度 ●●●●●　　難易度 ★★★　　令和３年⑩

[問題] 宅地建物取引業者が行う広告に関する次の記述のうち、不当景品類及び不当表示防止法（不動産の表示に関する公正競争規約を含む。）の規定によれば、正しいものはどれか。※

1　住宅の居室の広さを畳数で表示する場合には、畳１枚当たりの広さにかかわらず、実際に当該居室に敷かれている畳の数を表示しなければならない。

2　団地（一団の宅地又は建物をいう。）と駅その他の施設との間の道路距離又は所要時間は、取引する区画のうちそれぞれの施設ごとにその施設から最も近い区画を起点として算出した数値とともに、その施設から最も遠い区画を起点として算出した数値も表示しなければならない。

3　新築分譲マンションを完成予想図により表示する場合、完成予想図である旨を表示すれば、緑豊かな環境であることを訴求するために周囲に存在しない公園等を表示することができる。

4　新築分譲住宅の販売に当たって行う二重価格表示は、実際に過去において販売価格として公表していた価格を比較対照価格として用いて行うのであれば、値下げの時期から１年以内の期間は表示することができる。

解答　1　誤り。住宅の居室等の広さを畳数で表示する場合には、**畳１枚当たりの広さは1.62㎡**（各室の壁心面積を畳数で除した数値）**以上の広さがある**という意味で用いなければならない（表示規約施行規則９条16号）。

2　正しい。団地と駅その他の施設との間の道路距離・所要時間は、取引する区画のうちそれぞれの施設ごとにその施設から最も近い区画を起点として算出した数値とともに、その施設から最も遠い区画を起点として算出した数値も表示する必要がある（同規約施行規則９条８号）。

3　誤り。宅地または建物のコンピュータグラフィックス、見取図、完成図または完成予想図は、その旨を明示して用い、当該物件の**周囲の状況**について表示するときは、**現況に反する表示をしてはならない**（同規約施行規則９条23号）。

4　過去の販売価格を比較対照価格とする**二重価格表示**ができるのは、**値下げの時期から６か月以内**に限られる（同規約施行規則12条３号）。

281 公正競争規約

CHECK ☐☐☐☐☐　出題頻度 ■■■■■　難易度 ★★★★　令和２年⑫

[問題]　宅地建物取引業者が行う広告に関する次の記述のうち、不当景品類及び不当表示防止法（不動産の表示に関する公正競争規約を含む。）の規定によれば、正しいものはどれか。

1　建築基準法第42条第２項の規定により道路とみなされる部分（セットバックを要する部分）を含む土地については、セットバックを要する旨及びその面積を必ず表示しなければならない。

2　取引態様については、「売主」、「貸主」、「代理」又は「媒介（仲介）」の別を表示しなければならず、これらの用語以外の「直販」、「委託」等の用語による表示は、取引態様の表示とは認められない。

3　インターネット上に掲載している賃貸物件について、掲載した後に契約済みとなり実際には取引できなくなっていたとしても、当該物件について消費者からの問合せがなく、故意に掲載を継続していたものでなければ、不当表示に問われることはない。

4　新築分譲住宅を販売するに当たり、販売価格が確定していないため直ちに取引することができない場合、その取引開始時期をあらかじめ告知する予告広告を行うことはできない。

[解答]　1　誤り。建築基準法42条２項の規定により道路とみなされる部分（セットバックを要する部分）を含む土地については、その旨を表示し、セットバックを要する部分の面積がおおむね**10％以上**である場合は、併せてその面積を明示することとされている（表示規約施行規則７条２号）。

2　正しい。**取引態様**は、「売主」「貸主」「代理」または「媒介（仲介）」の別を、これらの用語を用いて表示することとされている（同規約施行規則９条１号）。

3　誤り。物件は存在するが、実際には**取引の対象とはなり得ない**物件に関する表示は、してはならない（同規約21条１号）。

4　誤り。販売戸数が２以上の分譲であって、価格または賃料が確定していないため、直ちに取引することができない物件については、その取引開始時期をあらかじめ告知する**予告広告**を行うことができる（同規約４条６項３号、９条）。

　　　　　　　　　　　　　　　　　　　　　　　　　　正解▶2

282 公正競争規約

[問題]　宅地建物取引業者が行う広告に関する次の記述のうち、不当景品類及び不当表示防止法（不動産の表示に関する公正競争規約を含む。）の規定によれば、正しいものはどれか。

1　路地状部分（敷地延長部分）のみで道路に接する土地であって、その路地状部分の面積が当該土地面積のおおむね30％以上を占める場合には、路地状部分を含む旨及び路地状部分の割合又は面積を明示しなければならない。

2　新築住宅を販売するに当たり、当該物件から最寄駅まで実際に歩いたときの所要時間が15分であれば、物件から最寄駅までの道路距離にかかわらず、広告中に「最寄駅まで徒歩15分」と表示することができる。

3　新築分譲住宅を販売するに当たり、予告広告である旨及び契約又は予約の申込みには応じられない旨を明瞭に表示すれば、当該物件が建築確認を受けていなくても広告表示をすることができる。

4　新築分譲マンションを販売するに当たり、住戸により管理費の額が異なる場合であって、すべての住戸の管理費を示すことが広告スペースの関係で困難なときは、全住戸の管理費の平均額を表示すればよい。

[解答]　1　**正しい**。**路地状部分**のみで道路に接する土地であって、その路地状部分の面積が土地面積の**30％以上**を占めるときは、路地状部分を含む旨および路地状部分の割合または面積を明示する必要がある（表示規約施行規則7条8号）。

2　誤り。各種施設までの距離または所要時間について、**徒歩による所要時間**は、道路距離**80mにつき1分**として計算し、1分未満の端数が生じたときは、繰り上げて1分と表示する（同規約施行規則9条9号）。

3　誤り。宅地の造成または建物の建築に関する**工事の完了前**においては、開発許可や建築確認等、宅建業法33条に規定する許可等の処分があった後でなければ、**広告表示**をすることができない（同規約5条）。

4　誤り。**管理費**については、**1戸当たりの月額**を表示することとされており、住戸により管理費の額が異なる場合において、そのすべての住戸の管理費を示すことが困難であるときは、**最低額および最高額**のみで表示することができる（同規約施行規則9条41号）。「全住戸の管理費の平均額」ではない。

正解 ▶ 1

283 宅建業者数ほか

CHECK ☐☐☐☐☐　　出題頻度 ●●●●●　　難易度 ★★★★★　　令和5年

問題　次の記述のうち、誤っているものはどれか。※

1　令和4年度宅地建物取引業法の施行状況調査（令和5年10月公表）によれば、令和5年3月末における宅地建物取引業者の全事業者数は14万業者を超え、9年連続で増加した。

2　令和6年地価公示（令和6年3月公表）によれば、令和5年1月以降の1年間の地価について、地方圏平均では、全用途平均、住宅地、商業地のいずれも3年連続で上昇し、工業地は7年連続で上昇した。

3　建築着工統計調査報告（令和5年計。令和6年1月公表）によれば、令和5年の民間非居住建築物の着工床面積は、前年と比較すると、事務所は増加したが、店舗、工場及び倉庫が減少したため、全体で減少となった。

4　年次別法人企業統計調査（令和4年度。令和5年9月公表）によれば、令和4年度における不動産業の売上高営業利益率が10.1%と2年ぶりに前年度と比べ下落したのに対し、売上高経常利益率は12.8%と3年連続で前年度と比べ上昇した。

6

宅地・建物の需給と取引の実務

解答　1　誤り。令和5年3月末における宅建業者は、9年連続で増加しているが、約13万業者（129,604業者）で14万業者を超えていない。

2　正しい。令和5年1月以降の1年間の地価について、地方圏平均では、全用途平均・住宅地・商業地のいずれも3年連続で上昇し、上昇率が拡大した。工業地も7年連続で上昇し、上昇率が拡大した。

3　正しい。令和5年の民間非居住建築物の着工床面積は、前年と比較すると、事務所は増加したが、店舗、工場、倉庫が減少したため、全体で6.9%の減少となった。

4　正しい。令和4年度における不動産業の売上高営業利益率は10.1%と2年ぶりに前年度と比べ下落したのに対し、売上高経常利益率は12.8%と3年連続で増加した。

　　　　　　　　　　　　　　　　　　　　　　　　　　正解 ▶ 1

284 新設住宅着工戸数ほか

CHECK □□□□□　　出題頻度 ■■■■■　　難易度 ★★★ ■■■■　　令和4年

[問題]　次の記述のうち、正しいものはどれか。※

1　建築着工統計調査報告（令和5年計。令和6年1月公表）によれば、令和5年の新設住宅の着工戸数のうち、持家は前年比で増加したが、貸家及び分譲住宅は前年比で減少した。

2　令和6年地価公示（令和6年3月公表）によれば、令和5年1月以降の1年間の住宅地の地価は、三大都市圏平均では上昇したものの、それ以外の地方圏平均では下落した。

3　令和5年版土地白書（令和5年6月公表）によれば、令和4年の全国の土地取引件数は約130万件となり、土地取引件数の対前年比は令和元年以降増加が続いている。

4　国土交通省の公表する不動産価格指数のうち、全国の商業用不動産総合の季節調整値は、2023年（令和5年）においては第1四半期から第3四半期まで連続で対前期比増となった。

6

宅地・建物の需給と取引の実務

[解答]　1　誤り。令和5年の新設住宅の着工戸数は、持家、貸家および分譲住宅が減少したため、全体で減少となった。

2　誤り。令和6年地価公示（令和6年3月公表）によれば、令和5年1月以降の1年間の住宅地の地価は、三大都市圏平均、地方圏平均とも3年連続で上昇した。

3　誤り。令和4年の全国の土地取引件数は約130万件となり、2年ぶりの減少となった。

4　正しい。不動産価格指数のうち、全国の商業用不動産総合の季節調整値は、2023年（令和5年）においては第1四半期から第3四半期まで対前期比＋3.2％、＋0.7％、＋0.7％と、連続で対前期比増となった。

正解▶4

285 宅地建物取引業者数ほか

CHECK ☐☐☐☐☐　　出題頻度 ●●●●●　　難易度 ★★★　　令和3年⑫

問題　次の記述のうち、正しいものはどれか。※

1　令和4年度宅地建物取引業法の施行状況調査（令和5年10月公表）によれば、宅地建物取引業者数は、令和4年度末において10万業者を下回っている。

2　令和6年地価公示（令和6年3月公表）によれば、令和5年1月以降の1年間の地価の変動を見ると、全国平均の用途別では、住宅地及び商業地のいずれの用途も3年連続で下落した。

3　令和5年版土地白書（令和5年6月公表）によれば、令和2年における我が国の国土面積は約3,780万 ha であり、このうち住宅地、工業用地等の宅地は約197万 ha となっており、宅地及び農地の合計面積は、森林の面積を超えている。

4　建築着工統計（令和6年1月公表）によれば、令和5年1月から令和5年12月までのマンション着工戸数は、「三大都市圏計」は前年を上回っていたが、「その他の地域」は減少したため、全体で減少となった。

解答　1　誤り。令和4年度末（令和5年3月）における宅地建物取引業者数は、129,604業者で10万業者を上回っており、9年連続の増加となっている。

2　誤り。全国平均の用途別では、住宅地および商業地のいずれも3年連続で上昇し、上昇率が拡大した。

3　誤り。令和2年における我が国の国土面積は約3,780万 ha で、このうち住宅地、工業用地等の宅地は約197万 ha、農地は約437万 ha となっており、宅地および農地の合計面積（634万 ha）は、森林の面積（2,503万 ha）を下回っている。

4　正しい。令和5年のマンション着工戸数は107,879万戸（前年比0.3％減、3年ぶりの減少）で、三大都市圏計は86,014件（前年比1.8％増）、その他の地域21,865件（前年比7.6％減）となっている。

6

宅地・建物の需給と取引の実務

　　　　　正解 ▶ 4

286 新設住宅着工戸数ほか

CHECK ☐☐☐☐☐　　出題頻度 ●●●●●　　難易度 ★★★　　令和3年⑩

[問題]　次の記述のうち、正しいものはどれか。※

1　建築着工統計（令和6年1月公表）によれば、令和5年1月から令和5年12月までの新設住宅着工戸数は約82.0万戸となり、3年ぶりの増加となっている。

2　令和5年版土地白書（令和5年6月公表）によれば、土地取引について、売買による所有権移転登記の件数でその動向を見ると、令和4年の全国の土地取引件数は約130万件となり、2年ぶりの増加となっている。

3　令和6年地価公示（令和6年3月公表）によれば、令和5年1月以降の1年間の地価の変動を見ると、全国平均の用途別では、住宅地及び商業地は3年連続で上昇し、工業地は8年連続の上昇となっている。

4　年次別法人企業統計調査（令和4年度。令和5年9月公表）によれば、令和4年度における不動産業の営業利益は約4.7兆円で、前年度を上回った。

[解答]　1　誤り。令和5年の新設住宅着工戸数は約82.0万戸であり、前年比4.6%減と3年ぶりの減少となっている。

2　誤り。売買による所有権移転登記の件数でその動向を見ると、令和4年の全国の土地取引件数は約130万件となり、2年ぶりの減少となっている。

3　正しい。全国平均の用途別では、住宅地・商業地のいずれも3年連続で上昇し、工業地は8年連続の上昇となっている。

4　誤り。令和4年度における不動産業の営業利益は約4.7兆円で、前年度を13.2%下回っており、3年ぶりの減少となっている。

正解▶3

287 新設住宅着工戸数ほか

CHECK ☐☐☐☐☐　　出題頻度 ●●●●●　　難易度 ★★★★　　令和2年⑫

問題　次の記述のうち、正しいものはどれか。※

1　建築着工統計（令和6年1月公表）によれば、令和5年1月から12月までの新設住宅着工戸数は約82.0万戸となり、3年連続の減少となった。

2　令和4年度宅地建物取引業法の施行状況調査（令和5年10月公表）によれば、令和5年3月末における宅地建物取引業者数は12万9,000を超えている。

3　令和5年版土地白書（令和5年6月公表）によれば、令和2年の住宅地、工業用地等の宅地は約197万haあるが、前年に比べて大きく減少した。

4　令和4年度法人企業統計調査（令和5年9月公表）によれば、不動産業について、令和4年度の売上高営業利益率及び売上高経常利益率は、いずれも10%以下となっている。

解答　1　誤り。建築着工統計（令和6年1月公表）によれば、令和5年1月から12月までの新設住宅着工戸数は約82.0万戸であり、3年ぶりの減少となった。

2　正しい。令和5年3月末における宅地建物取引業者数は、12万9,604で、12万9,000を超えている。

3　誤り。令和2年の住宅地、工業用地等の宅地は約197万haで、前年比横ばいで推移している。

4　誤り。不動産業について、令和4年度の売上高営業利益率は10.1%、売上高経常利益率は12.8%で、いずれも10%以上である。

6

宅地・建物の需給と取引の実務

正解▶2

288 地価の動向ほか

CHECK ☐☐☐☐☐ 　出題頻度 ●●●●● 　難易度 ★★★ 　令和2年⑩

問題　次の記述のうち、正しいものはどれか。※

1　令和6年地価公示（令和6年3月公表）によれば、令和5年1月以降の1年間の地価変動は、全国平均では、住宅地については下落であったが、商業地については上昇であった。

2　令和5年版土地白書（令和5年6月公表）によれば、土地取引について、売買による所有権の移転登記の件数でその動向をみると、令和4年の全国の土地取引件数は約130.5万件となり、前年に比べて大きく増加した。

3　建築着工統計（令和6年1月公表）によれば、令和5年1月から12月までの持家、貸家及び分譲住宅が減少したため、新設住宅着工戸数は全体で減少となった。

4　令和4年度法人企業統計調査（令和5年9月公表）によれば、不動産業の売上高経常利益率は、平成28年度から令和4年度までの7年間は、いずれも5％以下となっている。

解答　1　誤り。令和6年地価公示によれば、住宅地・商業地とも3年連続で上昇し、上昇率が拡大した。

2　誤り。令和4年の全国の土地取引件数は約130.5万件と、前年比2.2％の減少である。

3　正しい。令和5年の新設住宅着工戸数は、持家、貸家および分譲住宅が減少したため、3年ぶりの減少となった。

4　誤り。法人企業統計調査によれば、令和4年度における不動産業の売上高経常利益率は12.8％であり、平成28年度から令和4年度までの7年間は、いずれも10％を上回っている。

正解▶3

6

宅地・建物の需給と取引の実務

289 土地の安全性

問題　土地に関する次の記述のうち、最も不適当なものはどれか。

1　自然堤防の後背湿地側の縁は、砂が緩く堆積していて、地下水位も浅いため、地震時に液状化被害が生じやすい地盤である。

2　谷底低地に軟弱層が厚く堆積している所では、地震動が凝縮されて、震動が小さくなる。

3　1923年の関東地震の際には、東京の谷底低地で多くの水道管や建物が被害を受けた。

4　大都市の近郊の丘陵地では、丘を削り谷部に盛土し造成宅地が造られたが、盛土造成に際しては、地下水位を下げるため排水施設を設け、締め固める等の必要がある。

解答　1　適当な記述である。後背湿地は、自然堤防の背後にできる湿地帯で、洪水によって繰り返し泥水が運ばれたことにより細かな粒の泥水が広がり、水がたまりやすく乾きにくいため、地震時には液状化のリスクが高い地盤である。

2・3　2は不適当な記述であり、3は適当な記述である。谷底低地は、やわらかい土や枯れた植物が堆積してできた場所で、地震で揺れやすく被害が特に拡大しやすく、1923年の関東地震では。多くの水道管や建物が被害を受けた。

4　適当な記述である。盛土造成に際しては、雨水や地表水による崖崩れや土砂の流出を防ぐために排水施設を設け、締め固める等の必要がある。

7

土地・建物の基礎知識

290 土地の安全性

[問題]　土地に関する次の記述のうち、最も不適当なものはどれか。

1　台地の上の浅い谷は、豪雨時には一時的に浸水することがあり、注意を要する。

2　低地は、一般に洪水や地震などに対して強く、防災的見地から住宅地として好ましい。

3　埋立地は、平均海面に対し4～5mの比高があり護岸が強固であれば、住宅地としても利用が可能である。

4　国土交通省が運営するハザードマップポータルサイトでは、洪水、土砂災害、高潮、津波のリスク情報などを地図や写真に重ねて表示できる。

[解答]　1　適当な記述である。台地の上の浅い谷は、集中豪雨の場合に水浸しになることがある。

2　不適当な記述である。低地は、一般に洪水や地震などに対して弱く、かつ、日照、通風、乾湿などの面も悪いので、住宅地として好ましくない。

3　適当な記述である。海岸の埋立地は、高潮や津波の危険性があるので、一般に住宅地としては好ましくないが、平均海面に対し4～5mの比高があり護岸が強固であれば、住宅地としても利用が可能である。

4　適当な記述である。国土交通省が運営するハザードマップポータルサイトでは、洪水、土砂災害、高潮、津波のリスク情報、道路防災情報、地形分類を地図や写真に重ねて表示できる。

正解 ▶ 2

291 土地の安全性

CHECK ☐☐☐☐☐　出題頻度 ●●●●●　難易度 ★★★★　令和3年⑫

問題　土地に関する次の記述のうち、最も不適当なものはどれか。

1　沿岸地域における地震時の津波を免れるためには、巨大な防波堤が必要であるが、それには限度があり、完全に津波の襲来を防ぐことはできない。
2　一般に凝灰岩、頁岩（けつ）、花崗岩（こう）（風化してマサ土化したもの）は、崩壊しにくい。
3　低地は、大部分が水田や宅地として利用され、大都市の大部分もここに立地している。
4　平地に乏しい都市の周辺では、住宅地が丘陵や山麓に広がり、土砂崩壊等の災害を引き起こす例も多い。

解答　1　適当な記述である。津波の防御には防波堤が有効だが、それには限界もあり、東日本大震災に伴う津波では、津波対策として機能すべき多くの防波堤や海岸林が破壊された。

2　不適当な記述である。火山から噴出された火山灰が地上や水中に堆積してできた凝灰岩（ぎょうかいがん）、堆積岩の一種である頁岩（けつがん）、マグマが地殻内でゆっくりと冷え固まってできた花崗岩（けつがん）が風化してできた砂状の土壌である真砂土（まさど）は、温度変化や雨水によって風化が進行していくと崩れやすい。

3　適当な記述である。大都市の大部分が低地に立地しており、水を引き込むのが容易なため、水田や宅地に適している。

4　適当な記述である。平地に乏しい都市の周辺では、住宅地が丘陵や山麓に広がり、土砂崩壊等の災害を引き起こしやすい。

7

土地・建物の基礎知識

　　　　　　正解▶2

292 土地の安全性

CHECK ☐☐☐☐☐　　出題頻度 ●●●●●　　難易度 ★★★　　令和3年⑩

[問題] 土地に関する次の記述のうち、最も不適当なものはどれか。

1　森林は、木材資源としても重要で、水源涵養、洪水防止等の大きな役割を担っている。
2　活動度の高い火山の火山麓では、火山活動に伴う災害にも留意する必要がある。
3　林相は良好でも、破砕帯や崖錐等の上の杉の植林地は、豪雨に際して崩壊することがある。
4　崖錐や小河川の出口で堆積物の多い所等は、土石流の危険が少ない。

[解答]　1　適当な記述である。森林は、木材などの林産物を生産することや、洪水を防いだり水を蓄えて時間をかけて流出させる水源の涵養、山崩れなどを防ぐ国土の保全、二酸化炭素吸収・固定による地球温暖化の防止等の多面的機能の発揮に貢献している。

2　適当な記述である。火山麓（かざんろく）では、マグマ活動が活発化すれば、火山弾・軽石の降下、山麓に達するような火砕流の流下が起きる可能性があるので注意が必要である。

3　適当な記述である。破砕帯（はさいたい）とは、岩盤が割り砕かれて多くの隙間を持つようになった地層のことで、通常の地盤に比べて軟弱であり、地下水などが含まれている場合も多い。また、崖錐（がいすい）とは、風化、剥離した岩屑が急斜面を落下し堆積してつくられた円錐状の堆積地形で、透水性が高いため地すべりを起こしやすく、集中豪雨の時には、斜面崩壊から土石流を引き起こしやすい。

4　不適当な記述である。崖錐や小河川の出口に堆積物の多いところは、豪雨や地震の際に土石流が発生する危険がある。

正解▶4

293 土　地

> 問題　土地に関する次の記述のうち、最も不適当なものはどれか。
> 1　山地は、地形がかなり急峻で、大部分が森林となっている。
> 2　低地は、一般に洪水や地震などに対して弱く、防災的見地からは住宅地として好ましくない。
> 3　埋立地は、一般に海面に対して数mの比高を持ち、干拓地に比べ自然災害に対して危険度が高い。
> 4　台地は、一般に地盤が安定しており、低地に比べ自然災害に対して安全度が高い。

解答　1　適当な記述である。**山地**とは、山が集まり、ひとつにまとまっている地域をさす。わが国は山地が多く、地形の約75%を占めており、大部分が森林となっている。

2　適当な記述である。**低地**は、川の氾濫や津波などの水害が起きた際に被害に遭いやすい。一般的に洪水や地震、津波、高潮などに対して弱く、防災の見地からは住宅地として好ましくない。

3　不適当な記述である。**埋立地**は、大量の土砂などを積み上げてつくられた土地で、**干拓地**は、水面や湿地を堤防などで仕切り、内側の水を抜いて陸地にしたものである。干拓地は、もともと水中だった場所のため地盤が弱く、地震による揺れが大きくなりやすい。埋立地は、一般に海面に対して数mの比高を持ち、宅地として利用でき、干拓地に比べ自然災害に対して安全である。

4　適当な記述である。**台地**は、一般的に水はけもよく、砂礫やよく締まった硬粘土質の地盤も安定しており、低地に比べ洪水や地震等の自然災害に対して安全度が高い。

7

土地・建物の基礎知識

正解▶3

土　地

294 土　地

問題 土地に関する次の記述のうち、最も不適当なものはどれか。

1　都市の中小河川の氾濫の原因の一つは、急速な都市化、宅地化に伴い、降雨時に雨水が短時間に大量に流れ込むようになったことである。

2　中小河川に係る防災の観点から、宅地選定に当たっては、その地点だけでなく、周辺の地形と防災施設に十分注意することが必要である。

3　地盤の液状化については、宅地の地盤条件について調べるとともに、過去の地形についても古地図などで確認することが必要である。

4　地形や地質的な条件については、宅地に適しているか調査する必要があるが、周辺住民の意見は聴かなくてよい。

解答　1　適当な記述である。昭和30年代から始まった急激な都市への人口、産業、資産の集中や流域における開発によって、流域の保水・遊水機能は低下し、中・下流域の都市部では水害が頻発するようになった。

2　適当な記述である。水害を避けるためには、まず、その宅地の位置だけではなく、周囲の地形や防災施設に十分注意することが必要である。

3　適当な記述である。地盤の液状化については、どんな場所で液状化が起こりやすいのか知っておくことが大切であり、地歴をはじめ、国や市町村から提供されている液状化危険度を示した液状化ハザードマップで、その土地を調べておくとよい。

4　不適当な記述である。宅地に適しているかの調査だけでなく、周辺住民の意見を聴くことで、有益な情報が得られることもある。

295 建物の構造と材料

CHECK ☐☐☐☐☐　出題頻度 ●●●●●　難易度 ★★★　令和5年

問題　建物の構造と材料に関する次の記述のうち、最も不適当なものはどれか。

1　鉄筋コンクリート構造は、地震や風の力を受けても、躯体の変形は比較的小さく、耐火性にも富んでいる。

2　鉄筋コンクリート構造は、躯体の断面が大きく、材料の質量が大きいので、建物の自重が大きくなる。

3　鉄筋コンクリート構造では、鉄筋とコンクリートを一体化するには、断面が円形の棒鋼である丸鋼の方が表面に突起をつけた棒鋼である異形棒鋼より、優れている。

4　鉄筋コンクリート構造は、コンクリートが固まって所定の強度が得られるまでに日数がかかり、現場での施工も多いので、工事期間が長くなる。

解答　1　適当な記述である。鉄筋コンクリート構造（RC造）は、主に柱や梁、床・壁が鉄筋とコンクリートで構成されていて、引っ張る力に強い鉄筋と、圧縮に強いコンクリートを組み合わせることで耐久性と耐火性に富んでいる。

2　適当な記述である。鉄筋コンクリート構造は、木造や鉄骨造と比べて柱や梁の断面が大きく、材料もコンクリートと鉄で重いので、建物の自重が大きくなる。

3　不適当な記述である。異形棒鋼は凸凹の突起を設けた鉄筋で、コンクリートから鉄筋が簡単に抜けにくいので、丸鋼より優れている。

4　適当な記述である。鉄筋コンクリート構造は、コンクリートが乾燥して固まるまで日数がかかり、自重を支えるための追加の地盤改良や基礎工事が必要になることから、工事期間は長くなる傾向にある。

　　　　　　　　　　　　　　正解▶3

296 建築物の構造

CHECK ☐☐☐☐☐　出題頻度 ■■■□□　難易度 ★★★★★　令和4年

> [問題] 建築物の構造に関する次の記述のうち、最も不適当なものはどれか。
> 1　木構造は、主要構造を木質系材料で構成するものであり、在来軸組構法での主要構造は、一般に軸組、小屋組、床組からなる。
> 2　在来軸組構法の軸組は、通常、水平材である土台、桁、胴差と、垂直材の柱及び耐力壁からなる。
> 3　小屋組は、屋根の骨組であり、小屋梁、小屋束、母屋、垂木等の部材を組み合わせた和小屋と、陸梁、束、方杖等の部材で形成するトラス構造の洋小屋がある。
> 4　軸組に仕上げを施した壁には、真壁と大壁があり、真壁のみで構成する洋風構造と、大壁のみで構成する和風構造があるが、これらを併用する場合はない。

[解答]　1　適当な記述である。**木構造**とは、建築構造の一つで、建物の主要部分（構造体）に木材を用いる構造である。**在来軸組構法**は柱や梁、筋交を組み合わせて軸組（骨組）を作り、建物を「線」で支える工法である。

2　適当な記述である。在来軸組構法の**軸組**は、通常、水平材である土台、桁、胴差と、垂直材の柱及び耐力壁からなる。**耐力壁**とは、地震や強風などの水平力に抵抗する壁のことで、垂直材だけでは水平力に抵抗できないため、耐力壁を設ける。

3　適当な記述である。小屋組は屋根の骨組のことであり、**和小屋**と**洋小屋**がある。

4　不適当な記述である。壁体の構造には、柱が内装の表面に出ている真壁のみで構成する**和風構造**と、柱や梁などを壁で隠す大壁のみで構成する**洋風構造**がある。それぞれの長所を活かして真壁と大壁を併用することも少なくない。

　正解▶4

7 土地・建物の基礎知識

297 建築物の構造

CHECK ☐☐☐☐☐　　出題頻度 ●●●●●　　難易度 ★★★★★　令和3年⑫

[問題]　建物の構造に関する次の記述のうち、最も不適当なものはどれか。
1　組積式構造は、耐震性は劣るものの、熱、音などを遮断する性能が優れている。
2　組積式構造を耐震的な構造にするためには、大きな開口部を造ることを避け、壁厚を大きくする必要がある。
3　補強コンクリートブロック造は、壁式構造の一種であり、コンクリートブロック造を鉄筋コンクリートで耐震的に補強改良したものである。
4　補強コンクリートブロック造は、壁量を多く必要とはせず、住宅等の小規模の建物には使用されていない。

[解答]　1　適当な記述である。**組積式構造**とは、石、煉瓦、コンクリートブロックなど、一定の大きさをもつ材料を組み合わせ、積み重ねて造り上げるものをいう。耐震性は劣るものの、熱、音などを遮断する性能は優れている。
2　適当な記述である。**開口部**は、小さいほうが耐震性は上がり、壁厚を大きくすれば、それだけ強度が増す。
3　適当な記述である。**補強コンクリートブロック造**は、空洞コンクリートブロックを鉄筋で補強して耐力壁をつくり、壁頂部を鉄筋コンクリート造の梁でつなぎ一体化した形式の構造をいい、鉄筋コンクリートに準ずる耐震性、耐火性を持っている。
4　不適当な記述である。**補強コンクリートブロック造**は、耐震性や耐火性・耐久性に劣るが、鉄筋コンクリート造と比較して工期が短く、建設コストもかからないので、住宅等の小規模な建物に適している。

7

土地・建物の基礎知識

正解▶4

298 建築物の構造

[問題]　建物の構造に関する次の記述のうち、最も不適当なものはどれか。

1　鉄骨構造は、主要構造の構造形式にトラス、ラーメン、アーチ等が用いられ、高層建築の骨組に適している。

2　鉄骨構造の床は既製気泡コンクリート板、プレキャストコンクリート板等でつくられる。

3　鉄骨構造は、耐火被覆や鋼材の加工性の問題があり、現在は住宅、店舗等の建物には用いられていない。

4　鉄骨構造は、工場、体育館、倉庫等の単層で大空間の建物に利用されている。

解答　1　適当な記述である。**鉄骨構造**は、鋼材を接合して骨組みを作る工法をいい、主要構造にはトラス、ラーメン、アーチ等が用いられる。鉄筋コンクリート造よりも軽いため、高層建築の骨組に適している。

2　適当な記述である。**鉄骨構造の床**には、コンクリートの中に小さな気泡を混ぜてパネルにした既製気泡コンクリート板や、あらかじめ工場で製造し現場で組み立てるプレキャストコンクリート板が用いられている。

3　不適当な記述である。鉄骨構造は、耐火被膜、防錆処理は必要となるが、加工性が高く、比較的大きな建物によく用いられるが、住宅や店舗などの小規模な建物にも用いられている。

4　適当な記述である。鉄骨構造は、工場、体育館、倉庫などの大規模な建物に多く利用されている。

7 土地・建物の基礎知識

299 建築物の構造

CHECK ☐☐☐☐☐　　出題頻度 ●●●●●　　難易度 ★★★★　　令和２年⑫

[問題] 建築物の構造に関する次の記述のうち、最も不適当なものはどれか。

1　基礎は、硬質の支持地盤に設置するとともに、上部構造とも堅固に緊結する必要がある。

2　木造建物を耐震、耐風的な構造にするためには、できるだけ建物の形態を単純にすることが適切である。

3　鉄骨造は、不燃構造であり、靭性が大きいことから、鋼材の防錆処理を行う必要はない。

4　近年、コンクリートと鉄筋の強度が向上しており、鉄筋コンクリート造の超高層共同住宅建物もみられる。

解答　1　適当な記述である。**基礎**は、建物を支える最下部の構造のことで、硬質の支持地盤に堅固に設置し、上部構造とも堅固に緊結する必要がある。

2　適当な記述である。**木造建物**を耐震、耐風的な構造にするためには、建物形態をできるだけシンプル（単純）なものとすることが適切である。

3　不適当な記述である。**鉄骨造**は鋼材を組み合わせ、ボルト、鋲、溶接等で接合して骨組みを形成するものである。鋼材は防錆処理を施さないと耐久性にも乏しい。

4　適当な記述である。近年、コンクリートと鉄筋の強度が向上しており、その強度と耐久性の高さから、高層建築や大規模建築で使われている。

7

土地・建物の基礎知識

　　　　　　　　　　　　　　　　　　　　　　　　　　正解 ▶ 3

300 建築物の構造

CHECK ☐☐☐☐☐　　出題頻度 ●●●●●　　難易度 ★★★　　令和2年⑩

> **問題**　建築物の構造に関する次の記述のうち、最も不適当なものはどれか。
> 1　建物の構成は、大きく基礎構造と上部構造からなっており、基礎構造は地業と基礎盤から構成されている。
> 2　基礎の種類には、基礎の底面が建物を支持する地盤に直接接する直接基礎と、建物を支持する地盤が深い場合に使用する杭基礎（杭地業）がある。
> 3　直接基礎の種類には、形状により、柱の下に設ける独立基礎、壁体等の下に設けるべた基礎、建物の底部全体に設ける布基礎（連続基礎）等がある。
> 4　上部構造は、重力、風力、地震力等の荷重に耐える役目を負う主要構造と、屋根、壁、床等の仕上げ部分等から構成されている。

解答　1　適当な記述である。建物は、**基礎構造**と**上部構造**から構成され、基礎構造が上部構造を支えている。基礎構造は、**地業**（基礎の下の部分）と、上部構造を支える**基礎盤**から構成されている。

2　適当な記述である。基礎の種類には、地盤が硬い場合に建物全体を直接地面で支える**直接基礎**と、地盤が軟弱な場合に地面の深い位置まで杭を打ち込んで建物全体を支える**杭基礎**がある。

3　不適当な記述である。直接基礎は、1本ずつの柱の位置に、その柱だけを支えるように単独で設けられる**独立基礎**、建物の外周部や壁に沿って設ける**布基礎**、底部全体を鉄筋コンクリートで支える**ベタ基礎**に分類される。

4　適当な記述である。上部構造は、**主要構造**と**仕上げ部分**等から構成されている。

正解▶3

予想問題

【問　1】A所有の甲土地につき、AとBとの間で売買契約が締結された場合における次の記述のうち、民法の規定及び判例によれば、正しいものはどれか。

1　Bは、甲土地は将来地価が高騰すると勝手に思い込んで売買契約を締結したところ、実際には高騰しなかった場合、動機の錯誤を理由に本件売買契約を取り消すことができる。

2　Bは、第三者であるCから甲土地がリゾート開発される地域内になるとだまされて売買契約を締結した場合、AがCによる詐欺の事実を知っていたとしても、Bは本件売買契約を詐欺を理由に取り消すことはできない。

3　AがBにだまされたとして詐欺を理由にAB間の売買契約を取り消した後、Bが甲土地をAに返還せずにDに転売してDが所有権移転登記を備えても、AはDから甲土地を取り戻すことができる。

4　BがEに甲土地を転売した後に、AがBの強迫を理由にAB間の売買契約を取り消した場合には、EがBによる強迫につき知らなかったときであっても、AはEから甲土地を取り戻すことができる。

【問　2】A所有の甲土地につき、Aから売却に関する代理権を与えられていないBが、Aの代理人として、Cとの間で売買契約を締結した場合における次の記述のうち、民法の規定及び判例によれば、誤っているものはどれか。なお、表見代理は成立しないものとする。

1　Bの無権代理行為をAが追認した場合には、AC間の売買契約は有効となる。

2　Aの死亡により、BがAの唯一の相続人として相続した場合、Bは、Aの追認拒絶権を相続するので、自らの無権代理行為の追認を拒絶することができる。

3　Bの死亡により、AがBの唯一の相続人として相続した場合、AがBの無権代理行為の追認を拒絶しても信義則には反せず、AC間の売買契約が当然に有効になるわけではない。

4　Aの死亡により、BがDとともにAを相続した場合、DがBの無権代理行為を追認しない限り、Bの相続分に相当する部分においても、AC間の売買契約が当然に有効になるわけではない。

【問 3】 Aは、自己所有の建物をBに売却したが、Bはまだ所有権移転登記を行っていない。この場合、民法の規定及び判例によれば、次の記述のうち誤っているものはどれか。

1 Cが何らの権原なくこの建物を不法占有している場合、Bは、Cに対し、この建物の所有権を対抗でき、明渡しを請求できる。

2 DがAからこの建物を賃借し、引渡しを受けて適法に占有している場合、Bは、Dに対し、この建物の所有権を対抗でき、賃貸人たる地位を主張できる。

3 この建物がAとEとの持分2分の1ずつの共有であり、Aが自己の持分をBに売却した場合、Bは、Eに対し、この建物の持分の取得を対抗できない。

4 Aはこの建物をFから買い受け、FからAに対する所有権移転登記がまだ行われていない場合、Bは、Fに対し、この建物の所有権を対抗できる。

【問 4】 権利の取得や消滅に関する次の記述のうち、民法の規定及び判例によれば、正しいものはどれか。

1 売買契約に基づいて土地の引渡しを受け、平穏に、かつ、公然と当該土地の占有を始めた買主は、当該土地が売主の所有物でなくても、売主が無権利者であることにつき善意で無過失であれば、即時に当該不動産の所有権を取得する。

2 所有権は、権利を行使することができる時から20年間行使しないときは消滅し、その目的物は国庫に帰属する。

3 買主は、目的物が契約の内容に適合しないことを知った時から1年以内にその旨を売主に通知すれば売主の契約不適合責任を追及することができるが、この権利には消滅時効の規定の適用があり、買主が不適合を知った時から5年、または引渡しを受けた時から10年を経過するとその権利は消滅する。

4 20年間、平穏に、かつ、公然と他人が所有する土地を占有した者は、占有取得の原因たる事実のいかんにかかわらず、当該土地の所有権を取得する。

【問　5】債務者Aが所有する甲土地には、債権者Bが一番抵当権（債権額2,000万円）、債権者Cが二番抵当権（債権額2,400万円）、債権者Dが三番抵当権（債権額4,000万円）をそれぞれ有しており、Aにはその他に担保権を有しない債権者E（債権額2,000万円）がいる。甲土地の競売に基づく売却代金5,400万円を配当する場合に関する次の記述のうち、民法の規定によれば、誤っているものはどれか。

1　BがEの利益のため、抵当権を譲渡した場合、Bの受ける配当は0円である。

2　BがDの利益のため、抵当権の順位を譲渡した場合、Bの受ける配当は800万円である。

3　BがEの利益のため、抵当権を放棄した場合、Bの受ける配当は1,000万円である。

4　BがDの利益のため、抵当権の順位を放棄した場合、Bの受ける配当は1,000万円である。

【問　6】弁済に関する次の1から4までの記述のうち、判決文及び民法の規定によれば、誤っているものはどれか。

（判決文）

　借地上の建物の賃借人はその敷地の地代の弁済について法律上の利害関係を有すると解するのが相当である。思うに、建物賃借人と土地賃貸人との間には直接の契約関係はないが、土地賃借権が消滅するときは、建物賃借人は土地賃貸人に対して、賃借建物から退去して土地を明け渡すべき義務を負う法律関係にあり、建物賃借人は、敷地の地代を弁済し、敷地の賃借権が消滅することを防止することに法律上の利益を有するものと解されるからである。

1　借地人が地代の支払を怠っている場合、借地上の建物の賃借人は、借地人の意思に反しても、地代を弁済することができる。

2　借地人が地代の支払を怠っている場合、借地上の建物の賃借人が土地賃貸人に対して地代を支払おうとしても、土地賃貸人がこれを受け取らないときは、当該賃借人は地代を供託することができる。

3　借地人が地代の支払を怠っている場合、借地上の建物の賃借人は、土地賃貸人の意思に反しても、地代について金銭以外のもので代物弁済することができる。

4　借地人が地代の支払を怠っている場合、借地上の建物の賃借人が土地賃貸人に対して地代を弁済すれば、土地賃貸人は借地人の地代の不払を理由として借地契約を解除することはできない。

【問　7】宅地建物取引業者であるAが、自らが所有している甲土地を宅地建物取引業者でないBに売却した場合のAの責任に関する次の記述のうち、民法及び宅地建物取引業法の規定並びに判例によれば、誤っているものはどれか。

1　売買契約で、Aが一切の契約不適合責任を負わない旨を合意したとしても、Aは甲土地の引渡しの日から2年間は、契約不適合責任を負わなければならない。

2　甲土地に設定されている抵当権が実行されてBが所有権を失った場合、Bが甲土地に抵当権が設定されていることを知っていたとしても、BはAB間の売買契約を解除することができる。

3　Bが契約不適合責任を追及する場合には、契約不適合の存在を知った時から1年以内にAの契約不適合責任を追及する意思を裁判外で明確に告げていればよく、1年以内に訴訟を提起して契約不適合責任を追及するまでの必要はない。

4　売買契約で、Aは甲土地の引渡しの日から2年間だけ契約不適合責任を負う旨を合意したとしても、Aが知っていたのにBに告げなかった契約不適合については、契約不適合責任に基づく損害賠償請求権が時効で消滅するまで、Bは当該損害賠償を請求できる。

【問　8】賃貸借に関する次の記述のうち、民法の規定によれば、正しいものはどれか。

1　賃貸借の存続期間は、50年を超えることができず、契約でこれより長い期間を定めたときであっても、その期間は、50年となる。

2　不動産の譲渡人が賃貸人であるときは、その賃貸人たる地位は、譲渡人、譲受人および賃借人の合意により、譲受人に移転させることができる。

3　賃借人は、賃借物を受け取った後にこれに生じた損傷がある場合において、賃貸借が終了したときは、その損傷を原状に復する義務を負う。

4　賃貸人は、敷金を受け取っている場合において、賃貸借が終了し、かつ、賃貸物の返還を受けたときには、賃借人に対し、その受け取った敷金から原状回復費用を控除した全額を返還しなければならない。

【問　9】不法行為に関する次の記述のうち、民法の規定及び判例によれば、誤っているものはどれか。

1　宅地建物取引業者Aの従業員Bが、その業務の遂行中に第三者Cに不法行為による損害を与えたときには、Aは、その損害を賠償しなければならないが、この場合、AはBに対し求償することができる。

2　注文者Dの請負人Eが業務について第三者Fに損害を与えたときは、注文または指図についてDの過失がない場合でも、Fに対して不法行為責任を負うことがある。

3　売主と買主がそれぞれ別の宅地建物取引業者に媒介を依頼し、両業者が共同して媒介を行った場合において、両業者の共同不法行為により買主が損害を受けたときには、買主は、自らが依頼した業者に損害賠償を請求することができるほか、売主が依頼した業者に対しても損害賠償を請求することができる。

4　不法行為に基づく損害賠償債務は、被害者が催告するまでもなく、その損害の発生の時から遅滞に陥る。

【問　10】Aは未婚で子供がなく、父親Bが所有する甲建物にBと同居している。Aの母親Cは令和5年6月末日に死亡している。AにはBとCの実子である兄Dがいて、DはEと婚姻して実子Fがいたが、Dは令和5年9月末日に死亡している。この場合における次の記述のうち、民法の規定及び判例によれば、正しいものはどれか。

1　Bが死亡した場合の法定相続分は、Aが2分の1、Eが4分の1、Fが4分の1である。

2　Bが死亡した場合、甲建物につき法定相続分を有するFは、甲建物を1人で占有しているAに対して、当然に甲建物の明渡しを請求することができる。

3　Aが死亡した場合の法定相続分は、Bが4分の3、Fが4分の1である。

4　Bが死亡した後、Aがすべての財産を第三者Gに遺贈する旨の遺言を残して死亡した場合、FはGに対して遺留分を主張することができない。

【問　11】 賃貸借契約に関する次の記述のうち、民法及び借地借家法の規定並びに判例によれば、誤っているものはどれか。

1　建物の所有を目的とする土地の適法な転借人は、自ら対抗力を備えていなくても、賃借人が対抗力のある建物を所有しているときは、転貸人たる賃借人の賃借権を援用して転借権を第三者に対抗することができる。

2　仮設建物を建築するために土地を一時使用として1年間賃借し、借地権の存続期間が満了した場合には、借地権者は、借地権設定者に対し、建物を時価で買い取るように請求することができる。

3　建物の所有を目的とする土地の賃貸借契約において、借地権の登記がなくても、その土地上の建物に借地人が自己を所有者と記載した表示の登記をしていれば、借地権を第三者に対抗することができる。

4　建物の所有を目的とする土地の賃貸借契約において、建物が全焼した場合でも、借地権者は、その土地上に滅失建物を特定するために必要な事項等を掲示すれば、借地権を第三者に対抗することができる場合がある。

【問　12】 動産の賃貸借契約と建物の賃貸借契約（借地借家法第38条に規定する定期建物賃貸借、同法第39条に規定する取壊し予定の建物の賃貸借及び同法40条に規定する一時使用目的の建物の賃貸借を除く。）に関する次の記述のうち、民法及び借地借家法の規定によれば、正しいものはどれか。

1　動産の賃貸借契約は、当事者の合意があれば書面により契約を締結しなくても効力を生じるが、建物の賃貸借契約は、書面により契約を締結しなければ無効である。

2　動産の賃貸借契約は、賃貸人と賃借人が合意して契約期間を6月と定めればそのとおりの効力を有するが、建物の賃貸借契約は、賃貸人と賃借人が合意して契約期間を6月と定めても期間を定めていない契約とみなされる。

3　賃貸人は賃借人との間で別段の合意をしない限り、動産の賃貸借契約の賃貸人は、賃貸借の使用収益に必要な修繕を行う義務を負うが、建物の賃貸借契約の賃貸人は、そのような修繕を行う義務を負わない。

4　契約期間を定めた場合、賃借人は、動産の賃貸借契約である場合は期間内に解約を行う権利を留保することができるが、建物の賃貸借契約である場合は当該権利を留保することはできない。

【問 13】建物の区分所有法等に関する法律（以下この問において「法」という。）に関する次の記述のうち、正しいものはどれか。

1 集会においては、法で集会の決議につき特別の定数が定められている事項を除き、規約で別段の定めをすれば、あらかじめ通知した事項以外についても決議することができる。

2 集会の招集の通知は、会日より少なくとも2週間前に発しなければならないが、この期間は規約で伸縮することができる。

3 集会の議事録が書面で作成されているときは、議長及び集会に出席した区分所有者の2人がこれに署名しなければならないが、押印は要しない。

4 規約の保管場所は、建物内の見やすい場所に掲示しなければならないが、集会の議事録の保管場所については掲示を要しない。

【問 14】不動産の登記に関する次の記述のうち、誤っているものはどれか。

1 表示に関する登記を申請する場合には、申請人は、その申請情報と併せて登記原因を証する情報を提供しなければならない。

2 新たに生じた土地又は表題登記がない土地の所有権を取得した者は、その所有権の取得の日から1月以内に、表題登記を申請しなければならない。

3 所有権の登記名義人について相続の開始があったときは、当該相続により所有権を取得した者は、自己のために相続の開始があったことを知り、かつ、当該所有権を取得したことを知った日から3年以内に、所有権の移転の登記を申請しなければならない。

4 仮登記は、仮登記の登記義務者の承諾があるときは、当該仮登記の登記権利者が単独で申請することができる。

【問　15】都市計画法に関する次の記述のうち、正しいものはどれか。

1　都市計画区域は、市又は人口、就業者数その他の要件に該当する町村の中心の市街地を含み、かつ、自然的及び社会的条件並びに人口、土地利用、交通量その他の現況及び推移を勘案して、一体の都市として総合的に整備し、開発し、及び保全する必要がある区域を当該市町村の区域の区域内に限り指定するものとされている。

2　都市計画区域については、無秩序な市街化を防止し、計画的な市街化を図るため、都市計画に必ず市街化区域と市街化調整区域との区分を定めなければならない。

3　都市計画区域については、区域内のすべての区域において、都市計画に、用途地域を定めるとともに、その他の地域地区で必要なものを定めるものとされている。

4　準都市計画区域については、都市計画に、高度地区を定めることはできるが、高度利用地区を定めることができないものとされている。

【問　16】都市計画法に関する次の記述のうち、誤っているものはどれか。なお、この問における都道府県知事とは、地方自治法に基づく指定都市、中核市、特例市にあってはその長をいうものとする。

1　開発行為をしようとする者は、当該開発行為に係る開発許可の取得後から当該開発行為の完了までに、当該開発行為に関係がある公共施設の管理者と協議し、その同意を得なければならない。

2　開発許可を受けた開発区域内の土地であっても、当該許可に係る開発行為に同意していない土地の所有者は、その権利の行使として建築物を建築することができる。

3　都市計画法に違反した者だけでなく、違反の事実を知って、違反に係る建築物を購入した者も、都市計画法の規定により、都道府県知事から建築物の除却等の命令を受ける対象となる。

4　地方公共団体は、一定の基準に従い、条例で、開発区域内において予定される建築物の敷地面積の最低限度に関する制限を定めることが可能であり、このような条例が定められている場合は、制限の内容を満たさない開発行為は許可を受けることができない。

予想問題

【問　17】建築基準法に関する次の記述のうち、正しいものはどれか。

1　建築基準法の改正により、現に存する建築物が改正後の建築基準法の規定に適合しなくなった場合、当該建築物は違反建築物となり、速やかに改正後の建築基準法の規定に適合させなければならない。

2　建築主事は、建築主から建築物の確認の申請を受けた場合において、申請に係る建築物の計画が建築基準法令の規定に適合しているかを審査すれば足り、都市計画法等の建築基準法以外の法律の規定に適合しているかは審査の対象外である。

3　事務所の用途に供する建築物を、飲食店（その床面積の合計500平方メートル）に用途変更する場合、建築主事又は指定確認検査機関の確認を受けなければならない。

4　住宅の居室には、原則として、換気のための窓その他の開口部を設け、その換気に有効な部分の面積は、その居室の床面積に対して、25分の1以上としなければならない。

【問　18】建築物の延べ面積の敷地面積に対する割合（以下この問において「容積率」という。）及び建築物の建築面積の敷地面積に対する割合（以下「建蔽率」という。）に関する次の記述のうち、建築基準法の規定によれば、誤っているものはどれか。

1　建蔽率は、前面道路の幅員に応じて、制限されることはない。

2　用途地域の指定のない区域内の建築物については、容積率にかかる制限は、適用されない。

3　第1種住居地域内における建蔽率が都市計画で10分の8と定められた地域内で、かつ、防火地域内に耐火建築物を建築する場合、建蔽率の制限は適用されない。

4　建築物の敷地が近隣商業地域と商業地域にわたる場合においては、それぞれの地域に属する敷地部分の面積比を基準として計算した容積率が限度となる。

【問 19】 宅地造成及び特定盛土等規制法に関する次の記述のうち、誤っているものはどれか。なお、この問において「都道府県」とは、地方自治法に基づく指定都市または中核市の区域内の土地については、それぞれ指定都市または中核市をいうものとする。

1　都道府県は、主務大臣が定めた基本方針に基づき、おおむね3年ごとに、宅地造成、特定盛土等または土石の堆積に伴う崖崩れまたは土砂の流出のおそれがある土地に関する基礎調査を行う。

2　特定盛土等規制区域内において行われる特定盛土等または土石の堆積に関する工事については、原則として、工事主は、当該工事に着手する日の30日前までに、当該工事の計画を都道府県知事に届け出なければならない。

3　特定盛土等規制区域内において行われる、高さが5mを超える大規模な特定盛土等に関する工事については、工事主は、当該工事に着手する前に都道府県知事の許可を受けなければならない。

4　面積3,000㎡を超える土石の堆積に関する工事の許可を受けた者は、3月ごとに、工事の実施の状況その他の事項を都道府県知事に報告しなければならない。

【問 20】 土地区画整理法における土地区画整理組合に関する次の記述のうち、正しいものはどれか。

1　土地区画整理組合を設立しようとする者は、事業計画の決定に先立って組合を設立する必要があると認める場合においては、5人以上共同して、定款及び事業基本方針を定め、その組合の設立について都道府県知事の認可を受けることができる。

2　土地区画整理組合は、当該組合が行う土地区画整理事業に要する経費に充てるため、賦課金として参加組合員以外の組合員に対して金銭を賦課徴収することができるが、その場合、都道府県知事の認可を受けなければならない。

3　宅地について所有権又は借地権を有する者が設立する土地区画整理組合は、当該権利の目的である宅地を含む一定の区域の土地について土地区画整理事業を施行することができる。

4　土地区画整理組合の設立の認可の公告があった日から当該組合が行う土地区画整理事業に係る換地処分の公告がある日までは、施行地区内において、事業の施行の障害となるおそれがある土地の形質の変更や建築物の新築等を行おうとする者は、当該組合の許可を受けなければならない。

【問　21】農地法（以下この問において「法」という。）に関する次の記述のうち、誤っているものはどれか。

1　登記簿上の地目が山林となっている土地であっても、現に耕作の目的に供されている場合には、法に規定する農地に該当する。

2　砂利採取法による認可を受けた砂利採取計画に従って砂利を採取するために農地を一時的に貸し付ける場合には、法第5条第1項の許可を受ける必要はない。

3　法第3条第1項又は第5条第1項の許可が必要な農地の売買について、これらの許可を受けずに売買契約を締結しても、その所有権は移転しない。

4　市街化区域内の農地について、あらかじめ農業委員会に届け出てその所有者が自ら駐車場に転用する場合には、法第4条第1項の許可を受ける必要はない。

【問　22】国土利用計画法第23条の届出（以下この問において「事後届出」という。）に関する次の記述のうち、正しいものはどれか。

1　市街化調整区域においてAが所有する面積4,000平方メートルの土地について、Bが一定の計画に従って、2,000平方メートルずつに分割して順次購入した場合、Bは事後届出を行わなければならない。

2　C及びDが、E市が所有する都市計画区域外の24,000平方メートルの土地について共有持分50％ずつと定めて共同で購入した場合、C及びDは、それぞれ事後届出を行わなければならない。

3　Fが市街化区域内に所有する2,500平方メートルの土地について、Gが銀行から購入資金を借り入れることができることを停止条件とした売買契約を、FとGとの間で締結した場合、Gが銀行から購入資金を借り入れることができることに確定した日から起算して2週間以内に、Gは事後届出を行わなければならない。

4　土地売買等の契約による権利取得者が事後届出を行う場合において、当該土地に関する権利の移転の対価が金銭以外のものであるときは、当該権利取得者は、当該対価を時価を基準として金銭に見積もった額に換算して、届出書に記載しなければならない。

【問　23】住宅用家屋の所有権の移転登記に係る登録免許税の税率の軽減措置（以下この問において「軽減措置」という。）に関する次の記述のうち、正しいものはどれか。

1　軽減措置に係る登録免許税の課税標準となる不動産の価額は、売買契約書に記載された住宅用家屋の実際の取引価格である。

2　軽減措置の適用対象となる住宅用家屋は、床面積が100平方メートル以上で、その住宅用家屋を取得した個人の居住の用に供されるものに限られる。

3　軽減措置は、贈与により取得した住宅用家屋に係る所有権の移転登記には適用されない。

4　軽減措置の適用を受けるためには、その住宅用家屋の取得後6か月以内に所有権の移転登記をしなければならない。

【問　24】固定資産税に関する次の記述のうち、地方税法の規定によれば、正しいものはどれか。

1　固定資産税は、固定資産の所有者に対して課されるが、質権又は100年より永い存続期間の定めのある地上権が設定されている土地については、所有者ではなくその質権者又は地上権者が固定資産税の納税義務者となる。

2　年度の途中において土地の売買があった場合の当該年度の固定資産税は、売主と買主がそれぞれその所有していた日数に応じて納付しなければならない。

3　住宅用地のうち、小規模住宅用地に対して課する固定資産税の課税標準は、当該小規模住宅用地に係る固定資産税の課税標準となるべき価格の3分の1の額とされている。

4　固定資産税の納期は、他の税目の納期と重複しないようにとの配慮から、4月、7月、12月、2月と定められており、市町村はこれと異なる納期を定めることはできない。

【問　25】地価公示法に関する次の記述のうち、正しいものはどれか。

1　地価公示は、都市計画法に定める市街化区域内の標準地について鑑定評価を求め、その結果に基づき、一定の基準日における当該標準地の正常な価格を判定し、これを公示することにより行われる。

2　公示価格は、標準地について借地権が存在する場合は、その借地権が存在するものとして、当該標準地について自由な取引が行われるとした場合におけるその取引において通常成立すると認められる価格である。

3　不動産鑑定士は、公示区域内の土地について鑑定評価を行う場合において、当該土地の正常な価格を求めるときは、公示価格を規準としなければならない。

4　土地鑑定委員会は、標準地の価格等の公示をしたときは、速やかに、関係都道府県知事に関係書類を送付し、関係都道府県知事は一般の閲覧に供しなければならない。

【問　26】宅地建物取引業の免許（以下この問において「免許」という。）に関する次の記述のうち、正しいものはどれか。

1　Aが、競売により取得した宅地を10区画に分割し、宅地建物取引業者に販売代理を依頼して、不特定多数の者に分譲する場合、Aは免許を受ける必要はない。

2　破産管財人が、破産財団の換価のために自ら売主となって、宅地又は建物の売却を反復継続して行い、その媒介をBに依頼する場合、Bは免許を受ける必要はない。

3　Cが、自己所有の宅地に自ら貸主となる賃貸マンションを建設し、借主の募集及び契約をDに、当該マンションの管理業務をEに委託する場合、Dは免許を受ける必要があるが、CとEは免許を受ける必要はない。

4　不特定多数の者に対し、建設業者Fが、建物の建設工事を請け負うことを前提に、当該建物の敷地に供せられる土地の売買を反復継続してあっせんする場合、Fは免許を受ける必要はない。

【問　27】宅地建物取引業の免許（以下この問において「免許」という。）に関する次の記述のうち、正しいものはどれか。

1　免許を受けようとするＡ社に、刑法第204条（傷害）の罪により懲役1年（執行猶予2年）の刑に処せられ、その刑の執行猶予期間を満了した者が役員として在籍している場合、その満了の日から5年を経過していなくとも、Ａ社は免許を受けることができる。

2　免許を受けようとするＢ社に、刑法第206条（現場助勢）の罪により罰金の刑に処せられた者が非常勤役員として在籍している場合、その刑の執行が終わってから5年を経過していなくとも、Ｂ社は免許を受けることができる。

3　免許を受けようとするＣ社に、刑法第208条（暴行）の罪により拘留の刑に処せられた者が役員として在籍している場合、その刑の執行が終わってから5年を経過していなければ、Ｃ社は免許を受けることができない。

4　免許を受けようとするＤ社に、刑法第209条（過失傷害）の罪により科料の刑に処せられた者が非常勤役員として在籍している場合、その刑の執行が終わってから5年を経過していなければ、Ｄ社は免許を受けることができない。

【問　28】宅地建物取引業者である法人Ａ（甲県知事免許）は、このたび、乙県内に12人の従業員を配置する支店を設置することとした。次の記述のうち、宅地建物取引業法の規定によれば、誤っているものはどれか。

1　Ａは、国土交通大臣に免許換えの申請をしなければならない。

2　Ａは、免許換えの申請をした場合でも、国土交通大臣の免許がなされるまでは、甲県知事から受けた従前の免許で営業を継続することができる。

3　Ａは、乙県内の支店に成年者である専任の宅地建物取引士を3人以上置かなければならない。

4　国土交通大臣への免許換えの申請をした場合で、甲県知事免許の有効期間の満了後に国土交通大臣の免許がなされたときは、国土交通大臣の免許の有効期間は、従前の免許の有効期間の満了の日の翌日から起算される。

【問　29】宅地建物取引業法に関する次の記述のうち、正しいものはどれか。

1　甲県知事の免許を受けている宅地建物取引業者Aが破産した場合、Aの免許は、当該破産手続開始の決定があったときから、その効力を失う。

2　乙県知事の登録を受けている宅地建物取引士Bが成年被後見人となった場合、その後見人Cは、その日から30日以内にその旨を乙県知事に届け出なければならない。

3　国土交通大臣の免許を受けている宅地建物取引業者Dが設立認可の取消しにより解散をした場合、Dを代表する者であるEは、当該解散の日から60日以内に、国土交通大臣にその旨を届け出なければならない。

4　丙県知事の登録を受けている宅地建物取引士Fが死亡した場合、その相続人Gは、Fの死亡の日から30日以内にその旨を丙県知事に届け出なければならない。

【問　30】宅地建物取引士に関する次の記述のうち、正しいものはどれか。

1　宅地建物取引業者が中古住宅の売買の媒介を行うにあたり、当該中古住宅を売買すべき価格についてその根拠を明らかにして意見を述べるときは、宅地建物取引士をして行わせなければならない。

2　宅地建物取引業に係る営業に関し成年者と同一の行為能力を有しない未成年者は、専任の宅地建物取引士となることはできないが、専任でない宅地建物取引士となることはできる。

3　宅地建物取引業を営む株式会社にあっては、当該会社の監査役を専任の宅地建物取引士として置くことはできない。

4　宅地建物取引士は、宅地建物取引業法第35条の重要事項の説明を行う場合、相手方に宅地建物取引士証を提示しなければならないが、その相手方に、すでに宅地建物取引士証を提示している場合は、改めて提示する必要はない。

【問　31】宅地建物取引士証に関する次の記述のうち、宅地建物取引業法の規定によれば、正しいものはどれか。

1　宅地建物取引士Aが氏名を変更した場合、Aは、変更の登録の申請か、もしくは、宅地建物取引士証の書換え交付の申請か、いずれか一方の申請をしなければならない。

2　宅地建物取引士Bが登録の移転を受け、その手続が完了した場合、Bは、移転後の都道府県知事から宅地建物取引士証の交付を受けた後でなければ、宅地建物取引士としての業務を行うことができない。

3　Cが新たに宅地建物取引士証の交付を受けようとする場合、Cは、原則として、国土交通大臣の指定する宅地または建物の取引に関する実務についての講習で、交付の申請前6か月以内に行われるものを、受けなければならない。

4　宅地建物取引士Dが、取引の関係者から従業者証明書の提示を求められたときは、宅地建物取引士証の提示をもってこれに代えることができる。

【問　32】宅地建物取引業者A社の営業保証金に関する次の記述のうち、宅地建物取引業法の規定によれば、正しいものはどれか。

1　A社が地方債証券を営業保証金に充てる場合、その価額は額面金額の100分の90である。

2　A社は、営業保証金を本店及び支店ごとにそれぞれ最寄りの供託所に供託しなければならない。

3　A社が本店のほかに5つの支店を設置して宅地建物取引業を営もうとする場合、供託すべき営業保証金の合計額は210万円である。

4　A社は、自ら所有する宅地を売却するに当たっては、当該売却に係る売買契約が成立するまでの間に、その買主に対して、供託している営業保証金の額を説明しなければならない。

【問 33】 宅地建物取引業者Aが行う業務に関する次の記述のうち、宅地建物取引業法の規定によれば、正しいものはどれか。

1 Aは、新築分譲マンションを建築工事の完了前に販売しようとする場合、建築基準法第6条第1項の確認を受ける前において、当該マンションの売買契約の締結をすることはできないが、当該販売に関する広告をすることはできる。

2 Aは、宅地の売買に関する広告をするに当たり、当該宅地の形質について、実際のものよりも著しく優良であると人を誤認させる表示をした場合、当該宅地に関する注文がなく、売買が成立しなかったときであっても、監督処分及び罰則の対象となる。

3 Aは、宅地又は建物の売買に関する広告をする際に取引態様の別を明示した場合、当該広告を見た者から売買に関する注文を受けたときは、改めて取引態様の別を明示する必要はない。

4 Aは、一団の宅地の販売について、数回に分けて広告をするときは、最初に行う広告以外は、取引態様の別を明示する必要はない。

【問 34】 宅地建物取引業者Aが自ら売主となって宅地建物の売買契約を締結した場合に関する次の記述のうち、宅地建物取引業法の規定に違反するものはどれか。なお、この問において、AとE以外の者は宅地建物取引業者ではないものとする。

1 Bの所有する宅地について、AはBと停止条件付で取得する売買契約を締結し、その条件が成就する前に当該物件についてCと売買契約を締結した。

2 Dの所有する宅地について、DとEが売買契約を締結し、所有権の移転登記がなされる前に、EはAに転売し、Aは更にFに転売した。

3 Aの所有する土地付建物について、Gが賃借していたが、Aは当該土地付建物を停止条件付でHに売却した。

4 Iの所有する宅地について、AはIとの売買契約の予約をし、Aは当該宅地をJに転売した。

【問　35】　宅地建物取引業者Ａが、Ｂから自己所有の宅地の売却の媒介を依頼された場合における当該媒介に係る契約に関する次の記述のうち、宅地建物取引業法の規定によれば、誤っているものはいくつあるか。

ア　Ａが、Ｂとの間に一般媒介契約（専任媒介契約でない媒介契約）を締結したときは、当該宅地に関する所定の事項を必ずしも指定流通機構へ登録しなくてもよいため、当該媒介契約の内容を記載した書面に、指定流通機構への登録に関する事項を記載する必要はない。

イ　Ａが、Ｂとの間に専任媒介契約を締結し、当該宅地に関する所定の事項を指定流通機構に登録したときは、Ａは、遅滞なく、その旨を記載した書面を作成してＢに交付しなければならない。

ウ　Ａが、Ｂとの間に専任媒介契約を締結し、売買契約を成立させたときは、Ａは、遅滞なく、当該宅地の所在、取引価格、売買契約の成立した年月日を指定流通機構に通知しなければならない。

1　一つ
2　二つ
3　三つ
4　なし

【問　36】宅地建物取引業者が建物の売買の媒介を行う場合、次の記述のうち、宅地建物取引業法第35条の規定により重要事項としての説明が義務付けられていないものはどれか。

1　当該建物が土砂災害警戒区域等における土砂災害防止対策の推進に関する法律第6条第1項により指定された土砂災害警戒区域内にあるときは、その旨

2　当該建物の引渡しの時期

3　水防法の規定により市町村長が提供する図面（水害ハザードマップ）に表示されている宅地又は建物の所在地

4　当該建物が既存建物の場合で、建物状況調査が実施されているとき（実施後1年を経過していないもの）は、その結果の概要

【問　37】 宅地建物取引業者が行う宅地建物取引業法第35条に規定する重要事項の説明に関する次の記述のうち、同条の規定に違反するものはいくつあるか。なお、特に断りのない限り、説明の相手方は宅地建物取引業者ではないものとする。

ア　自ら売主として宅地の売買をする場合において、買主が宅地建物取引業者であるため、重要事項を記載した書面を交付しなかった。

イ　テレビ会議アプリを活用して重要事項の説明を行った後、直ちに、宅建士により記名された重要事項説明書および添付書類を、重要事項の説明を受けようとする者に交付した。

ウ　区分建物の貸借の媒介において、建物の区分所有等に関する法律に規定する専有部分の用途その他の利用の制限に関する規約の定め（その案を含む。）がなかったので、そのことについては説明しなかった。

エ　宅地の売買の媒介において、当該宅地の一部が私道の敷地となっていたが、買主に対して私道の負担に関する事項を説明しなかった。

1　一つ
2　二つ
3　三つ
4　四つ

【問　38】 いずれも宅地建物取引業者でない売主Ａ、買主Ｂの間の宅地の売買について宅地建物取引業者Ｃが媒介をした場合の次の記述のうち、宅地建物取引業法（以下この問いにおいて「法」という。）の規定に違反しないものはどれか。

1　Ｃは、ＡとＢの契約が成立したので、宅地建物取引士に記名させ、ＡとＢに対して法第37条の規定に基づく契約内容を記載した書面（以下この問において「37条書面」という。）を交付したが、両者に対して書面に記載された事項を説明しなかった。

2　Ｃの従業者である宅地建物取引士がＢに対して重要事項の説明（以下この問において「重要事項説明」という。）を行う際に、Ｂから請求がなかったので、宅地建物取引士証を提示せず重要事項説明を行った。

3　Ｃは、宅地建物取引士をして法第35条に基づく重要事項説明を行わせたが、ＡとＢの同意があったため、37条書面を交付しなかった。

4　ＡとＢどちらからも、早く契約したいとの意思表示があったため、Ｃは契約締結後に重要事項説明をする旨ＡとＢの了解を得た後に契約を締結させ、37条書面を交付した。

【問　39】宅地建物取引業者が媒介により建物の貸借の契約を成立させた場合、宅地建物取引業法第37条の規定により当該貸借の契約当事者に対して交付すべき書面に必ず記載しなければならない事項の組合せとして、正しいものはどれか。

ア　保証人の氏名及び住所
イ　建物の引渡しの時期
ウ　借賃の額並びにその支払の時期及び方法
エ　媒介に関する報酬の額
オ　借賃以外の金銭の授受の方法

1　ア、イ
2　イ、ウ
3　ウ、エ、オ
4　ア、エ、オ

【問　40】宅地建物取引業法第37条の2に規定する事務所等以外の場所においてした買受けの申込みの撤回等に関する次の記述のうち、正しいものはどれか。

1　宅地建物取引業者でない買主Bが、宅地建物取引業者Aから別荘地分譲について媒介を依頼されている宅地建物取引業者Cの事務所において、購入の申込み及び売買契約を締結した場合、Bは、当該契約を解除することができない。

2　宅地建物取引業者Aが、宅地建物取引業者である買主Dと別荘地の売買契約をテント張りの現地案内所で締結した場合、Aが土地の引渡しと移転登記を完了しても、Dは、代金の一部が未済であるときは、当該契約を解除することができる。

3　宅地建物取引業者でない買主Eが、宅地建物取引業者Aが行う一団の別荘地分譲のためのテント張りの案内所内で宅地の買受けの申込みを行い、その2日後、Aの事務所で売買契約の締結をした場合は、Eは、当該売買契約を解除することができない。

4　宅地建物取引業者でない買主Fが、宅地建物取引業者Aの営業マンであるGの申出により、Fの自宅において、当該別荘地の説明を聞き、Fの自宅において売買契約を締結した場合は、Fは、その売買契約を解除することができない。

355

【問　41】宅地建物取引業者Ａが自ら売主として、買主Ｂとの間で締結した売買契約に関して行う次に記述する行為のうち、宅地建物取引業法（以下この問において「法」という。）の規定に違反するものはどれか。

1　Ａは、宅地建物取引業者でないＢとの間で建築工事完了前の建物を5,000万円で販売する契約を締結し、法第41条に規定する手付金等の保全措置を講じずに、200万円を手付金として受領した。

2　Ａは、宅地建物取引業者でないＢとの間で建築工事が完了した建物を5,000万円で販売する契約を締結し、法第41条の2に規定する手付金等の保全措置を講じずに、当該建物の引渡し前に700万円を手付金として受領した。

3　Ａは、宅地建物取引業者でないＢとの間で建築工事完了前の建物を1億円で販売する契約を締結し、法第41条に規定する手付金等の保全措置を講じた上で、1,500万円を手付金として受領した。

4　Ａは、宅地建物取引業者であるＢとの間で建築工事が完了した建物を1億円で販売する契約を締結し、法第41条の2に規定する手付金等の保全措置を講じずに、当該建物の引渡し前に2,500万円を手付金として受領した。

【問　42】宅地建物取引業者Ａが行う業務に関する次の記述のうち、宅地建物取引業法の規定に違反するものはいくつあるか。

ア　Ａは、自ら売主として売買契約を締結したが、履行の着手前に買主から手付放棄による契約解除の申出を受けた際、違約金の支払を要求した。

イ　Ａは、建物の貸借の媒介において、契約の申込時に預り金を受領していたが、契約の成立前に申込みの撤回がなされたときに、既に貸主に預り金を手渡していることから、返金を断った。

ウ　Ａは、自ら売主として行う造成済みの宅地の売買において、買主である宅地建物取引業者と、「Ａは契約不適合責任を一切負わない」旨の特約を記載した売買契約を締結した。

エ　賃貸借取引において、取引の対象となる建物内で過去に発生した自殺について、事案発生から2年以上が経過していることや、個人情報保護の観点から、そのことについては告げなかった。

1　一つ
2　二つ
3　三つ
4　四つ

【問　43】次のア〜エの事例において宅地建物取引業者A（消費税課税事業者）が得ることができる報酬の最高限度額を、多い順に並べたものはどれか。

ア　Aは、Bが所有する宅地の売買の媒介について、Bの依頼を受けて、5,000万円で売却する契約を成立させ、Bから報酬を得た。

イ　Aは、Cが所有する価額2,500万円の宅地と、Dが所有する価額3,000万円の宅地の交換の媒介について、C、D双方から依頼を受けて、これらの宅地を交換する契約を成立させ、C、D双方から報酬を得た。

ウ　Aは、Eが所有する宅地の売買の代理について、Eの依頼を受けて、2,000万円で売却する契約を成立させ、Eから報酬を得た。

エ　Aは、宅地建物取引業者甲とともに、Fが所有する宅地の売買の媒介について、Fの依頼を受けて、9,000万円で売却する契約を成立させ、Fから報酬を得て、甲と2分の1ずつ受領した。

1　ア・イ・ウ・エ
2　エ・ア・イ・ウ
3　エ・ア・ウ・イ
4　イ・ア・エ・ウ

【問　44】国土交通大臣の免許を受けた宅地建物取引業者Aの免許の取消しに関する次の記述のうち、宅地建物取引業法の規定によれば、誤っているものはどれか。

1　Aが、甲県内における宅地の分譲に関して不正または著しく不当な行為をした場合でも、甲県知事は、Aの免許を取り消すことができない。

2　Aが病気のために、宅地建物取引業を1年以上休業した場合でも、Aに相当の理由があるときは、国土交通大臣はAの免許を取り消すことができない。

3　Aの取締役の一人が、宅地分譲地の用地の購入交渉の際に土地所有者の一人と、ささいなことから口論となり、相手に傷害を与え、刑法第204条の罪（傷害罪）を犯したとして罰金刑に処せられた場合、相手方に非があったとしても、国土交通大臣はAの免許を取り消さなければならない。

4　国土交通大臣は、Aが不正な手段により免許を取得したとして、Aの免許を取り消したときは、その旨を公告しなければならない。

【問 45】宅地建物取引業者Aが自ら売主として、宅地建物取引業者でない買主Bに新築住宅を販売する場合における次の記述のうち、特定住宅瑕疵担保責任の履行の確保等に関する法律の規定によれば、正しいものはどれか。

1 Bが建設業者である場合、Aは、Bに引き渡した新築住宅について、住宅販売瑕疵担保保証金の供託又は住宅販売瑕疵担保責任保険契約の締結を行う義務を負わない。

2 Aは、基準日に係る住宅販売瑕疵担保保証金の供託及び住宅販売瑕疵担保責任保険契約の締結の状況について届出をしなければ、当該基準日から3週間を経過した日以後、新たに自ら売主となる新築住宅の売買契約を締結してはならない。

3 Aは、住宅販売瑕疵担保保証金の供託をする場合、Bに対する供託所の所在地等について記載した書面の交付及び説明を、Bに新築住宅を引き渡すまでに行えばよい。

4 Aが住宅販売瑕疵担保保証金を供託する場合、当該住宅の床面積が55㎡以下であるときは、新築住宅の合計戸数の算定に当たって、2戸をもって1戸と数えることになる。

【問 46】独立行政法人住宅金融支援機構（以下この問において「機構」という。）の業務に関する次の記述のうち、誤っているものはどれか。

1 機構は、一般の金融機関による住宅の建設等に必要な資金の融通を支援するため、貸付債権の譲受け等の業務を行う。

2 機構は、一般の金融機関による融通を補完するため、災害復興建築物の建設等に必要な資金の貸付けの業務を行う。

3 機構は、住宅の建設等をしようとする者または住宅の建設等に関する事業を行う者に対し、必要な資金の調達または良質な住宅の設計もしくは建設等に関する情報の提供その他の援助の業務を行う。

4 機構は、貸付けを受けた者が景況の悪化や消費者物価の上昇により元利金の支払が困難になった場合には、元利金の支払の免除をすることができる。

【問 47】宅地建物取引業者が行う広告に関する次の記述のうち、不当景品類及び不当表示防止法（不動産の表示に関する公正競争規約を含む。）の規定によれば、正しいものはどれか。

1 新築分譲マンションの広告に住宅ローンについて記載する場合、返済例を表示すれば、当該住宅ローンを扱っている金融機関の名称や融資限度額等について表示する必要はない。

2 マンションの広告を行う場合、当該マンションが建築工事完了後２年経過していたとしても、居住の用に供されたことがなければ「新築分譲マンション」と表示することができる。

3 １枚の新聞折込みチラシに多数の新築分譲住宅の広告を掲載する場合には、物件ごとの表示スペースが限られてしまうため、各物件の所在地を表示すれば、交通の利便に関する表示は省略することができる。

4 残戸数が１戸の新築分譲住宅の広告を行う場合、建物の面積は延べ面積を表示し、これに車庫の面積を含むときには、車庫の面積を含む旨及びその面積を表示する必要がある。

【問 48】次の記述のうち、誤っているものはどれか。

1 令和５年における新設住宅着工戸数は、持家、貸家および分譲住宅が増加したため、約82.0万戸と３年ぶりの増加となっている。

2 令和６年３月に公表された地価公示によれば、令和５年１年間の三大都市圏の住宅地の地価は、３年連続で上昇し、上昇率が拡大した。

3 令和４年の売買による土地取引件数（売買による土地の所有権移転登記の件数）は、約130.5万件と２年ぶりの減少となった。

4 令和４年度法人企業統計（財務省）によれば、令和４年度の不動産業の売上高は約46兆円で、全産業の約３％を占めている。

【問 49】 土地に関する次の記述のうち、最も不適当なものはどれか。

1　旧河道、池沼、低い山に囲まれた谷であったところは、一般的に粘土層や、植物が腐敗して堆積した層が多く、宅地に適していない所が多い。

2　一般に、台地の縁辺部は、日照、通風及び眺望がよく宅地に適している。

3　地図の上で等高線が密な所は、その土地の地形が急なため宅地には適していないが、疎らな所はその土地の傾斜が緩やかであるため、宅地として利用しやすい場所が多い。

4　崖錐堆積物（がいすいたいせきぶつ）とは、急斜面の上から落ちてきた岩屑等が溜ってできたものをいい、崖錐堆積物でおおわれたところは地盤が安定していないため、宅地には適していない。

【問 50】 木造建築物の耐震性に関する次の記述のうち、最も適当なものはどれか。

1　木造建築物を建設する場合は、壁に構造用合板等の厚みのある面材を打ちつけたり、筋かいを設けることにより、耐震性を向上させることができる。

2　木造建築物を建設する場合には、屋根を瓦ぶきなどの重い構造とし、床、はり、柱等を構成する構造部材の断面を大きくすることにより、建築物全体が安定し、耐震的にすぐれたものとすることができる。

3　軟弱な地盤の敷地に木造建築物を建設する場合には、基礎を独立基礎（1本の柱の下に単一で設けられている基礎）とすることにより、耐震性を向上させることができる。

4　木造建築物を建設する場合には、仕口（しくち）や継手（つぎて）はできるだけ金物等による補強をしないような構造とすることにより、耐震性を向上させることができる。

予想問題　解答・解説

【問　1】　正解▶4

1　意思表示の動機に錯誤があっても、その動機が相手方に表示されなかったときは、取り消すことができない（民法95条2項）。すなわち、動機の錯誤を理由とする意思表示の取消しは、その事情が法律行為の基礎とされていることが表示されていたといえる場合に限りすることができ、無条件で取り消すことができるわけではない。誤り。

2　相手方に対する意思表示について第三者が詐欺を行った場合、相手方がその事実を知り、または知ることができたときに限り、その意思表示を取り消すことができる（同法96条2項）。誤り。

3　Aは、登記をしていない以上、契約を取り消した後に、転売により甲土地を取得して所有権移転登記を備えたDから土地を取り戻すことはできない（同法177条）。誤り。

4　強迫による意思表示は取り消すことができ、善意の第三者に対しても対抗できる（同法96条）。正しい。正解。

【問　2】　正解▶2

1　無権代理行為は、本人が追認すれば、契約の時にさかのぼって効力を生ずる（民法116条）。Bの追認した場合には、AC間の売買契約は有効となる。正しい。

2　BがAの唯一の相続人として相続した場合、本人自ら法律行為をしたと同様に扱うべきであり、無権代理人Bが追認を拒絶することは道義的にも許されず、Bは、Cに対して当該土地を引き渡さなければならない（判例）。Bは、自らの無権代理行為の追認を拒絶することができない。誤り。正解。

3　本人Aが無権代理人Bを相続した場合、Bの無権代理行為は相続により当然には有効とはならず、Aは追認を拒絶することができる（判例）。正しい。

4　無権代理人が他の相続人とともに共同相続した場合、本人の追認権はすべての共同相続人に不可分的に帰属し、他の共同相続人全員の追認がない限り、無権代理行為は、無権代理人の相続分に相当する部分においても、当然に有効となるわけではない（判例）。正しい。

【問　3】　正解▶2

1　不法占拠者Cに対しては、登記なくして所有権を対抗することができる

（判例）。BはCに対して、登記がなくても明渡しを請求することができる。正しい。

2　賃貸借契約を締結し建物の引渡しを受けている賃借人Dは、第三者（登記がないことを主張できる正当な利益を有する者）に該当するので、BがDに対して賃貸人たる地位を主張するためには、所有権移転登記をしなければならない（判例）。誤り。正解。

3　不動産の共有者の一人であるAが自己の持分を譲渡した場合、譲受人Bと他の共有者Eとの関係は対抗関係になる（判例）。Bは登記をしない限り、自己の持分をEに主張することができない。正しい。

4　この建物の所有権は、F→A→Bと順に移転している。したがって、前主Fと後主Bは所有権を争う対抗関係にあるわけではないので、Bは登記がなくても、Fに対して建物の所有権を対抗することができる。正しい。

【問　4】　　正解▶3

1　即時取得の対象となるのは動産である。不動産を即時取得することはできない（民法192条）。誤り。

2　所有権が時効によって消滅することはない（同法167条参照）。誤り。

3　買主は、契約内容の不適合を知った時から1年以内にその旨を売主に通知すれば、履行の追完の請求、代金減額請求、損害賠償請求および契約の解除をすることができるが、買主が不適合を知った時から5年、または引渡しを受けた時から10年を経過するとその権利は消滅する（同法166条1項）。正しい。正解。

4　20年間、所有の意思をもって、平穏に、かつ、公然と他人の物を占有した者は、その所有権を取得する（同法162条1項）。したがって、賃借人のように他人の物であることを知って占有を継続しても、取得時効は成立しない。誤り。

【問　5】　　正解▶2

　抵当権の譲渡・放棄や抵当権の順位の譲渡・放棄がなかった場合の各人の配当額は、一番抵当権者Bが2,000万円、二番抵当権者Cが2,400万円、三番抵当権者Dが1,000万円、無担保債権者Eが0円の合計5,400万円となる。

1　抵当権の譲渡等があっても、他の債権者にはなんらの影響もない。BがEに譲渡すると、Eの受ける配当は2,000万円、Bの受ける配当は0円となる。正しい。

2　BからDに抵当権の順位の譲渡が行われると、Dの配当は一番抵当権で2,000万円、三番抵当権で1,000万円となり、Bの受ける配当は0円となる。誤り。正解。

3　BがEの利益のために抵当権を放棄すると、BとEは2,000万円の一番抵当権を債権額の割合で按分することになる。すなわち、Bの受ける配当は1,000万円、Eの受ける配当は1,000万円となる。正しい。

4　BがDの利益のために順位を放棄すると、BとDの配当分3,000万円を、それぞれの債権額に応じて按分する。Dは一番抵当権で2,000万円、Bは三番抵当権1,000万円となる。正しい。

【問　6】　　正解▶3

1　利害関係のない第三者は、債務者の意思に反して弁済をすることができない（民法474条2項）が、法律上の利害関係を有する者は、債務者の意思に反しても弁済することができる。正しい。

2　債権者が弁済の受領を拒んだときは、弁済者は、債権者のために弁済の目的物を供託してその債務を免れることができる（同法494条）。正しい。

3　債務者が、債権者の承諾を得て代物弁済をしたときは、その給付は弁済と同一の効力を有する（同法482条）が、債権者の承諾がなければ代物弁済することはできない。誤り。正解。

4　法律上の利害関係を有する者は、債務者の意思に反しても弁済することができるから、たとえ第三者によるものであったとしても、弁済すれば地代の不払とはならず借地契約を解除することはできない。正しい。

【問　7】　　正解▶1

1　業者が売主で、買主が業者でない場合、契約不適合責任について、目的物の引渡しの日から2年以上とする特約をする場合を除き、民法の規定よりも買主に不利な特約は、原則として無効である（宅建業法40条）。売主Aが一切の担保責任を負わない旨の特約は買主に不利なものであるから無効となり、民法の規定どおり、買主が知った時から1年以内に通知された不適合について責任を負うことになる（民法566条）。誤り。正解。

2　売主は、契約内容に適合した権利を供与すべき義務を負っており、売買により移転した権利が契約内容に適合していない場合には、買主は、追完請求権、代金減額請求権のほか、債務不履行による損害賠償請求権・解除権を行使することができる（同法565条）。この場合、買主の善意・悪意は問題とならない。正しい。

3　契約不適合責任を追及するためには、買主が不適合を知った時から1年以内にその意思を表明すれば足りる（同法566条）。正しい。

4　契約不適合責任の期間を目的物の引渡しの日から2年間とする特約は有効であるが、売主が不適合の存在を知りながら買主に告げなかった場合には、その責任を免れることができない（同法572条）。正しい。

【問　8】　正解▶1

1　賃貸借の存続期間は、50年を超えることができず、契約でこれより長い期間を定めたときであっても、その期間は、50年となる（民法604条1項）。正しい。正解。

2　不動産の譲渡人が賃貸人であるときは、その賃貸人たる地位は、賃借人の承諾を要しないで、譲渡人と譲受人との合意により、譲受人に移転させることができる（同法605条の3）。誤り。

3　賃借人は、賃借物を受け取った後に生じた損傷について、賃貸借の終了時にその損傷を原状に復する義務を負うが、通常の使用収益によって生じた賃借物の損耗や賃借物の経年変化は除かれている（同法621条）。誤り。

4　賃貸人は、賃貸借が終了し、かつ、賃貸物の返還を受けたときには、賃借人に対し、その受け取った敷金の額から、賃貸借に基づいて生じた賃借人の賃貸人に対する債務の額を控除した残額を返還しなければならない（同法622条の2）。誤り。

【問　9】　正解▶2

1　従業員Bが業務の執行中、第三者Cに不法行為による損害を与えたときには、使用者Aはその損害を賠償する義務を負う（民法715条1項）が、損害を賠償したAは、Bに対してその求償をすることができる（同条3項）。正しい。

2　注文者は、注文または指図につき注文者に過失があるときのみ、不法行為責任を負う（同法716条ただし書）。誤り。正解。

3　数人の者が共同不法行為によって損害を与えたときは、それぞれ連帯して損害賠償責任を負う（同法719条1項）。したがって、両業者の共同不法行為により損害を受けた買主は、両業者に対して損害賠償を請求することができる。正しい。

4　履行期限の定めのない債務者は、請求（催告）を受けた時から履行遅滞に陥る（同法412条3項）とされているが、不法行為に基づく損害賠償債務は、被害者が催告をするまでもなく、その損害の時から遅滞に陥る（同法709条、判例）。正しい。

【問　10】　正解▶4

1　Bが死亡した場合の法定相続分は、Aが2分の1、Dの実子Fが2分の1である（民法900条、901条）。Dの配偶者Eには相続分はない。誤り。

2　判例は、相続によりAとFの共有物となった甲建物を占有するBに対して、他の共有者Fは、当然には共有物の明渡しを請求することはできないとしている。誤り。

3　Aが死亡した場合には、直系尊属であるBが単独で相続人となり、Fは相続人とはならない（同法889条）。誤り。

4　兄弟姉妹には遺留分はない（同法1028条）。したがって、兄Dの子Fは遺留分を主張することはできない。正しい。正解。

【問　11】　　正解▶2

1　適法な土地転借人は、転貸人がその賃借権を対抗しうる第三者に対し、転貸人の賃借権を援用して自己の転借権を主張することができる（判例）。正しい。

2　一時使用目的の借地権には、建物買取請求権の規定は適用されない（借地借家法25条、13条）。誤り。正解。

3　借地権は、その登記がなくても、土地の上に借地権者が登記されている建物を所有していれば、第三者に対抗することができる（同法10条1項）。正しい。

4　建物の滅失があっても、その建物が登記されており、借地権者が、建物を特定するために必要な事項、その滅失があった日および建物を新たに築造する旨を土地の上の見やすい場所に掲示すれば、2年間は借地権の対抗力を有する（同法10条2項）。正しい。

【問　12】　　正解▶2

1　動産の賃貸借契約も建物の賃貸借契約も、当事者の合意だけで成立する（民法601条）。ただし、定期建物賃貸借（借地借家法38条）、取壊し予定建物の賃貸借（同法39条）には書面の作成が必要である。誤り。

2　動産の賃貸借契約についての最低期間は民法に定められていないので、賃貸人と賃借人が合意して契約期間を6月と定めればそのとおりの効力を有する。しかし、建物の賃貸借契約については、契約期間を1年未満とした場合には、期間の定めがない契約とみなされる（借地借家法29条1項）。正しい。正解。

3　動産の賃貸借契約の賃貸人も建物の賃貸借契約の賃貸人も、賃貸物の使用収益に必要な修繕を行う義務を負う（民法606条）。誤り。

4　契約期間を定めた場合であっても、当事者は期間内に解約を行う権利を留保することができる（民法618条）。建物の賃貸借契約であっても、賃借人の解除権の留保は、賃借人にとって不利になるものではないので、借地借家法上も有効である。誤り。

【問　13】　　正解▶1

1　集会においては、あらかじめ通知した事項についてのみ、決議をすること

ができるとされているが、区分所有法に集会の決議につき特別の定数が定められている事項を除いて、規約で別段の定めをすることができる（建物の区分所有等に関する法律37条）。正しい。正解。

2　集会の招集の通知は、会日より少なくとも1週間前に、会議の目的事項を示して各区分所有者に発しなければならない。ただし、この期間は、規約で伸縮することができる（同法35条1項）。誤り。

3　集会の議事録が書面で作成されているときは、議長および集会に出席した区分所有者の2人がこれに署名押印しなければならない（同法42条3項）。誤り。

4　規約の保管場所は、建物内の見やすい場所に掲示しなければならない（同法33条3項）。集会の議事録についてもこの規定が準用されているので（同法42条5項）、集会の議事録の保管場所についても掲示する必要がある。誤り。

【問　14】　　正解 ▶ 1

1　登記の申請は、申請情報を登記所に提供して行わなければならず（18条）、権利に関する登記の申請にあたっては、その申請情報とあわせて登記原因を証する情報を提供しなければならない（不動産登記法61条）が、表示に関する登記を申請する場合には、この情報は必要とされない。誤り。正解。

2　新たに生じた土地または表題登記がない土地の所有権を取得した者は、その所有権の取得の日から1月以内に表題登記を申請しなければならない（同法36条）。正しい。

3　所有権の登記名義人について相続の開始があったときは、当該相続により所有権を取得した者は、自己のために相続の開始があったことを知り、かつ、当該所有権を取得したことを知った日から3年以内に、所有権の移転の登記を申請しなければならない（同法76条の2第1項）。正しい。

4　仮登記の申請は、原則として、登記権利者と登記義務者が共同でしなければならない（同法60条）。ただし、登記義務者の承諾があるとき、仮登記を命ずる処分があるときには、登記権利者が単独で申請することができる（同法107条1項）。正しい。

【問　15】　　正解 ▶ 4

1　必要があるときは、市町村の区域外にわたり、都市計画区域を指定することができる（都市計画法5条1項）。誤り。

2　市街化区域と市街化調整区域との区分（区域区分）は、計画的な市街化を図るため必要があるときに定めることができるとされている（同法7条1項）。誤り。

3 用途地域は、市街化地域では少なくとも定めるものとされており、市街化調整区域については、定めないものとされている（同法13条1項）。区域内のすべての区域において定められるわけではない。誤り。

4 準都市計画区域については、都市計画に、高度地区を定めることはできるが、高度利用地区を定めることができないものとされている（同法8条2項）。正しい。正解。

【問　16】　正解▶1

1 開発行為をしようとする者は、あらかじめ、開発行為に関係がある公共施設の管理者と協議し、その同意を得なければならない（都市計画法32条1項）。誤り。正解。

2 開発許可を受けた開発区域内の土地であっても、当該開発行為の施行または当該開発行為に関する工事の実施の妨げとなる権利を有する者で、当該許可にかかる開発行為に同意していない土地の所有者は、その権利の行使として建築物を建築することができる。（同法37条2号、33条1項14号）。正しい。

3 違反物件であることを知りながらこれを譲り受けた者も監督処分の対象となる（同法81条1項）。正しい。

4 地方公共団体は、必要と認める場合は条例で予定建築物の敷地面積の最低限度に関する制限を定めることができ（同法33条4項）、条例による制限の内容を満たさない開発行為は許可を受けることができない（同条1項）。正しい。

【問　17】　正解▶3

1 建築基準法の施行または適用の際に、現に存在している建築物または工事中の建築物については、新規定に適合しない場合でもその規定は適用されない（同法3条2項）。このような建築物を既存不適格建築物というが、増築、改築、大規模の修繕・模様替えを行う場合には新規定に適合するようにしなければならない（同法86条の7）。誤り。

2 建築主事または指定確認検査機関は、建築確認の申請を受けた場合、建築基準法令の規定だけでなく、建築物の敷地、構造または建築設備に関する法律等の規定についても適合するかを審査しなければならない（同法6条1項、6条の2第1項、同法施行令9条）。誤り。

3 事務所を飲食店（特殊建築物）に用途変更する場合に、その床面積が200㎡を超えるときは、建築主事または指定確認検査機関の確認を受けなければならない（同法6条1項、6条の2第1項）。正しい。正解。

4 居室には換気のための窓その他の開口部を設け、その換気に有効な部分の面積は、その居室の床面積に対して20分の1以上としなければならない（同

法28条2項）。誤り。

【問 18】　正解▶2

1　建蔽率は、前面道路の幅員に応じて、制限されることはない（建築基準法53条）。正しい。
2　用途地域の指定のない区域内の建築物についても、容積率にかかる制限は適用される（同法52条1項7号）。誤り。正解。
3　建蔽率の限度が10分の8とされている地域内で、かつ、防火地域内にある耐火建築物については、建蔽率の制限は適用されない（同法53条6項1号）。正しい。
4　建築物の敷地が近隣商業地域と商業地域にわたるときは、それぞれの地域に属する敷地部分の面積比を基準として計算した容積率が限度となる（同法52条7項）。正しい。

【問 19】　正解▶1

1　都道府県は、主務大臣が定めた基本方針に基づき、おおむね「5年ごと」に、宅地造成、特定盛土等または土石の堆積に伴う崖崩れまたは土砂の流出のおそれがある土地に関する地形、地質の状況その他の事項に関する調査（基礎調査）を行う（宅地造成及び特定盛土等規制法4条）。誤り。正解。
2　特定盛土等規制区域内において行われる特定盛土等または土石の堆積に関する工事については、災害の発生のおそれがないと認められるものを除いて、工事主は、当該工事に着手する日の30日前までに、当該工事の計画を都道府県知事に届け出なければならない（同法27条1項）。正しい。
3　特定盛土等規制区域内において行われる、高さが5mを超える特定盛土等に関する工事については、工事主は、当該工事に着手する前に都道府県知事の許可を受けなければならない（同法30条1項、同法施行令28条）。正しい。
4　面積3,000㎡を超える土石の堆積に関する工事の許可を受けた者は、3月ごとに、工事の実施の状況等を都道府県知事に報告しなければならない（同法38条1項、同法施行令33条、同法施行規則79条）。正しい。

【問 20】　正解▶3

1　土地区画整理組合を設立しようとする者は、7人以上共同して、その組合の設立について都道府県知事の認可を受けることができる（土地区画整理法14条2項）。誤り。
2　組合は、その事業に要する経費に充てるため、賦課金として参加組合員以外の組合員に対して金銭を賦課徴収することができる（同法40条1項）。都道府県知事の認可を受ける必要はない。誤り。

3　宅地について所有権・借地権を有する者等が設立する土地区画整理組合は、当該権利の目的である宅地を含む一定の区域の土地について土地区画整理事業を施行することができる（同法３条１項）。正しい。正解。

4　施行地区内において、事業の施行の障害となるおそれがある土地の形質の変更や建築物の新築等を行おうとする者は、都道府県知事の許可を受けなければならない（同法76条１項）。誤り。

【問　21】　正解▶２

1　農地とは、耕作の目的に供される土地をいい、登記簿上の地目とは関係ない（農地法２条１項）。正しい。

2　一時的に貸し付けるだけであっても、転用目的で賃貸する場合には５条許可が必要となる（同法５条１項）。誤り。正解。

3　農地法３条または５条の許可を受けないで売買契約を締結した場合、その契約の効力を生じない（同法３条７項、５条３項）。正しい。

4　市街化区域内の農地を農地以外のものに転用する場合には、あらかじめ農業委員会に届け出れば、４条許可は不要となる（同法４条１項７号）。正しい。

【問　22】　正解▶４

1　一定の計画に従い土地を分割して購入したときは、個々の土地が届出対象面積に達しなくても、合計で一定面積以上であれば事後届出をしなければならない。しかし、本肢では合計4,000㎡と、市街化調整区域で届出が必要な面積（5,000㎡）には達しないため、事後届出は不要である。誤り。

2　当事者の一方または双方が国、地方公共団体である場合は、事後届出は不要である（国土利用計画法23条２項３号）。誤り。

3　市街化区域内の2,000㎡以上の土地について、停止条件付の売買契約を締結した場合、契約を締結した日から起算して２週間以内に、都道府県知事に届け出なければならない（同条１項）。誤り。

4　対価が金銭以外のものであるときは、これを時価を基準として金銭に見積もった額を届出書に記載しなければならない（同条１項６号）。正しい。正解。

【問　23】　正解▶３

1　登録免許税の税率の軽減措置の課税標準となる不動産の価額は、固定資産課税台帳に登録された当該不動産の価格（いわゆる固定資産税評価額）である（登録免許税法附則７条）。誤り。

2　登録免許税の税率の軽減措置の適用対象となる住宅用家屋は、床面積が50

㎡以上で、その住宅用家屋を取得した個人の居住用に供されるものに限られる（租税特別措置法73条、同法施行令42条1項1号、41条1号）。誤り。

3　登録免許税の税率の軽減措置は適用されるのは、売買または競落の場合に限られる（同法73条、同法施行令42条3項）。正しい。正解。

4　登録免許税の税率の軽減措置の適用を受けるためには、その住宅用家屋の取得後1年以内に所有権の移転登記をしなければならない（同法73条）。誤り。

【問　24】　　正解▶1

1　固定資産税の納税義務者は、原則として、固定資産の1月1日現在の所有者とされているが、質権または存続期間100年超の地上権の目的である土地の納税義務者は、質権者または地上権者とされている（地方税法343条1項）。正しい。正解。

2　固定資産税の納税義務者は、賦課期日（1月1日）現在に固定資産課税台帳に所有者として登録されている者である（同法343条2項、359条）。年度の途中で所有者が変わったとしても、その年度の固定資産税を納めるのは売主である。誤り。

3　小規模住宅用地（住宅用地のうち200㎡以下の部分）に課す固定資産税の課税標準は、価格の6分の1とされている（同法349条の3の2第2項）。誤り。

4　固定資産税の納期は、4月、7月、12月および2月中において、市町村の条例で定めるのが原則であるが、特別の事情がある場合には、これと異なる納期を定めることができる（同法362条1項）。誤り。

【問　25】　　正解▶3

1　地価公示は、市街化区域内の標準地ではなく、都市計画区域その他の土地取引が相当程度見込まれる「公示区域」内の標準地について鑑定評価を求める（地価公示法2条1項）とされている。誤り。

2　公示価格は、標準地について借地権が存在する場合は、その借地権が存在しないものとして、建物が存在する場合は建物が存在しないものとして通常成立すると認められる価格（正常な価格）である（同条2項）。誤り。

3　不動産鑑定士は、公示区域内の土地の鑑定評価を行う場合、当該土地の正常な価格を求めるときは、公示価格を規準としなければならない（同法8条）と定められている。正しい。正解。

4　土地鑑定委員会は、標準地の価格等の公示をしたときは、関係市町村長に書類を送付し、市町村長が書類を一般の閲覧に供する（同法7条）。誤り。

【問　26】　正解▶3
 1　Aは、所有宅地を分割し不特定多数に分譲するので宅建業に該当し、免許を受ける必要がある（宅地建物取引業法2条2号、以下同）。誤り。
 2　Bは、宅地建物の売却に関する媒介を反復継続して行うというので宅建業に該当し、免許を受ける必要がある。誤り。
 3　Cは、自己所有のマンションを賃貸する貸主であり、Eは委託を受けてマンションの管理をしているだけである。いずれの行為も「宅建業」には該当しないから免許を必要としない。これに対し、Dは、Cのマンションの借主の募集・契約を行っている。これは、賃貸物件の媒介を反復継続して行う行為なので宅建業に該当し、免許を受ける必要がある。正しい。正解。
 4　Fは、土地の売買を反復継続してあっせんするので宅建業に該当し、免許を受ける必要がある。誤り。

【問　27】　正解▶1
　刑の種類は刑法9条に定められており、主な刑として死刑、懲役、禁錮、罰金、拘留、科料の6種類がある（過料は金銭罰ではあるが、罰金や科料と異なり、刑罰ではない）。免許の欠格要件に該当するのは、禁錮以上の刑に処せられた場合（宅地建物取引業法5条1項5号）、宅地建物取引業法に違反し、または傷害罪等の罪を犯し罰金の刑に処せられた場合（同項6号）である。
 1　執行猶予期間が満了すると刑の言渡しの効力が消滅するので、A社は免許を受けることができる（同法5条1項5号）。正しい。正解。
 2　現場助勢罪により罰金刑に処せられた者が在籍している場合、その刑の執行が終わって5年を経過しなければ、B社は免許を受けることができない（同法5条1項6号、12号）。誤り。
 3　暴行罪により拘留の刑に処せられても、免許の欠格要件に該当しない。C社は免許を受けることができる。誤り。
 4　過失傷害罪により科料に処せられても、免許の欠格要件には該当しない。D社は免許を受けることができる。誤り。

【問　28】　正解▶4
 1　甲県知事の免許を受けている宅建業者Aが二以上の都道府県に事務所を有することとなったときは、甲県知事の免許はその効力を失い、国土交通大臣に免許換えの申請をしなければならない（宅地建物取引業法7条1項3号）。正しい。
 2　Aは、免許換えの申請をした場合でも、国土交通大臣の免許がなされるまでは、甲県知事から受けた従前の免許で営業を継続することができる。大臣免許がなされた時点で、甲県知事から受けた免許はその効力を失う（同法7

条1項）。正しい。

3 Aは、乙県内の支店に成年者である専任の宅地建物取引士を3人以上（従業者5人に専任の宅地建物取引士1人以上の割合で）置かなければならない（同法施行規則15条の5の3）。正しい。

4 国土交通大臣への免許換え申請をした場合で、甲県知事免許の有効期間満了後に国土交通大臣免許がなされたときの国土交通大臣の免許の有効期間は、免許がなされた時点から5年である（同法7条2項、3条4項）。誤り。正解。

【問 29】 正解▶2

1 宅地建物取引業者Aの免許は、当該破産手続開始の決定があったときからではなく、破産した旨の届出をしたときからその効力を失う（宅地建物取引業法11条2項）。誤り。

2 宅地建物取引士Bが成年被後見人となった場合、その後見人Cは、その日から30日以内にその旨を知事に届け出なければならない（同法21条3号）。正しい。正解。

3 宅地建物取引業者Dが設立認可の取消しにより解散をした場合、Dの清算人が、当該解散の日から30日以内に、国土交通大臣にその旨を届け出なければならない（同法11条1項4号）。誤り。

4 宅地建物取引士Fが死亡した場合、その相続人Gは、Fの死亡の事実を知った日から30日以内にその旨を丙県知事に届け出なければならない（同法21条1号）。「死亡の日」というのは、誤り。

【問 30】 正解▶3

1 宅地建物取引業者が住宅の売買の媒介を行うにあたり、当該住宅を売買すべき価格について意見を述べるときは、その根拠を明らかにしなければならないが（宅地建物取引業法34条の2第2項）、宅地建物取引士をして行わせなければならないという規定はない。誤り。

2 宅地建物取引業にかかる営業に関し成年者と同一の行為能力を有しない未成年者は、宅地建物取引士資格登録を受けることができないので（同法18条1項1号）、宅地建物取引士になることはできない。誤り。

3 株式会社の監査役は、会社法335条2項の監査役の兼任禁止規定により、株式会社もしくは子会社の取締役、支配人、その他の使用人等を兼ねることはできないので、専任の宅地建物取引士になることができない。正しい。正解。

4 宅地建物取引士は、重要事項の説明を行う場合、必ず、相手方等に宅地建物取引士証を提示しなければならない。すでに宅地建物取引士証を提示して

いる場合でも同じである（同法35条4項）。誤り。

【問　31】　　正解▶2

1　氏名は宅地建物取引業法18条2項による資格登録簿記載事項であり、同法施行規則14条の11第1項による宅地建物取引士証記載事項でもあるから、氏名を変更した場合は、同法20条による変更の登録と、同法施行規則14条の13第1項による書換え交付申請を同時に行う必要がある。誤り。

2　宅地建物取引士が登録の移転の申請をし、その手続が完了した場合、その者にかかる従前の宅地建物取引士証は効力を失うので、Bは、新たに、移転後の都道府県知事から宅地建物取引士証の交付を受けた後でなければ、宅地建物取引士としての業務を行うことができない（同法22条の2第4項、5項）。正しい。正解。

3　Cが新たに宅地建物取引士証の交付を受ける場合は、原則として、都道府県知事の指定する講習で、交付の申請前6月以内に行われるものを、受けなければならない（同法22条の2第2項）。国土交通大臣の指定する講習ではない。誤り。

4　宅地建物取引士が、取引の関係者から従業者証明書の提示を求められたときは、従業者証明書を提示しなければならない（同法48条2項）。誤り。

【問　32】　　正解▶1

1　地方債証券・政府保証債を営業保証金に充てる場合、その評価額は額面金額の100分の90となる（宅地建物取引業法25条1項、同法施行規則15条）。正しい。正解。

2　営業保証金は、主たる事務所の最寄りの供託所に供託しなければならない（同法25条1項）。誤り。

3　本店のほかに5つの支店を設置して宅地建物取引業を営もうとする場合、営業保証金の額は、1,000万円＋500万円×5＝3,500万円となる（同法25条2項、同法施行令2条の4）。誤り。

4　営業保証金を供託した供託所とその所在地について説明するようにしなければならないが、営業保証金の額についてはその必要がない（同法35条の2）。誤り。

【問　33】　　正解▶2

1　宅地建物取引業者は、宅地造成または建物建築に関する工事の完了前においては、開発許可や建築確認等があった後でなければ、売買その他の業務に関する広告をしてはならず（宅地建物取引業法33条）、契約を締結することもできない（同法36条）。誤り。

2　実際のものよりも著しく優良（有利）であると人を誤認させるような表示（誇大広告）をすることは禁止されており（同法32条）、これに違反すれば監督処分および罰則の対象となる（同法65条、81条）。正しい。正解。

3　宅地建物取引業者は、広告をするときに取引態様の別を明示するとともに（同法34条1項）、注文を受けたときにも取引態様の別を明らかにしなければならない（同条2項）。誤り。

4　宅地建物取引業者は、広告を行う都度、取引態様の別を明示する必要がある。誤り。

【問　34】　　正解▶1

1　宅地建物取引業者でないBから業者Aへの停止条件付の売買契約で、条件が成就する前にAは業者でないCと売買契約を締結したというのであるから、この契約は宅地建物取引業法の規定に違反する。正解。

2　Dは宅建業者ではないので、Dから業者Eへの売買契約は法律違反とはならない。次に、EからAへの転売は、業者間取引なので売買契約締結の制限の規定は適用されない（業者間取引でなかったとしても、DE間で売買契約を締結している以上、移転登記がなされる前でも売買することができる）。最後のAから業者でないFへの売買であるが、AE間で売買契約を締結しているので転売することができる（同法33条の2、78条第2項）。違反しない。

3　Aが所有しているのであるから、Gに賃貸していたとしても売却することができる。違反しない。

4　業者でないIから業者Aへの売買契約の予約であるから、法律違反とはならない。また、IA間で売買契約の予約がある以上、AはJに当該宅地を転売することができる。違反しない

【問　35】　　正解▶3

ア　一般媒介契約の場合は指定流通機構への登録は義務づけられていないが、媒介契約書には、指定流通機構への登録に関する事項を記載しなければならない（宅地建物取引業法34条の2第1項5号）。誤り。

イ　登録を証する書面は、登録があったときに指定流通機構が発行する（同条6項、同法50条の6）。誤り。

ウ　登録物件について契約したときは、遅滞なく、登録番号、取引価格、契約年月日を指定流通機構に通知しなければならない（同法34条の2第7項、同法施行規則15条の13）。誤り。

以上により、ア・イ・ウの三つとも誤っている記述であり、3が正解。

【問　36】　　正解▶2

1　建物の売買の場合、当該建物が土砂災害警戒区域内にあるときは、その旨を重要事項として説明しなければならない（宅地建物取引業法35条1項14号、同法施行規則16条の4の3第2号）。義務付けられている。

2　建物の引渡しの時期は、37条書面の記載事項である（同法37条1項4号）。義務付けられていない。正解。

3　水害ハザードマップに取引の対象となる宅地建物の位置が表示されているときは、その所在地を説明しなければならない（同法施行規則16条の4の3第3号の2）。義務付けられている。

4　当該建物が既存建物の場合で、建物状況調査が実施されているとき（実施後1年を経過していないもの）は、その結果の概要を説明しなければならない（同法35条1項6号の2イ）。義務付けられている。

【問　37】　　正解▶3

ア　重要事項説明書の交付は、買主が宅建業者であっても省略することができない（宅地建物取引業法35条6項）。違反する。

イ　重要事項の説明にテレビ会議等のITを活用するにあたっては、宅建士により記名された重要事項説明書および添付書類を、重要事項の説明を受けようとする者にあらかじめ交付（電磁的方法による提供を含む）している必要がある（国土交通省「宅地建物取引業法の解釈・運用の考え方」）。違反する。

ウ　区分建物の貸借契約の場合、専有部分の用途その他の利用の制限に関する規約の定め（その案を含む。）があるときは、その旨を説明しなければならないが、そのような定めがない場合には説明の必要はない（同条1項6号、同法施行規則16条の2第3号）。違反しない。

エ　建物の貸借以外の契約では、私道の負担に関する事項を重要事項として説明しなければならない（同条1項3号）。違反する。

以上により、違反するものはア、イ、エの三つである。3が正解。

【問　38】　　正解▶1

1　37条書面には宅地建物取引士が記名しなければならないが、書面に記載された事項の説明までは義務づけられていない（宅地建物取引業法37条1項）。違反しない。正解。

2　宅地建物取引士が重要事項の説明を行うときには、相手方の請求がなくても宅地建物取引士証を提示しなければならない（同法35条4項）。違反する。

3　重要事項の説明については、宅地建物取引士が説明を行っているので宅建業法に違反しないが（同法35条1項）、契約書面については、売主Aと買主Bの同意があったとしても、37条書面の交付を省略することはできない（同

法37条1項)。違反する。

4 重要事項の説明は、契約が成立するまでの間に行わなければならない（同法35条1項)。売主Aと買主Bの同意があったとしても、契約締結後に重要事項の説明をすることはできない。違反する。

【問 39】 正解▶2

37条書面に必ず記載しなければならない事項は、次のとおりである（宅地建物取引業法37条1項)。

① 当事者の氏名および住所

② 建物を特定するために必要な表示

③ 代金または交換差金（借賃）の額、その支払の時期・方法

④ 建物の引渡しの時期

⑤ 移転登記の申請の時期

以上により、37条書面に必ず記載しなければならないのはイとウである。2が正解。

【問 40】 正解▶1

1 買主Bが、宅地建物取引業者Aから別荘地分譲について媒介を依頼されている取引業者Cの事務所において購入の申込みおよび売買契約を締結したので、Bは、当該契約を解除することができない（宅地建物取引業法37条の2第1項、同法施行規則16条の5第1号ハ)。正しい。正解。

2 買主Dが宅地建物取引業者なので、宅地建物取引業法37条の2の規定は適用されず、Dは、当該契約を解除することができない（同法78条2項)。誤り。

3 買主Eは、テント張りの案内所内で買受けの申込みを行ったので、当該契約を解除することができる（同法37条の2第1項、同法施行規則16条の5第1号ロ)。同じ案内所でも土地に定着した施設で、専任の宅地建物取引士が設置されているときはクーリング・オフが適用されない事務所等に該当するが、テント張りの案内所のような容易に撤去可能な施設は事務所等に該当せず、申込みの撤回・解除は可能である。誤り。

4 買主Fは、Aの営業マンであるGの申し出により、Fの自宅で説明を聞き、契約したので、当該契約を解除することができる（同法37条の2第1項、同法施行規則16条の5第2号)。誤り。買主が自ら、自宅において説明を聞くという申出をした場合は、クーリング・オフが適用されない。

【問 41】 正解▶2

1 未完成物件の場合、手付金等の額が売買代金の額の5％以下であり、かつ、

1,000万円以下であるときは、保全措置を講ずる必要がない（宅地建物取引業法41条1項）。違反しない。
2　完成物件の場合、手付金等の額が売買代金の額の10%以下であり、かつ、1,000万円以下であるときは、保全措置を講ずる必要がない（同法41条の2第1項）。700万円は代金の10%を超えているので、保全措置が必要となる。違反する。正解。
3　保全措置を講じているから、手付金として1,500万円を受領できる（同法41条1項）。違反しない。
4　手付金等の保全措置の規定は、業者間取引には適用されない（同法41条の2、78条2項）。違反しない。

【問　42】　　正解▶3
ア　買主が手付を放棄して契約の解除を行うに際し、正当な理由なく、当該契約の解除を拒み、または妨げることは禁じられている（宅地建物取引業法47条の2第3項、同法施行規則16条の12第3号）。この場合、「違約金の支払を要求する」ことによって買主の契約解除を妨げているので、宅建業法の規定に違反する。
イ　借主が契約の申込みの撤回を行うに際し、受領した預り金の返還を拒むことは禁止されている（同法47条の2第3項、同法施行規則16条の12第2号）。違反する。
ウ　契約不適合責任についての特約の制限の規定は、業者間取引には適用されない（同法40条、78条2項）。違反しない。
エ　賃貸借取引の対象不動産・日常生活において通常使用する必要がある集合住宅の共用部分で発生した殺人、自殺、事故死などの人の死が発生し、事案発生からおおむね3年が経過した後は、原則として告げなくてもよいとされているが、過去に生じた人の死（自然死、不慮の死は除く）に関する事案は、その発生時期、場所、死因等を借主に告知する必要がある（国土交通省「宅地建物取引業者による人の死の告知に関するガイドライン」、同法47条1号ニ）。違反する。
　　以上により、違反するものはア、イ、エの三つである。3が正解。

【問　43】　　正解▶4
ア　Aの報酬の限度額は、（5,000万円×3%＋6万円）×1.1＝171万6,000円である。
イ　交換物件の価額に差があるので、報酬額の計算の際には価額の高いほうを基準にする。（3,000万円×3%＋6万円）×1.1＝105万6,000円となり、C、D双方から報酬が得られるので、105万6,000円×2＝211万2,000円である。

377

ウ　Aは代理なので、報酬限度額は、(2,000万円×3％＋6万円）×2×1.1＝145万2,000円である。

エ　Aの報酬限度額は、甲と分配するため、(9,000万円×3％＋6万円）÷2×1.1＝151万8,000円である。

　　これを金額の多い順に並べると、イ、ア、エ、ウの順になるので、正解は4である（以上、報酬告示）。

【問　44】　　正解▶2

1　免許を取り消すことができるのは、その免許をした国土交通大臣または都道府県知事に限定されている。Aは、大臣免許を受けた業者なので、国土交通大臣しかAの免許を取り消すことができない（宅地建物取引業法66条1項本文）。正しい。

2　Aが、宅地建物取引業を1年以上休業した場合は、いかなる理由がある場合でも、免許は取り消されることになる（同法66条1項6号）。誤り。正解。

3　Aの取締役の一人が、刑法204条の罪（傷害罪）を犯したとして罰金刑に処せられた場合、Aの免許は取り消される（同法66条1項3号。同法5条1項6号に該当するため）。正しい。

4　国土交通大臣がAの免許を取り消したときは、その旨を官報に公告しなければならない（同法70条1項、同法施行規則29条）。都道府県知事が免許取消し等を行った場合は、当該都道府県の公報に掲載する。正しい。

【問　45】　　正解▶4

1　新築住宅の買主が免許を受けた宅地建物取引業者である場合は、資力確保措置の義務付けの対象とはならない（住宅瑕疵担保履行法2条6項2号ロ、11条）が、建設業者の場合は資力措置を講じなければならない。誤り。

2　新築住宅を引き渡した宅建業者は、基準日における保険や供託の状況を、それぞれの基準日から3週間以内に届出をしなければ、当該基準日の翌日から起算して50日を経過した日以降、新たに自ら売主となる新築住宅の売買契約を締結できなくなる（同法13条）。誤り。

3　住宅販売瑕疵担保保証金の供託をしている宅建業者は、自ら売主となる新築住宅の買主に対し、当該新築住宅の売買契約を締結するまでに、供託所の所在地等を記載した書面を交付して説明しなければならない（同法15条）。誤り。

4　新築住宅の合計戸数の算定に当たっては、その床面積の合計が55㎡以下のものは、2戸をもって1戸とする（同法11条3項、同法施行令5条）。正しい。正解。

【問　46】　　正解▶4

1・2・3　住宅金融支援機構は、一般の金融機関による住宅の建設等に必要な資金の融通を支援するための貸付債権の譲受け等の業務を行うとともに、国民の住生活を取り巻く環境の変化に対応した良質な住宅の建設等に必要な資金の調達等に関する情報の提供その他の援助の業務を行うほか、一般の金融機関による融通を補完するための災害復興建築物の建設等に必要な資金の貸付けの業務を行うことにより、住宅の建設等に必要な資金の円滑かつ効率的な融通を図ることを目的とする（独立行政法人住宅金融支援機構法4条）。正しい。

4　機構は、災害等により元利金の支払が困難となった場合に、貸付条件の変更、延滞元利金の支払方法の変更をすることはできるが、元利金の支払を免除することはできない。誤り。正解。

【問　47】　　正解▶4

1　広告に住宅ローンについて記載する場合、①金融機関の名称・商号等、②借入金の利率、利息を徴する方式、または返済例を明示する必要がある（不動産の表示に関する公正競争規約施行規則9条44号）。誤り。

2　新築とは、建築工事完了後1年未満であって、居住の用に供されることがないものをいう（表示規約18条1項1号）。誤り。

3　新聞折込チラシを使って新築分譲住宅を広告する場合、物件の所在地だけでなく、交通の利便に関しても表示しなければならない（表示規約8条4号、同規約施行細則別表4）。誤り。

4　建物の面積は、延べ面積を表示し、これに車庫、地下室等の面積を含むときは、その旨及びその面積を表示することとされている（同規約施行規則9条15号）。正しい。正解。

【問　48】　　正解▶1

1　令和5年の新設住宅着工戸数は、持家、賃家および分譲住宅が減少したため、総戸数は81万9,623戸（前年比4.6%減）と3年ぶりの減少となった（国土交通省総合政策局）。誤り。正解。

2　令和6年3月に公表された地価公示によれば、令和5年1月以降の1年間における三大都市圏の変動率をみると、住宅地は東京圏、大阪圏、名古屋圏のいずれも3年連続で上昇し、上昇率が拡大した。正しい。

3　令和4年の売買による土地取引件数は、130万4,776件（前年133万3,844件）と2年ぶりの減少となった（法務省「民事・訟務・人権統計年報」）。正しい。

4　令和4年度法人企業統計年報（財務省）によれば、令和4年度の不動産業の売上高は46兆2,682億円で、全産業の売上高（1,578兆4,396億円）の約3%

を占めている。正しい。

【問　49】　　正解▶2

1　旧河道、池沼、低い山に囲まれた谷であったところは、一般的に粘土層や、植物が腐敗して堆積した層が多く、地盤沈下等を起こす場合があり、また粘土質等が多いため地震に弱い。池沼跡は標高差が低く洪水等に弱いなどの弱点があり、宅地に適していない所が多い。適当な記述である。

2　一般に、台地の縁辺部（はずれの部分）は、ガケ崩れ等の心配があり、宅地に適していない場合が多い。不適当な記述である。正解。

3　地図の上で等高線が密な所は、地形が急であり、疎らな所はその土地の傾斜が緩やかであるため、宅地として利用しやすい場所が多い。適当な記述である。

4　崖錐堆積物は、急斜面の上から落ちてきた岩屑等が溜ってできたもので、崖錐堆積物でおおわれたところは地盤が不安定なので、宅地には適していない。適当な記述である。

【問　50】　　正解▶1

1　木造建築物を建設する場合は、壁に構造用合板等の厚みのある面材を打ちつけたり、筋かいを設けると、耐震性を向上させることができる。適当な記述である。正解。

2　屋根を瓦ぶきなどの重い構造とした場合、構成する構造部材の断面を大きくしても、耐震的には弱くなる。不適当な記述である。

3　軟弱な地盤の敷地に木造建築物を建設する場合には、基礎を独立基礎したのでは建物が沈下してしまう。土台全部を支える布基礎としなければならない。不適当な記述である。

4　木造建築物を建設する場合には、仕口（木材を接合するために切り刻んだ面）および継手（木材などの接合部）はできるだけ金物等による補強をする構造とすることにより、耐震性を向上させることができる。不適当な記述である。

令和　　年度　宅地建物取引士資格試験問題解答用紙

実 施 日	令和　　年　月　日	試験地	
		教室整理No.	
受 験 番 号			
氏 名	フリガナ		
	漢 字		

この欄は記入しないこと

[0][1][2][3][4][5][6][7][8][9]　[0][1][2][3][4][5][6][7][8][9]　[0][1][2][3][4][5][6][7][8][9]　[0][1][2][3][4][5][6][7][8][9]　[0][1][2][3][4][5][6][7][8][9]　[0][1][2][3][4][5][6][7][8][9]　[0][1][2][3][4][5][6][7][8][9]　[0][1][2][3][4][5][6][7][8][9]

解 答 欄

問 題 番 号	解 答 番 号	問 題 番 号	解 答 番 号
第 1 問	① ② ③ ④	第 26 問	① ② ③ ④
第 2 問	① ② ③ ④	第 27 問	① ② ③ ④
第 3 問	① ② ③ ④	第 28 問	① ② ③ ④
第 4 問	① ② ③ ④	第 29 問	① ② ③ ④
第 5 問	① ② ③ ④	第 30 問	① ② ③ ④
第 6 問	① ② ③ ④	第 31 問	① ② ③ ④
第 7 問	① ② ③ ④	第 32 問	① ② ③ ④
第 8 問	① ② ③ ④	第 33 問	① ② ③ ④
第 9 問	① ② ③ ④	第 34 問	① ② ③ ④
第 10 問	① ② ③ ④	第 35 問	① ② ③ ④
第 11 問	① ② ③ ④	第 36 問	① ② ③ ④
第 12 問	① ② ③ ④	第 37 問	① ② ③ ④
第 13 問	① ② ③ ④	第 38 問	① ② ③ ④
第 14 問	① ② ③ ④	第 39 問	① ② ③ ④
第 15 問	① ② ③ ④	第 40 問	① ② ③ ④
第 16 問	① ② ③ ④	第 41 問	① ② ③ ④
第 17 問	① ② ③ ④	第 42 問	① ② ③ ④
第 18 問	① ② ③ ④	第 43 問	① ② ③ ④
第 19 問	① ② ③ ④	第 44 問	① ② ③ ④
第 20 問	① ② ③ ④	第 45 問	① ② ③ ④
第 21 問	① ② ③ ④	第 46 問	① ② ③ ④
第 22 問	① ② ③ ④	第 47 問	① ② ③ ④
第 23 問	① ② ③ ④	第 48 問	① ② ③ ④
第 24 問	① ② ③ ④	第 49 問	① ② ③ ④
第 25 問	① ② ③ ④	第 50 問	① ② ③ ④

令和６年度宅地建物取引主任者資格試験について（予定）

令和６年度の試験は、下記のとおり実施される予定です。
令和６年６月７日（金）に官報公告が行われ確定します。

【インターネット申込み】	◆令和６年７月１日（月）９時30分から７月31日（水）23時59分まで ※ インターネット申込みは、原則として24時間利用可能です。 ※ インターネット申込みの試験案内の掲載は、令和６年６月７日（金）から行います。
【郵送申込み及び試験案内（郵送申込み用）の配布】	◆試験案内配布期間　令和６年７月１日（月）から７月16日（火）まで ◆申込み受付期間　令和６年７月１日（月）から７月16日（火）まで ※ 顔写真のサイズはパスポート申請用サイズ（縦4.5cm、横3.5cm、頭頂からあごまでが長さ3.2cm以上3.6cm以下のもの）です。 　顔写真については、指定したサイズ以外など不適切な場合は、差替えを指示することがあります。指示に従わない場合、受験申込書を受け付けられません。 ※ 簡易書留郵便として郵便局の窓口で受付されたもので、消印が上記期間中のもののみ受け付けられます。それ以外のものは受け付けられません。 ※ 受験手数料について　消費税は非課税です。
【受験手数料】	◆8,200円 ※ いったん振り込まれた受験手数料は、申込みが受付されなかった場合および試験中止の場合を除き、返還されません。
【試験会場の確認】	試験会場は10月初頭送付予定の受験票で知らされますが、それより前に試験会場を知りたい場合は、①インターネット申込みの方は、ウェブサイト「宅建試験マイページ」に試験会場が表示され、②郵送申込みの方には、専用の問い合わせダイヤルが用意されます。
【受験票発送日】	◆令和６年10月２日（水）
【試験日時】	◆令和６年10月20日（日）13時から15時まで（２時間） ※ 当日は、受験に際しての注意事項の説明がありますので、12時30分までに自席に着席してください。 ※ 試験時間中の途中退出はできません。途中退出した場合は棄権または不正受験とみなし、採点されません。
【合格発表】	◆令和６年11月26日（火）

＊財団法人 不動産適正取引推進機構ホームページ（http://www.retio.or.jp/exam/index.html）より

宅建試験の実施機関

(一財)不動産適正取引推進機構　試験部　〒105-0001東京都港区虎ノ門3-8-21　第33森ビル３階

TEL：03-3435-8181　URL：http://retio.or.jp

都道府県別問い合わせ先（協力機関）

団 体 名	電話	団 体 名	電話
北海道宅地建物取引業協会	(011)642-4422	滋賀県宅地建物取引業協会	(077)524-5456
青森県宅地建物取引業協会	(017)722-4086	京都府宅地建物取引業協会	(075)415-2140
岩手県建築住宅センター	(019)652-7744	大阪府宅地建物取引士センター	(06)6940-0104
宮城県宅地建物取引業協会	(022)398-9397	兵庫県宅地建物取引業協会	(078)367-7227
秋田県宅地建物取引業協会	(018)865-1671	奈良県宅地建物取引業協会	(0742)61-4528
山形県宅地建物取引業協会	(023)623-7502	和歌山県宅地建物取引業協会	(073)471-6000
福島県宅地建物取引業協会	(024)531-3487	鳥取県宅地建物取引業協会	(0857)23-3569
茨城県宅地建物取引業協会	(029)225-5300	島根県宅地建物取引業協会	(0852)23-6728
栃木県宅地建物取引業協会	(028)634-5611	岡山県不動産サポートセンター	(086)224-2004
群馬県宅地建物取引業協会	(027)243-3388	広島県宅地建物取引業協会	(082)243-0011
新潟県宅地建物取引業協会	(025)247-1177	山口県宅地建物取引業協会	(083)973-7111
山梨県宅地建物取引業協会	(055)243-4300	徳島県宅地建物取引業協会	(088)625-0318
長野県宅地建物取引業協会	(026)226-5454	香川県宅地建物取引業協会	(087)823-2300
埼玉県弘済会	(048)822-7926	愛媛県宅地建物取引業協会	(089)943-2184
千葉県宅地建物取引業協会	(043)441-6262	高知県宅地建物取引業協会	(088)823-2001
東京都防災・建築まちづくりセンター	(03)5989-1734	福岡県建築住宅センター	(092)737-8013
神奈川県宅地建物取引業協会	(045)681-5010	佐賀県宅地建物取引業協会	(0952)32-7120
富山県宅地建物取引業協会	(076)425-5514	長崎県宅地建物取引業協会	(095)848-3888
石川県宅地建物取引業協会	(076)291-2255	熊本県宅地建物取引業協会	(096)213-1355
福井県宅地建物取引業協会	(0776)24-0680	大分県宅地建物取引業協会	(097)536-3758
岐阜県宅地建物取引業協会	(058)275-1171	宮崎県宅地建物取引業協会	(0985)26-4522
静岡県宅地建物取引業協会	(054)246-7150	鹿児島県宅地建物取引業協会	(099)252-7111
愛知県宅地建物取引業協会	(052)953-8040	沖縄県宅地建物取引業協会	(098)861-3402
三重県宅地建物取引業協会	(059)227-5018		

令和6年版　宅地建物取引士 対策問題集

2024年5月30日　初版第1刷発行

〔検印廃止〕　編　者　不動産取引実務研究会
　　　　　　　発行者　延　對　寺　哲

発行所　株式会社ビジネス教育出版社

〒102-0074 東京都千代田区九段南4-7-13
TEL 03（3221）5361㈹／FAX 03（3222）7878
E-mail info@bks.co.jp URL https://www.bks.co.jp

落丁・乱丁はお取替えいたします。　　　　印刷・製本／萩原印刷株式会社

ISBN978-4-8283-1069-5